普通高等教育"十一五"国家级规划教材

西方社会学理论教程

第四版

主　　编　　侯钧生

副主编　　林聚任　　赵万里　　张广利　　夏玉珍

编　　者　　（按音序）

陈大红	陈　进	范会芳	韩克庆
侯红卫	侯钧生	黄少华	姜　昕
蒋　平	金晓红	阙祥才	林聚任
谭江华	王邦虎	王　冰	王光荣
王建光	王　鹏	伍学军	夏玉珍
解玉喜	邢占军	修宏方	徐道稳
徐名驹	薛晓斌	杨维灵	翟丽红
张广利	张玉福	赵方杜	赵万里
周长城	朱静生		

南开大学出版社

天　津

图书在版编目(CIP)数据

西方社会学理论教程 / 侯钧生主编. —4 版. —天津：南开大学出版社，2017.7(2023.7 重印)
ISBN 978-7-310-05430-5

Ⅰ. ①西… Ⅱ. ①侯… Ⅲ. ①社会学－西方国家－高等学校－教材 Ⅳ. ①C91

中国版本图书馆 CIP 数据核字(2017)第 156461 号

西方社会学理论教程(第四版)
XIFANG SHEHUIXUE LILUN JIAOCHENG（DI-SI BAN）

南开大学出版社出版发行
出版人：陈　敬

地址：天津市南开区卫津路 94 号　　邮政编码：300071
营销部电话：(022)23508339　营销部传真：(022)23508542
https://nkup.nankai.edu.cn

天津午阳印刷股份有限公司印刷　全国各地新华书店经销
2017 年 7 月第 4 版　　2023 年 7 月第 9 次印刷
210×148 毫米　32 开本　15.75 印张　450 千字
定价：50.00 元

如遇图书印装质量问题，请与本社营销部联系调换，电话：(022)23508339

前　言

　　按照历史发展的逻辑学习一个学科的理论,是学习和掌握这个学科理论的最好方法,社会学理论的学习也是这样。因为只有对一个学科理论的由来和发展有了清楚的了解,才能真正理解和掌握这个学科。

　　为了能准确全面地向学生介绍西方社会学理论的由来和发展,特别是准确介绍当代西方的社会学理论,全国十所高校社会学系"西方社会学理论"课程的专任教师共同编写了这部教材。

　　目前,在国内有关外国社会学理论的教材很难买到,不能满足西方社会学理论教学的需要。为了更好地满足教学需要,我们按时间顺序将西方社会学理论分为三编介绍给学生和读者。第一编:古典社会学理论;第二编:现代社会学理论;第三编:社会学理论的新发展。本着"厚今薄古"的原则,现当代社会理论部分占全书内容的三分之二以上。

　　为了展现西方社会学理论发展的新特点,我们在古典部分设立了"社会学古典时期的理解问题"一章,目的是让学生进一步了解"理解社会学"的本质特征。

　　本书由南开大学社会学系侯钧生教授主编,山东大学社会学系林聚任和南开大学社会学系朱静生担任副主编。参加本书编写的有：南开大学侯钧生、王冰（绪论、第三章）、山东大学林聚任（第六、十二、十六、十七章）、南开大学朱静生（第十四、十五、十七章）、华中师大夏玉珍（第一、第十三章）、安徽大学王邦虎（第九章）、沈阳师范学院张玉福（第七章）、武汉大学周长城（第十六章）、深圳大学徐道稳（第五章）、兰州大学徐名驹（第四章）、浙江大学杨维灵（第二章）、华中农业大学姜昕、南开大学韩克庆（第八章）、南开大学张广利（第十八章）、南开大学徐昌宇（第十章）、南开大学陈大红（第十一章）。侯钧生负责第一编，林聚任负责第二编，朱静生负责第三编的审核工作，主编审阅了全书。

　　本书编写过程中始终得到社会学同仁的支持和帮助，收到许多宝贵的意见和建议。南开大学法政学院社会学系为本书的编写提供了许多方便条件和物质支持；南开大学出版社的领导和编辑同志为本书的出版付出了艰辛和努力。南开大学社会学系 96 级同学蔺文钧、朱静、管健、项洁雯、余莉做了许多工作。在此，我代表本书作者向为本书的出版做出过努力的人们表示衷心的感谢。

侯钧生　于南开园

2000 年 6 月

再 版 前 言

　　《西方社会学理论教程》自 2001 年出版以来,得到广大社会学同人的关心和支持,许多学校的社会学系和社会工作系都在使用这本教材。经过几年的教学实践,我们发现教材中还存在不少的错误和问题。为了及时纠正教材中出现的这些错误和问题,2004 年底,在本书主编的倡议下,由南开大学出版社出面召集各个学校的作者,在南开大学共同商讨关于《西方社会学理论教程》的修订问题。会议认真研究和分析了教材中出现的错误和问题,并讨论了解决的办法。与会作者一致认为,为了更好地适应西方社会学理论教学的需要,应该对现行的《西方社会学理论教程》进行修订。主编在充分考虑与会作者的意见的基础上,提出了教材修订方案。

　　本次教材修订的指导思想是:在原书内容体系的基础上,力求做到选材更加科学,逻辑更加清晰,内容更加准确,表述更加通俗。可以说,经过修订以后的《西方社会学理论教程》无论是在西方社会学理论体系的介绍上,还是在具体内容的表述上,都有了很大的变化和进步,更能适应和满足西方社会学理论教学的需要。

　　本书仍然由南开大学社会学系侯钧生教授担任主编，山东大学社会学系林聚任教授担任副主编。由于原书副主编朱静生正在美国芝加哥大学学习，不能参加本次修订工作，特邀请华中师范大学的夏玉珍教授担任副主编工作。本书修订以后各章的作者有：

　　绪论侯钧生、王冰；第一章夏玉珍；第二章杨维灵；第三章侯钧生；第四章黄少华、徐名驹；第五章徐道稳、邢占军；第六章谭江华；第七章林聚任；第八章蒋平、张玉福；第九章阙祥才、姜昕、韩克庆；第十章陈进、王邦虎；第十一章韩克庆、徐昌宇；第十二章赵万里、陈大红；第十三章林聚任；第十四章伍学军、夏玉珍；第十五章金晓红、朱静生；第十六章薛晓斌、朱静生；第十七章翟丽红、周长城；第十八章朱静生、王鹏；第十九章张广利、王光荣；第二十章解玉喜、王鹏、林聚任。

　　主编侯钧生教授负责第二编，林聚任教授负责第三编，夏玉珍教授负责第一编的审核工作，主编审阅了全书。

　　在此，我代表本书作者向为本书的修订工作做出过努力的人们表示衷心的感谢。

侯钧生　于南开园

2005 年 6 月

第三版前言

为了更好地反映西方社会学理论的发展和满足西方社会学理论教学的需要,本教材做了第二次修订。本次修订的主要内容有三项:(1)为了加强学生对西方社会学家的感性认识,增加了相关人物的照片;(2)对舒茨的现象学社会学的介绍做了较大的调整;(3)鉴于西方"身体社会学"在社会学研究领域的发展和社会学家对"身体社会学"研究成果的普遍认同,我们增加了"身体社会学"的有关内容。

本次修订以后的各章作者是:

绪论侯钧生、王冰;第一章夏玉珍;第二章杨维灵;第三章侯钧生、侯红卫;第四章黄少华、徐名驹;第五章徐道稳、邢占军;第六章谭江华;第七章林聚任;第八章蒋平、张玉福;第九章阙祥才、姜昕、韩克庆;第十章陈进、王邦虎;第十一章范会芳、韩克庆;第十二章赵万里、陈大红;第十三章林聚任;第十四章伍学军、夏玉珍;第十五章金晓红、朱静生;第十六章薛晓斌、朱静生;第十七章翟丽红、周长城;第十八章朱静生、王鹏;第十九章张广利、王光荣;第二十章解玉喜、王鹏、林聚任、赵方杜。

夏玉珍教授、侯钧生教授、林聚任教授分别负责第一编、第二编、第三编的审核工作,主编侯钧生教授审阅了全书。

　　在本次修订过程中,南开大学周恩来政府管理学院社会学博士生唐桂明同学做了许多工作,在此,我代表本书作者向为本书的修订工作做出过努力的人们表示衷心的感谢。

侯钧生　于南开园

2010 年 6 月

第四版前言

随着改革开放和社会转型的深入,以及全球化进程的加速,中国社会学迎来了蓬勃发展的新时期和新机遇。一方面,我国社会学界对于西方社会学理论的认识和理解越来越全面系统;另一方面,将西方社会学理论与中国社会现实相结合的理论自觉日益形成。为了适应变化了的社会和社会学发展格局,帮助人们更好地运用社会学的理论视角去理解当代中国和世界的变迁,我们对本教材做了第三次修订。

本次修订的基本原则是力求准确地反映西方社会学家的思想原貌和西方社会学理论的发展脉络。根据过去几年来的教学实践和用书体会,我们对本书主要章节的结构和内容做了不同程度的修订,力图使本教材能够更加清晰地呈现社会学主要理论传统的演进逻辑,更加准确地评介每一个社会学家或社会学流派的理论成就。今天,马克思作为一个社会学家的历史地位,已经被世界各国的社会学界所公认。马克思的社会学思想,经由社会批判理论、社会冲突论、结构主义社会理论、女性主义社会理论、社会学马克思主义等思想流派的继承和发展,在当代社会学理论和研究中仍然保持着旺盛的生命力。因此,本次修订我们增加了"马克思的社会学理论"一章,对"社会批判论"也做了专章介绍。限于篇幅,我们同时对第三版的某些章节做了删节或调整。

第四版的作者相对于第三版基本保持不变。在本书第三版作者撰写内容的基础上,本书主编特别邀请南开大学赵万里教授负责修订绪论、第一章、第二章、第四章、第五章、第十章、第十一章;山东大学林聚任教授负责修订第六章、第七章、第九章、第十二章、第十六章、第十七章;华东理工大学张广利教授负责修订第十三章、第十四章、第十五章、第十八章、第十九章。本书主编还特别邀请黑龙江科技大学修宏方教授撰写了第三章"马克思的社会学理论";邀请南开大学社会学系王建光博士撰写了第八章"社会批判论"。南开大学薛晓斌副教授负责整理和编辑了教学演示文稿(ppt)课件,华东理工大学赵方杜副教授、王伯承博士也为本次修订做了许多工作。

本书的修订工作得到南开大学出版社领导和编辑的大力支持,特别是王冰同志自始至终给予我们热情的帮助。在此,本书主编代表全书作者向为本次修订工作做出贡献的同志致以谢意。

侯钧生　于南开园

2016 年 6 月

目 录

绪论　西方社会学理论的
　　　产生与发展

　　社会学是一门社会科学，有自己不同于哲学的知识系统和理论范式。社会学的知识和理论与历史学、经济学、政治学等社会科学也有显著的区别。19世纪以前，尽管已经有许多人对社会做过历史的和哲学的研究，但社会学尚不曾作为独立的社会科学学科存在。在18世纪的法国和苏格兰，一些学者在思维方式和研究方法方面开始摒弃了超历史、超经验的理论研究传统，关注社会生活并致力于把握社会生活的特性，他们的社会理论确实具有了社会学的味道。不过，严格地说，这个时期的社会理论还不能叫社会学理论，它们只不过是一种哲学、史学、政治经济学和社会学的"令人耳目一新的学科混合物"而已。尽管如此，"社会学"这个词之所以能在19世纪30年代被孔德（August Comte，1798—1857）创造出来，与在此之前很长的历史过程中被积淀起来的社会理论有着十分密切的关系。此外，社会学能在19世纪的欧洲出现，也与当时欧洲的社会历史条件有关。为了减少叙述篇幅，我们只准备分析导致西方社会学理论产生的思想基础，而不准备去分析它产生的社会历史条件,尽管后者对我们正确理解西方社会学理论的本质是至关重要的。

第一节　西方社会学理论产生的思想动力

任何一种新思想的出现都离不开前人的努力,新的学说总是对旧的、已有的学说的继承和发展。法国实证主义创始人孔德曾说过这样一句话:"科学和艺术领域的一切成就,无论是同一时代的,还是代代相传的,它们之间有着密切的联系:这就是一代人的发现为另一代人的发现准备好了条件。"[①]社会学理论作为一种新的学说或思想也不例外,从一定意义上说,它也是对旧的已有的社会理论的继承和发展。

一、古希腊思想家的社会观

西方文明的发源地是古代的希腊,它的文明开始于荷马时期。这个时期,宗教意识控制着人的思想:上帝创造世界,上帝的意志主宰一切。但是社会实践逐步打破了宗教观念,古希腊唯物主义是反对神创世界的第一个思想成果,它打破了人对旧世界的幻想,开始用科学的眼光审视人类生活的发展与变化。

原始社会向奴隶制社会的变迁是古代社会的第一次震荡。这个由无阶级社会向有阶级社会的转变给人们留下的记忆是深刻的,"黄金时代说"就是这一历史震荡的产物。人们看到奴隶制的不合理,留恋过去的美好时光,希望过去的美好时代能重新回来。"黄金时代说"是人们对奴隶制度的评价,是对社会变迁的理性思考,是古代社会第一个模糊的社会变迁理论。但是,"黄金时代说"代表了一种落后的倒退意识,它

---

① 孔德.实证政治体系.载于《实证主义的先驱》,圣彼得堡:1910年版,第116页(俄文资料).

总是希望被历史抛弃了的旧的制度卷土重来。

古希腊的思想家不知道奴隶制会消失,也不知道代之而来的是什么样的社会,更看不清人类将来的命运如何,以及人们之间将会保持一种什么样的关系,尽管他们幻想了各种各样的"理想社会"。

柏拉图(Plato,前427—前347)所描写的"理想国",特别强调社会的有机统一性,规定国家的各个组成部分都应从属于它的整体。他把社会看成一个包含着分工和不平等的统一体,认为贤明的立法是保持社会昌盛和秩序的关键。在柏拉图看来,社会凌驾于各个局部利益之上,私有财产和家庭作为社会的独立要素,都应当为增强社会的统一性发挥作用。

与柏拉图不同,亚里士多德(Aristotle,前384—前322)认为社会是一个有分化的结构,各种独立的要素在结合为整体的同时,仍保持着相对于整体的独立性。但这并不意味着亚里士多德赞同原子论。他认为,作为复杂的、有分化结构的社会整体,是由集团而不是个人组成的。社会起源于人的合群的政治本性,人注定要合群而居,形成各种共同体。社会就是由具有一定的功能和财富的集团所组成。在《政治学》中,亚里士多德对人类社会性质的分析充满了社会学的见解,但他仍没有摆脱传统的政治哲学的框框,没有分清国家和社会之间的差别。

二、社会契约论

社会契约论是作为同神律(Divine Law)观念和宗教主权观念相对立的世界观发展起来的一种在契约义务和社会关系的结构中探究社会起源的近代社会理论。它的主要代表人物是英国的霍布士(Thomas Hobbes,1588—1679)、洛克(John Locke,1632—1704)和法国的卢梭(Jean-Jacques Rousseau,1712—1778)。

社会契约论是社会进步理论的一种形式。它认为人有"天赋权利",社会发展是由"自然状态"向"社会状态"过渡的不断进步的过程。人们订立契约、建立国家是为了更有效地维护自己的"天赋权利"。所谓"天赋权利",是人们生存的自由、平等、财产私有和享乐的权利,任何人和任何组织都不能以任何借口剥夺人的这些权利。法国启蒙思想家从人的感受性出发论证了人的这些"天赋权利",论证了人们追求这些权利的合理性。社会契约论者在反对宗教扼杀人的权利和尊严的同时,提出了个人高于社会的主张。他们认为,关心个人利益就是关心社会利益。英国功利主义者进一步把人的"天赋权利"个人主义化了,他们甚至认为,谋求私利、损害别人的利益是完全正常和符合道义的事情。

社会契约论强调社会"是自私力量的自然状态的个人对现代国家和政治义务形成的自愿默认的产物"[①],而不是具有一定的世俗制度和过程的客观结构;强调人性是人类社会秩序的基础,社会是超历史的过程。社会契约论没有把社会看成由不同的(经济的、政治的、文化的)层次构成的复杂结构,也看不到社会的各个层次的客观运行规律。

三、18 世纪的法国启蒙思想

思想革命是政治革命的先导。法国资产阶级革命爆发之前,出现了一批启蒙思想家,为资产阶级革命制造舆论。这些思想家的思想各不相同,却有着共同的目标:反对封建制度和封建思想,维护资产阶级所有制和资产阶级利益。启蒙思想家高举"理性原则"的旗帜,鞭挞和批判封建专制和宗教迷信,改革旧的社会政治结构,建立新的合乎自然秩序的理性王国。在启蒙思想家的眼里,自由、平等和财产私有是一切幸福生活的基础,是自然法的灵魂。

孟德斯鸠(Charles de Montesquieu,1689—1755)讨论了气候、土壤和地理位置等自然条件对民族性格、感情、道德、宗教、风俗、法律和国家政体的影响,他还讨论了历史演进理论和三权分立的学说。伏尔泰的"自然法权论"思想与其他思想家不同,他不去描绘社会的自然状态和社会状态,而是直接寻找符合人类自然权利的社会立法原则。伏尔泰(Voltaire,本名François-Marie Arouet,1694—1778)的"平等""自由"思想影响了法国几代人。卢梭关于社会发展阶段的辩证法思想,他

---

① 艾伦·斯温杰伍德. 社会学思想简史. 陈玮,冯克利译. 北京:社会科学文献出版社,1988 年版,第 6 页.

的情感论、教育论、地理环境论反映了法国小资产阶级的利益和需要。卢梭的深刻思想和敏锐的洞察力为社会进步做出了不可磨灭的贡献。爱尔维修（Claude Adrien Helvétius，1715－1771）的肉体感受性理论、自爱原则和教育万能论，狄德罗（Denis Diderot，1713—1784）的小康社会思想，霍尔巴赫（Paul-HenriHolbach，1723—1789）的思想自由、信仰自由、言论自由和出版自由的思想都对法国社会产生了不同程度的影响。恩格斯高度评价了 18 世纪法国启蒙思想家的伟大历史功绩，认为"在法国为行将到来的革命启发过人们头脑的那些伟大人物，本身都是非常革命的"①。法国启蒙思想家幻想的理性王国是理想化的资产阶级国家，也是西方社会学家追求的目标。

　　法国启蒙运动的个人主义原子论阻碍了孟德斯鸠的社会学整体观的发展，狄德罗的《百科全书》中没有为社会学这个概念设立条目，伏尔泰也始终坚持个人主义的理性主义和哲学怀疑论。在启蒙思想家中，卢梭和孟德斯鸠的著作包含了大量社会学方面的课题。卢梭在《社会契约论》和《论社会不平等的起源》中分析了财产的起源及其同分工、不平等和社会冲突的关系。卢梭特别强调社会不是一盘散沙般的个人集合体，而是一个有机的整体，在这个整体里个人利益被融合为一种普遍的共同意志。在这一点上，孟德斯鸠与卢梭的看法又不一样，孟德斯鸠认为社会是一个以客观结构构成的自然体系，而不是以集个人意志而形成的普遍意志为基础的神秘的有机体。总的说来，与卢梭相比，孟德斯鸠对社会学的影响要更大一些。

四、苏格兰的启蒙思想

　　18 世纪下半叶，一批在格拉斯哥和爱丁堡工作的学者展开了与社会契约论完全不同的关于人类社会的科学研究，其代表人物是休谟（David Hume，1711—1776）、斯密（Adam Smith，1723—1790）、弗格森（Adam Ferguson，1723—1816）、米勒（John Millar，1735—1801）和罗伯特森（William Robertson，1721—1793）。他们的研究富有成效，使

---

① 《马克思恩格斯全集》第 20 卷.北京：人民出版社，1961 年版，第 19 页.

当时的爱丁堡有"北方的雅典"之美称。这批学者反对把社会等同于个人与国家之间的契约关系,他们认为社会是具有自身固有历史的独特的结构。

人们在评价苏格兰启蒙运动的学术成就时,往往看重它在哲学和经济学方面的贡献,而忽略了它在社会学方面的作用。其实,苏格兰启蒙运动对日后社会学的产生和发展具有相当重要的意义。比如,斯密、弗格森和米勒通过分析财产的社会作用、政体、分工发展、劳动异化,提出了许多社会学的论点和问题。今天,其中许多思想已经成为社会学思潮的精髓。

休谟的著作中包含着早期的社会学思想,他认为权威是以其实际效用获得公认的暴力与同意相结合的产物。斯密、弗格森和米勒都把群体作为基本的分析单位,弗格森的《论市民社会的历史》已经明显地摆脱了 18 世纪带有浓重思辨色彩的写作风格。斯密在《国富论》中同时分析了分工的经济后果和社会后果。斯密研究了商业社会的发展所产生的社会结构,他划分了明显的三大社会阶级:地主、资本家和劳动者。他还指出有一只"看不见的手"在调节着市民社会的各种关系。总之,苏格兰启蒙运动对社会学的重大贡献就在于:它认识到社会是一个客观过程,是一定的经济、社会和历史力量的产物,它可以通过经验科学的方法加以认识和分析。

18 世纪的启蒙运动产生了心理学、政治经济学和萌芽状态的社会学,休谟将它们统称为精神科学。这些学科共同关注的一个重要论题就是社会发展所带来的日益增长的社会性问题。按照英国人斯温杰伍德(Alan Swingewood)的说法,启蒙运动中产生了三个新的学说:(1)维科和弗格森等人的人本主义历史决定论;(2)孟德斯鸠和米勒以及弗格森的机械论思想;(3)伏尔泰、狄德罗和卢梭的批判理性主义。这些新学说从不同方面影响了 19 世纪和 20 世纪初的社会学发展。它们致力于对社会进行科学解释,摆脱迷信,以现代科学原理反对形而上学,分清事实与价值观念,相信客观的社会科学知识是可能的,相信科学基于事实而不是推测。① 因此,19 世纪的实证主义的起源可以追溯到孟德斯鸠和弗格森的著作。

五、实证主义与圣西门的"工业社会观"

实证主义是启蒙运动的组成部分,因为它主张科学和事实,反对形而上学和思辨哲学。实证主义认为科学是一切知识的基础,统计分析要应用到社会研究之中,并对社会现象做出因果解释。本质上说,启蒙运动时期的实证主义是批判的、革命的,它的矛头直指封建专制和宗教迷信。这种批判的实证主义向 19 世纪社会学实证主义的过渡发生在法国大革命以后。法国大革命后的一个时期内,社会出现了道德危机,于是人们纷纷从社会发展的经验研究中、从工业组织原理中解释这种道德危机,以便摆脱这种危机。圣西门(Saint Simon,1760—1852)的著作在这一方面做出了积极的贡献。

工业社会这个词是圣西门创造的。圣西门认为,封建社会是好战的,而工业社会是和平的。他特别关注以消费为中心的封建社会向以生产为中心的工业社会转变的问题。圣西门一方面强调所有制与分工在阶级形成过程中的结构意义,另一方面又强调科学与知识精英(科学家与实业家)的社会作用。与之同时,圣西门还鼓吹道德危机论。圣西门的思想对 19 世纪的社会学和马克思主义的社会主义都有很大的影响。

圣西门认为社会是有机统一体,社会发展的实证阶段(即工业阶段)具有以下特征:(1)科学处于中心地位;(2)社会各组成部分处于功能和谐状态;(3)市民社会组织是社会结构的基础;(4)社会成员间是伙伴合作关系;(5)社会是以生产货物为中心的大工场,治人的权利变为治物的权利。圣西门认为,只有工业社会才能产生现代社会的价值观念,只有工业才能宣告一个以协调一致取代暴力统治的"新世纪"的到来。

---

① 艾伦·斯温杰伍德.社会学思想简史.陈玮,冯克利译.北京:社会科学文献出版社,1988 年版,第 27 页.

第二节　西方社会学理论发展的思想传统

当代美国社会学家约翰逊(Doyle Paul Johnson)认为,西方社会学理论发源并发展于功利主义、实证主义、历史主义、实用主义四个大的思想传统。[①] 另一位更为著名的美国社会学家柯林斯(Randall Collins,1941—)则认为,社会学理论的四个传统是理性的功利主义传统、涂尔干的传统、社会学的冲突传统、社会学的微观互动传统。[②] 虽然柯林斯对西方社会学理论的四个传统在提法上与约翰逊有所不同,但是它们的基本思想是一致的。

一、英国的功利主义传统

功利主义是一种个人主义的理论,它认为人类的一切行动都是精打细算,都是尽量扩大个人的幸福或利益,尽量减少个人的痛苦或代价,所以人类的所有行动都是一种理性的合理选择。这种观点最早被古典经济学家运用在经济市场中,把人类的这种理性选择构造为"经济人"的观点。社会学的交换理论就是建立在这一观点之上的。

社会契约理论是在超个人的层次上,对社会结构所做的一种功利主义的解释。它假设人类都是按照合理的自我利益而行动的,并自愿达成一个自觉的协议,建立一个政府,以限制个人行动的随意性。协议双方同意遵守政府的规章制度,以控制无约束的竞争,保证社会成员间最小限度的合作。

---

① D. P. 约翰逊. 社会学理论. 南开大学社会学系译. 北京:中国国际文化出版公司,1988 年版,第 29—35 页。

② Randall Collins. *Four Sociological Traditions*. New York: Oxford University Press, 1994.

斯密把政府的控制比作一只"看不见的手",他认为个人对利益的贪婪受到这只无形的手的指引,最终转变成整个社会的利益。他反对严厉的社会控制,认为只有当个人受到鼓励去追求自己的利益时,整个社会的福利才能得到保障。他在《国富论》中明确表示,社会的整体的和长远的利益可以通过鼓励个人追求他们的私利得到最好的实现;个人通过追求自己的利益从而满足别人的需要的方式可以对社会做出最大的贡献,这种贡献要比那些在口头上表示促进公共福利的人的贡献大得多。英国功利主义关于个人主义、关于人们对行为方式进行有意识的合理选择以便最大限度地获得报酬的理论,是社会学功能理论、理性选择理论和交换理论的理论基础。

二、法国的实证主义传统

法国实证主义在 19 世纪上叶的代表人物是圣西门和孔德,19 世纪下叶和 20 世纪初的代表人物是涂尔干(Emile Durkheim,1858—1917)。"实证主义"一词的含义是:人们对知识应该做经验性的探求。也就是说,人们应该从他们的感觉体验或经验资料中最终获得他们的知识。这种方法要求人们不应把神的启示或传统的规定当作知识的来源。实证主义反对迷信,提倡科学。它的目的是发现自然界和社会生活中的自然法则。它把自然法则看成对经验现象之间的某种统一关系的陈述。

社会学在法国的发展反映出当时法国人对社会的认识,即社会或社会生活是自然的一部分,它受自然法则的支配。自然法则可以通过科学的研究方法被揭示出来,一旦这些法则被发现,它们就可以被视为社会改革和社会重组的理论基础。社会秩序和进步完全依靠被科学地揭示出来的法则——和平、和谐和启蒙,因为只有它们才能最终取代战争、冲突、迷信和无知。

孔德认为,政府在重组社会的计划中发挥着重要的作用,政府官员应按社会学家发现的自然法则办事。孔德幻想社会学家应当成为统治者的顾问。他就把自己比作未来实证主义工业社会的教皇。涂尔干也梦想建立一个道德教育的科学基础。实证主义者相信科学可以为我们提供解决各种社会问题的方法,可以指导我们正确地完成人类的使命。实证主义是西方社会学理论发展的最主要的传统之一。

三、德国的历史主义传统

德国的历史主义传统与法国的实证主义不同,它特别强调自然科学与社会科学的差异。它认为,自然法则只决定自然界中的事件,不能决定人类世界的事情。人类世界是被有意识选择的世界,它不受自然法则的支配。如果假定人类也受自然法则的支配,那就否认了人的自由。

历史主义认为,理解和解释人类的行为不能只描述它的外在表现,还要深入研究行为背后所隐含的意义,即行为者的主观意图。理解一个社会的状况,就要研究该社会内部的文化特征,以及该社会成员所普遍认同的世界观和价值观。所以理解人类的行为和社会的状态需要有与理解自然界中的自然现象完全不同的方法。

历史主义强调观念领域的现实性及其在社会生活中的重要性,它注重了解人类行为的主观意义,不关注对物体的运动的了解。

历史主义把每个社会都看成是独特的,认为只有从每个社会自己独有的文化传统出发,才能正确地理解那个社会。与实证主义不同,历史主义的传统不主张去寻求社会发展的普遍法则,而是提倡研究某个社会的特定文化和它所经历的各个历史阶段,以实现对该社会的特有精神的理解。

四、美国的实用主义传统

20 世纪二三十年代的芝加哥学派对美国社会学的发展做出了巨大贡献。帕森斯(Talcott Parsons,1902—1979)等人将欧洲的社会学观点介绍到美国以后,社会学在美国得到了空前的发展。

美国人的最大特点是讲求实用,他们很不喜欢高度抽象和思辨的概念。美国人是在解决实际问题的过程中学习和使用概念的。美国人的这一特征被杜威(John Dewey,1859—1952)的实用主义教育理论强化了。杜威反对与日常生活脱离的陈旧传统,反对让学生死记硬背的教育观念,主张教育与实际生活结合、与社会实践结合。杜威的教育理论强调学生通过"做"(实践)去学习他所应学习的东西。

美国人的第二个特征是鼓吹个人主义,强调个人的价值。欧洲社会学传到美国以后,美国社会学的研究对象开始由宏观的社会结构向微观的个人行为和个体间的互动模式转移。交换理论和符号互动理论的出现恰恰体现了美国社会学的这一特征。

美国人的思想是乐观的,他们对社会改革和社会进步总是满怀信心。他们相信,有计划的社会改革必然会促进社会的进步。所以美国的社会学家特别关心社会问题和社会改革。美国社会学家所关注的社会问题主要是都市问题,如都市中的犯罪率问题、失业问题、住房问题,它们都是一些十分具体的问题。这些问题所涉及的大都是那些涌入城市社会生活最底层的特定的移民群体。美国社会学家所关注的就是寻求解决这些都市问题的具体方案。这与法国实证主义者所关注的社会问题和社会改革相比,具有更加微观的特点。

第三节 当代西方社会学理论的整合趋势

进入 20 世纪 80 年代以后,西方社会学理论出现了三个主要的动向,它们是:微观－宏观的整合、能动性－结构的整合,以及理论的综合。[①]

一、微观－宏观的整合

早在古典社会学理论家那里,微观－宏观的关系问题就开始得到重视。涂尔干关心的是宏观层次的社会事实对微观层次的个人或个人

---

① 道格拉斯·凯尔纳,斯蒂文·贝斯特.后现代理论.张志斌译.北京:中央编译出版社,2011 年版,第 32 页.

行为的影响。韦伯(Max Weber,1864—1920)担忧的是个人在由目的理性的社会构成的"铁笼"中所处的困境。齐美尔(Georg Simmel,1858—1918)主要的兴趣在于宏观性的客观文化与微观性的主观或个人文化之间的关系。马克思(Karl Marx,1818—1883)的兴趣之一则在于资本主义社会对个体(如对工人)所产生的作用和异化。

在 20 世纪 20 年代至 30 年代,以库利(Charles Horton Cooley,1864—1929)和米德(George Herbert Mead,1863—1931)为代表的早期芝加哥学派注重微观层次的个人及个人之间的互动。到了 20 世纪 30 年代后期,帕森斯发展出了他的结构功能主义,从宏观层次上对社会结构或系统进行阐述。默顿(Robert king Merton,1910—2003)等人作为帕森斯的弟子进一步发展了这一理论。可是,同样作为帕森斯弟子的霍曼斯(George Homans,1910—1989)却指出他的老师忽视了对人及其行为的研究。他在斯金纳(Burrhus Frederic Skinner,1904—1990)心理学的行为主义基础上,于 20 世纪 50 年代末,提出了微观层次上的交换理论。

20 世纪 60 年代至 70 年代,美国社会学家开始关注美国社会学理论的这种微观与宏观的分裂。到了 20 世纪 80 年代,美国社会学理论界开始关注微观社会学理论与宏观社会学理论的整合研究。可以认为,这一研究是 20 世纪最后 20 年中美国社会学理论界所关注的中心问题。

瑞泽尔(George Ritzer,1940—)从 20 世纪 70 年代末至 80 年代初就开始寻求一种整合的社会学范式。这一范式旨在从主观形式和客观形式中将微观层次与宏观层次相整合。按照这种整合方式,对社会的分析就可以以四个主要层次进行,即宏观的主观性、宏观的客观性、微观的主观性、微观的客观性。同时亚历山大(Jeffrey C. Alexander,1947—)提出了"多维度社会学"(multidimensional sociology)。他以秩序和行动为出发点,提出了将个人与集体、唯物主义与唯心主义相整合的思想。由此,他发展出了四个主要分析层次,即集体的唯心主义、集体的唯物主义、个人的唯心主义、个人的唯物主义。这一模式与瑞泽尔的模式有一定程度的相似性。科尔曼(James S. Coleman,1926—

1995)在 1986 年就开始关注微观－宏观问题。1990 年他在理性选择优化的基础上将微观与宏观的关系发展得更为精致。柯林斯在 1975 年出版的《冲突社会学：一门走向解释的科学》一书中首次从微观的层次上提出"仪式互动链"的学说。在 1999 年出版的《哲学社会学：一种理智变迁的全球理论》一书中，他又将"仪式互动链"理论引向宏观层次。

德国社会学家埃利亚斯（Norbert Elias，1897—1990）所提出的"构型社会学"（或"过程社会学"）也是其中一个重要代表。他的学说使我们能够了解微观层次的行为与宏观层次的国家这二者之间的关系。他的《文明的进程》1969 年在德国再版之后，便在欧洲风靡起来。该书译成英文后，更使英语世界的学者大为兴奋。

二、能动－结构的整合

当美国社会学家着眼于微观－宏观的整合之际，欧洲的社会学家则着眼于能动－结构的整合，并认为这是欧洲社会学理论所关心的根本问题。虽然美国社会学家的努力与欧洲社会学家的努力有着相似之处，但是能动并不等同于微观，结构同样也不能等同于宏观。微观层次的个人可以被视为能动者，集体、社会组织同样也可以被视为能动者。结构既可以包括宏观的社会结构，也可以包括与人类互动相关的微观结构。因此，能动和结构都能同时用于微观和宏观的层次。

20 世纪 80 年代以来，欧洲社会学理论为这一整合所做的努力主要表现在四位学者的工作上。这四位学者是：吉登斯（Anthony Giddens，1938—）、阿切尔（Margaret Archer，1943—）、布迪厄（Pierre Bourdieu，1930—2002）、哈贝马斯（Jürgen Habermas，1929—）。英国的两位社会学家吉登斯和阿切尔在关于能动性和结构的关系问题上，立场是对立的。吉登斯提出的结构化理论，将能动性和结构看成"二元性"，强调二者相互关联不能彼此分开。在吉登斯看来，行动者不单单受结构的限制，在结构面前，行动者具有使动性。阿切尔则拒绝吉登斯的二元性主张，认为能动性和结构能够而且应该是分开的，为了区分这二者，我们要有能力去分析它们彼此之间的关系。

法国社会学家布迪厄在他的理论中,以惯习和场域的关系来讨论能动和结构的主题。惯习是一种内化的精神结构或认知结构。人们通过惯习来与社会世界打交道。惯习既能产生社会又能由社会产生。场域是各种客观位置中的一种关系网络,场域的结构限制着能动者。布迪厄主张的是方法论上的关系主义。

德国社会理论家哈贝马斯则是在"生活世界殖民化"的题目下讨论能动和结构这一主题的。生活世界是一个人们互动与交往的微观世界,系统植根于这一世界,来源于这一世界,但是系统最终却发展出自己的结构特征。当这些结构产生出独立性和权力,就会对生活世界施加愈来愈多的控制。在现代世界,生活世界已经被系统"殖民化"了,亦即系统已经对生活世界施展出控制力量。

在欧洲,能动—结构这一主题是当今社会理论家所无法回避的。社会学理论在经过相当长的一段由美国社会学家支配的时期之后,其学术中心似乎又回归到其诞生之地——欧洲。而且,随着冷战的结束和欧洲两大阵营对立的消失,有的社会学家更认为现在"正在经历一个欧洲社会学的黄金时期"。

三、理论的综合

从 20 世纪 80 年代开始在美国出现的微观—宏观的整合以及在欧洲出现的能动—结构的整合,到 20 世纪 90 年代进一步形成了理论综合的运动。这一运动所涉及的就是将两种或更多的不同理论进行综合的广泛努力。当然这种综合的努力在社会学的历史上早已有之,但是当今这种理论综合的工作有两个明显的特点:第一,这种努力是具有普遍性的;第二,一般来说,这种综合的特点主要表现为不同理论流派相互承认和吸收对方的理论观点,而不是力图发展出大而全的社会学理论。

芝加哥大学社会学家莱维恩(Donald N. Levine,1931—2015)于

1991 年提出将齐美尔的思想与帕森斯的理论相结合。[①] 而以亚历山大为代表的新功能主义则力图从广泛的理论中,如马克思与涂尔干的理论、符号互动论、交换论、现象学、实用主义和常人方法学中吸取新的思想,克服传统的结构功能论的局限。符号互动论开始重新认识米德和布鲁默的理论,并且从现象学社会学、女权理论、交换论中借取各种观念,"力图用其他理论方法的瓦片来修补一个新的理论"。交换论则从符号互动论和网络理论中吸取灵感。后马克思主义则力图将主流社会学家的思想整合到马克思的理论中。后现代的马克思主义则是将后现代的思想与马克思的理论相结合。

　　另外,还存在着各种试图将社会学之外的思想融入社会学理论之中的努力,如生态社会学就将生态学、生物学、经济学、地理学等引入社会学。

小　结

　　西方社会学理论的产生有坚实的思想基础。古希腊的社会观和近代启蒙思想对社会学理论的出现产生了巨大的影响。西方社会学在19 世纪诞生以后,促使社会学理论得以发展的思想传统主要是英国的功利主义思想、法国大革命后的实证主义思想、德国的历史主义传统和美国的实用主义哲学。20 世纪 50 年代,西方爆发了"文化革命",批判旧的文化体制和学术权威。社会学同其他学科一样,表现出一种明显的反思性。这一时期的社会学家纷纷回到古典中去,重新解读、理解和评判传统的社会学理论。在这一社会学的反思运动中,社会学理论研究开始表现出方法论的综合、学科的综合和宏观理论与微观理论的综合趋势。

---

① 　Donald N. Levine. Simmel and Parsons Reconsidered. *American Journal of Sociology*, Vol. 96, No. 5 (Mar., 1991), pp. 1097—1116.

第一编　古典社会学理论

　　一般认为,社会学诞生于 19 世纪初的欧洲,法国人奥古斯特·孔德是其创始人。19 世纪 30 年代到 20 世纪 20 年代这一时期,被称为社会学的古典时期。在这一时期,社会学逐步从哲学中分化出来,形成了实证主义、批判主义、人文主义三个主要的理论传统和研究范式。[①]社会学的古典时期也诞生了一批卓越的社会理论家,特别是法国的孔德、涂尔干、托克维尔(Alexis de Tocqueville,1805—1859),英国的穆勒(John Stuart Mill,1806—1873)、斯宾塞(Herbert Spencer,1820—1903),德国的马克思、韦伯、齐美尔、滕尼斯(Ferdinand Tönnies,1855—1936)、桑巴特(Werner Sombart,1863—1941),以及意大利的帕累托(Vilfredo Pareto,1848—1923)等。他们的思想成就构成了古典社会学理论的主要来源。

　　在本编中,我们主要介绍孔德、斯宾塞、涂尔干的实证主义社会学理论,马克思的批判主义社会学理论,以及齐美尔、韦伯的人文主义社

---

　　① 关于三大范式的表述名称不尽一致,但具体所指基本一样。另外,也有学者认为是四大传统或范式,除了实证主义、批判主义、人文主义之外,还有行为主义。参见周晓虹. 社会学理论的基本范式及整合的可能性. 社会学研究,2002 年第 5 期;Randall Collins. *Four Sociological Traditions*. New York: Oxford University Press,1994.

会学理论。这些学者都是对当代社会学发展影响深远的古典社会理论家。其中,孔德创造了"社会学"这个学科名称,并赋予其在科学中的至高地位;斯宾塞建立了古典社会学第一个体系性理论——社会进化论;涂尔干则建立了实证主义社会学的研究范式,他的著作《自杀论》被公认为实证主义社会学经验研究的范例。在德国,马克思在批判欧洲近代哲学基础上建立的哲学和政治经济学产生了巨大影响,也形成了与实证主义不同的批判主义社会理论。齐美尔和韦伯稍后试图超越或综合上述两种思想传统,虽未完全成功,却独辟蹊径,成为人文主义社会学的滥觞。

第一章　孔德和斯宾塞的社会学理论

第一节　社会学与实证主义

　　"社会学"（sociology）与"实证主义"（positivism）是一对双胞胎。这不仅是因为发明了"社会学"一词的孔德同时也是实证主义的创始人，还因为实证主义和社会学都是现代科学的产物。实证主义为社会学提供了最早的元理论，也为社会学成为现代社会科学中的一门显学奠定了基石。

　　19世纪被称为"科学的世纪"。一方面，自然科学的繁荣发展使有关自然界的知识迅速增加，经典科学的基础体系逐步建立和完善起来；另一方面，自然科学在提高人类认识自然和改造自然的能力上取得了辉煌成就，成为占据主导地位并产生广泛影响的知识。按照科学史家丹皮尔(William Cecil Dampier,1867—1952)的看法,在 19 世纪,"人们对自然的、宇宙的整个观念改变了,因为我们认识到人类与其周围的世界一样遵循相同的物理定律与过程,不能与世界分开来考虑;而观察、归纳、演绎与实验的科学方法,不但可应用于纯科学原来的题材,而且在人类思想和行动的各种不同领域里差不多都可以应用。"①这就产生了一种科学主义或科学万能(scientism)的信念,认为科学的特殊原则和智力品质具有先天的优越性和普遍性,其态度和思想模式(方法)完全可以应用于科学之外的其他知识领域。在这种背景下,将自然科学中卓有成效的方法运用于社会生活领域,建立一门研究社会的科学便是势所必然。在他的《实证哲学教程》中,孔德所要建立的"社会学"即"关于社会的科学"(science of society),就是想要将社会现象与天体现象、物理现象、化学现象、生理现象一样,以科学的方法加以研究。

　　实证主义或实证哲学,简单地说就是一种兴起于 19 世纪的"科学宇宙观"(scientific cosmology)或科学主义哲学。实证主义的早期诠释者,除孔德外,还包括穆勒、斯宾塞和涂尔干。他们极其努力地概括和张扬了现代自然科学的世界观,并试图将其改造成为可以经世致用的经验方法论。就像中世纪的经院哲学是"神学之婢"一样,19 世纪的实证哲学是"科学之婢",实证主义者大都是科学主义者。他们继承了从洛克到休谟的经验主义传统,并将其由纯粹的认识论转变成可以实际运用的经验方法论。在他们看来,知识不再需要通过对感官领悟的批判来证明自己,而是必须付诸经验的调查,没有观察就没有真理。所谓经验,就是客观既存的事实,而科学就是对那些事实的观察和描述。受圣西门工业乌托邦思想及图尔哥(Anne Robert Jacques Turgot,1727—1781)历史哲学的影响,孔德等人还将体现实证主义精神的科学看成工业社会的世俗灵魂。"在孔德式的世界观里,实证主义是科学主义的最高表达;通过真理和客观知识的科学,能够为社会提供政治和道

---

① W.C.丹皮尔. 科学史. 李珩译. 北京:商务印书馆, 1975 年版,第 283 页。

德上的指引。"[1]

实证主义在社会学中的发展大体经历了两个阶段。第一个阶段从
19 世纪 30 年代开始至 20 世纪初,以孔德的实证哲学为基础,经由涂
尔干的方法论改造,实证主义与社会学相互建构、浑然一体。第二个阶
段始于 20 世纪 20 年代新实证主义的兴起,以维也纳学派的逻辑实证
主义哲学为基础,经由亨普尔(Carl Gustav Hempel,1905—1997)提出
的假设－检验的科学推理模型,逐步形成了现代社会学的研究范式。
这个阶段的实证主义是结构主义、功能主义、行为主义等现代社会学理
论的基础。尽管新老实证主义之间的哲学立场存在很大差异,但其主
要思想在现代社会学研究中仍然清晰可见。按照英国社会科学哲学家
德兰逊(Gerard Delanty)的概括,社会学实证主义的基本原则可概括
如下。

一是本体论自然主义。该原则认为,社会文化现象与自然现象本
质上是一样的,遵循同样的自然规律。

二是认识论经验主义。该原则强调经验和感性资料在社会学认识
中的重要作用,排斥思辨的社会哲学和形而上学,认为社会学知识的可
靠性和真理性取决于观察和检验。

三是方法论科学主义。该原则认为,社会科学知识应该以自然科
学为楷模,并采用它的方法论和主要方法。

四是价值中立。该原则认为,与自然科学一样,社会学只与"是什
么"有关,而与"应该是什么"无关;社会学家应该放弃对被研究的现象
和所获得的结果的本质做任何价值判断。

五是工具性知识。该原则认为,科学使预测成为可能,而预测则有
助于控制社会的进程,约束其自发性和破坏性;因而社会知识本质上是
实践取向的。[2]

① 吉尔德·德兰逊. 社会科学:超越建构论和实在论. 张茂元译. 长春:吉林人民出版
社,2005 年版,第 20 页.
② 吉尔德·德兰逊. 社会科学:超越建构论和实在论. 张茂元译. 长春:吉林人民出版
社,2005 年版,第 2－3 页.

实证主义以自己的方式同时继承了欧洲的经验主义和理性主义传统,在古典社会学和现代社会学中一直占据着中心地位。20 世纪 60 年代之后,实证主义虽然受到了各种反实证主义社会学的批判,修正了部分较为极端的立场,但其影响仍然根深蒂固。

第二节　孔德的实证社会学

奥古斯特·孔德(August Comte,1798—1857),法国实证主义哲学家,"社会学"概念的提出者,被称为"社会学之父"。

奥古斯特·孔德

孔德出生在法国的蒙彼利埃市,16 岁时就读于法国巴黎综合工业学校。孔德曾任圣西门的秘书,在学术研究方面与圣西门合作达七年之久,深受圣西门影响。1826 年,孔德总结自己已获得的各方面知识,设坛讲授自己的哲学思想,并逐步形成了自己的哲学体系——实证主义。他于 1839 年到 1842 年所著的《实证哲学教程》(共 6 卷),完整地阐述了他的实证主义理论体系。1851 年至 1854 年,他又写了《实证政治体系》(共 4 卷),对实证主义理论做了进一步阐释。《实证政治体系》是他的一部重要的社会学著作和政治理论著作。在这部著作中,他阐发了"社会静力学"和"社会动力学"思想。除了以上两部巨著外,孔德还著有《论实证哲学的精神》(1844)、《实证哲学概论》(1848)、《实证主义手册》(1851)、《实证主义问答》(1852)、《向保守主义者的呼吁》(1885)、《主观的综合》(1856)等著作。

孔德到了晚年(1848 年以后),醉心于"人道教"的建立,设计了一整套宗教仪式和僧侣制度。1857 年 9 月 5 日孔德因癌症去世。

一、实证社会学

16 世纪以来的自然科学十分强调观察和实验,要求知识的"确实性"或"实证性",否定、抛弃空洞且荒诞的中世纪经验哲学。空想社会主义者圣西门说,过去是"神学的时代",现在是"实证的时代"。孔德的"实证"一词直接来源于圣西门的著作。孔德认为,19 世纪的人类已经进化到了"实证的时期",在这个时期里,经验认识可以用于理解社会现象。在孔德看来,"实证"一词具有五个方面的含义。[①]

第一,实证意味着真实。所谓"真实",指知识要注重研究我们的智慧真正所能及的事物,撇开虚幻神秘的东西。

第二,实证意味着有用。所谓"有用",指知识必须能够有益于不断改善我们个人和集体的现实境况,反对以知识去满足人的无用的、空泛的好奇心。

第三,实证意味着肯定。所谓"肯定",指必须善于在个体中建立合乎逻辑的和谐,在整个群体中形成一致的精神,以免引起无穷的疑惑和无尽的争论。

第四,实证意味着精确。所谓"精确",就是我们的知识与现象的性质相协调,并符合我们的需要所要求的精确度,抛弃模糊的认识和主张。

第五,实证意味着相对。所谓"相对",指知识具有相对的意义,必须反对以往哲学追求绝对知识的倾向。知识之所以是相对的,是因为人们对现象的研究总是受到内在和外在状况的限制。

孔德依据实证主义原则,研究了人类智力发展的历史,提出了人类智力演化的三阶段法则,逻辑地构造出一个"科学的等级体系",并提出了"社会学"这一概念。

在孔德看来,我们的每一种主要观念、主要概念,以及每一个知识部门,都先后经过三种不同的理论阶段:神学阶段,又名虚构阶段;形而上学阶段,又名抽象阶段;科学阶段,又名实证阶段。

---

① 孔德.论实证精神.黄建华译.北京:商务印书馆,2001 年版,第 29—31 页.

神学阶段,是人类思维发展的最初阶段,是人类智慧的必然出发点。在这个阶段,神学占统治地位,人类解释各种现象的存在,都归因于生命体或与人类相似的力量。在这一阶段,人类智力的特征是:自由幻想,寻找事物现象的根源,探索万物的内在本质,追究事物的最后原因,即要求获得绝对的知识。于是,人们对自己所不能及的情况,便求助于超自然的力量——神,用神学的思维方法来解释探究世界上各种现象的原因。在此阶段,早期的科学知识也是受神学思维统治的,天文学表现为占星术,化学表现为炼金术,学科知识完全是虚构的,没有科学性。

形而上学阶段,是人类思维发展的过渡性阶段。在这个阶段,人们乞灵于抽象的实体,以形而上学(超经验)的抽象概念代替了超自然的"神力",用形而上学的思维方法来解释一切,以求获得关于事物的本质的绝对知识。在此阶段,科学知识受形而上学的支配,力求在经验的自然现象背后寻找抽象的物质或精神的本性,各种科学知识都是由形而上学的抽象概念构成。

实证阶段,是人类智力发展的最高阶段。在这一阶段,人类只观察各种现象,并找出各种现象之间在某个时期或过去可能存在的经常联系。人们不想找出事情的缘由,而只是想找出支配各种现象的规律。就是说,在这个阶段人们不再以虚构的超自然的主体或抽象的原则来解释经验现象,"不再探索宇宙的起源和目的,不再求知各种现象的内在原因",而把知识"局限在经验事实的范围内",以"发现现象的实际规律",即发现它们的先后不变的关系和相似关系。所以,这一阶段的科学知识都是经验的、实证的知识。

孔德认为,人类知识从神学时代到形而上学时代进而到实证时代,是由简到繁、由低到高的发展过程。实证方法首先是在数学领域里得到实现的,而后相继在天文学、物理学、化学和生物学等学科上得到实现。在复杂的社会科学领域,实证主义尚未实现。但借助于生物学这一过渡性的学科,实证主义"最终也应当在政治学领域里取得胜利,并达到创建一门新的实证社会科学——社会学的目的"①。因为生物学使人类研究自然现象的方法论发生了根本性的变化，即从分析性的科学走向综合性的科学。正是这一变化，为社会学的产生奠定了基础。

孔德进一步解释说，物理学和化学都研究自然界中孤立现象的规律(这些现象的孤立是必然的、合理的)，是分析性的科学。而生物学与之相反，它研究生命体的全貌，即生命有机体的构造、功用及其生命发展的一般法则。生物学是综合性的科学，总是在生命体的全貌或整体里去解释某一器官或某种功能。某一特定的生物现象只有在与整个机体相比之下才有自己的意义并能够得到解释。如果硬是人为地把某一成分从某一生物体中割裂开来，那么所能得到的只是一种无生命的物质。

孔德将这种"整体先于局部"的思想移植到社会学中：他一方面强调，人们应将某一特定的社会现象放在整个社会之中去加以认识与理解；另一方面又强调，只有注重对整个社会的研究，才能正确地认识与理解某个特定社会的宗教情况或国家的确切形式。例如，19世纪法国社会的情况，只有被置于法国历史的持续发展中才能被人们深刻理解；法国王朝复辟只有通过大革命才能理解，而大革命则只能通过几个世纪的君主政体来理解；神权和尚武精神的衰落，只有从过去的好几个世纪中找出其原因。一句话，只有研究社会整体本身，才能理解构成社会整体的各个部分；只有研究历史的全部变化，才能理解某个时期、某个时期的某个阶段的变化。

孔德还认为，作为生物学范畴里的单一有机体和作为社会学范畴的社会有机体，二者之间具有一致性：生物有机体可以分解为细胞、生理组织、生理器官，社会有机体可以分解为家庭(细胞)、阶级(社会等级、特有的组织)、城市和公社(器官)。

"实证社会学"到底是一门什么样的学科？孔德认为，社会学同其他学科一样也是研究运动规律的学科。他指出，在数学和天文学领域里"没有意识的自由"，因为数学是学科中最先出现的，也是最完备的一

---

① 雷蒙·阿隆.社会学主要思潮.葛智强等译.北京:华夏出版社,2000年版,第49页.

门科学,它是研究自然法则的武器与工具。天文学则是研究天体运动、寻找天体运动的一般法则的科学。与此相同,社会科学领域"也不可有更多的意识自由",因为它是研究人类社会秩序与进步的一般法则的科学。社会学是一门纵览历史的科学,它既从历史的角度研究人类社会曾经发生过的社会历史事实(存在过的东西),又要注重研究目前现实社会存在的社会问题(目前存在的东西),而且从决定论的必然意义上来说它还应当研究人类社会的未来发展(将会存在的东西),这样才是合乎逻辑的。

实证社会学如何开展研究,换言之,如何收集社会世界的事实并发展和检验理论?孔德提出,为了获得实证知识,需要四种主要方法。(1)观察:观察法可以分为直接观察和间接观察,直接观察是观察者直接接触正在发生的社会现象,间接观察则是通过对历史遗留下来的风俗、礼仪和语言等进行分析,获得有关社会历史和文化遗迹的资料。(2)实验:利用社会发展的特殊状态进行实验,当社会正常进程受到确定方式的干扰时,实验的作用就表现出来,使人们有机会发现正常社会的规律。(3)比较:只有通过比较,社会学家才能简化观察和实验所收集到的资料,发现形式规律。(4)历史分析:历史分析法是对社会发展的先后和连续方面进行考察,把不同社会现象依照其发展顺序加以排列,从中分离出历史因素和现实因素,揭示其增减盛衰的趋势,从而把握社会发展规律。

从以上分析,我们可以清楚地看到,孔德主张以自然科学的"实证精神"来建立社会秩序,并顺应自然科学发展的潮流,创立一门新学科——实证社会学。另外,从孔德创造的"三阶段说",我们还可以看到,他的目的是提高自己实证哲学和实证社会学的地位,把它与近代实验科学相提并论,说明它是"最后完成"的最完备的科学理论。尽管如此,我们不得不承认,对于社会学概念的提出和为将其建设成为一门独立学科的努力,无疑是孔德对社会学的贡献。

二、社会静力学

孔德在 1851 至 1854 年间出版的四卷本《实证政治体系》一书中较

为全面地阐述了他的实证社会学思想。他将社会学的基本内容划分为社会静力学与社会动力学两个部分:前者揭示人类社会的基本秩序,后者探讨人类社会的进步。动力学从属于静力学,"进步就是秩序的发展"。

孔德的社会静力学是研究各种社会的基本秩序及某个特定整体的各个机构之间的相互关系。也就是说,社会静力学旨在揭示人类社会的基本秩序。它从社会的"横断面",静态地考察人类社会的结构和制度,寻找和确立维护人类社会的共存和秩序的原则。

孔德为什么要寻找和确立维护人类社会的共存和秩序的原则?因为,孔德生活在法国大革命之后,面临的是"革命后遗症"所带来的社会的、政治的和道德的巨大危机和思想、精神的无政府状态。他认为人类社会最严重的不幸在于现在所有的人之间对一切基本的准则存在着深刻的分歧,而这种准则的稳定,是保证真正的社会秩序的首要条件。因此,他认为寻找或重铸一种符合于时代的精神、现代文明需要的具有普通性质的实证理论,是实证哲学的任务。

孔德的社会静力学是"重建社会秩序"的宏观构想。"秩序"是孔德"社会静力学"中的一个重要的、核心的范畴。孔德的静力学在逻辑上包括两个部分的内容:人性结构和社会性质结构。

孔德认为,人性支配人类的活动。他试图借助对人的本性的解释去了解社会历史,并在人性中找到社会秩序的根基,找到维持人类社会秩序的价值原则和道德力量。孔德认为,人性具有双重或三重性质。它由情感、活动和才智所构成。情感是人类的灵魂,是人的行为的动力。情感的历史就是人性的利他主义的发展过程。活动的历史是由军事阶段转为工业阶段的过程。用马克思的话来说,就是从人与人之间的斗争变为人对自然的战斗。智力的历史是从唯物主义向实证主义发展的过程。孔德强调,人类行为是受情感"支配"与"决定"的。因为情感可以区分为利己主义的东西和利他主义或无私精神,它决定着社会的起源与性质。利己主义,即为自己打算,使自己个人利益和欲望得到满足。这种纯粹的利己主义行为,可扩大为与他人关系中的一些禀性,如军事上和工业上的利己行为。军事上的利己行为是一种推动人们去战胜障碍,保卫民族利益、团体地位的力量。工业上的利己行为是促使人们去创造或制造生产工具,获取社会的物质利益,满足人类社会物质文明需要的力量。

孔德还强调非利己主义即利他主义在社会发展过程中的作用。他指出,利他主义有三种禀性:(1)敬慕(人与人之间的平等);(2)崇敬(儿子对父亲、学生对老师、下级对上级);(3)仁爱(爱戴与崇敬行为的扩展),即在人类宗教中发扬光大的"仁慈之爱"。人性的这些禀性维持着社会秩序。孔德在说到利己主义与利他主义的关系时指出,人首先是利己的,其次是利他的,进而发展成无私和友爱。他说,人类早期是利己心超过利他心的,因而野蛮人要互相残杀。资本家之所以要拼命剥削,工人之所以要罢工、进行斗争,社会之所以动乱,其原因就是利己思想超过利他的思想。随着文化的发展、社会的进步,利他的思想逐渐有了发展,利己心和利他心达到一致和谐,从而维持人类社会的共存与秩序。

为了说明这一点,他以家庭为例。

在孔德看来,家庭就是人性中实现利己心和利他心和谐一致的一种形式,也是实现"社会协调"的最基本的方式。家庭是社会的细胞、社会的最基本单位。家庭联结过去和未来,"在家庭里,人类有历史持续性的经验,并掌握了文明条件,会把物质财富和精神知识一代一代传下去"[①],使社会得以绵延下去。

孔德指出,家庭是人以自然的情爱为基础而建立起来的一个初级群体,是两性的结合,又是父母、子女等亲情的结合。在家庭里,兄弟间、姊妹间的关系是平等的关系,子女与父母的关系是崇敬的关系,父母与子女的关系是慈爱的关系,丈夫和妻子的关系是复杂的指挥和服从的关系。在家庭里,感情是主要的,智力是次要的,彼此应有合作互爱精神,又要有顺从原则。家庭成员从利己的动机出发,结果是既爱自己又爱家人。这样一来,人性中的利己心与利他心两重性达到了一致与和谐。孔德认为,这种关系扩展到社会,社会就可能实现和谐一致。

---

① 雷蒙·阿隆.社会学主要思潮.葛智强等译.北京:华夏出版社,2000年版,第71页.

诚然，社会毕竟与家庭有区别。家庭关系靠家长调节，社会关系则由政府调节。社会在本质上是建立在社会分工基础上的爱好群居的人们的"合作"。孔德强调，在社会中智力是主要的，人们是在共同的愿望、信仰、情感、意识、道德规范和社会分工的基础上进行"社会合作"的。所以，社会也要像家庭一样，各阶级的人们应当安于自己的职业，相互合作、相互友爱、相互同情，平民应服从领袖、服从政府所规定的社会秩序。只有这样，才能有普遍幸福的社会。一切社会问题的解决都应从"普遍的爱""普遍的同情"的原则出发，而绝不应从破坏现有的秩序出发。

孔德指出，社会愈进步，它的阶级、组织、机构愈复杂，它就愈需要更好的和谐与协调。国家和政府具有强大的社会控制力：(1)在思想方面，抑制或防止社会内部思想、感情和利益的分化倾向；(2)在物质方面，保障人们的财产和人身安全。政府活动以有效的控制手段，监控社会成员在实现人类公共社会秩序的过程中充分履行自己的职责。

孔德认为，宗教缔造社会秩序。它永远具有使人类集体或个人之间和谐相处的特点。它具有人类人性的全部禀性：情感、精神和活动。精神方面的东西，即教理。情感方面的东西，即在崇敬中所表现出来的仁爱。实际活动方面的东西，即制度。崇敬支配情感，制度支配信徒的公私行为。一句话，宗教可以调节人类内部生活，把人类联系在一起，在共同的信仰的支配下，共同生活、共同行动。在孔德看来，正是宗教用无私和仁爱对人们进行精神和道德教育。克服利己思想，彼此友善合作。他说，社会需要宗教，它是一种能巩固和节制俗权的教权。所以，每个政府为使统治和服从神圣化并加以控制都要支持宗教。由此可见，在孔德的社会静力学中，宗教被看作人类最高教义、人类社会关系的主要准则，是人类社会"共存和继续""秩序和进步"的保证。

孔德还认为，语言、所有制和社会组织（社会劳动分工）在维护社会秩序方面也发挥着十分重要的作用，是人类社会历史能持续发展的推动力。语言在人类精神生活中起着根本的作用。孔德认为，在现实社会中，一方面，语言是人们进行思想交流、相互沟通、达成共识的工具，它帮助人类获得全部人文、理论和实际知识，使人们获得一种社会能力,进行社会合作,维持社会的共存。另一方面,语言作为人类才智的反映,具有积累与传承的功能。人类通过语言这一载体把先辈的思想和文化继承下来,传给"新的合作者";同时又可以通过语言(这里的语言实际上指广义的文化)追溯到久远的过去,预测与展望未来,使社会持续发展。制度与社会组织在人类物质活动中所起的作用也极为重要。孔德认为,所有制是能动社会的反映,具有与语言同样的特征。他认为,作为文明的职能,所有制是人类的物质产品超出了创造产品的人的生存需要,然后将创造的财富传给下一代。人类之所以存在,就是因为财富的积累与传承,维护人类社会世代的持续。活着的人继承了死去的人的思想文化与物质财富,在此基础上,再去创造新的财富。所有制以物质力量的形式把人们联系在一起,调节人类的社会生活。在孔德看来,社会秩序也依靠与其有关的劳动分工和经济合作。个人进行经济活动以满足自身的需要。然而随着劳动分工的出现,每个人在参加经济活动中意识到人与人之间的相互依赖性从而进行合作,在此基础上出现了新的社会联系。劳动分工促进了工业发展,专业化的相应发展也促进了个人主义。同时人们之间的相互依赖程度增加了。因此,高度发达的劳动分工造成人们之间的相互依赖,使一个复杂的社会有了稳定的秩序。[①]

孔德从静力学的角度剖析了人类社会结构,说明了维持人类社会秩序的原则,解释了历史变化的可能性及必要性。更为重要的是,孔德的静力学说明了在同一社会、同一时期、同一阶段,构成社会的细胞、组织、器官等组成部分在维持社会秩序中具有的不同功能,以及它们之间的相互作用和相互影响。

三、社会动力学

孔德实证社会学的另一部分内容,即社会动力学。社会动力学综观的是人类理性和人类社会发展的必要阶段,叙述的是社会基本秩序

---

① D.P. 约翰逊. 社会学理论. 南开大学社会学系译. 北京:中国国际文化出版公司, 1988 年版,第 108 页.

在达到实证主义这一最终阶段之前所经过的曲折历程。可见,社会动力学是从纵观的维度动态地研究社会的变迁与进化的。

孔德在《实证哲学教程》第五卷、《实证政治体系》第三卷中指出,社会历史由一个阶段向另一个阶段的过渡,其根本原因是全部社会现实的各部门的矛盾。引起社会整体瓦解和下一个阶段到来的原因,不是在政治方面或经济方面,就是在智力方面。智力的变化尤其重要,人类历史的几个重大阶段都是由思想方法所决定的。根据"人类智力发展的根本规律"(即前述三阶段法则),孔德将人类社会变迁与进步的历史进程分为三个阶段:军事阶段、过渡阶段、工业阶段。

军事阶段,是智力的神学阶段,它的范围是从远古至中世纪早期。这一时期,政治上宣扬"君权神授",政治制度是"君主专政"。城邦的建立和土地制度的确立,就是这一征服制度的产物。人们在征服制度的统治下,为着共同好恶的利益,对神灵和军事长官无限地崇拜。军事阶段是以军事、战争为主的古代社会。

过渡阶段,相当于智力的形而上学阶段。孔德认为,这一阶段的主要特征是用防御性的军事组织代替进攻性的组织,用抽象的概念及原则取代神学,由对神灵与军事的崇拜转向对自然与科学的崇拜。孔德称这一阶段为"西方革命"的时期,其表现是:(1)上帝不复存在,科学思想将支配现代人的才智;(2)封建机构或君主制组织与神学一起正在消亡,国家政治组织由君主专政转向共和制;(3)具有新时代特征的科学思想成为新社会秩序的精神和道德基础;(4)最重要的社会活动不再是一部分人反对另一部分人的战争,而是人与自然的斗争;(5)学者和实业家(企业家和银行家)将统治我们的时代。总之,在这一时期,由于法国资产阶级革命,使社会由神学阶段到形而上学阶段逐步地向实证社会过渡。这一时期是以自然法学理论为根据的重视人权和法制的社会。

工业阶段(实证社会),智力发展的实证阶段,它是人类社会物质文明的顶峰。工业发达,"把注意力从剥削其他社会转到开发自然上来了"。追求实证知识,即既用实证方法研究数学、天文、物理、化学和生物,又延伸到思想的其他方面。工业社会(资本主义社会或实证社会)

表现出以下特征:(1)工业是科学的劳动组织形式,生产的目的是获得最大的效益;(2)工业的发展使大量的人类资源获得开发与利用;(3)工业的发展使财富不断增加,工厂里集结着大批的工人;(4)在工厂里工人和资本家之间存在着潜在的矛盾或公开的对立;(5)由于工业生产劳动的科学性不断增强,生产过剩的危机日益增多,其结果是在物质丰富的情况下制造了贫困,令人愤慨的是正当千百万人备受贫困之苦的时候,大量商品都卖不出去;(6)与劳动组织工业化和科学化相联系的经济制度的特点是自由贸易及企业主和商人追逐利润,它是开发财富的根本条件。[①] 在孔德看来,工业社会的这些特点说明,资本主义社会的法则就是发展财富,谋求最终的利益。他构想未来的社会(实证社会)是劳动至上、劳动价值至上的社会,社会将会由牧师、银行家和企业家共同管理。在实证社会里学者与牧师发挥着特殊的作用,协调人的感情,帮助人们承认国家治理者的权威,节制权贵的专横和利己行为,教育人们热爱他人,对社会、对集体履行自己的责任与义务,克服利己思想,保证维持社会的共存与有序发展。

孔德除了把以上所分析的理性因素看成社会发展动力之外,还特别注意到影响社会进步与变迁的其他的一些因素。他认为,死亡、人口、种族、气候、道德价值的精神和政治活动等,对社会的进化都有影响作用。孔德指出,所有政治活动的过程都取决于环境、机遇和伟大人物,但个人无法改变历史进程。孔德以拿破仑为例说,一个君王,不管他如何伟大,一旦在时代性质问题上犯了错误,最终难以名垂史册。

孔德强调,青年人基本上是进步的,老年人基本上是保守的,死亡就防止了老年人成为社会进步的严重阻力。假如人类的生命延长 10 倍,社会进步就会受到很大的阻碍。

种族差异也影响制约着社会的进步。他认为,黑种人的首要特点是重感情,这只是道德上的优点,但智力稍差。"为什么白种人在社会发展的主要方面拥有如此明显的实际特权"? 原因在于在白种人组织

---

① 雷蒙·阿隆.社会学主要思潮.葛智强等译.北京:华夏出版社,2000 年版,第 53—54页.

中，"尤其是在大脑系统中发现了他们实际优越性的某些积极的苗子"。[①] 由于种族的差异，人类社会的不同民族、国家是以不同的方式进化的，从而形成社会历史的差异。

孔德指出，气候与地理环境是人类各个民族、国家历处的全部自然条件。每个社会都曾经遇到过许多大大小小的困难需要克服，也曾有过有利或不太有利的地理环境。这些都成为推动或阻碍社会进步的因素之一。"为什么欧洲是这种占优势地位的文明的发祥地……"，原因是欧洲地处温带，有一片令人赞叹的地中海流域。自从航海术有了相当的发展以来，最迅速的社会进步总是首先在这一地区实现。这一地区的铁和煤产量丰富，这是得天独厚的自然条件，无疑为加速这一地区的人类进化做出了巨大的贡献。在生物学方面，无论从植物学还是从动物学角度来说，这一地区最适宜于主要食用作物的种植，又最有利于珍稀家畜的饲养。这些条件必然在某种程度上对欧洲国家迄今为止在人类进化中一直处在优势地位起着作用。

孔德的社会动力学思想虽然包含着合理的因素，但他讲的"规律"是主观规律，即人类思想发展必然经过的三个阶段的"规律"。他对人类社会的形成和发展的解释，自始至终都离开了社会生产的发展，单纯强调"精神""理性"的作用，因而最终不得不用人性、人的本能和道德感情的演变来作为社会形成与发展的实质，把人的智力或理性的发展作为这一过程的根本动力。他的社会动力学总的来说是建立于唯心主义基础上的。

第三节　斯宾塞的社会进化论

赫伯特·斯宾塞（Herbert Spencer，1820—1903），英国实证主义

---

① 雷蒙·阿隆. 社会学主要思潮. 葛智强等译. 北京：华夏出版社，2000 年版，第 87 页.

哲学家，"社会达尔文主义之父"，现代社会学的早期创始人之一。

斯宾塞出生于英格兰德比郡（Derbyshire）的教育世家，祖父、父亲、叔父都是教师。他幼时体弱多病，青年时期做过铁路技术员，后弃工从文。1848年至1853年，斯宾塞任英国最有威望的金融经济周刊《经济学家》的编辑。斯宾塞于1850年开始研究孔德的著作，1851年发表了第一部社会学专著《社会静力学》，1852年依据拉马克的进化理论撰写出版了《进化的假说》一书，较为系统地阐发了社会进化的思想。1858年斯宾塞开始按照进化论学说构

赫伯特·斯宾塞

思他的统一各门科学的"综合哲学"，1862—1896年陆续出版，包括《第一原理》《生物学原理》《心理学原理》《社会学原理》《伦理学原理》等五大部分。其中最主要的是《第一原理》和《社会学原理》，前者系统地阐述了他的哲学思想，后者阐述了他的社会学思想。

斯宾塞的思想深得当时英国资产阶级和知识界精英的赏识，被视为学术界的"思想泰斗""维多利亚英国的亚里士多德"。1903年12月他在苏塞克斯郡去世，享年83岁。

一、社会有机体论

斯宾塞作为实证主义社会学的创始人之一，其思想体系与孔德的思想体系既有联系也有差异。在社会有机体论方面，他提出了与孔德一样的思想观点，即社会是一个有机整体。但是斯宾塞的社会有机体论比孔德的社会有机体论，在思想上更为深入全面。

斯宾塞认为，整个世界是由若干部分或领域构成的，这些领域是：无机领域（物理学方面、化学方面），有机领域（生物学方面、心理学方面）和超机领域（社会学方面）。他认为，有机体和超机体这两类物体都展示了"类似的有机原理"，这种类似能够通过首要的原理逻辑地推演出来。所以，他依据生物有机体（生物）来推演社会有机体，从而说明社会的性质。

在《社会学原理》第二卷的第二部分，斯宾塞提出了"社会有机体"

的著名论断。他认为,社会与有机体一样具有结构性、功能性和相互依赖性。在他看来,生物有机体的生长和增长的现象是一个不断生长、由简单到复杂的过程。当有机体的规模或体积增大时,其结构也会随之扩大,结构会变得比较复杂和有所差异。结构上的分化同时也伴随着功能上的分化,从而使其机体中具有差异的各部分具有不同的功能,维持着有机体整个系统结构的"生命"。社会有机体的进化过程也是这样的一种过程。比如,在原始社会中,社会结构简单且单一,社会的同质性和综合性较高。在这样一个简单而没有分化的社会里,个人或一部分人既是猎手又是武士。随着历史的发展,社会结构日益变得复杂,由单一结构转化为多元结构,由同质性结构转化为异质性结构。伴随着社会结构分化,社会各部分的功能也呈现出了分化的现象,猎手和武士的角色已不再由同一个人或同一部分人担任,角色和功能呈现出专门化的趋势。猎手专门从事狩猎,武士专门从事军事,管理者专门从事管理。社会各部分执行着各种不同的功能。

尽管社会有机体的各部分变得不同,并且有不同的功能,但结构愈复杂、功能愈分化,其各部分间的功能联系愈紧密,相互依赖的程度愈高,各种功能配合协调愈趋密切,形成了一个具有整体性的社会有机体。它们相互依存、相互凭借,推动机体的进化。

斯宾塞还认为,复杂社会在结构上比简单社会更脆弱,同时,整体总要受到其组成部分的功能运作过程的影响与制约。因为在简单社会中,各部分的功能基本相同,功能可以替代。而在复杂社会中,一个功能丧失的部分不能由其他部分替代,功能不可替代。正因如此,在复杂社会中,社会结构的整合要求也越来越高,社会需要一个能够控制并协调各部分行动的"管理系统",以调节各部分间的活动,保证社会整体活动的正常进行。

斯宾塞将社会有机体与生物有机体进行比较,指出了彼此之间的不同。

第一,在有机整体和社会整体中,在要素的联系程度或构造上,存在着极大的差异:(1)生物有机体是一个由单元(细胞)紧密结合而构成的实在统一的有形体,并且各组成部分的位置是非常固定的;(2)社会则是一个松散的、彼此结合不牢、由一些基本单元(个人)分散而自由构成的分离的统一的无形体,社会各组成部分的位置是相对固定的。

第二,在联系模式方面,有机系统和社会有机体之间存在着差异:(1)生物系统依靠有生命力的物质而存在,即依靠物理和化学的作用维持其生长;(2)社会系统依赖符号而存在,即依靠情感、语言、文字、艺术和思想系统沟通与维持社会各部分与整体进行正常的社会生活和社会活动。

第三,在意识层次上,在有机体和社会构成要素的意愿层次上存在着差异:(1)生物体中只有一种单位才有意识,即神经系统,其他部位缺少感受能力;(2)而社会意识则分散在各个部分,社会中的所有单位都是有意识的,这种分散的社会意识是通过"管理系统"调节整合的。在斯宾塞看来,社会成员或社会各个部分既是可以自由活动的,又是彼此之间明确分工、密切合作的,通过合作达到均衡,发挥社会有机体的作用。各种创造物,每一种都同样尽量在它们的部分之间显得为整体利益而合作。社会有机体也是这样。从这个意义上看,生物有机体的部分是为整体而存在的,而社会有机体是整体存在于部分之中。只有通过合作,复杂的社会有机体才能走向一种多元性的和最复杂的、运动的均衡整体。

斯宾塞通过以上的比较分析进一步指出,"社会有机体如同单个的有机体一样,机能的均衡引起了结构的均衡",从而使社会得以生存、进化。生物机体中包含了营养、循环(分配)和调节(神经)这三个系统,它们各司其职;社会有机体也存在着三个系统,即营养(生产)、分配循环(商业、交通、银行)、调节(管理机构、统治机构和政府)等系统。相应于这三个系统,社会中的人就必然分化为三个不同的阶级,即担负营养(生产)功能的劳动阶级(工人和农民),担负分配功能的商人阶级,调节生产分配以至整个社会的工业资产阶级。这三个阶级各有职司、缺一不可,少了一个,整个社会有机体就会失去均衡,社会就不能存在。因此,斯宾塞认为,这三个阶级的同时存在是社会有机体的本性所决定的,是永恒的。消灭资产阶级,社会有机体就会遭到破坏。这种理论显然是为论证资本主义制度下的阶级压迫服务的。

从以上分析与介绍,我们可以看到,斯宾塞有将社会学生物化的倾向。这是 19 世纪下叶西方哲学社会科学中的一种流行倾向,许多哲学和社会科学流派如实证主义、新康德主义、马赫主义、社会达尔文主义、庸俗唯物主义等,都宣扬这种思想观点。对于这样的思想观点,列宁曾做过严肃的批评。他指出,依靠生物学"是不能对社会现象做任何研究,不能对社会科学的方法做任何说明的","生物学的一般概念,如果被搬用于社会科学的领域,就变成了空话"。①

二、社会进化论

社会进化论也是斯宾塞社会学思想的主要组成部分,他的实证社会学思想的基本出发点就是"进化"。他在 1855 年面世的《心理学原理》一书中指出,人类精神的进化是由外界刺激所引起的。在 1857 年发表的一篇论文《进步:它的规律和原因》中,他又提出了普遍进化论的法则:"宇宙间一切都在进化。"上至天体的形成,下至物种、人种的起源,从无机界到有机界,从自然领域到人类社会,均受进化规律的支配。在斯宾塞看来,"进化"是恒久的、普遍的,现象世界始终处于历史进化或普遍进化之中。原因是物质不灭、运动继续和力的持久。其中力的持久是主要的,"力"决定了进化的普遍性与持久性。

斯宾塞的这种普遍进化的思想,后来在达尔文于 1859 年出版的《物种起源》一书中获得了科学的证明。事实上,达尔文的生物进化论思想对社会科学的影响既深又广。有些社会理论采纳达尔文的某些观点,如自然选择说,去解释社会进步。有些社会发展理论直接用达尔文的自然进化法则,去说明社会的进步与变迁,甚至直接借用他的概念与方法。

什么是"进化"? 斯宾塞解释说,"进化"是物体的一种集成,这种集成又随运动而分散,在这个集成与分散的过程中,物体由不确定的、分散的同质状态发展到确定的、凝聚的异质状态。宇宙中的事物原来是

---

① 列宁.唯物主义和经验主义.见《列宁选集》第 2 卷.北京:人民出版社,1995 年版,第 225 页.

分散的,由于"力"的作用,性质相同的物体的粒子结合起来,这种结合是靠运动进行的;粒子结合起来了,成了确定的物体了,它们的"力"便失去了。因此结合的过程就是运动的消失过程。由粒子结合成的物体由于有不同"结构",于是便有了不同的质,因此进化也是由同质向异质转化。在斯宾塞看来,宇宙间的一切事物就是这样由简单到复杂、由不确定到确定、由同质到异质的变化过程。他认为普遍进化的法则不仅适用于自然界,也适用于社会领域。他举例说,人类社会在开始时,每一个个体既是作战者,又是耕地者;既烘烤面包,又制造工具。随后出现的军人、农民、面包师傅和铁匠,便构成了不同的社会阶层。这就是从同质到异质的转化过程。人类社会通过个体的集成,经由运动的分散,凝聚为部族、城邦。人类社会的进化过程,从集成到均衡,呈现出量的演化。通过从物理学那里借用概念与方法,斯宾塞把人类社会的进步描述为:由于外力作用从同质性社会向异质性社会,持续的、没有倒退的和不间断的、直线的运行、转化的过程。这是他早期的思想。

斯宾塞后来在他成熟时期的著作《社会学原理》(1896)一书中指出,社会进化在总体上是前进的,但并不排除在具体的社会中可能会出现暂时的倒退现象,因而社会进化的过程并不是直线的(英国社会在19世纪末期出现的社会冲突与社会危机就说明这一点)。在他看来,人类社会的进化是必然的,出现暂时的倒退现象也是客观存在的。这种倒退不是落后,而是与社会发展、社会环境相适应。因为在社会进化的过程中,社会部分地受先前社会生活所决定,部分地受新的社会环境的影响和制约,进化的过程出现发散现象,即倒退现象。于是,地球上呈现出各种不同形态的社会。这些不同形态的社会,就像各种类型的个体有机体一样,是一些平面进化的分散和再分散的群体。

斯宾塞对人类社会进步这样一个复杂的社会现象,从平面进化论的观点出发去加以解释,显得苍白无力。人类社会的进步是一个自然的历史过程,不受人类的有意识活动所支配、决定。所以,斯宾塞的社会进化的思想是建立在唯心主义哲学的基础上的。

斯宾塞在谈到人类进化的原动力时指出,"优胜劣汰,物竞天择"是自然和社会进化的动力原则。社会进化的过程,正如生物进化过程一样,生存竞争的原则是起着支配作用的。他同时借用生物学的概念来解释人类社会中人与人之间、民族与民族之间、国与国之间的一切关系,认为它们之间必然进行着"生存竞争"。通过生存竞争,个人、种族、国家分裂为优劣等级。劣等的种族(或民族),由于不适应进化规律,只能受优等民族(或种族)统治与指挥,最终将在社会进化中被优等民族(或种族)所淘汰。而优等民族(或种族)是最适应进化规律的民族,即最符合"适者生存"的法则的优秀民族,因而他们是天然的统治者,支配、控制着劣等民族的命运。斯宾塞宣称盎格鲁—撒克逊人天然就是优等民族,他们能成为全世界的天然统治者是必然的。在他看来,人类社会进化就是在有生命力的个人、民族与无生命力的个人、民族的竞争中得以实现的。人类社会进化的必然结果就像生物进化的结果一样:"优胜劣汰""优存劣亡"。这就是人类社会"适者生存"的进化法则。

　　斯宾塞认为,"适者生存"的社会进化法则与社会环境有着密切的关系。化学元素在不同温度下有不同的活动,不同的物理因子促成动植物的不同变异。同样,地理、气候、食物以及与之相邻的社会状况也会影响社会的变化。历史、传统和社会习俗对社会的进化、变迁也起着复杂的制约与影响作用。在他看来,要解释社会进化这一复杂的社会现象还应当注意研究个体的动机或来自许多个体的集合的动机。个体或个体的知、情、意现象是社会现象的因子,同样对社会进化有着影响作用。为此,他提出:培养和加强个人的社会性,目的之一是提高社会个体(或分子)的素质,通过调节个人同社会环境的关系,在"同等自由法则"制约下,达到完全的社会均衡。如何调节这两者之间的关系?在他看来,这种关系的调节是通过个人的"适应"和最善于适应("最适")来实现的,即由个人的意识持续不断地调节生存的内部环境,通过交互活动达到适应目的,产生进化的效应。

　　斯宾塞由此认为,人可延缓进化,但无法阻止进化。延缓进化不但会给个人带来不利,甚至还会危及其自身的生存。人应当随外部世界、随生存环境来调节、改变自己,去适应其生存环境。能适应其生存环境的个人或民族应为"善",一个不能适应其生存环境的个人或民族应为"恶"。"恶"是社会有机体及其构成单位不善于适应生存环境的结果。

它是把过去的观念、倾向、习性等保留在有机体里未消除的结果。在斯宾塞看来，伦理上的恶，从偷盗诈骗，公开的剥削、迫害到阶级斗争、国际掠夺等，都是原始社会的"争夺贼杀"遗留下来的"野性"。因此，斯宾塞呼吁要激发个人或社会的道德感、共同感、利他感，适应进化的人类社会。人类社会的进化的历程，是一个不断适应的过程，人或社会将会通过道德方面的进化而达到最高级的形式，即个人将在利他主义中而忘我，找到个人幸福，发展自己。从这个意义上说，加强和培养个人的社会性，是培养"最适应社会者"的道德感，达到整个民族与社会适应其生存环境，使人类社会在"同等自由法则"的制约下向"善"而和谐地进化发展，实现完全的社会均衡。

本章小结

孔德是实证主义社会学的创始人之一。他依据实证主义原则，研究了人类智力发展的历史，逻辑地构造出了一个"科学的等级体系"，提出"社会学"这一概念。孔德主张以自然科学的"实证精神"来建立社会秩序，顺应自然科学发展的潮流，创立一门新学科——实证社会学。孔德实证社会学的主要内容包括社会静力学与社会动力学两个部分。社会静力学旨在揭示人类社会的基本秩序，从"横断面"静态地考察人类社会的结构和制度，寻找确立和维护人类社会共存和秩序的原则。社会动力学从纵贯的维度动态地研究社会变迁与进化以及影响社会变迁的动力因素。静力学和动力学揭示了"进步就是秩序的发展"。

斯宾塞也是西方社会学史上实证社会学的创始人之一。斯宾塞的社会学思想主要包括社会有机论和社会进化论。他从社会结构—功能变化的角度解释了社会的进化，指出社会的进化首先来自社会结构的变化，即社会内部的组织由简单变为复杂的发展。他认为尽管社会是在发展变化，但其在结构、功能、相互联系、相互依赖等方面却是比生物有机体更高级的"超有机体"。斯宾塞的社会有机体论蕴含着明显的结构功能主义的系统论思想。

第二章 涂尔干的社会学理论

埃米尔·涂尔干

埃米尔·涂尔干(Emile Durkheim,又译迪尔凯姆,1858—1917),实证主义社会学的创始人之一,与马克思、韦伯并列为现代社会学的三大奠基人。

涂尔干生于法国孚日省小镇埃皮纳尔(Epinal)的犹太教士家庭。青年时代放弃宗教信仰,转而关注道德和社会整合,提倡实证科学。1879年至1882年,就学于巴黎高等师范学院,深受历史学家库朗热和哲学家布特鲁的思想影响。1882年至1887年,执教于省立中学期间,曾赴德国留学一年,修习教育学、哲学、伦理学,熟悉滕尼斯、齐美尔的社会学说和冯特的实验心理学,并深受启发和影响。1887年至1902年,执教于波尔多大学,并在那里筹建了法国第一个教育学和社会学系,是法国任命的第一位社会学教授。1898年,创办《社会学年鉴》,1902年后执教于巴黎大学,并使社会学终于在这个法国最负盛名的教育机构中得以公开地建立。1917年11月

15 日,涂尔干在饱受老年丧子的痛苦中逝世于巴黎。

涂尔干著述丰富,主要著作有:《社会分工论》(1893)、《社会学方法的准则》(1895)、《自杀论》(1897)、《宗教生活的基本形式》(1912)、《道德教育》(1902—1906)、《原始分类》(与莫斯合著,1903)、《社会主义》(1928)、《社会学和哲学》(论文集,1898—1911)等。

第一节　社会学方法的准则

涂尔干毕生致力于将社会学建设成为一门完整严密的实证科学。在《社会学方法的准则》(1895)一书中,涂尔干认为,要实现社会学科学化的目标,首先应当确立社会学的独特研究对象和相应的研究方法。

一、社会学的研究对象

涂尔干认为,能否具有仅仅为社会学所研究的特殊对象,是其成为一门独立学科所必备的基本条件。他指出,社会学的研究对象是社会事实。

何谓社会事实?"一切行为方式,不论它是固定的还是不固定的,凡是能从外部给予个人以约束的,或者换一句话说,普遍存在于该社会各处并具有其固有存在的,不管其在个人身上的表现如何,都叫作社会事实。"[1]涂尔干的这一界定包含了社会事实区别于个体(或心理)现象的三个突出特征。

第一,社会事实对于个人来说是外在的,即它具有客观性。尽管像语言、法律、风俗习惯、道德规范、宗教信仰这些社会事实可以通过社会化过程被个人内化,但它们对个人来说是一出生就必须面对的客观存在。

---

① 迪尔凯姆. 社会学方法的准则. 耿玉明译. 北京:商务印书馆,1995 年版,第 34 页.

第二,社会事实对个人具有约束力。社会事实"不仅存在于个人意识之外,而且具有一种必须服从的、带有强制性的力量,它们凭着这种力量强加于人,而不管个人是否愿意接受"①。如果社会化的过程是成功的,即当个人把社会事实内化为自己的意愿时,人们不会感到这种强制性;但是,一旦个人不愿接受社会事实的引导而严重地违反它,那么其强制性将会正式地(如逮捕)或非正式地(如舆论谴责)表现出来。

第三,社会事实具有普遍性。这种普遍性来自于它的集体性:"它之所以是普遍的,是因为它是集体的。"②

涂尔干区分了两种类型的社会事实:一是物质性的社会现象(社会的形态学部分),如地理环境、人口结构、人际关系、居住样式等;二是非物质性的社会现象(社会的生理学部分),包括制度化的现象和尚未制度化的现象,如宗教、道德、法律、习俗、时尚、舆论、公共情感等。在涂尔干看来,社会学要研究的最重要的社会事实是非物质社会事实。

二、社会学研究的方法论原则

(一)观察社会事实的原则

涂尔干认为,以前的社会科学都是将有关现象的观念而非现象存在本身作为研究对象,即把现象视为观念而不是客观存在的物。他强调事实先于观念、存在先于本质,认为对现象的观察应排除"通俗观念"(或先入为主的偏见)的干扰,直接透入现象本身。涂尔干借鉴自然科学的方法论,主张把社会事实当作客观存在的"物"来研究,即把它作为构成社会学研究出发点的实体来研究。

在涂尔干看来,要保证在社会学的实际研究中运用上述原则,必须遵循以下几条准则。

1."必须始终如一地摆脱一切预断。"③因为预断观念(或通俗观念)是"摆在我们与物之间的隔膜",妨碍我们客观地观察社会现象,所

---

①　迪尔凯姆.社会学方法的准则.耿玉明译.北京:商务印书馆,1995年版,第24页.

②　迪尔凯姆.社会学方法的准则.耿玉明译.北京:商务印书馆,1995年版,第30页.

③　迪尔凯姆.社会学方法的准则.耿玉明译.北京:商务印书馆,1995年版,第51页.

以必须祛除它。涂尔干认为这是一切科学方法的基础,笛卡儿的怀疑方法就是对这一准则的运用。他要求社会学家"无论是在确定自己的研究对象时,还是在进行论证的过程中,都必须绝对禁止使用科学之外的概念。应从支配群氓的明显谬误中解脱出来,彻底打破套在他们脖子上的经验范畴枷锁"①。

2.对研究对象进行操作定义。要想使操作定义符合客观准确的要求,"只应取一组预先根据一些共同的外部特征而定义的现象作为研究对象,并把符合这个定义的全部现象收在同一研究中"②。如果只根据外在特征对现象下定义,那不是认定表面可见的特点比现象的基本属性更重要吗?对此,涂尔干的回答是,根据上述准则所下的定义是研究初期的产物,它虽不能马上表达现实的本质,但能促成我们将来达到这一目的,它是我们解释事物的基本依据。由于事物的外部特征只能通过感觉呈现在我们面前,所以最初的定义应当取材于感觉资料,因为感觉是科学客观性的保证和出发点。

3.由于感觉容易是主观的,因此,在科学研究中,为避免使用夹杂观察者个人主观成见的感性材料,应当尽量采用具有足够客观性的感性材料,这就要求"社会学家在研究某一类社会事实时,必须努力从社会事实脱离其在个人身上的表现而独立存在的侧面进行考察"③。

(二)区分正常现象和病态现象的准则

涂尔干认为,如果社会学无助于社会的改善,那么它就毫无价值。社会学的目的就是通过对社会现象的客观研究,得出科学的结论,为社会改良提供理论依据。而区分正常现象和病态现象,恰恰是从观察现象到提出科学结论和建议之间的一个中间环节。如果一个现象是正常的,哪怕它不符合道德,我们就不应当剔除它;相反,如果这个现象是病态的,我们也有科学的论据来证明改良的合理性。

涂尔干认为,普遍性是正常现象区别于病态现象的重要标志,"我

① 迪尔凯姆.社会学方法的准则.耿玉明译.北京:商务印书馆,1995年版,第51页.
② 迪尔凯姆.社会学方法的准则.耿玉明译.北京:商务印书馆,1995年版,第55页.
③ 迪尔凯姆.社会学方法的准则.耿玉明译.北京:商务印书馆,1995年版,第64页.

称那些具有最普遍形态的事实为正常现象,称其他事实为病态现象或病理现象"①。根据这种定义,犯罪就是一种正常现象,因为它在任何社会都是普遍存在的。涂尔干还强调,正常现象的普遍性与集体生活的一般条件有关②。在他看来,只有弄清正常现象产生的原因、存在的条件,才能更清楚地认识病态现象,社会学也才能成为一门对人类实践有意义的科学。他对自杀现象的分析、对失范问题的考察,就是建立在这种观点上的。

(三)划分社会类型的准则

涂尔干认为,判断一种社会现象是正常的还是病态的,必须将它放到一定的社会类型(他又称之为"社会种")里进行考察。因此,"社会学应当有一个分支来研究社会种的构成及其划分"③,涂尔干称之为社会形态学。

与孔德、摩尔根(Lewis Henry Morgan,1818—1881)按人类文明程度所做的社会划分不同,涂尔干的社会分类标准是社会结构的简单或复杂程度。他提出的分类原则是:"首先,以最简单的社会或单环节社会为基础,根据社会表现出的融合程度对社会分类;其次,再在各类社会的内部根据最初的多环节是否完全融合为一体区分出各类变种。"④根据这一原则,他将初民社会划分为简单的单环节社会、简单合成的多环节社会和双重合成的多环节社会等三种类型,并指出每一高级社会类型都是通过最靠近它的低级社会的再现而形成的。

(四)解释社会事实的原则

在涂尔干看来,划分社会类型为社会形态学向"解释社会学"迈进了一步,更重要的是如何解释社会事实。为此,他提出了解释社会事实的两大原则。

第一个原则是:某一社会事实的存在必须根据别的社会事实来解

---

① 迪尔凯姆.社会学方法的准则.耿玉明译. 北京:商务印书馆,1995 年版,第 74 页.
② 迪尔凯姆.社会学方法的准则.耿玉明译. 北京:商务印书馆,1995 年版,第 82 页.
③ 迪尔凯姆.社会学方法的准则.耿玉明译. 北京:商务印书馆,1995 年版,第 93 页.
④ 迪尔凯姆.社会学方法的准则.耿玉明译. 北京:商务印书馆,1995 年版,第 103 页.

释。涂尔干批判了各种对社会现象解释的还原论,认为像古典经济学和斯宾塞那样根据个别现象(如意愿、意识、利己)来解释社会事实,只会掏空社会学的内容,把它降低到心理学(或生物学)的水平。他指出,对某个社会事实的解释,只能从其他社会事实中去寻找,而不是到个人的意识中去探求。

第二个原则是:对社会事实的完整解释必须包括因果考察和功能分析。他说:"当我们试图解释一种社会现象时,必须分别研究产生该现象的原因和它所具有的功能。"[1]对社会事实的原因和功能不仅要分别研究,而且应先研究前者,再研究后者,因为一旦找到现象的原因,再分析它的功能就容易多了。这种研究上的先后次序不仅符合社会事实产生的实际过程,而且符合先因后果的逻辑。

那么,我们又怎样寻找社会事实的原因和分析它的功能呢? 对此,涂尔干提出如下策略和方法。

第一,对某一社会事实的原因和功能的探求应该从其他社会事实中去寻找。他说:"一种社会事实的决定性原因,应该到先于它存在的社会事实之中去寻找。……一种社会事实的功能应该永远到它与某一社会目的的关系中去寻找。"[2]这是对前述第一原则的具体说明。

第二,通过对社会内部环境的分析来解释社会事实的原因和功能。他认为,"一切比较重要的社会过程的最初起源,应该到社会内部环境中去寻找","也应当从社会现象对社会环境的关系来评价社会现象的有用价值,即我们所说的社会现象的功能"[3]。在这里,涂尔干突出了社会环境对社会事实的决定性影响。他所说的社会内部环境是"社会的性质不同的成分结合后形成的整体",它包括形态学事实和生理学事实,前者的标志是"物质密度"(单位面积的人口数、交通网络、居住格局等),后者的标志是"动力密度"(即群体的精神凝聚力或称集体意识、道

① 迪尔凯姆.社会学方法的准则.耿玉明译.北京:商务印书馆,1995年版,第111页.
② 迪尔凯姆.社会学方法的准则.耿玉明译.北京:商务印书馆,1995年版,第125页.
③ 迪尔凯姆.社会学方法的准则.耿玉明译.北京:商务印书馆,1995年版,第127页,第133页.

德密度）。涂尔干认为，只有分析社会现象的环境条件，才能说明社会现象，社会环境具有的动力因果关系是科学的社会学存在的条件。

第三，运用共变法验证因果关系的存在。他说："我们只有一个方法证明一个现象是另一个现象的原因，这就是比较它们同时出现或同时消失的情况，考察它们在不同环境下结合时所表现出来的变化是否能证明它们是相互依存的……应该采用间接的实验方法或比较法。"①他认为在各种比较法中只有共变法最具证明力。共变法就是对社会事实做交叉分类以确定它们的共变程度：假如确定，两种现象始终处于同样的关系下，而且总是同时以某种方式发生变化，那么就有理由假定它们之间存在因果关系。涂尔干特别强调比较方法对社会学的意义，认为它是社会学研究中最合适、最重要的方法，"比较社会学不是社会学的一个分支，而是社会学本身"②。

实证社会学虽然由孔德首倡，但却在涂尔干这里开花结果：《社会学方法的准则》是实证主义社会学的方法论纲领，《自杀论》是实证研究的典范。虽然涂尔干对社会事实的界定过多地强调了它的客观性而忽视了它的生成性，但毕竟使社会学有了自己独立的研究对象，从而为社会学的科学化奠定了基础。虽然涂尔干对功能分析的强调使其方法和理论带有某种非历史主义色彩，但这种方法被后来的布朗、默顿发扬光大，成为人类学、社会学的主流方法。

第二节　社会团结和社会分工论

涂尔干的学术兴趣主要集中在社会与个人的关系上，亦即社会秩序和社会团结问题方面。他认为要解决这个问题就必须回答：是什么

① 迪尔凯姆.社会学方法的准则.耿玉明译.北京:商务印书馆,1995 年版,第 138 页.
② 迪尔凯姆.社会学方法的准则.耿玉明译.北京:商务印书馆,1995 年版,第 150 页.

样的联系纽带使众多个人结合成为一个有序社会的？社会团结的性质特征在传统社会和现代社会中的体现有何不同？社会是怎样由一种团结类型向另一种团结类型转变的？在《社会分工论》（1893）一书中，涂尔干系统阐述了他的社会团结和社会分工理论，详细解答了上述问题。

一、机械团结和有机团结

涂尔干认为，要想彻底说明人类社会中个人与社会的关系，更好地理解社会团结的本质和特征，必须进行社会类型划分。他反对把不同社会排列在一个简单的进化直线上，主张根据社会各部分之间的结合方式和紧密程度来划分社会类型，建立了机械团结的社会和有机团结的社会这种两分法，并把这两种社会视为统一的进化链条上的两个环节。

根据无机物分子之间所存在的联系（分子都是相同的，而且纯粹是机械的联系），涂尔干将出现在不发达和古代社会中的那种团结称为机械团结。他认为，这种团结是建立在个人相似性和社会同质性基础上的，当这种团结主宰社会时，个人之间还没有分化，他们具有同样的生活方式、心理情感、道德准则和宗教信仰，人与人之间彼此相近或相似。在这种社会里，人的行动受群体意志支配，个性湮没在集体意识中。由于分工不发达，社会各部分的相互依赖程度低。

与机械团结占主导地位的传统社会不同，现代发达的社会像一个具有各种器官的有机体一样，其中每个人都按照社会分工执行着某种专门的职能。涂尔干把这种社会中所出现的新的团结形式称为有机团结。有机团结是建立在社会分工和个人异质性基础上的一种社会联系方式。分工导致了职业的专门化，每个人都因职业的不同而发挥着不同于他人的独特作用。每个成员都意识到自己是一个单独的个体，必须依赖他人，这就造成人们彼此的相互依赖感、团结感和自己与社会的联系感。用涂尔干的话说，集体的"协调一致"即和谐统一表现为分化。正是因为人人有别，才产生相互依赖，"协调一致"才能以某种方式实现。

涂尔干认为法律是社会团结的"表征"，社会团结的转变反映在法律的主要变化上。机械团结的社会的法律特征是压制性制裁,这种法律(如刑法)表现了集体意识的力量,其任务是严惩那些破坏了风俗习惯和法律的个人。它把任何威胁或违反集体意识的行为都规定为犯罪,对罪犯的惩罚不是合理地分析他对社会规范的实际破坏程度,也不考虑惩罚是否合适;实施惩罚仅仅是为了表达社会成员对集体的激情和对违反集体意识的行为的义愤,从而强化人们的集体归属感,巩固社会秩序的基础。①

有机团结社会的法律是恢复性的,这种法律(如民商法)的目的不是惩罚,也不是集体共同情感的表示,其功能是把分化的个人组织起来,使之有序地相处,维护个人与群体之间的相互依赖关系。用涂尔干的话来说,就是"拨乱反正,把已经变得混乱不堪的关系重新恢复到正常状态"②。

二、集体意识

在涂尔干看来,社会分工是有机团结的物质基础,集体意识则是机械团结的精神基础。他继承孔德的思想,突出强调了社会共识对社会整合的重要性,提出了"集体意识"(collective consciousness)概念。他把集体意识界定为"社会成员平均共有的信仰和情感的总和"③。涂尔干进一步解释说,集体意识尽管只能依赖个人意识而存在,但它又不同于个人意识,它弥漫于整个社会空间,是社会的精神象征,"既有自己的特性,又有自己的生存条件和发展模式"④。

机械团结以强烈的共同的集体意识为基础。在机械团结占主导地位的古代社会里,集体意识几乎笼罩着全部的个人意识,驾驭着大部分个人,左右他们的日常生活,表现出强大的社会强制力。

在个人分化的有机社会里,虽然由于社会分工和个人异质性的发

---

① 涂尔干.社会分工论.渠东译.北京:三联书店,2000 年版,第 32 页.
② 涂尔干.社会分工论.渠东译.北京:三联书店,2000 年版,第 32 页.
③ 涂尔干.社会分工论.渠东译.北京:三联书店,2000 年版,第 42 页.
④ 涂尔干.社会分工论.渠东译.北京:三联书店,2000 年版,第 43 页.

展而导致集体意识的外延和力量有所缩小,为个性的发展留下了余地,但是它并没有消失,只是削弱了其在日常生活中的调节作用,它仍然继续对社会团结做出贡献,加强了人们之间的功能性相互依赖关系。在复杂的现代社会里,集体意识不是表现为具体规范上的统一,而是表现为抽象价值层次上的一致,即由更一般、更模糊的思维、价值和情感所构成。

此外,在现代社会的各种特殊群体中,集体意识也以一种被限定的形式存在着,如由共同的信仰联系其成员的教会、亲属、种族和一些特殊社区。这些原始的"机械的"社会联系虽然不能整合一个复杂社会的所有成员,但它们对充满着整个社会的无数初级群体来说却是团结的主要根源。

涂尔干还认为,在现代社会的各种职业群体中可能存在着共同的集体意识,共同的职业活动和利益会导致一种群体内部的同质性,这种同质性将使形成共同的习惯、信仰、情感和道德伦理成为可能,这些群体的成员在他们的行动中也要受到这种集体意识的制约和指导。涂尔干感到,随着分工的发展,在各种职业的和专业的群体中,这种机械的团结将会变得越来越重要,它是一种个人与社会相联系的中间环节。"我们之所以认为法人团体在现代社会里是必不可少的,并不在于它促进了经济的发展,而在于它对道德所产生的切实影响。在职业群体里,我们尤其能看到一种道德力量,它遏制了个人利己主义的膨胀,培植了劳动者对团结互动的极大热情,防止了工业和商业关系中强权法则的肆意横行。"[①]

三、社会分工

涂尔干认为,完整地解释社会团结,不仅要分析它的精神基础——集体意识,而且要考察它的物质基础——社会分工。与古典经济学家把分工研究建立在"私利"与"公益"基础上的取向不同,涂尔干从关注联系个人的社会纽带(即具有道德属性的集体意识)出发,揭示了分工

---

① 涂尔干.社会分工论.渠东译.北京:三联书店,2000 年版,序言第 22 页.

特有的社会功能和分工所形成的社会根源。

（一）社会分工的功能

涂尔干在对社会分工进行功能分析时，区分了常态分工和变态分工，分别考察了前者对社会团结的正面作用和后者对社会整合的负面影响。

与古典经济学家强调劳动分工提高劳动生产率、促进经济发展的作用不同，涂尔干认为："劳动分工的最大作用，并不在于这种功能分工方式提高了生产率，而在这些功能彼此紧密的结合。分工的作用不仅限于改变和完善现有的社会，而是使社会成为可能，也就是说，没有这些功能，社会就不可能存在。……事实上，劳动分工所产生的道德影响，要比它的经济作用显得更重要些；在两人或多人之间建立一种团结感，才是它真正的功能。"[①]

涂尔干认为，现代社会秩序之所以可能，其原因既不是斯宾塞所说的追求个人利益的自由竞争，也不是孔德和滕尼斯所说的国家，而是常态的社会分工。分工是高度发达社会的特征，也是有机团结的基础，分工的发展推动了社会结构从机械团结向有机团结的转变。在传统社会里，社会分工不发达，集体意识是机械团结的基础，群体成员基本上有着相同的信仰、价值观和生活方式，表现为高度的同质性。随着分工的发展，职业活动变得更加专门化，社会的异质性日益增强，各部分之间的相互依赖性也增强了，这种分工发展及其产生的相互依赖性代替了集体意识而成为有机团结的基础、社会整合的根源。"社会的凝集性是完全依靠，或主要依靠劳动分工来维持的，社会构成的本质特性也是由分工决定的。劳动分工的道德属性使其具有整合社会机体，维护社会统一的功能。"[②]

然而，劳动分工就像所有社会事实，或者像更加普遍的生物事实一样，表现出很多病态的形式。就正常状况而言，分工可以带来社会的团结，但在某些时候，分工也会带来不同甚至完全相反的结果。我们必须

---

①　涂尔干.社会分工论.渠东译.北京：三联书店,2000年版,第20页,第24页.
②　涂尔干.社会分工论.渠东译.北京：三联书店,2000年版,第26—27页.

考察究竟是什么因素使分工偏离了它的自然发展方向，正如病理学是生理学的出色助手一样，对这些偏离形成原因的研究，可以使我们更好地确定形成正常状态的各种条件。

涂尔干具体分析了如下三种反常（变态）分工：失范的分工、强制的分工和不协调的分工。

失范的分工往往会导致社会对个人的行为缺乏法律道德的约束，对分工产生的新角色的规范模糊而不详尽，结果是社会成员丧失了指导他们行动的共同信仰和价值观，从而导致社会失范，阻碍有机团结的发展。道德意识和社会规范是社会团结的基础，它规定社会各功能之间的相互关系。在正常条件下，这些规范是从分工过程中自然而然地产生的。换言之，它们是分工的延伸。如果分工不能产生团结，那是因为社会各个机构之间的关系还没有得到规定，它们已经陷入了失范状态。涂尔干认为，社会分工要想产生有机团结，光靠人们遵守社会规则、各行其责还不够，他们之间的责任还必须相互适应和平等分配。

然而，当这些社会规定不再与事物的真实状态相呼应，不再具有自身的道德基础时，它就会表现为外部的强制，由此产生的分工是一种病态的强制的分工。强制的分工是一种不平等的分工，它往往会造成偏离有机团结的社会不平等现象（如由财产继承引起的不平等、阶级之间的不平等），加剧社会冲突，从而威胁社会秩序，只有在机会均等的基础上消除不平等并达到公正合理，才能实现有机团结。反过来，若分工是自发产生的，它就会产生团结。自发性意味着每个人所固有的社会力量不会遇到任何直接或间接的阻力而获得自由的发展。也就是说，当社会不平等表现为自然的不平等时，分工才能自然产生出来。涂尔干认为，外在的不平等对有机团结会产生危害。例如阶级制度剥夺着广大社会成员按照他们的能力去占有社会地位的可能性，阻碍机会均等，它所导致的强制的分工通常表现在雇佣与被雇佣的关系中。他设想，可以通过和平解决冲突，将竞争限制在可接受的程度内，确定行为的规范，严格规定各阶级间的关系，实行"外在条件"的公正和平等即实行机会均等来克服分工的"不正常"形态。

涂尔干指出的最后一种变态分工是不协调的分工，它是由不适当的分工组织的出现导致社会成员行动不和谐、劳动积极性缺乏所产生的。他认为,如果社会成员的劳动更加集约化、组织化,分工组织之间的关系更加持久、和谐,那么他们之间将更容易产生相互需要和相互依赖感,从而加强社会团结;反之,就会损害有机团结。

上述分析表明,涂尔干不仅强调正常分工对社会团结的贡献,同时也承认病态分工对社会秩序的负面影响,资本主义的一些弊端如社会失范、社会不平等、阶级冲突,部分地是由不正常的分工所致的。不仅变态分工会损害社会团结,就是正常分工所带来的异质性和个人主义也会削弱个人与社会的联系,威胁有机团结。

(二)社会分工的原因

涂尔干在确定现代社会中分工发展的原因时将社会分工视为一种社会事实,坚持一种社会现象必须从先于它的别的社会事实中去寻找方法论原则。他首先将个人主义的解释排除在外,否定了分工发展和社会进步的主要原因是乐趣或是对幸福的追求,认为"幸福的变化与分工的进步是没有联系的"①。至于快乐,他说,快乐不等于幸福,在现代社会中,人们的快乐很多,但这些快乐是劳动分工和社会分化的结果,而不是它的原因。可见,社会分工的进步既不能用个人快乐或追求幸福,也不能用快乐增长和提高劳动效率的愿望来解释。"我们只有在社会环境的某些变化里,才能找到解释分工发展的真正原因。"②

涂尔干认为,分工发展的根本原因是人口的增加。人口增加导致社会密度和社会容量的扩大,提高了社会生活的集约化程度。社会密度扩大表现为社会物质密度(单位面积上的人口数目)和道德密度(个人之间沟通、交往、贸易和联系的强度)的增长。社会容量、物质密度和道德密度的加强,导致个人之间的社会互动比率的提高。而人口增加、互动增多又产生了两种后果。一方面是生存竞争的加剧促使人们提高自己的专业化水平和工作效率,以养活大量增殖的人口,在这种条件下,劳动分工是推动社会进步、建立新型社会团结的最佳手段。另一方

---

① 涂尔干.社会分工论.渠东译.北京:三联书店,2000 年版,第 207 页.
② 涂尔干.社会分工论.渠东译.北京:三联书店,2000 年版,第 213 页.

面,分工的发展和互动的增加也使人们之间的相互合作、相互依赖得以加强,而这恰恰是有机团结的基础。总之,"社会容量和社会密度是分工变化的直接原因,在社会发展的过程中,分工之所以能够不断进步,是因为社会密度的恒定增加和社会容量的普遍扩大"[1]。

涂尔干指出了人口增长是分工的主要原因后,并没有就此止步,他又提出了关于分工的原因和条件的复杂性问题。除了上述人口增长的主要因素以外,他还寻找了使社会分工发展加速或延缓的次要原因和限制性条件,例如,科学的世俗化及其发展,年长者的权威,传统和习俗的削弱,法律、道德和文化的合理化加强,社会对个人的压制的普遍减轻,个人独立个性的增长,等等。它们虽然不是分工的主要原因,但却是分工有可能发展的条件。

第三节　自杀论

涂尔干之所以研究自杀现象,意图有二:一是通过具体分析自杀现象,来贯彻和验证他的方法论原则,为社会学家考察社会事实提供一个标准的实证研究范例。"集中地研究这一题目,我们可以发现真正的规律,从而表明社会学比其他思辨的论证更具有揭示事物本质的可能性。"[2]二是因为自杀率的变化可以反映社会团结状态的变化。自杀率升高是社会危机的症候之一,对它的研究将帮助我们了解欧洲社会现今正经历着的全面失调现象的原因,同时还可能开出救治的药方。涂尔干关于自杀现象的实证研究成果集中体现在他的《自杀论》一书中。

---

① 涂尔干.社会分工论.渠东译.北京:三联书店,2000年版,第219页.

② 迪尔凯姆.自杀论.冯韵文译.北京:商务印书馆,1996年版,序言第3页.

一、自杀和社会自杀率

人们通常将自杀定义为行为者自身完成的主动的或被动的死亡行为。涂尔干认为,这一定义不能有效地将自杀与一般死亡区分开来,因为行动者的自我受害致死,并没有排除那些由幻觉所导致的死亡。他指出,一种行为不能仅仅以其结果来定义,还应注意行为者的动机。据此原则,他将自杀定义为"任何一桩直接或间接源于受害者自身主动的或被动的行为,且受害者知道这一行为的后果的死亡事件"[①]。

根据这一界定,自杀似乎纯属个人行为,对它的解释可由心理学来完成。然而,涂尔干认为:"如果我们不是将自杀看作与其他事物无关的、孤立的、可以单独加以研究的事件,而是将一定时期内发生在一定社会中的自杀现象作为一个整体来研究,那么自杀并不再是孤立的个人现象,就其本质来说,它具有社会性质,是一种社会现象。"[②]他指出:"在不同的历史时期,每个社会都有特定的自杀倾向,这种倾向的烈度是由自愿死亡的总数与各个年龄段及不同性别的人口之比来衡量的,我们把这种数据称为所研究社会的典型的自杀率。它一般按 10 万或 100 万人口的比率来统计。"[③]

在他看来,社会学家的任务就是在自杀率变化与社会环境之间建立起联系,把自杀与自杀率区分开来。不过,二者之间的联系亦很重要,一般说来,在总人口基本不变的情况下,自杀人数越多,社会自杀率就越高,反之亦然。社会学家主要研究作为社会现象的自杀,即社会自杀率的变化。

二、自杀的社会原因和社会类型

在涂尔干看来,每一社会群体的自杀倾向既不能由个人的生理—心理构成,也不能由外界物理环境的状况来解释,自杀倾向取决于社会

---

①　迪尔凯姆.自杀论.冯韵文译.北京:商务印书馆,1996 年版,导言第 6 页.

②　迪尔凯姆.自杀论.冯韵文译.北京:商务印书馆,1996 年版,序言第 12 页.

③　迪尔凯姆.自杀论.冯韵文译.北京:商务印书馆,1996 年版,序言第 14 页.

因素。他通过对家庭状况、宗教信仰、道德规范、职业种类、文化水平，以及社会经济状况和社会制度等方面的分析，揭示了自杀形成的实际社会原因。

引起自杀的社会因素是多方面的。如何确定某一社会因素同自杀行为的实际关系，或者说，对社会原因的考察从何着手，这是首先要解决的问题。涂尔干认为，自杀存在各种不同的社会类型，适当地区分这些类型是寻找自杀具体原因的前提。"我们不直接按照其原始记录的特点来划分，而是通过造成它们的原因来划分。我们无须询问它们为何不同，只需首先找出造成自杀的社会条件，然后根据其异同将这些条件划分成不同的类别。由此，我们可以肯定地说某一特殊的自杀类型将与这些类别中的某一种相吻合。"①这样，预先确定自杀的原因和条件又成了划分自杀类型的前提，陷入两难的矛盾境地。涂尔干认为，解决这一矛盾的关键在于，要理解作为分类前提的原因和作为分类研究结果所得的实际原因的本质差别。对于分类前提原因的确定，可借助于统计法，找出与不同自杀相关的社会现象，然后以这种相关联系为基础对自杀做出分类。他特别提醒人们注意，这种预先设定的原因仅仅是为便于研究分类而用，不能代替实际原因的探讨。它是一种"悬置"，是存疑的，有可能会在对实际原因的探求中遭到排除。

根据上述原则，涂尔干将由社会原因所导致的自杀分为利己型自杀、利他型自杀、动乱型自杀和宿命型自杀等四种类型，并分别探讨了这些自杀行为的原因。

利己型自杀的主要社会原因是低度的社会整合及由此而来的个人主义膨胀。涂尔干分别从集体意识和社会组织结构两方面入手分析了利己型自杀的原因。在集体意识方面，他分析了宗教的作用，列举了在新教、天主教和犹太教的不同影响下自杀率的变化。在自杀者中，新教徒所占比例明显高于天主教徒和犹太教徒，他认为这种自杀现象的不同表现与宗教所提供的社会团结力量的大小有关。天主教和犹太教教义和仪式具有古老的传统体系，拥有比新教更高的维系集体精神的力

---

① 　迪尔凯姆.自杀论.冯韵文译.北京:商务印书馆,1996年版,第121页.

量。因此,天主教和犹太教宗教团体具有较强的团结性和较高的整合度,其自杀率也较低。相反,新教批判古老的传统信仰体系,把对神的信仰建立在肯定个人存在意义的基础上,从而突出强调了个人的独立自由精神,这种个人主义精神势必会损害整个社会的团结,易于导致自杀者的增多。此外,涂尔干以家庭为例来说明社会组织对于个人独立性的影响是导致利己型自杀的另一重要原因。他指出,统计数字表明,已婚者与未婚或鳏寡者相比,前者的自杀率低于后者;在已婚者中,没有孩子的夫妇比有孩子的夫妇有更高的自杀率。这说明家庭组织是加强人们社会团结的纽带,能抑制利己型自杀率的增长。

　　与利己型自杀不同,利他型自杀并不是由个人对社会的疏离所造成的,而是在社会组织高度聚合和社会整合力量过强的状态下产生的,它是个人对集体的牺牲。这种自杀类型主要存在于集体意识强烈的低级社会和现代社会的军队中。例如,军队中那种崇尚荣誉、勇于为集体献身的军事精神,促进了利他型自杀的产生。由于利他型自杀对社会影响不大,因而不构成自杀研究的主要课题。

　　涂尔干将由社会失范导致的自杀称为动乱型自杀(或失范型自杀)。对这种自杀的原因分析,可从社会结构和社会组织两方面着手。他提出,人们能够生活仅仅是由于他的需要与满足需要的手段是和谐一致的。而社会经济危机会破坏这种和谐,出现价值迷失的社会失范状态。它威胁个人的生存,使个人无法实现自我,从而导致自杀的增多。除了社会失序之外,个人生活秩序的破坏也会导致动乱型自杀。例如由离婚引起的家庭秩序的破坏,亦会促使人走上自绝的道路。

　　与动乱型自杀相对应的是宿命型自杀,这种自杀之所以会发生,是集体力量对个人的超强控制以及个人无法忍受"过多的限制"所造成的,"自杀者多是被严律苛法无情断送前途、压制情欲的人们,如年轻的丈夫、无子女的妻子等"①。

　　最后,涂尔干概括了自杀的一般社会原因,即自杀同自然环境和个人的生理心理联系较少,它主要为社会整合、道德秩序等社会事实所决

---

① 迪尔凯姆.自杀论.冯韵文译.北京:商务印书馆,1996年版,第259页.

定,与社会的集体性倾向相呼应。当社会整合度较低时,利己型和失范型自杀率就高;当社会整合度过高时,在某些条件下,利他型和宿命型自杀率就高。换句话说,利己型和失范型自杀率与社会整合程度成反比关系,利他型和宿命型自杀率与社会整合程度成正比关系。

涂尔干指出,自杀现象和稳定的自杀率是社会的正常状态,只有迅速多变的自杀率才是社会反常状态的反映。他提出了预防自杀的措施,认为镇压手段和教育对预防利己型自杀的效果有限。只有加强集体的统一性,使个人被置于集体的保护之下,才能有效地预防利己型自杀。而具有这种功能的集体既不是政治团体(它远离个人),也不是宗教团体(其社会化是通过剥夺思想自由的形式进行的),只可能是职业团体,因为它是联系个人和社会的桥梁,能为个人的生活和安全提供保护,形成一种类似于集体意识的职业道德,从而限制因失去社会支持和生活目标而造成的自杀。

涂尔干的《自杀论》是社会学实证研究的典范,他对自杀的分析揭示了自杀现象的社会原因和本质,推动了对越轨行为的社会学研究。尽管后人对其所使用的统计资料的价值和所确定的相关关系的有效性,以及他对社会学与心理学的评判有所质疑[①],但《自杀论》仍不失为社会学理论和实证研究的经典之作。

第四节 宗教和知识社会学

虽然涂尔干本人并不是一个宗教信仰者,但他对宗教问题一直怀着浓厚的兴趣。这种兴趣一是因其成长环境而产生,二是源于近代法国的思想传统,三是与其理论主题有关。就其成长环境而言,生长于犹

① 雷蒙·阿隆.社会学主要思潮.葛智强等译.北京:华夏出版社,2000年版,第231页.

太教家庭和社区中,切身体验宗教信仰对日常生活的影响和对价值观认同的作用,使他认识到宗教对道德行为和社会秩序的重要性。从近代法国的思想传统来看,"从雅各宾派在法国摧毁了天主教并试图创造一种'理性宗教'去填补随之而来的精神空虚,到圣西门的新基督教和孔德的人道教,法国非宗教思想家一直研究的是,在现代社会没有宗教信仰约束的条件下,如何保持公共道德和个人道德这一问题"①。至于涂尔干的宗教旨趣与其理论主题的关系,我们前面提到,社会道德和社会团结是其理论主题,正是这一关怀引发了他对宗教问题的思考。无论是早期《社会分工论》对宗教抑制个人主义、强化集体意识的功能分析,还是后期《宗教生活的基本形式》对宗教本质和起源的社会学探讨,都是围绕社会团结这一理论主题展开的。可以说,他的宗教理论和团结理论是相互缠绕、相互促进的。对宗教现象的分析完善了他的团结理论,而对社会团结的强调又深化了他的宗教社会学理论。

一、宗教的含义和本质

涂尔干认为,原始宗教包含着宗教生活最具特征的要素,研究它"可以发现一般宗教的构成要素"②。而要想寻找原始宗教并对它做出解释,必须首先确定宗教的含义和本质。在界定宗教概念时,他主张要首先摆脱所有先入之见,摒弃那种视宗教为对"超自然力"或神灵的信仰的错误观点。他指出,对自然和神灵的崇拜只是宗教的表现形式,宗教的根本特征和真实本质在于它将世界区分为神圣事物和世俗事物,其中神圣事物被赋予禁忌性和权威性,是人们爱和理想的寄托,因此,它是强制(禁忌)、尊重(权威)和爱的来源。神圣事物体现集体的力量,它把集体意识灌输到个人意识中去。很显然,具备这种神圣性的只能是社会。相反,世俗事物则与人们的日常生活联系在一起,相对于神圣事物而言,它是卑下的、现实的和个人的。神圣事物和世俗事物相互独

---

① 刘易斯·A.科瑟.社会学思想名家.石人译.北京:中国社会科学出版社,1990年版,第155页。
② 涂尔干.宗教生活的基本形式.渠东译.上海:上海人民出版社,1999年版,第8页。

立,二者之间有不可逾越的界限,要超越这一界限必须举行一定的仪式活动,如成丁礼、出家仪式等。可见,宗教区分神圣世界和世俗世界实际上是规定社会和个人的关系,宗教的神圣性就其本质而言就是社会力量的体现。

涂尔干将神圣性视为宗教的根本属性,把与神圣事物有关的信仰和仪式视为宗教的第一个构成要素。宗教信仰表达了神圣事物的性质、神圣事物之间及其与凡俗事物之间的关系,仪式则规定了人们在神圣事物面前应该具有怎样的行为举止。"当一定数量的神圣事物确定了它们相互之间的并列关系或从属关系,并以此形成了某种统一体,形成了某个不被其他任何同类体系所包含的体系的时候,这些信仰的总体及其相应的仪式便构成了一种宗教。"①

不过,他认为上述宗教定义仍不充分,无法与巫术区别开来,因为"和宗教一样,巫术也是由信仰和仪式构成的"。完整的宗教定义还须考虑宗教的另一构成要素——教会,他将教会理解为由具有共同信仰和仪式的人所结合而成的道德共同体。宗教有教会,而巫术则没有。如果将教会纳入宗教定义,就可以将宗教和巫术区分开来。他说:"教会作为宗教的第二个要素,不仅应在宗教定义占有一席之地,而且同信仰和仪式一样不可或缺;这充分说明,宗教观念与教会观念是不可分离的,宗教明显是集体的事物。"②。

根据上述对宗教本质和构成要素的分析,涂尔干把宗教界定为:"宗教是一种与神圣事物有关的信仰和仪轨所组成的统一体系,这些信仰和仪轨将所有信奉它们的人结合在一个被称之为'教会'的道德共同体之内。"③

二、宗教的起源

与宗教本质相关的是宗教的起源问题。涂尔干在探讨这一问题

---

① 涂尔干.宗教生活的基本形式.渠东译. 上海:上海人民出版社,1999 年版,第 47 页.
② 涂尔干.宗教生活的基本形式.渠东译. 上海:上海人民出版社,1999 年版,第 54 页.
③ 涂尔干.宗教生活的基本形式.渠东译. 上海:上海人民出版社,1999 年版,第 54 页.

时,首先批驳了泰勒、斯宾塞等人认为宗教起源于原始人对梦魂曲解的"泛灵论",以及人们将自然现象无意识人格化的"自然崇拜论"。他认为,人和自然现象本身并不具有神圣性,宗教的神圣性信仰只能来源于群体的生活,无论是个人内在的心理活动还是外在的自然力量,都不能成为宗教产生的基础,宗教的起源和宗教的本质一样,应该从社会现象中寻找解释。

涂尔干通过对澳大利亚阿兰达(Arunta)部落图腾信仰的考察来分析宗教的起源。他认为,正是阿兰达人的氏族组织形式和外婚制形式决定了他们独特的图腾信仰;反过来,这种图腾信仰又影响了他们的氏族组织和外婚制形式。在原始社会中,人们在共同劳动和共同庆贺活动中,逐渐形成了强烈的集体意识,原始图腾和原始宗教就是从这种集体生活和集体意识中产生的。

他在考察中发现,原始部落的图腾制度"不是关于动物、人或者图像的宗教,而是关于一种匿名的和非人格的力量的宗教","个人死亡,世代交替,而这种非人格的力量却总是真实、鲜活、始终如一的。从宽泛的意义上讲,它是每种图腾所信仰的那个神,但它是非人格的神,没有名字或历史,普遍存在于这个世界上,散布在数不胜数的事物中"①。涂尔干认为,原始图腾所崇拜的这种非人格的抽象力量就是氏族社会本身。概而言之,任何宗教信仰的对象、任何神,实质上都不过是统治人的社会力量的化身。宗教意识产生的真实根源是社会环境,所谓"神"不过是社会力量的象征。

由于宗教的对象不是具体事物,而是抽象力量的象征,因此,涂尔干独创性地将宗教看作一种符号系统。这种符号系统以超现实的神圣世界为象征,反映世俗世界的力量和规范,保存和传播社会文化,并对人类思维和个性发展具有重大影响。通过对这种符号系统的考察,可以发现一定历史时代社会生活和集体意识的原始风貌。

---

① 涂尔干.宗教生活的基本形式.渠东译.上海:上海人民出版社,1999 年版,第 253页.

三、宗教的功能

涂尔干认为宗教和社会之间存在一种紧密的相互依赖关系。一方面,宗教的经验和神圣的观念是集体生活的产物,另一方面,宗教的信仰和仪式强化集体生活所依赖的社会联系。《宗教生活的基本形式》一书对宗教的功能分析不同于早期《社会分工》对宗教作用的说明,表现出涂尔干前后期研究倾向的变化。在早期著作中,他强调宗教、集体意识等社会事实对个人的外在强制作用,而在《宗教生活的基本形式》中,重点则转移到了个人实际创造和内化社会事实(规范、价值等)的过程,承认社会其实也可以从个人的内部发挥他们的控制作用,认为宗教能将人们的活动置于一种神圣的意义体系中,把集体意识内化于个人意识中,使人们感到对社会规范的服从不是强迫性的,而是自觉自愿的,从而加强了集识意识的社会整合功能。

涂尔干认为,宗教的主要成分并不是它的教义部分,而是它的集体仪式活动。宗教仪式与宗教信仰、宗教教义一样是集体意识神圣性的体现,它以一种共同的目标把人们团结在统一的社会活动中,并持续地加强着信仰、情感和道德责任,从而促进社会的整合。他把宗教仪式划分为消极膜拜和积极膜拜两种形式。前者有禁忌、苦行仪式、哀悼仪式等,其目的是严格地划清神圣与世俗的界限,防止神圣事物为世俗所亵渎,使人以放弃私利、自杀为代价去接近神圣事物。后者如祭祀仪式、模仿仪式、纪念仪式等,其任务在于促使信徒加入神圣的世界。不论是消极仪式还是积极仪式,它们都具有如下社会功能:惩罚越轨行为、强制人们遵守社会规范;促使社会统一、加强社会整合;保存和传播社会文化;建立幸福的愉快感。总之,宗教信仰和仪式一起,共同构成社会团结的力量。

涂尔干在对原始宗教的研究中,不仅揭示出宗教的社会整合功能,而且论及宗教意识的形成对人类思维能力发展的促进作用。宗教通过对神圣世界的想象和神秘教义的理解,提供了抽象思维萌发的可能性。作为这种抽象思维发展的结果,便是概念、分类乃至科学理论的产生。"当人们系统地分析原始的宗教信仰时,会很自然地发现某些主要范畴

（即概念）。它们既产生于宗教，又从属于宗教，它们是宗教思想的产物。"①

四、知识社会学

涂尔干在《宗教生活的基本形式》一书的导言、第 2 卷第 7 章和结论部分，阐述了他的知识社会学观点。他指出，知识与宗教一样，也依赖并反映它的社会基础。正如宗教是社会力量的体现一样，知识中的概念、分类甚至科学理论也是以社会生活为基础而形成和发展的。

就思维的基本概念（范畴）而言，它们既不是来源于个体的经验，也非源自超验的"神启"，而是来源于人类的集体生活，并且反映社会的结构。例如，时间概念产生于原始人的社会生活节奏，空间概念来自并反映了一个特定地理区域内社会成员的空间分布，等级概念以群体内的社会分化为基础，力量概念是建立在集体对其所有成员施加的强制力量的主观意识上，因果概念也是从人们的社会生活经验中产生的。总之，概念是"对社会状态的转述"，"它反映了事物之间所存在的最普遍的关系，为社会的存在提供了最低限度的逻辑一致性"，"它对知识生活的影响就像道德强制对意志的作用一样"②。

至于分类，与上述概念一样，也是起源于集体生活和社会结构。涂尔干认为，人们是以社会的形象来认知和想象世界的，他们首先对自己及其所属群体进行分类，然后把这种划分群体的办法运用到对宇宙间一切事物进行分类。他指出，在澳大利亚原始人的图腾世界观中，自然界的一切对象都是在氏族、胞族、婚姻等级之间划分而成的，"胞族是类别，氏族是物种。正因为人们自己组织起来了，他们才能去组织事物，因为在划分事物时，他们仅限于在他们自己所形成的群体中安置这些事物"③。

---

① 涂尔干.宗教生活的基本形式.渠东译. 上海:上海人民出版社,1999 年版,第 10 页.
② 涂尔干.宗教生活的基本形式.渠东译. 上海:上海人民出版社,1999 年版,第 18—19 页.
③ 涂尔干.宗教生活的基本形式.渠东译. 上海:上海人民出版社,1999 年版,第 192 页.

按照这种对知识起源的社会学分析,很显然,宗教和科学思想都会为它们出现于其中的社会结构所制约,并且反映社会结构类型。涂尔干的这种观点反映了他的基本理论预设,即相对个人而言,社会处于优先地位。

涂尔干自信地认为他的知识论容纳了经验论和先验论的优点,祛除了二者的缺陷,"它保留了先验论的所有基本原则,同时又受到了经验论力图满足实证精神的鼓舞。它留下了理性的特定权力,但也对这种权力做出了限定"[①]。客观地讲,涂尔干的宗教社会学包含一些精辟的、富有启发性的见解,如宗教和知识起源于社会的观点、对宗教社会整合功能的分析等。但他在研究宗教的过程中,也不适当地夸大了宗教的作用。他认为无论是道德观念和逻辑概念,还是科学和技术,总之,一切文化都起源于宗教,它不仅制约着人类的精神活动,而且制约着全部人类生活,"可以说,几乎所有重大的社会制度都起源于宗教","如果说宗教产生了社会所有最本质的方面,即是因为社会的观念正是宗教的灵魂"[②]。虽然他如此强调宗教的作用是希望以此来显示超越于个人之上的社会集体力量的重要性,但过分夸大宗教的作用,则有历史唯心论的嫌疑,过分强调宗教对社会团结的正功能,则忽视了宗教所带来的社会冲突(例如不同宗教之间的冲突)。另外,由于他过于强调宗教的社会性,结果是否定了宗教中的神,却把社会当作神,甚至将宗教和社会等同起来,结果模糊了神圣宗教与社会现实的差别,把所有具有神圣性的东西都视作宗教,导引出宗教永不消亡的结论。

本章小结

涂尔干的社会理论往往被人们称之为"社会学主义"(sociologism)或"社会学还原论"(sociological reductionism),即认为社会学本身足以说明社会现象,无须求助于心理学、生物学等其他学科。具体而言,

---

① 涂尔干.宗教生活的基本形式.渠东译.上海:上海人民出版社,1999年版,第20页.
② 涂尔干.宗教生活的基本形式.渠东译.上海:上海人民出版社,1999年版,第552页.

涂尔干社会学理论的特色主要表现在如下几个方面。

首先是研究方法上的实证主义立场。涂尔干把社会学研究对象界定为社会事实,强调对社会事实进行观察的客观性,要求用一种社会事实解释另一种社会事实,提倡对社会事实的功能分析,都体现了他在方法论上的实证主义立场,并且在具体的理论研究中始终如一地贯彻了这一原则。

其次是研究重点上的社会结构分析。与韦伯将个人层次的社会行动视为社会学研究的出发点不同,也不像孔德和索罗金(Pitirim A. Sorokin,1889—1968)那样根据文化本身的意义对文化层次进行分析,涂尔干则是把超越个人的社会事实确立为社会学的研究对象,将其分析重点定位在社会结构层次上。例如,他对机械团结和有机团结的区分是以该社会的社会结构分析为基础的。他的宗教和知识社会学着重分析了宗教、知识与社会的相互依赖关系,即一方面宗教和知识来自社会结构,另一方面又反映和强化一个社会的社会结构。虽然涂尔干没有忽视文化和个人层次,但他主要是根据它们与社会结构的关系来研究这些层次的。

再次是研究倾向上的社会秩序情结。如果说马克思特别重视社会内部结构的矛盾和冲突、孔德首先关注知识的进化、韦伯潜心于对"合理性"的思考的话,那么涂尔干则非常关心社会秩序的维持、社会团结的加强。他对社会分工和自杀问题的探讨、对宗教和道德现象的考察,以及对社会学科学化的努力,都与这种秩序情结缠绕在一起。

涂尔干提倡实证主义方法,强调对社会结构的分析,关心对社会秩序基础的研究,所有这些都是当代功能理论的主要成分。他关于个人的主观意识、人格、态度、价值等基本上都是社会环境产物的思想,实际上已经成为当今社会学的"公理"。除了这些一般的理论贡献之外,当代社会学还有其他领域的成果可以追溯到涂尔干那里。例如,在方法论领域,他对自杀率的统计分析和对阿兰达族图腾制度的个案研究,都是方法论研究的经典;他对机械团结和有机团结的分析,影响了帕森斯的模式变量理论;他分析越轨的社会结构根源,认识到对越轨者的惩罚是重申社会规范的一种主要机制,这一观点使他备受当代越轨研究者的推崇;另外,他对宗教与社会结构之间互动的分析、对知识的社会起源探讨,也使他成为西方宗教社会学和知识社会学的创始人。

毋庸讳言,涂尔干的社会学理论也存在某些不尽如人意之处。首先,他的实证主义方法论原则,一来在分析集体意识时很难严格地实行,二来由于其忽视了研究对象(社会事实)的生成性和主观性,研究的效度会受到质疑。其次,涂尔干在其理论中强调人的社会性固然不错,但完全忽视社会微观层次(即个人心理层次)及由此而形成的社会心理特殊性征,也是不全面的。最后,由于其功能分析过于偏重社会秩序、社会整合以及道德、规范和价值观的作用,因此往往忽略由经济因素所引起的社会分化、社会分层及由此而来的阶级冲突和斗争。正因为如此,他对社会变迁及其机制的论述显得非常单薄且缺乏说服力。

当然,涂尔干社会学理论所存在的上述缺陷并未动摇他在西方社会学史上的崇高地位,帕森斯将他与韦伯、帕累托相提并论。他被公认为实证社会学的奠基者、宗教文化理论的先驱者、西方社会学的古典大师。

第三章　马克思的社会学理论

卡尔·马克思(Karl Marx,1818—1883),思想家、哲学家、社会科学家、革命家,马克思主义的创始人,与涂尔干、韦伯并称为现代社会学的奠基人。

马克思出生于普鲁士莱茵省特里尔市的一个律师家庭,1835 年 9月以优异的成绩从高中毕业,到波恩大学法律系学习,后到柏林大学法律系学习,并于 1841 年 4 月从耶拿大学哲学系获得博士学位。毕业后,马克思以记者、编辑、社会评论者等职业为生,颠沛流离于欧洲各国。马克思独自或与恩格斯(Friedrich Von Engels,1820—1895)合作发表了《共产党宣言》《资本论》等批判资本主义的著作,对早期资本主义现代化的危机做出深刻分析,在当时就产生了巨大的社会影响,对于19 世纪西方资本主义国家的工人运动起到了重要的指导作用。他也因此成为国际工人运动的精神导师和实践领袖。

马克思于 1883 年 3 月 14 日逝世,但其思想的影响没有因为本人的去世而逐步消减,相反,却随现代社会历史进程的深入而加强。马克思也因此成为人类历史上最有影响的社会科学家之一。

马克思、恩格斯最主要的社会学著作包括:《英国工人阶级状况》(1845)、《德意志意识形态》(1845—1846)、《政治经济学批判·序言》(1859)、《资本论》(1863—1865)和《家庭、私有制和国家的起源》(1884)。

卡尔·马克思　　　　　弗里德里希·恩格斯

第一节　唯物主义和辩证法

马克思的学术旨趣在于,通过批判资本主义的意识形态和经济制度,以及揭示人类社会发展的历史动力,创立可用以指导人类解放实践的哲学、社会科学和革命理论。唯物主义历史观和社会观是马克思社会学思想的基础,而唯物辩证法则为其社会学思想的形成与发展提供了方法论指导。

一、唯物主义社会历史观

马克思早期深受黑格尔的思想影响。黑格尔认为,国家是理性最高的体现,"国家的根据就是作为意志而实现自己的理性的力量"[1]。

---

① 黑格尔.法哲学原理.范扬,张企泰译.北京:商务印书馆,1961 年版,第 259 页.

最初马克思就是按照黑格尔的理论来理解和分析社会现象的,但在《莱茵报》工作期间,他所面对的事实与黑格尔的理论产生了冲突,因此,马克思对黑格尔的理论产生了怀疑。马克思逐步认识到黑格尔的理论与现实生活正好相反:不是国家决定家庭和市民社会,而是家庭和市民社会决定国家。马克思指出,在黑格尔那里,"理念变成了独立的主体,而家庭和市民社会对国家的现实关系变成了理念所具有的想象的内部活动。实际上,家庭和市民社会是国家的前提,他们才是真正的活动者;而思辨的思维却把这一切头足倒置"①。社会和国家成为马克思社会学思想的主要范畴,马克思对唯物史观的最初探讨就是围绕着国家与社会关系的问题而展开的。

马克思是以"人"为研究社会和国家的逻辑和现实起点的,认为应从社会中活动着的人出发去分析人和观察人,而不是从抽象的概念的"人"出发。马克思称其为"现实的人",而人在本质上是"一切社会关系的总和",包括生产和交往两个方面。按照历史唯物主义的解释,人出生就要组成一定的社会,必然要生活在一定的社会群体之中,人组成社会具有历史必然性。以生产为例,马克思认为人类生产不仅同自然发生关系,也必须以一定方式结合起来,进行共同劳动和交换活动,否则就不能生产。

从辩证唯物主义观点出发,社会是生产关系的总和构成,是以共同的物质生产活动为基础而相互联系的有机体。"生产关系总和起来就构成所谓社会关系,构成所谓社会。"②从社会的概念出发,我们可以分析以下几个方面内容:(1)社会表现出来的错综复杂的关系都受到生产关系的制约,起决定作用的是物质生产关系,而不是任何其他表面的东西;(2)社会内部各个组成部分之间存在着不可分割的关系,生产力和生产关系、经济基础和上层建筑等之间相互作用,在社会与自然界之间关系同样如此,社会既是独立于自然界的,又是自然界的组成部分;(3)社会是一个不断发展的系统,社会发展是自然历史过程,是不以人的意

---

① 《马克思恩格斯全集》第 1 卷.北京:人民出版社,1956 年版,第 250—251 页.
② 《马克思恩格斯选集》第 1 卷.北京:人民出版社,1995 年版,第 345 页.

志为转移的。在人类社会系统中,社会生产力和生产关系是最基本的矛盾,生产力是最革命、最活跃的因素,成为推动社会发展的基本力量。"各个人借以进行生产的社会关系,即社会生产关系,是随着物质生产资料、生产力的变化和发展而变化和改变的"①。社会的"变化与改变"是不断从低级到高级的发展。

国家是马克思社会学说中的重要概念。马克思认为,国家根植于社会,国家的出现应该归根到底从物质的生活关系,即"对市民社会的解剖"中寻求解释。在原始社会中,存在着公社制度而没有国家。随着生产力的发展和社会分工交换的产生,私有制出现了。社会出现了贫富分化,导致社会矛盾激化,最终氏族解体,国家出现。所以说,国家是阶级矛盾不可调和的产物。马克思主义另一位重要创始人恩格斯就明确说:"毋宁说,国家是社会在一定发展阶段上的产物;国家是表示,这个社会陷入了不可解决的自我矛盾,分裂为不可调和的对立面而又无力摆脱这些对立面。而为了使这些对立面、这些经济利益相互冲突的阶级,不致在无谓的斗争中使自己和社会消灭,就需要有一种表面上驾于社会之上的力量,这种力量应当缓和冲突,把冲突保持在'秩序'的范围以内;这种从社会中产生但又自居于社会之上并且日益同社会脱离的力量,就是国家。"②

国家既然起源于社会分裂为不可调和的对立面,分裂为经济利益相互冲突的阶级,那么从本质上说,国家隶属于经济上占统治地位的那个阶级,是有组织的暴力机器。国家政权是社会冲突的表现,是统治阶级、剥削阶级维护自己的统治和剥削的工具。"因此,古代的国家首先是奴隶主用来镇压奴隶的国家,封建国家是贵族用来镇压农奴和依附农的机关,现代的代议制的国家是资本剥削雇佣劳动的工具。"③国家是独自代表整个社会的那个阶级的国家,不是整个社会的国家。根据阶级本质来划分,马克思、恩格斯指出,历史上曾经存在过三种国家类

---

① 《马克思恩格斯选集》第 4 卷. 北京:人民出版社,1972 年版,第 166 页.
② 《马克思恩格斯文集》第 4 卷. 北京:人民出版社,2009 年版,第 189 页.
③ 《马克思恩格斯选集》第 1 卷. 北京:人民出版社,1972 年版,第 168 页.

型：奴隶制国家、封建国家和资产阶级国家。

在国家和社会关系的问题上，马克思的观点十分明确：国家不是外部强加于社会之上的，而是社会发展的必然产物。同时，国家对社会又具有能动性，具有强大的反作用。除了使统治阶级对社会的统治和压迫合法化，缓和阶级冲突，国家还承担着维护社会公共利益、处理社会公共事务的社会职能。国家承担社会职能，在本质上，也是为维护经济和政治上占统治地位那个阶级的利益。"现代的国家政权不过是管理整个资产阶级的共同事务的委员会罢了。"①

国家作为统治阶级暴力统治的工具，无产阶级要通过革命获得自身和人类的解放，必须打碎资产阶级的国家机器，建立无产阶级国家。马克思认为，无产阶级国家不再是原来意义上的国家了，它是从国家到无国家的过渡形式。国家最终将走向消亡。从国家形态的演变历史，可以得出人类社会有由低级到高级发展进程的结论。

二、唯物辩证法的方法论

唯物辩证法作为自然、社会、思维发展的一般规律的科学，是人们认识和改造世界的根本方法。在马克思主义的世界观和方法论中，唯物辩证法是其核心内容。马克思的社会学思想也自然以唯物辩证法为方法论来确立和发展。唯物辩证法以主观辩证法和客观辩证法的统一来认识世界，"马克思的整个世界观不是教义，而是方法。它提供的不是现成的教条，而是进一步研究的出发点和提供这种研究使用的方法。"②马克思的世界观也是其方法论，可以作为研究和解决现实问题的方法。

唯物辩证法按其本质来说，具有批判的革命的精神。列宁曾评价说："在辩证哲学面前，不存在任何最终的东西、绝对的东西、神圣的东西；它指出一切所有事物的暂时性；在它面前，除了生成和灭亡的不断

---

① 《马克思恩格斯选集》第1卷. 北京：人民出版社，1972年版，第253页.
② 《马克思恩格斯文集》第10卷. 北京：人民出版社，2009年版，第691页.

过程,什么都不存在。"①正是基于这种批判的革命的精神,在批判中需自觉运用矛盾分析的方法。马克思的社会学思想的很大部分是对他所处客观社会现实即资本主义社会的批判,这种批判既包括了对资本主义历史进步性的认识,如将科学技术转化为强大的社会生产力,对剩余价值追求的内在动力和竞争的外在压力推动生产力的迅速发展,以及战胜封建社会自给自足的小生产的生产方式;也对资本主义社会的矛盾做出对抗性的解释,认为资本主义自产生就处于矛盾和对抗之中,资本主义基本矛盾——社会化大生产与资本主义私人占有之间的矛盾的存在,阻碍了生产力的进一步发展,剥削雇佣关系导致社会财富占有两极分化,引发社会经济危机,资本家作为资本主义社会实际的控制者实际支配资本主义经济政治的运行,使各种社会矛盾激化。马克思认为,资本主义社会社会生产力获得的巨大发展,导致矛盾激化,但矛盾不会在资本主义体内解决,矛盾激化到资本主义制度本身无法释放时,社会主义作为新制度替代之。资本主义社会同以往的社会一样都是人类无穷发展过程中的一个过渡环节。在马克思的理论里,辩证法意味着没有最终的或绝对的、神圣的事物。马克思说"发展社会劳动的生产力,是资本的历史责任和存在理由。资本正是以此不自觉地创造着一种更高级的生产方式的物质条件"②。

马克思运用唯物辩证法不仅对资本主义进行批判,揭示资本主义社会的弊端以及产生的根源,还发现资本主义的矛盾运动中孕育新社会的因素,并据此做出对未来社会特点的预见。"新思潮的优点又恰恰在于我们不想教条地预期未来,而只是想通过批判旧世界发现新世界。"③雷蒙·阿隆也这样评价马克思,"总而言之,他也许有这样一个优点,即:直言不讳地认为对现存的东西的解释和对应当存在的东西的判断之间是有联系的。"④

---

① 《列宁专题文集·论马克思主义》.北京:人民出版社,2009年版,第11页.

② 《马克思恩格斯文集》第7卷.北京:人民出版社,2009年版,第298页.

③ 《马克思恩格斯文集》第10卷.北京:人民出版社,2009年版,第7页.

④ 雷蒙·阿隆.社会学主要思潮.葛智强等译,北京:华夏出版社,2000年版,第94页.

第二节　社会结构理论

　　马克思认为物质生产是人类得以生存和发展的基础,作为社会发展基础的物质生产存在着双重关系,体现在人与自然之间的生产力以及人与人之间关系的生产关系方面。生产力和生产关系构成了社会发展过程中的根本矛盾,人们要从生产力和生产关系的辩证关系中去掌握人类社会历史发展规律。马克思认为社会总是在向前发展的,他生活的资本主义时代也具有历史性,不是永恒的。

一、生产力与生产关系

　　生产力与生产关系是在人们为满足自身需要而进行的生产实践活动中形成的产物。

　　人们改造自然的实践活动不过是人们满足自身需要的方式。人们的物质需求的满足源于自然界的提供,自然界又不能自动地满足人的需求,不能提供现成的人的物质需要的对象,这构成了人与自然之间的矛盾。人的主体地位决定了要能动地解决这些矛盾,以满足自身内在的需要。人在这种满足自己需要的实践中形成现实的生产力。人的需要向劳动的转化一开始就是在社会中、在生产关系中实现的。人们只有在生产中结成一定的关系,才会有人与自然界的关系。生产关系是人们生产活动得以实现的必然形式,所有的人都处于一种必然的关系之中,人们总是在一定生产关系中实现对自然的占有。生产力与生产关系构成一个整体,即社会的生产方式在生产方式的统一体内。作为内容的生产力是最活跃、最革命的因素,生产力是社会发展的最终决定力量,是衡量进步的根本标准,经常处于不断变化、发展之中。作为形式的生产关系则是相对稳定的因素,一定的生产关系一经确立,则在一定历史时期内保持相对不变。生产力和生产关系的各自特征,决定了一定的生产方式在历史发展中既具有一定的稳定性,又具有迟早变革的必然性。因此,任何生产方式都不会是永恒的、凝固不变的。生产方式的更替就是生产力和生产关系之间相互作用的结果。

生产力与生产关系之间,一方面生产力决定生产关系的性质、水平和变革,另一方面生产关系对生产力具有能动的反作用,而且这种反作用或推动或抑制生产力的发展。但不能得出"不是生产力决定生产关系,而是生产关系决定生产力"的结论。因为生产力在任何时候都具有突破一切障碍、不断发展的内在动力,生产关系与生产力不相容,必然导致生产关系变革,生产力与生产关系的相互作用形成了生产方式的矛盾运动,生产力的发展需要变革生产关系,在阶级社会中这一矛盾引起阶级斗争,从而使生产关系适应生产力的发展。马克思总结:"社会的物质生产力发展到一定阶段,便同它们一直在其中运动的现存生产关系或财产关系(这只是生产关系的法律用语)发生矛盾。于是这些关系便由生产力的发展形式变成生产力的桎梏。"[①]人类在继承前人创造的生产力的基础上发展生产力,生产关系虽具有稳定性,但最终为适应生产力发展而变革生产关系,就使社会经济形态发生变革。人类历史长河中形成了五种不同的社会生产方式,即原始的、奴隶社会的、封建社会的、资本主义社会的和社会主义社会的生产方式。

二、经济基础与上层建筑

经济基础和上层建筑矛盾运动的规律,是马克思研究人类社会发展得出的另一重要规律。

经济基础指由社会一定发展阶段的生产力所决定的生产关系的总和,实质是社会一定发展阶段上的基本经济制度,是制度化的物质社会关系。上层建筑则是建立在一定经济基础之上的意识形态以及相应的制度、组织和设施,自原始社会解体以来,上层建筑由意识形态和政治法律制度及设施、政治组织等组成,即观念上层建筑(意识形态)和政治上层建筑。在整个上层建筑中,政治上层建筑居主导地位,国家政权是

---

① 《马克思恩格斯选集》第 2 卷.北京:人民出版社,1995 年版,第 32 页。

核心。

　　经济基础和上层建筑是辩证统一的。一方面,经济基础决定上层建筑,经济基础决定上层建筑的产生和性质,"在不同的所有制形式上,在生存的社会条件上,耸立着由各种不同情感、幻想、思想方式和世界观构成的整个上层建筑"①。经济基础还决定着上层建筑的变化发展,经济基础的变化发展推动上层建筑的变化,亦决定其变化的方向。另一方面,上层建筑对经济基础又具有反作用,为自己的经济基础的形成与巩固服务。上层建筑这种反作用可能引起两种后果:当它为适合生产力发展要求的经济基础服务时,就成为推动社会发展的进步力量;反之,就会成为阻碍社会发展的消极力量。经济基础与上层建筑相互作用的辩证运动规律,就是上层建筑一定要适合经济基础状况的规律,上层建筑要根据经济基础的要求做出调整或变革,绝不允许上层建筑脱离经济基础的发展状况和水平。

三、社会形态的更替及其多样性

　　马克思认为社会形态标志着社会结构的类型,就是指同生产力发展的一定阶段相适应的经济基础和上层建筑的统一体。其中,作为基础的、占统治地位的生产关系决定社会形态的性质,从而使不同的社会形态从根本上区别开来。马克思认为:"生产关系总和起来就构成社会关系,构成所谓社会。并且是构成一个处于一定历史阶段上的社会,具有独特的特征的社会。"②如前所述,社会生产力和生产关系的矛盾运动导致生产关系的变革,决定了社会形态的更替性。

　　作为社会运动的社会形态更替具有规律性。其具体内容为:人类活动的每一个结果以及实际发生的历史事件都有其内在的原因;社会运动具有历史必然性,而历史必然性就是社会经济运动对人类历史形成的根本制约性;在历史必然性的制约下,历史过程呈现出一定的轨迹和趋势。马克思依据生产关系的不同性质提出了"五种社会形态"的

---

① 《马克思恩格斯全集》第8卷.北京:人民出版社,1961年版,第149页.
② 《马克思恩格斯选集》第1卷.北京:人民出版社,1995年版,第345页.

理论,认为在不同的时期、不同的地区、不同的民族那里可以产生本质上相同的社会形态。"大体说来,亚细亚的、古代的、封建的和现代资产阶级的生产方式可以看作经济的社会形态演进的几个时代。资产阶级的生产关系是社会生产过程的最后一个对抗形式。……但是,在资产阶级社会胎胞里发展的生产力,同时又创造着解决这种对抗的物质条件。因此,人类社会的史前时期就以这种社会形态而告终。"①马克思的论述解读了人类社会形态更替运动的一般过程和一般规律,表现了社会形态更替的统一性,即决定性。

当然,就人类历史总体而言,五种社会形态的依次更替体现了社会发展的一般规律,并表现为一种必然过程;但就具体的民族历史而言,社会发展并不是严格地按照五种社会形态的序列来演进的。原因在于历史具有选择性。作为主体的人具有选择性,即具体的历史主体以一定的方式在可能性空间内有意识、有目的地指向确定对象的活动。当一个民族的历史处于重要转折点时,社会发展往往会显示出多种可能性,在这多种可能性中,哪一种可能性能够实现,则取决于这个民族的自觉选择,这种选择取决于民族利益、交往,以及对历史必然性以及本民族特点的把握程度。历史的选择性体现了更替的多样性,如有些国家在一定时期由较为落后的社会形态跃迁为先进的社会形态,而有些国家则长期陷入停滞的状态。历史的选择性并不是对社会发展决定性的否定,相反,历史的选择性与社会发展的决定性是内在统一的,是符合唯物辩证法的。列宁说过:"世界历史发展的一般规律,不仅丝毫不排斥个别发展阶段在发展的形式或顺序上表现出特殊性,反而是以此为前提的。"②历史选择的对象只能存在于可能性空间之中,可能性空间是选择活动的前提,可能性空间是由人们不能选择的生产力决定的。人们的历史选择活动有着既定的前提并受历史规律的制约,并不能改变人类历史的总体进程。马克思认为原始社会—奴隶社会—封建社会—资本主义社会—社会主义社会这五种社会形态的依次更替是社会

---

① 《马克思恩格斯选集》第 2 卷.北京:人民出版社,1995 年版,第 33 页.

② 《列宁专题文集·论社会主义》.北京:人民出版社,2009 年版,第 357—358 页.

的"自然的发展阶段"。

四、人类社会历史发展与人的解放

马克思历来关注人的生存状况,把人的解放和社会革命、人的全面发展和社会进步紧密地结合在一起,为人类社会发展进步探索现实的道路。

马克思生活的时代,随着工业革命的到来,物质生产和科学技术的进步成为这个时代的首要标志,这种进步推动了社会现代化的进程。社会现代化的进程同时也是人的现代化的过程,社会现代化是依靠人、为了人的现代化。人是社会的主体,人的发展与社会进步是同一实际过程的两个方面。社会的进步依赖于人的发展,内含着人的发展,并为人的发展创造客观条件、开辟新的可能性;人的发展又不断对社会进步提出更高的要求,以更强的主体能力实现社会的发展,推动社会的进步。

在对人的发展的理解上,马克思认为:"个人的全面性不是想象的或设想的全面性,而是他的现实联系和观念联系的全面性。"①人向全面性方向的发展,是通过以社会实践创造全面的社会关系达到的。实践作为能动的创造性活动,在创造人化的对象世界的同时也在创造着、发展着人自身。根据社会关系的历史发展和人的发展的内在联系,马克思把人的发展过程概括为三个基本的历史阶段,即人的依赖性、人的独立性和人的自由个性,这是人的发展由低级向高级演进的三种历史形态。

第一形态是人在自然经济及其生产力水平极其低下状况下形成的人与人之间狭隘的、严重的依赖关系。人在自然界面前软弱无力,只有结成某种共同体才能生存下去。第二形态是以物的依赖关系为基础的人的独立性阶段,这一阶段人摆脱了直接共同体的隶属和依赖,获得了形式上的独立性,社会形成了普遍的物质交换和全面的关系,但社会关系受到异己的物的关系的形式同个人相对立的影响,人的发展依然受

---

① 《马克思恩格斯全集》第 30 卷.北京:人民出版社,1995 年版,第 541 页.

到社会关系的束缚和压抑,个人几乎完全受到物的统治。物的依赖关系中人的独立只是形式上的,生产资料私有制使劳动作为人类本性的基本活动失去了人性的特点,个人受到了货币的控制和社会总的生产条件的摆布,造成了人的片面性发展。这一阶段就处在马克思所指的资本主义社会阶段。第二阶段的矛盾必然导致第三阶段的产生,即个人全面发展和自由个性阶段,在这一阶段,社会关系不再作为异己的力量支配人,人们将在丰富而又全面的社会关系中获得自由、全面的发展,成为具有自由个性的人。"在那里,每个人的自由发展是一切人的自由发展的条件。"①这一阶段的社会历史形态就是马克思所设想的共产主义社会,表现为旧式分工的消灭、自由时间的充裕、劳动的自主性。

马克思把人的发展置于社会发展之中,社会的人的发展是一个历史过程。马克思在发现人类社会发展规律的同时揭示人的发展规律,指出人的发展是社会发展的核心与价值所在,并探寻克服私有制和商品经济给人带来的异化,从而实现人的全面发展的现实道路。

第三节　阶级和阶级斗争

一、阶级的本质

国家和民族在自由主义的社会学中占有突出的地位,而阶级斗争的理论基本上为马克思的社会学所独有。这并不是说,只有马克思发现了阶级的存在和阶级间的斗争。从梭伦时代开始,古希腊人就已把希腊共和国内部的斗争看成等级阶层之间的斗争。而诸如为尽量避免内部党争而规定这些阶层的权力关系问题,亦即不同的阶层在国家统治中所应占的份额这样的问题,甚至构成了古希腊哲学和道德哲学的

---

① 《马克思恩格斯选集》第 1 卷.北京:人民出版社,1995 年版,第 294 页.

主要部分。然而,还没有一个古代哲学家认识到,阶级是由经济发展所决定的,这种经济发展所必然产生的历史形体,有着建立在相应的社会形式基础上的阶层抑或阶级利益。亚里士多德也不例外,他将他那个时代市民的阶级进行了划分,把奴隶制度看成一种自然的秩序,他把这种自然秩序又归结为自然的原因,即个人有不同才能的结果,而不是由经济形态所引起的社会分化。

以托马斯的学说为基础的中世纪的经院哲学,同样也把阶级的划分看成自然的秩序,不过认为这种自然秩序并非直接来自个人不同的自然才能和天赋,而是来自需求的增长和满足这种需求的分工。在托马斯看来,等级的划分产生于分工,随着职业的区分而出现。这种等级的划分不是自然秩序的直接流露,而是万民法秩序的直接流露。18世纪的社会哲学家也持这种观点:等级或等第的划分自然而然地产生于劳动分工的说法也是不对的。这种划分较多地建立在社会发展过程中由部落首领和头人开始攫取财产和权力活动的基础之上。法国大革命的经验使得人们对阶级进行更为严格的区分,特别是让·保尔·马拉,他得出了革命是大的阶级斗争的观点。圣西门把企业主和工人、商人、手工业者和小农都归为"工业家阶级",并且认为,他们的经济利益基本上是一致的。历史学家奥古斯丁·梯也里也这样认为,他还认识不到第三等级内的阶级差别,特别是工人阶级和工业资产阶级的对立。

马克思从完全不同的观点出发,即从经济过程出发来看问题。他的阶级理论和他的来源于黑格尔的社会生活研究是紧密联系的。社会生活被视为需要和满足需要所必需的劳动活动体系,从这种社会劳动中必然会产生一定的社会交叉或相互关系,在社会的整个活动中,相互处于同样关系的个体和团体,亦即属于同一经济活动的范畴,都构成了一个阶级。

由此可见,马克思认为起决定性作用的不是财产的多寡、收入的多少,或是职业的种类,而是经济活动的方式和由它决定的社会成员在社会经济结构中所处的地位。列宁根据马克思的认识,给阶级下了完整的定义:"所谓阶级,就是这样一些集团,由于它们在一定社会经济结构中所处的地位不同,其中一个集团能够占有另一个集团的劳动。"①

二、阶级和等级

一般来说人们对阶级和等级这两个概念不加以区分。黑格尔也没有在等级和阶级概念之间进行区分。他直接宣称,随着需要和满足需要的手段越来越多样化,就从社会劳动过程中产生出范围越来越广的分工,其后果是技能和财富的不平衡,从这种不平衡中又产生出"等级"的差别。"等级"一词,黑格尔大都按照"国家等级制度"的思想理解为国家所承认的有差别的特殊的政治权利,并有着对国家做出特殊贡献的"等级"。

马克思也是从黑格尔的论述出发,起初并没有对等级和阶级进行严格的区分,然而在《哲学的贫困》里,他把"等级"和"阶级"分开使用,它们都有了特定的含义。马克思所做的区分正是根据黑格尔的社会学和国家学说对国家和社会进行区分的结果。马克思认为:产生于社会劳动抑或经济过程中的任何阶级,起初都是社会组织,是"社会阶级";一个阶级和另一个阶级的关系,不同阶级成员之间的关系,从其普遍性来看,是一种社会关系,不是国家关系;然而,国家对社会阶级的组成作为国家制度用法固定下来,并赋予某些阶级以特殊的政治权利和义务,亦即国家的"等级制度",于是从阶级之中就产生出了等级。

由此可见,马克思在《哲学的贫困》说得很对:"工人阶级解放的条件是要消灭一切阶级,正如第三等级即资产阶级解放的条件就是消灭一切等级一样。"②恩格斯补充说:"这里所谓等级是指历史意义上的封建国家的等级,这些等级有一定严格限定的特权。资产阶级革命消灭了等级特权。资产阶级社会只是阶级,因此,谁把无产阶级称为'第四阶级',他就完全违背了历史。"③

---

① 《列宁专题文集·论社会主义》.北京:人民出版社,2009年版,第145页.

② 马克思.哲学的贫困.见《马克思恩格斯选集》第1卷.北京:人民出版社,1972年版,第160页.

③ 恩格斯在《哲学的贫困》1855年德文版上加的注,见《马克思恩格斯选集》第1卷.北京:人民出版社,1972年版,第160页.

遗憾的是,无论是马克思还是恩格斯,在他们的著作中并不总是对"工人阶级"和"无产阶级"的概念进行严格区分。在对他们那个时代的革命的法国文学的模仿中,他们往往使用"无产阶级"以代替"工人阶级"的称谓。为了和工人阶级区分,他们又把那些潦倒的、不再是雇佣工人的工人阶级的前成员以及其他阶级中完全破产了的渣滓称为"流氓无产者"。

三、阶级斗争理论

《共产党宣言》的第一章就阐发了马克思主义的阶级斗争理论。马克思和恩格斯指出,至今所有一切社会的历史都是阶级的历史(后加上"自有文字以来的历史"),每一个时代都有特定的社会阶级结构及其内在的分化形式,任何时代都基本上可以划分为压迫者和被压迫者这两个对立的阶级,整个社会的历史就是在这两个对立阶级的冲突和斗争中发展前进的。在整个社会过渡到更新形式的过程中,社会阶级结构也随之发生根本性的改变。不仅如此,每个历史时代的社会各阶级间的冲突与对抗,都直接根源于该时代特定的社会经济条件。特别是脱胎于封建社会而生的资本主义社会,在其社会生产飞速发展的情况下,并没有消灭阶级的对立和矛盾,相反却使这种矛盾更加简单化,整个社会日益分裂为两大直接对立阶级——资产阶级和无产阶级。

马克思和恩格斯从社会生产力和生产关系的矛盾形式出发,进一步考察了资本主义社会生产及其社会关系的本质特征,考察了资产阶级在这一特殊时期的历史作用。他们指出,现代资产阶级是社会生产和交换方式的变革和发展的产物,它在历史上起过非常革命的作用。资产阶级通过不懈努力和斗争,终于打破了所有封建的、宗法的和淳朴的生产方式的保守性,打破了前资本主义一切的人身依附关系,从而在社会关系的不断变革中,把一切其他形式的关系都转变成为可以交换的单纯的金钱关系。资产阶级迅速地开拓了世界市场,打破了一切民族的自给自足和闭关自守的状态,使一切国家都被纳入世界性的消费和生产之中。同时,资产阶级在极大程度上使农村依赖于城市,使农民依赖于资产阶级,使东方依赖于西方。资产阶级打破了生产资料、财产和人口的分散状态,代之以统一政府、统一法制和统一利益的政治权力集中形式,从而大大促进了生产力的发展。

然而就在资产阶级大踏步前进的时候,资产阶级的生产关系已经不能再满足生产力发展的迫切要求了。资产阶级的所有制关系越来越成为社会生产力发展的阻碍,而当生产力开始突破这一阻碍时,资产阶级便铸造了置自己于死地的武器,同时也造就了使用这一武器的人,即现代的工人——无产者。

马克思和恩格斯指出,无产阶级与资产阶级同时产生,并且资产阶级愈发展,现代无产阶级的队伍也就愈壮大,随着机器使用的范围的扩大和社会分工的程度的加深,无产者的劳动已经不再具有独立性质了,他们自身也已经变成了机器的附属物。无产阶级自产生之日起,便开始了反对资产阶级的斗争。马克思和恩格斯指出,在初级阶段时,无产阶级还不能通过自身的联合同自己的敌人资产阶级做斗争,他们只能同自己的敌人的敌人做斗争,即同封建势力的残余、地主、非工业资产阶级和小资产者做斗争。这是因为,无产阶级的未来胜利必须以资产阶级的现实胜利为前提,这一时期的全部斗争的性质是资产阶级革命的性质。但是,社会生活的发展使各种劳动的差别逐渐减少,无产阶级的利益和生活条件也日趋一致,个别工人和个别资产者的冲突逐渐变成两个阶级间的冲突,无产阶级开始形成反对资产阶级的同盟,并通过政治斗争的形式展开同资产者的斗争,同时,无产者的队伍也在阶级日益分化的基础上不断地壮大。

马克思指出阶级斗争是阶级社会发展的直接动力。在阶级社会中,生产力和生产关系、经济基础与上层建筑的矛盾在发展到一定程度时,必然通过阶级斗争表现出来。社会发展的经济动因与阶级斗争密切联系在一起。"一切重要历史事件的终极原因和伟大动力是社会的经济发展,是生产方式和交换方式的改变,是由此产生的社会之划分为不同的阶级,是这些阶级彼此之间的斗争。"① 马克思和恩格斯还总结了无产阶级斗争的本质特征。他们指出,在当前同资产阶级对抗的一

---

① 《马克思恩格斯选集》第 3 卷.北京:人民出版社,1995 年版,第 704—705 页.

切阶级中,只有无产阶级才真正具有革命性,无产阶级和资产阶级之间的阶级斗争是变革现代社会的巨大杠杆。这是因为,过去一切阶级的统治都把整个社会作为自己发财致富的条件,而一无所有的无产阶级所代表的却是整个社会的利益。无产阶级斗争的目的就是要通过消灭现有的一切私有财产的占有形式,来确保整个社会生产力的发展和人的全面的自由的发展,最后,无产阶级必须采取暴力的形式推翻资产阶级,建立自己的社会统治,并逐步为消除阶级差别而准备条件。

马克思恩格斯指出,共产党的最近目的是:"使无产阶级成为阶级,推翻资产阶级的统治,由无产阶级夺取政权。"①无产阶级一定要在反对资产阶级的斗争中,团结成为一个阶级,并运用暴力手段推翻资产阶级私有制及其旧的社会关系。当然这种意义的阶级统治并不是无产阶级的最终奋斗目标,当一切旧的生产关系得到彻底根除的时候,阶级对立的条件也将被彻底消灭。只有在这个时候,人类社会才最终会过渡到共产主义阶段。

四、利益与阶级斗争

在社会哲学的文献中,特别是当观察范围还没有超出个人和社会对立、整个伦理学建筑在这种对立之上的时候,马克思的阶级斗争理论当然遭到了某些非难,不过这期间所提出的许多论点却出人意料地互相自行抵消了。比如说一方面有这样的论调:马克思认为社会发展最终导致阶级的消亡是没有根据的,这是因为阶级的差别是建立在个人天赋和才能的先天的区别之上,因而社会内部总是不可避免地一再出现产生阶级的条件;另一方面又有人认为,根本没有什么阶级和阶级利益,因为社会内部这种利益的差别总是有的,事实上任何一个社会成员都有其特殊的利益,利益完全相同的甚至找不出一打人来。

马克思认为,摆在一个人面前的首先是个人利益,这种利益是由个人在社会中的地位所决定的,此外还有阶级利益,然后还有多种多样的共同利益,如国家利益、民族利益、行业利益、地区利益、部落利益、宗教

---

① 《马克思恩格斯选集》第 1 卷.北京:人民出版社,1995 年版,第 285 页.

利益等,所有这些利益都是以极其复杂的方式相互补充、相互妨碍、相互抵消和相互破坏的,在社会生活中或多或少地得以贯彻,并决定相应的社会生活的历史特点;社会生活的建立并不是一种利益影响的结果,而是形形色色利益相互作用的结果,在这些利益中,当然在一定的时代可能有几种利益起着支配作用。

马克思认为,阶级斗争根本不是社会生活唯一的因素,因为利益是"无限"分裂的,所以也有着"无限"的利益对立和斗争,"迄今社会的历史是阶级斗争的历史"这一《共产党宣言》中的话,并不是说到目前为止社会中不存在有教会、地区、行业和家族利益的斗争,而是说,迄今为止,在社会历史的发展中,阶级斗争起着最重要的作用,政治生活都打上了它的烙印。马克思绝没有认为,社会内的利益斗争都能够简化为阶级斗争,然而他要求人们不要完全忽视这种斗争对历史形成的意义,不要把一切斗争都不加分析地简单归于"利益斗争"或"社会斗争"的概念,如要了解社会生活的历史形成,那就一定要在不同种类的斗争中研究其起源、内容以及动机。

马克思的社会学说认为,那种被先行的社会哲学说得天花乱坠的共同意志是根本不存在的。因为社会并不是一个有着完全一致利益的统一体,而是分裂为阶级的,共同的社会利益也是有的,因为没有一定的秩序,共同的社会生活和协作是不可能的,所以所有社会成员都愿意维护这种秩序。然而,又因为在这种社会制度之内大家又因各自的地位和利益不同而有不同的理想制度,他们都是以本阶级角度从不同的立场出发来观察社会制度下的规定的。换句话说,共同的社会利益是有的,然而对不同的阶级来说这种利益又是迥异的,并且具有不同的意义。

第四节　社会变迁理论

　　马克思的社会变迁理论是历史唯物主义的核心内容。马克思认为,所有的历史的发展都是有因果制约和确切规律性的,但社会现象发生的次序又非简单地表现为一个因果系列。马克思在 19 世纪的研究指明,社会变迁是一个"自然历史过程",既符合自然历史的发展规律,也体现出人在其中的参与性与能动性。通过对社会历史客观进程的深入考察,马克思不断去发掘社会变迁的本质原因,从而形成了对人类社会发展进步规律的独特认识。

一、作为"人的自然史"的社会变迁

　　马克思的社会变迁观是在扬弃启蒙时代的理性主义进步观基础上形成的。在马克思看来,启蒙哲学家仅仅从意识层面为历史进步寻找依据,无论构建出如何精密的"思想大厦",最终都难以在经验世界中达成对自身的有效说明。马克思的社会变迁理论将结构分析与历史分析统一起来,反对抽象的进步观念。此外,与 19 世纪出现的各种历史循环论和社会进化论不同,马克思从"物质的生活关系"理解历史,认为人类历史既不是简单地重复,也不是单线的进化。我们不能从一个简单抽象的意义上去思考进步这个概念,而是应该在人类社会的生产实践中去理解它。

　　在《资本论》中,马克思提出"把经济的社会形态的发展理解为一种自然史的过程"。在马克思看来,社会进步是一个自然史。一方面,人虽然具有超越于动植物的理性思考能力,但从本质上来看,"人作为自然的、肉体的、感性的、对象性的存在物,同动植物一样,是受动的、受制约的和受限制的存在物。"①人类社会的进步并不独立于自然界,而是自然界进化的结果,是关于人的"自然史"。无论物质生活关系的生成、发展还是转换,都始终遵循生产力与生产关系的矛盾运动规律,并不以人的意志为转移。另一方面,历史虽然可以理解为人的"自然史",但其最终是以"人化自然"呈现的。作为"自然史"的社会进步以人的活动为核心,具有明确的"主体性"维度。社会进步的规律固然不以人的意志为转移,但人的主观能动性在这个过程中仍具有重大作用。通过主观能动性的发挥,人不但可以更好地把握社会进步的规律,而且可以通过实践不断满足规律所需要的各种条件或资源,进而推动社会加速进步。马克思认为,社会进步的趋势是从"人的依赖关系"转变为"物的依赖关系",最后进入到人的自由全面发展。由"人的依赖关系"到"物的依赖"关系这一转向已经在历史中完成,而实现人的自由全面发展则要通过共产主义运动,消除资本主义社会中由"物的依赖关系"而导致的异化力量,形成"自由人联合体"。

社会变迁作为一切社会现象发生变化的过程和结果,既包含社会发展和进步,也包括社会停滞和倒退;既有连续性的特征,也有非连续性和间断性的特征。社会进步并非是均衡的,一个社会物质文明的发展与精神文明的发展有同步的情况,也有不同步的情况。只有通过对不同社会形式进行具体的、历史的研究,才能客观地、全面地理解其产生、存在、发展和消亡的规律。马克思认为,社会变迁的根本动力是生产力的发展,当生产关系不适应生产力的发展状况,代表先进生产力的阶级就会发起变革和革命,推动社会形态的转型。历史上曾经存在过的社会形式,它们的产生和发展有其必然性,它们对当时的生产力状况具有适应性。同样,它们在历史上的消亡,被新的社会形式取代,则表明其合理性的消失。马克思在研究资本主义社会时,不仅关注资本主义经济结构怎样从封建社会的经济结构中产生,而且还关注生产资料的集中和劳动的社会化如何发展到同资本主义社会不再相容,产生不可克服的矛盾,进而为新的、更为高级的社会形式取而代之的必然性。

---

① 《马克思恩格斯全集》第 42 卷,北京:人民出版社,1979 年版,第 167 页。

二、社会变迁阶段论

在《德意志意识形态》中,马克思和恩格斯以劳动分工和所有制的不同特征来说明人类历史上出现过的各种社会形式,第一次较为完整地提出了人类社会变迁的五种所有制形式。①

"部落所有制"。文明时代以前的氏族部落的原始公有制形式,是与生产的不发达阶段相适应的。"在这个阶段上,分工还很不发达,仅限于家庭中现有的自然产生的分工的进一步扩大。因此,社会结构只局限于家庭的扩大:父权制的酋长、他们所管辖的部落成员以及奴隶"。②

"古代公社所有制和国家所有制"。马克思在不同地方提到过三种属于这种所有制类型的公社,即亚细亚公社、古代型公社和日耳曼公社。这种所有制是由于几个部落通过契约或征服联合为一个城市而产生的,仍然保留奴隶制,但私有制已经发展起来,分工已经比较发达,城乡对立、国家对立和阶级对立也都已经出现。"公社(作为国家),一方面是这些自由的和平等的私有者间的相互关系,是他们对抗外界的联合;同时也是他们的保障"。③

"封建的或等级的所有制"。马克思主要以对中世纪西欧的考察为基础,分析了封建制度的所有制形式。"封建时代的所有制的主要形式,一方面是地产和束缚于地产上的农奴劳动,另一方面是拥有少量资本并支配着帮工劳动的自身劳动。这两种所有制结构都是由狭隘的生产关系——粗陋原始的土地耕作和手工业式的工业所决定的"。④ 封建社会的人际关系是建立在土地所有权基础上的人身依附关系,等级结构和等级制度非常鲜明。

资本主义私有制。这种所有制形式的核心特征是生产力发展到较

---

① 以下关于五种社会所有制及形成的表述,参考了谢立中"卡尔·马克思",载杨善华、谢立中. 西方社会学理论:上卷. 北京:北京大学出版社,2005 年版,第 86—88 页。

② 《马克思恩格斯全集》第 3 卷,北京:人民出版社,1960 年版,第 25 页。

③ 《马克思恩格斯全集》第 46 卷:上册,北京:人民出版社,1979 年版,第 475 页。

④ 《马克思恩格斯全集》第 3 卷,北京:人民出版社,1960 年版,第 28 页。

高水平,生产资料的私人占有,以及资本所有者与雇佣劳动者之间的生产关系。资本主义社会的社会分工高度发达,生产过程日益社会化,生产资料的所有者(资本家)凭借所占有的生产资料对雇佣劳动及其产品进行支配,社会日益分化为资产者和无产者两大对立的阶级。社会化生产与资本主义占有的不相容,使得"资本主义的社会关系是社会生产过程的最后一个对抗形式,……在资本主义社会的胞胎里发展的生产力,同时又创造着解决这种对抗的物质条件"。[①]

共产主义制度。马克思对共产主义的社会制度特征只提过一些建设性设想,并未做过详细的描述。在马克思看来,资本主义社会生产力与生产关系的矛盾是无法在资本主义制度下解决的,资本主义高度发展之后,必然出现社会制度的变革。在共产主义制度下,生产资料将重新由社会共同体统一占有、统一管理,固定分工以及与此相连的阶级对立、城乡对立等现象将会消失,每个人都将可以自主地选择自己所从事的活动,获得自由、全面的发展。

马克思、恩格斯所描述的上述社会形式主要是以西欧社会的历史资料为基础的,与人们后来通常所说的"五种社会形态"还不尽相同。19世纪50年代初,马克思开始研究东方社会,发现东方社会具有许多"西方社会"所不具有的特点,如没有土地私有制、自给自足的农村村社、公共水利工程、专制政府以及长期停滞等,提出了"亚洲式的社会"或"亚洲社会"的概念。19世纪六七十年代,马克思陆续发现在欧洲也曾经存在过与"亚细亚所有制形式"类似的原始公有制形式(如德国的"马尔克"等),提出了"欧洲各地的亚细亚所有制形式"这种说法,[②]从而使"亚细亚所有制形式"成为了一个超地域的概念,实际上成为了原始公社所有制的代名词。后来恩格斯依据摩尔根《古代社会》的研究成果,确认原始公社所有制是原始社会的最后阶段。这样,人类最初的社会形态似乎就应该是"原始社会"而不是"亚细亚社会",并由此逐渐衍生出来人们熟知的从"原始社会"到"共产主义社会"的"五种形态说"。

---

① 《马克思恩格斯选集》第2卷,北京:人民出版社,1972年版,第83页。

② 《马克思恩格斯全集》第32卷,北京:人民出版社,1974年版,第43页。

本章小结

马克思的社会学说为现代社会中人们的社会学研究和社会学实践提供了一套最具影响力的理论话语,开拓了社会学研究的理论视野。马克思的历史唯物主义历史观和社会观是马克思社会学思想的基础,唯物辩证法是社会学思想的形成和发展的方法论。马克思对他生活的资本主义时代进行了考察,对资本主义的社会结构进行了分析,得出了生产力与生产关系的矛盾运动是社会发展的根本动力;经济基础与上层建筑的辩证运动导致了社会形态的变迁。马克思指出阶级斗争是阶级社会发展的直接动力。在阶级社会中,生产力和生产关系,经济基础与上层建筑的矛盾发展到一定程度,必然通过阶级斗争表现出来。社会变迁是一个"自然历史过程",既符合自然历史的发展规律,也体现出人在其中的参与性与能动性。马克思通过对西欧社会形态的考察以及与东方社会形态的比较,提出了人类社会变迁的五种社会形式。

第四章　齐美尔的社会学理论

格奥尔格·齐美尔

格奥尔格·齐美尔（Georg Simmel, 1858—1918，又译西美尔、席美尔），德国哲学家和社会学家，与韦伯和滕尼斯齐名的德国社会学的奠基人之一。

齐美尔出生于柏林的一个犹太商人家庭。1876 年进入柏林大学，先后学习历史学、心理学、人类学和民族学，最后以一篇研究康德哲学的论文，于 1881 年在柏林大学获得博士学位。从 1885 年开始，齐美尔以编外讲师身份在柏林大学授课，直到 1901 年才被校方正式聘为副教授。在此期间，齐美尔发表了大量的学术著作，其中很大一部分被译成英、法、俄等多种语言，获得了很高的学术声望。1914 年，56 岁的齐美尔前往位于德法边界的斯特拉斯堡大学，担任这所省立大学的教授。但由于第一次世界大战的爆发，他在该大学的学术活动几乎陷于完全停顿。在战争结束之前，齐美尔因患肝癌于 1918 年 9 月

28 日去世。

　　齐美尔学术兴趣广泛,所发表的 20 多部著作、200 多篇论文涉及哲学、社会学、历史学、美学、政治学等诸多学科。齐美尔主要的社会学著作包括《论社会分化》《历史哲学问题》《货币哲学》《社会学:关于社会化形式的研究》《社会学的基本问题》等。

第一节　社会学的对象和问题领域

一、社会学的研究对象

　　自孔德提出"社会学"的概念以来,斯宾塞、涂尔干等都视社会学为一门关于社会的一般科学,是所有社会科学之王,在内容上无所不包,从伦理学、人口学、历史学、政治学到民族学,都应该归入社会学之中。在齐美尔看来,当时社会学界的这种主流观点,并不利于社会学地位的确立。不能因为一切人类行为都发生在社会之中,并受社会的影响,就将所有社会科学都纳入社会学之中。这种做法,只会导致一切在其他学科中没有得到很好处理和解决的问题,都挤入社会学之中,从而使社会学边界不清,成为一个无家可归和漂泊无根者的收容所。齐美尔认为,仅仅将传统的知识混合在一起,贴上"社会学"的标签,并不能开创一个新的研究领域,而只不过是获得了一个新名词而已。他强调,社会学并不是社会科学之王,而只是一种类似于归纳法的研究方法和视角。"社会学是一种新的方法,一种研究的辅助手段,可借以采用去掌握所有那些领域的各种现象的一条新的途径。"①

　　既然社会学只是一种新的研究方法和视角,那么,是什么使社会学

---

　　①　西美尔.社会学:关于社会化形式的研究.林荣远译.北京:华夏出版社,2002 年版,第 2 页.

成为一门独立且边界清晰的科学的呢？齐美尔认为，科学的研究对象，是在大量具体事物中显现出来的一系列特征和关系，任何一门科学都是从一个特定的侧面和视角，来考察事物的总体性的。因此，社会学要成为一门独立的科学，就需要发展出一种解释社会总体性的独特视角，换言之，建立一种适合社会学视角的"社会"概念。为此，他模仿康德哲学的基本问题"自然是如何成为可能的"，提出了"社会是如何成为可能的"，以在逻辑上分析社会构成的形式条件，从而确立社会学研究的合法性。在齐美尔看来，"社会是如何成为可能的"这一问题的关键，在于解释人们的互动过程是如何产生统一和谐的秩序的。通过将社会互动的内容与形式加以区分，齐美尔认为社会学应该集中考察社会互动的形式。

当时，在对社会的理解上，社会唯实论和社会唯名论一直处于针锋相对的状态。社会唯实论认为，只有社会结构才是真正客观的存在；而社会唯名论则认为，客观存在的是个体及其行为，社会只不过是个人及其行为的一种集合。在批判社会唯实论和社会唯名论的社会概念的基础上，齐美尔发展出了自己独树一帜的社会观。首先，和所有社会学家一样，齐美尔也不否认作为社会构成基础的个人的存在，但他同时强调，仅仅承认个体的存在，如同仅仅承认树木、水滴的存在一样，是远远不够的。那么，这是否意味着在个体之外还存在着一个实体性的社会呢？在齐美尔心目中，社会并非一个实体，而是一个过程，一种具有意识的个体之间互动的过程，正是人与人之间的互动——他通常称之为"交往"——构成了社会。在齐美尔看来，社会由透过互动而结合在一起的个体所组成，社会的存在就表现在这些互动的关系上。"个人之间的互动是所有社会构形的起点。……社会，只不过替代了单纯的个体集合而已。社会并不是这么一种绝对的存在物，非得它先存在，以便让其成员的个体关系——高低贵贱的地位、凝聚、模仿、劳动分工、交换、普通的攻击或防卫、宗教社团、政党的形成，诸多其他等等——能够在其框架中发展或由它来表征：社会只是对所有这些明确的活动关系总体的综合或是一个总的名称而已。"[①]在齐美尔看来,正是这种个人之间有意义的互动关系所包含的社会形式,构成了社会学的研究对象。或者说,社会学的任务,就是阐释社会互动与交往的形式。

总之,在齐美尔看来,社会产生于人与人之间的互动之中。但社会一经产生,便超越了个人。唯其如此,社会学才成为可能。齐美尔曾说,如果社会要成为一门独立科学研究的自主对象,其先决条件即是,在构成社会的个体集合之上,涌现出一个新的总体;否则,社会科学的所有问题都只不过是个体心理学的问题。[②]需要注意的是,在齐美尔对社会的理解逻辑中,社会与个人的关系始终是双重的,社会首先是超越社会化的个人的复合体,同时,社会又是个体互动和交往形式的总和,也就是说,社会产生于个体之间的互动过程之中。

二、社会学的问题领域

齐美尔将社会学的问题领域,划分为抽象层次不同的三个独立领域。首先是一般社会学或者说普通社会学,其研究的问题领域,包括经由社会而形成的全部人类历史生活。它以一种全新的视角讨论人类的历史生活,对于政治、宗教、经济、法律、语言和其他各种文化事实,通过探寻它们作为社会的产物和发展结果是如何可能的,而给出社会学的分析。齐美尔认为,如果我们研究罗马的衰落,或者宗教与经济的关系,或者民族国家观念的起源时,将诸如此类的社会现象视为个体互动导致的结果,那么,这种研究就是社会学的。[③]

其次是所谓的纯粹社会学或者说形式社会学,它研究的是社会互动和交往的纯粹形式。这是齐美尔社会学最引人注目的特色。在齐美尔看来,社会形式是由活生生的人的纯粹总和建构起来的,形式社会学研究的目的,就是要将这种纯粹形式进行归纳,并在心理学上与非社会学的内容和目的区分开来。这种研究就如同几何学只研究物体的空间

---

①　西美尔.货币哲学.陈戎女译.北京:华夏出版社,2002年版,第107—108页.

②　David Frisby. *Georg Simmel*. Chichester Eng: Ellis Horwood. 1984. pp.56—57.

③　齐美尔.现代性的诊断.成伯清译.杭州:杭州大学出版社,1999年版,第34页.

形式,而撇开这种形式中包含的质料内容。"几何学也好,社会学也好,把各种内容或者整体现象的研究让其他的科学去完成,各种内容表现在它们的形式里,社会学观察整体现象的纯粹的形式。"①

第三个领域则是哲学社会学,即对社会的认识论研究和形而上学研究。它包括两个问题领域:"其中一个领域包括单一(学科)研究的条件、基本概念和前提,它们在单一(学科)研究中不能得到解决,因为毋宁说,它们是具体研究的基础;在另一个领域里,这种单一(学科)研究会导致完善和相互联系,并借助一些问题和概念,在经验之内和在直接对象的知识之内,没有问题和概念的位置,而是被置于相互联系之中。前者是认识理论,后者是有关问题单一领域的形而上学。"②认识论为其他社会科学研究提供各种概念、假设和前提,使零碎的知识整合成为一幅完整的图景;而形而上学则让我们超越日常经验的有限性,使不连续的个别事件呈现出完整的意义。

第二节　形式社会学

正如我们在前面所谈到的,齐美尔的社会观与涂尔干等人大相径庭。在他看来,社会并不是涂尔干所想象的那样是一个实体,而是一种过程。社会的本质存在于人与人之间的交往(互动)过程之中。因此,齐美尔所注重的不是宏观的社会结构分析,而是微观的社会互动研究。但是,人们是出于各自完全不同的目的,采取不同的手段进行互动的,社会学家应当如何研究这些千差万别的互动呢? 齐美尔认为,社会学

---

① 西美尔. 社会学:关于社会化形式的研究. 林荣远译. 北京:华夏出版社,2002 年版,第 8 页.

② 西美尔. 社会学:关于社会化形式的研究. 林荣远译. 北京:华夏出版社,2002 年版,第 17 页.

研究的并不是具体的个人互动,而是互动的抽象形式,社会学的任务是对人与人之间的互动形式进行分析,正是这种互动的总和,构成了社会。

我们应当注意,齐美尔之所以提出关于互动和交往形式的学说,乃是为了将社会学从哲学和意识形态的束缚中解放出来,是为了追求社会学的客观性而进行的诸多努力的一部分,这一思想在社会学的发展史上有着十分重要的作用。

一、社会互动和交往的形式

康德哲学的一个重要特点,是将形式与内容截然分开。在康德看来,现象世界纷纭繁复、杂乱无章,无规律可言。在此情况下,知识或者说物理学是如何可能的呢？ 根本的原因在于人所具有的"先天直观形式"——时间与空间。人以此二者去整理繁杂的世界,使其显现出规律,这也就是所谓"人为自然立法"。康德认为,时间与空间这两种形式之所以是先天的,是因为如果它不是先天的,即使是最简单的观念我们也无法获得,认识也将是不可能的。

齐美尔将康德的上述思想在社会学领域做了淋漓尽致的发挥。在他看来,每个人都必须在某种程度上与他人发生互动,尽管与他人进行交往的原因可能五花八门,但人们在进行这种交往时并未感到困惑,根本的原因就在于交往的形式是有限的。将互动或交往的形式与内容分离开来,是齐美尔社会学分析的一个起点。他认为:"内容只有与形式一起才促成现实的实体的实现,这个实体就是叫作较广义的和一般意义上的'社会'。这两者在实际中不可分割地联合在一起,而在科学的抽象里却被分割开,相互作用或社会化的各种形式,在思想里脱离各种内容,内容只有通过形式才成为社会的内容,才被进行概括,并在方法上被置于一种统一的科学的观点之下,我感到这似乎阐明着一种社会的特殊的科学本身的唯一的和全部的可能性。"①社会的本质就存在于

---

① 西美尔.社会学:关于社会化形式的研究.林荣远译. 北京:华夏出版社,2002 年版,第 5 页.

交往的过程之中。形式在社会中具有极端的重要性,社会学家的任务就是研究社会交往的形式。

什么是社会交往的形式呢?齐美尔说,所谓社会交往的形式,即是个人之间交往的方式,正是通过或者说正是在这种方式中,交往构成为社会现实。

按照齐美尔的说法,互动或社会交往的形式存在着不同的层次。齐美尔研究了多种形式的互动,其中包括交换、冲突、统治、社会化、卖淫等。按照雷文的归纳,齐美尔所讨论的各种社会交往形式,大致可以区分为四种类型:合作、竞争、联合、秘密等基本的社会互动形式,国家、教会、家庭、军事组织等作为体制化结构的形式,社交、体育活动、游戏等自主的游戏形式,艺术、政治、科学、宗教等社会本身的一般形式。①

"统治"是齐美尔感兴趣的一种重要社会形式。他认为,统治包括"压制"与"屈服"两方面,两者之间是一种相互影响、不可分离的关系。对许多人而言,所谓压制就是使被压制者屈服,使其丧失独立性,使其对压制者言听计从。但齐美尔并不这么看,他认为,作为领导者,也需要屈服者对其指示做出肯定或否定的反应,否则的话,统治这种关系也就不复存在了。

齐美尔具体分析了几种不同的统治形式。其中最常见、最简单的统治是由一位领导者实施的统治。这种统治容易形成群体内部的团结,但也容易造成内部的不和或冲突。消除群体内部不和或冲突的一个方式,就是使冲突双方在同样的权力地位上发挥作用,即多元的或民主的统治。相对于由一个统治者实施的独裁统治而言,民主或多元的统治可以给个人以更多的自由,它有助于群体的和谐、团结;但从另一方面看,民主的统治也容易产生争端,导致分裂。

齐美尔还研究了在所谓客观原则之下进行的统治。在他看来,这种以所谓客观规律的名义进行的统治其实是最具攻击性、最残酷的。因为它撕下了人与人之间温情脉脉的面纱,排除了人与人之间的互动。在这种情形中,人们感到无助,感到自己为一种非人格的力量所掌握,

---

① 齐美尔:现代性的诊断. 成伯清译. 杭州:杭州大学出版社,1999 年版,第 55 页.

一筹莫展,毫无出路。"在由一个人进行的统治中,尚包含有自由和尊严;而在由规律进行的统治中,所剩下的只是机械与被动的服从。"[1]但这种服从还不是最糟的,最卑劣的是对物体(例如偶像)的屈服。这种屈服乃是一种"使人屈辱的残暴和无条件的屈服",因为在此情形中,个人为物体所操纵,"他也就在心理上降低为仅仅是一种物体"。[2]

"时尚"是齐美尔着重研究的另一种重要的社会形式。齐美尔认为,时尚的基本动机包括既相互矛盾又相互一致的两个过程,即既要与别人相似(同化),又要区别于别人(分化)。在他看来,现代社会中的精英阶层,总是企图用一种明显的标志(如休闲方式、服饰等)使自己引人注目,而下层社会成员也总是想借助这些标志提高自己的社会地位;一旦这种标志开始大众化时,精英阶层又会引入新的标志,从而引发新一轮的时尚潮流。"最新的时尚仅仅影响较高的社会阶层。一旦较低的社会阶层开始挪用他们的风格,即越过较高社会阶层已经划定的界限并且毁坏他们在这种时尚中所具有的带象征意义的同一性,那么较高的社会阶层就会从这种时尚转移而去采用一种新的时尚,从而使他们自己与广大的社会大众区别开来。这种游戏就这样快乐地周而复始。"[3]

二、社会类型

社会类型是齐美尔讨论的另一种重要社会形式。齐美尔不仅将交往过程划分为不同的形式,而且还将交往所涉及的个人角色行为划分为不同的类型,如吝啬者、挥霍者、穷人、贵族、冒险家、娼妓、陌生人,等等。他将每一种类型都视为社会互动的结果。

"穷人"是齐美尔分析较多的一种社会类型。按照齐美尔的看法,所谓穷人,是那些被别人援助或有权得到别人援助的人。他明确拒绝

---

①　Georg Simmel. Domination. D. Levine (ed.). *Georg Simmel*. Chicago：University of Chicago Press，1971：p. 115.

②　Georg Simmel. Domination. D. Levine (ed.). *Georg Simmel*. Chicago：University of Chicago Press，1971：p. 117.

③　西美尔. 时尚的哲学. 费勇等译. 北京：文化艺术出版社,2001 年版,第 74 页。

以某种性质或缺少某种东西(钱)来规定穷人,而强调从社会关系和交往的角度来界定穷人。在他看来,穷人(受赠者)与赠予者之间的关系是一种权利与义务之间的相互关系。穷人有权得到援助,这种权利减轻了他们在受赠时心理上的痛苦;赠予者有义务援助穷人。齐美尔从功能主义的角度明确提出:"援助穷人有助于维持整个社会的运行;社会需要援助穷人,以使得穷人不至于成为社会的危险的敌人,以使得他们已衰弱了的力量转化为生产性的力量,以避免他们的后代进一步下滑。"[①]就此而言,援助穷人乃是为了整个社会福祉。齐美尔清楚地预感到,随着科层化的发展,对穷人的援助也将越来越成为一种非人格的机制,越来越成为一种政府行为。

齐美尔对穷人采取了一种相对主义的看法。从这种观点来看,所谓穷人并非必然是社会的最下阶层,每一个阶层中都有贫困现象。一个人,即便是上层阶层的成员,他在与其同类的比较中,也可能觉着自己是个穷人。政府消除贫困的努力永远不会完结,即使所有下层阶层的人们境遇都有所改善,仍然会有许多人在与其同类的比较中感到自己是穷人。他的这种观点,在后来的社会学研究中被发展成了"相对贫困化"观念。

"陌生人"是齐美尔所关注的另一种社会类型。在他看来,所谓陌生人,并非人们通常所理解的外来人,即不是今天来明天走的流浪者,而是指今天来并且要停留到明天的漫游者。他是潜在的流浪人,他虽然没有继续游移,但也并没有完全失去来和去的自由。[②] 因此,齐美尔强调,陌生人的社会学形式,包括脱离任何既定的地域空间的漫游与固定在一个地域空间点上这两种界定的统一。在陌生人与群体的关系中,距离起着十分重要的作用。陌生人就是距群体既不太远,又不太近的人。如果距离太远,他将失去与群体的联系,因而与群体毫无关系,

---

① Georg Simmel. The Poor. D. Levine (ed.). *Georg Simmel*. Chicago:University of Chicago Press,1971:p. 164.

② 西美尔. 社会学:关于社会化形式的研究. 林荣远译. 北京:华夏出版社,2002 年版,第 512 页.

也就不是什么陌生人；如果距离太近，也就成了自己人，而不再是陌生人。陌生人与群体之间这种若即若离、不即不离的关系，使得他与群体成员之间能够以特殊方式发生互动：由于他不是熟人，所以对他有特殊的信任，可以将不便对熟人谈的事情向他倾诉。也就是说，陌生人与我们之间特殊的距离，决定了他与我们之间互动形式的特殊性。正是从这个角度而言，齐美尔并不把陌生人看作某一类特殊的人，而是将其视为一种特殊的互动形式。事实上，我们每一个人都在某些方面或多或少地是他人的陌生人。在现代社会，这种陌生人之间的互动形式，已经是非常普遍的了。

三、社会几何学

齐美尔形式社会学的另一个颇具吸引力的内容是其社会几何学。我们知道，齐美尔是康德哲学的忠实信徒。在康德哲学中，时间和空间这两种先验的观念使得物理学成为可能；时间前后相继地流逝，不仅使我们能够确定事件的先后，而且使我们有了"数"的观念；空间使我们能够判断事物的相对位置。数学作为研究"数"和"形"的科学，在逻辑上先于任何其他学科。齐美尔和先驱康德一样，极为重视数学的作用，他尝试将数学的一些最基本概念，如数量、距离、位置、权重、对称性等引申和扩展到社会学领域，建立起了所谓的"社会几何学"。我们仅以数量和距离为例，对其社会几何学做一简单的介绍。

1. 群体构成的数量。齐美尔试图从纯粹的数量关系入手，研究群体规模的大小（构成群体人数的多寡）对于群体中互动性质的影响，并以此为基础研究群体的大小对于个人和群体性质的影响。他认为，从方法论上说，最简单的群体是二人群体（由两个人组成的群体）。因为二人群体包含着无数更为复杂的群体的体制、胚芽和素材。在由二人组成的群体中，互动是直接的，这是二人群体的一个最为明显的性质。互动之所以是直接的，是因为在两个人之间的互动，不可能以其他第三个人为中介来进行。在这种群体中，群体的性质完全取决于构成它的两个人的性质，不存在超出个人之外的群体结构。同时，在这种群体中，每个人都高度保持着自己的个性。二人群体关系密切，具有强烈的排他性。

　　当增加一人，即出现第三者时，二人群体就变为三人群体。三人群体的重要性在于，虽然只增加了一个成员，但群体的性质、结构与二人群体相比，却有了根本性的变化，出现了另一种独立的社会结构，原先不存在的社交角色也出现了。例如，在三人群体中，甲、乙之间的关系可能不同于甲、丙之间的关系，甲、乙之间可能只谈论工作，而甲、丙之间则只谈论生活。而个人参与群体的形式和程度也已经不同于二人群体了。又如，在三人群体中，第三个人可以利用另外两个人的争斗渔利。齐美尔认为，争斗乃是人们的天性，即使是在毫无利益冲突的情形中，人们仍然会创造出争斗的目标，体育比赛即是这种情形的很好反映。再如，在三人群体中，第三个人既可以是另外两人冲突的仲裁者或调停者，也可以拉拢一个、打击另一个。因而，也就有可能在群体中创造出新的权力结构。即使三个人处于完全平等的地位，以彻底的民主方式来协调彼此之间的关系，在三人群体中仍然有可能以"少数服从多数"的原则，以群体的名义，对少数派施加压力。总之，在三人群体中，会产生独立于个人、在二人群体中不存在的社会结构，而这种结构很有可能会危及个性的发展。这是三人群体不同于二人群体的一个重要特点。随着群体人数、群体规模的增大，这种情形将更加明显。

　　从整体上看，齐美尔对群体的分析，始终围绕着自由与约束、自治与他治这种辩证的社会学关系。他一方面认为，群体或社会规模的扩大，有助于扩展个人的自由。在小群体或小规模的社会里，尤其是在历史上的小规模群体或社会中，群体从各个方面都控制了个人的自由；而在今天规模巨大的社会里，个人往往同时分属于不同的群体，例如一个人既可以是一个休闲俱乐部的成员，同时又属于某个政治组织、某个家庭等，每一个群体都只是从某一个方面控制或影响个人，这意味着个人的自由得到了扩展。用齐美尔的话说，围绕着个人的社会圈扩展到什么程度，人之本性及行为中的个性也可扩张到什么程度。[①] 另一方面，

---

　　① Georg Simmel. Group Expansion and the Development of Individuality. D. Levine (ed.). *George Simmel*. Chicago: University of Chicago Press, 1971: p. 252.

齐美尔认为,大群体也会产生一些在小群体中没有或不严重的问题,这些问题最终可能危及人的个性。例如,在一个较大的社会中,由全社会来公开、平等、民主地讨论一个问题几乎是不可能的,在这种情况下,从众心理往往占了上风,一些极为简单、荒谬的想法也有可能被大众所接受,社会可能因此进入一个非理性冲动的状态。

2. 社会互动的距离。齐美尔社会几何学所讨论的另外一个重要的问题是"距离"。在齐美尔看来,互动的形式、事物的价值等至关重要的问题,都与人与人之间、人与事物之间的相对距离紧密相关,甚至可以说,是由相对距离所决定的。他在《货币哲学》中提出了一条关于事物价值的根本原则,即事物的价值是由其与行为者之间的距离确定的。一个事物如果与人的距离太近或太远,都将变得毫无价值。例如,如果一个人发现一个距我们一亿光年的、完全由黄金构成的星球,由于其距离过于遥远,我们无法到达那个地方,因而,这个星球对我们毫无价值;从另外一个方面来看,空气是我们不可须臾离开的东西,但由于离我们太近,太容易获得,因而也没有什么价值;真正有价值的东西,是那些通过努力并且只有通过努力,才会得到并且能够得到的东西。

第三节 文化社会学

和所有经典时期的社会学家一样,齐美尔试图对现代工业社会的实质从理论上做出解释。其文化社会学关注的最主要议题,就是揭示和剖析资本主义文化的内在矛盾和文化危机,他称之为"文化悲剧"。这种"文化悲剧根基于主观文化(或个人的)和客观文化(或集体的)的区分"①。在齐美尔看来,社会结构以及各种文化产物,如宗教、习俗、

---

① 乔治·瑞泽尔. 当代社会学理论及其古典根源. 杨淑娇译. 北京:北京大学出版社,2005年版,第29页.

意识形态、社会组织等，无时无处不在影响着人们的行为。这种影响甚至是一种威胁，它危及了个体的自由及个性的展，有鉴于此，他对主观文化和客观文化做了很有意思的区分。

一、主观文化与客观文化

主观文化，齐美尔有时也称之为"个体文化"，指行为者生产、吸收和控制各种客观文化因素的能力与倾向，是已经内化了的各种文化因素在行为者那里的综合体现。而客观文化，则是指人们在历史进程中创造和生产的各种文化因素，如宗教、哲学、科学、工具、技术、艺术、伦理、组织、团体、制度，等等。这些因素外在于个体，但却影响着个体生活的每一个方面。在齐美尔看来，客观文化对于个体的影响，只有在其以观念的形式进入个体，被个体吸收并内化，即成为主观文化的一部分之后，才能实现。在理想情形中，个体文化影响和塑造着客体文化，并同时接受着客体文化的影响，但问题是，客体文化一经产生，便具有了其内在的生命力。"它们（各种文化因素）获得了固定的习俗，具有自身内在的逻辑与合法性：它们的这种既定的地位，使其不可避免地疏远于创造它们并使其具有独立性的精神动力。"①也就是说，客观文化一经产生，就不再受其创造者的控制，而是凭借其自身的生命力发挥作用并继续发展。在齐美尔看来，在客观文化与主观文化之间，存在着深深的疏远与对立：创造性精神的亢奋和毫不疲倦的生命力，与其僵化、死板的产物以及该产物的不可思议的反作用之间，存在着严重的对立。"人们不断谋求表现自己的创造力的那种主观生活过程与这种创造活动所必然产生的客观文化形式之间存在着固有的矛盾。"②虽然人们保持着创造和更新客观文化的能力，但从历史的发展过程看，客观文化对主观文化的压倒性优势却越来越明显，越来越对主观文化产生压制作用。

---

① Georg Simmel. The Conflict in Modern Culture. K. P. Etzkorn (ed.). *Georg Simmel*. New York：Teacher College，Columbia University，1968：p. 11.

② D. P. 约翰逊. 社会学理论. 南开大学社会学系译. 北京：中国国际文化出版公司，1988 年版，第 358 页.

尤其是在现代资本主义社会，科学、技术、知识获得了前所未有的急速成长和扩展，但主观文化及其创造客观文化的能力却只有低速成长，甚至面临着不可避免的衰落，从而使我们面临"文化悲剧"。文化悲剧的实质，在于我们的个人能力无法跟上客观文化扩展的步伐，我们注定越来越不理解我们所创造的世界，而且会越来越被我们创造的世界所控制。其悖谬是，我们对客观文化的了解越少，对它的依赖却越深。

在齐美尔看来，客观文化在资本主义时代获得爆炸性增长的主要表现有如下几项。首先，客观文化的绝对规模和范围不断增长。这在各个领域都有明显表现，而科学则是最明显的例证。其次，客观文化的组成成分和内容也增加了。新的文化成分层出不穷，需要知道的新东西也越来越多。几乎每过一天，我们需要知道的知识就变得更多。最后，也可能是最重要的，客观文化的各种要素日益交织在一起，使创造了这些客观文化的行动者越来越难以理解它们，更不要说控制它们了。

在齐美尔看来，这种文化悲剧产生的主要根源，是因为分工的发展。随着现代化进程的推进，社会分工越来越细，专业化程度越来越高。专业化提高了人们生产各种文化因素的能力，使我们越来越有能力制造复杂、精细的客观世界元素，但个体却越来越失去从整体上把握和控制客观文化的能力。也就是说，客体文化越丰富，主体的能力就越低。在今天，传统意义上的"知识分子"已越来越少，而专家型的人物却越来越多。同时，精细的劳动分工使人们看不到自己工作的价值，工作成为一种毫无意义的劳作，没有激情，没有创造，有的只是机械重复。工作中的人际交往，也只不过是与自己差不多的人之间的会面而已，没有多少新奇的事物可供分享。个人情感与每日必须面对的客观文化相比，变得越来越不重要，生活如同一潭死水。更糟糕的是，这将是一个永无止境的过程，未来社会将比今天更悲惨。

二、社会分化

齐美尔研究了现代社会区别于传统社会的一个重要特征——社会分化。社会分化的程度是体现社会复杂性程度的一个极为重要的方面。例如，在传统以农耕或狩猎、采集为谋生手段的社会中，几乎所有的社会生产与社会交往活动——例如加工食物、抚育儿童、祭祀神灵，等等——都是以家庭或部落为单位进行的，每个人从事的活动都与其他人差不多，社会上只有有限的几种角色。与之形成对照的是，现代工业社会的复杂性远远高于传统社会。尽管人们仍然从事着表面上看来与传统差不多的工作，如生产食品、教育儿童、祭祀与崇拜神灵，等等，但是，在现代社会中，人与人从事的工作确实有着很大的差别，许多工作被分割为不同的劳动过程，由不同的人来进行。也就是说，有许多的社会角色可供人们选择。在这种情形下，人们的交往对象也往往不同于他们自己。

齐美尔洞察到了，随着现代化特别是工业化的发展，社会分化的程度会加剧。但他没有像人们通常以为的那样，去研究社会分化的历史起源，或研究日渐复杂的专业化，而是集中精力研究群体成员依据什么样的标准选择其准备加入的群体，即群体的类型或形式。

齐美尔注意到，就群体的形式而言，社会分化引起互动形式的两个根本性变化。首先，群体的组成原则发生了变化。用齐美尔的话说，群体的组成原则从"有机的标准"转向"理性的标准"。所谓有机的标准，是说一个家庭或一个部落，就像一个生物有机体一样，其组成部分先天地、内在地联系在一起。也就是说，人们是否属于一个由有机的标准组成的群体，并非出自人们自身的选择，而纯粹是由他们的出身所决定的。在有机的群体中，人们对群体有强烈的认同，人们在群体中丧失了自我，泯灭了个性。传统社会中的群体大多数属于此类。与之形成对照的是，现代社会中群体构建的基础是"理性"，所谓理性，齐美尔指的是推理与逻辑。以理性为基础的群体则指个人是否是某一群体的成员，纯粹是根据个人的目的、利益、偏好、自身条件而做出的合乎理性的选择。

此外，在齐美尔看来，社会分化还会导致社会群体数量的增加。如果只存在有机的群体，人们就只能隶属于初级群体，如家庭、村落、宗教社团等；而如果群体是以理性为标准的，人们就可以根据共同的兴趣、利益、技能、财富等，组成更复杂的群体。正像通常表现出来的那样，在现代社会中，人们加入包括职业群体在内的越来越多的群体中，而这些群体也越来越表现得更加理性、更加正式和形式化，甚至最亲密的群体——婚姻，也表现出这种特点。

群体构成的这些变化，有着极为深刻的影响。齐美尔注意到，由于在现代社会中，群体是以理性为基础的，人们可以，也确实加入了大量的群体。由于每一群体中的成员身份，都要求其在群体中承担相应的角色，这就导致了角色之间产生冲突的可能性。角色冲突的一个明显的例子，是性别角色关系的紧张。例如，有工作的家庭主妇，通常承担着两种不同的角色：操持家务和赚取家庭开销。而这两种角色之间常常会发生冲突，已婚妇女解决这种角色冲突的方法，不外乎在家庭角色和社会角色之间做出选择。齐美尔研究这一问题的一个前提，是认为人们可以像对待其他群体一样，选择加入或者放弃。通过这种方法，齐美尔将现代社会中离婚率的上升与社会分化联系了起来，这是一个很有启发的视角。

齐美尔不仅揭示了社会分化所导致的负面效果，他还揭示了社会分化的积极意义。在现代社会中，人们在许多不同的社会群体中承担着许多不同的社会角色，这些不同的社会角色，使行为者与不同的他人之间的关系，具有不同的特点。也就是说，社会分化所导致的诸多变化，使人们具有了更多的个性。这种情况在人与人之间差异较小的传统社会中是不可能存在的。换句话说，现代性不仅造成了角色冲突，而且也为个性的多样化发展创造了条件。事实上，在现代社会中，面对众多的社会群体，人们能够而且也必须做出是否加入的抉择。他们必须调整自己的行为，以便在不同的场合结交不同的人。这就使得人们所具有的一种特殊能力——移情能力得到了发展。这意味着，角色冲突具有某种积极的意义，它在迫使人们做出抉择的同时，也促进了人们创造性能力的发展。

三、货币哲学

《货币哲学》是齐美尔最重要的著作之一。在这本书中，齐美尔以其独具特色的形式互动理论，揭示互动对于社会关系本质的影响。他详尽研究了交换关系，特别是以货币为媒介的交换关系所产生的社会后果。齐美尔认为,正是以货币为媒介的交换关系,导致了现代社会中个人与劳动产品之间的日渐分离,导致了社会关系的客体化。因此,他将对资本主义社会关系和文化矛盾分析的重点,放在了经济交换关系,特别是货币关系上。虽然说并不是所有的经济交换都以货币为媒介,但从历史发展的过程来看,货币作为交换媒介,在交换过程中的重要性越来越明显。按照齐美尔的观点,这种历史趋势反映了社会分化的过程,同时,它也是社会分化的原因和动力。

齐美尔首先分析了一般意义上的价值,以及货币与价值之间的关系。在他看来,价值存在于主体与客体的分离之中,"当我们需要的内容一开始反对我们,它就变成了客体……对象因而就形成了,它的特性是通过与主体的分离而被赋予的,主体同时建立它并且试图以它的欲求征服它,对我们而言这就是价值"。[①] 在这之中,距离扮演着十分重要的角色。换言之,事物的价值存在于与我们之间的相对距离之中,如果事物与我们的距离太近,太容易得到,就没有价值。当然,如果距离太远,甚至远到无法得到的地步,也就同样没有什么价值。齐美尔认为,人们通过创造事物,从而创造了价值。但同时,这一创造过程又使自己与事物相分离,然后再寻求克服这一距离和摆脱困难的手段。显然,这中间的困难越大,手段就越有价值。在社会经济生活中,货币就具有这样的重要性。一方面,货币造成了人与物之间的距离,如果人们没有钱,就无法得到某物;另一方面,货币又能够帮助人们克服自己与物之间的距离,只要他有钱,就能得到任何有价值的东西。也就是说,货币在人们的社会生活中扮演着双重的角色,它既增加了人与物之间的距离,同时又提供了克服这种距离的途径。

齐美尔还分析了价值在"世界观"形成中的作用。在他看来,人们倾向于在生活的世界中寻找稳定的秩序,希望知道一事物的位置以及该事物与其他事物之间的关系。例如,人们创造出图腾崇拜和宗教仪式以调节人与神之间的关系,创造出价值以区别不同事物与人的关系,同时也使得不同事物之间可以相互比较、相互交换。这意味着,价值为

---

① 西美尔.货币哲学.陈戎女译.北京:华夏出版社,2002 年版,第 9—10 页。

人们提供了一个观察、理解世界的理性框架。

　　价值存在于主体与客体的分离之中，或者说存在于人的创造物与人本身的"异化"过程之中，这一观点具有重要意义。正是基于这一观点，齐美尔展开了对货币的分析。在他看来，货币为商品交换提供了一种普遍的价值标准。在货币出现之前，商品生产和交换就已经存在。然而，在无货币作为交换媒介的情况下，商品生产和交换只能以"以货易货"的形式存在，以这种形式进行的交换是非常困难的，用齐美尔的话说，就是抽象的商品价值无法具体化。货币的出现，为各种不同的商品提供了一种共同的度量标准，使各种不同的商品可以根据共同的度量标准来进行相互比较，这推动了商品的生产和交换，扩展了交换的深度和广度。在货币出现之前的"以货易货"的交换格局中，参与交换的货物在时间和空间跨度上都是有限的，货币的出现打破了这一局限。同时，货币的出现还极大地扩展了商品的种类，甚至人本身也成了商品，雇佣劳动和皮肉生意即是这种情况的一个明显例证。虽然说在货币出现之前，也可能存在雇佣劳动和皮肉生意，但在货币出现之后，这种情况才可能成为一种普遍现象。

　　齐美尔对于货币所做的分析的另一个重要特点，是把货币视为人类互动的一种形式。"货币完全是一种社会学现象，是人类互动的一种形式，其特性愈是脱颖而出，社会关系也就愈是集中、可靠和和谐。"[①]他强调，交换过程本身能够创造价值，或者说增加商品的价值。在他看来，参与交换的双方，只有在都认为售出较低价值的商品、换回较高价值的商品时，交换才成为可能。在以货币为媒介的情形中，对货币的追求也就因此而有特殊意义。在现代社会中，货币成为纯粹的交换工具，其价值只有在交换过程中才能实现，在此情况下，对货币本身的追求便成为目的。

　　齐美尔认为，货币的广泛使用具有深远的影响。首先，货币的使用使得人们能够更加抽象地对目的做思考。货币使得"长远的计算、大规模的企业、长期的信用"成为可能，并且促进了人们的思维方式的发展，

---

　　①　西美尔.货币哲学.陈戎女译.北京：华夏出版社，2002年版，第105页.

因为货币交换行为,包含着更为复杂的心理过程,从而使"理智能力和抽象思维成为我们这个时代的特征"。①货币的使用改变了知识及知识分子在社会中的地位。由于货币的使用,人们越来越精于计算,善于抽象思考。这无疑提高了知识在社会生活中的地位,同时也改变了社会的价值观念与行为规范,促进了文化向着知识层面进行根本性调整。其次,货币的使用推动了社会向理性化的方向发展,促进社会对量的计算的要求超过了质的因素。齐美尔说:"我们可以毫不费力地举出更多的例证来说明下面这些正在日益增长着的倾向:量的范畴主宰了质的范畴,或者说得更准确些就是质被消融在了量之中;越来越多地把因素从质当中剔除出去,只赋予这些因素具体的运动形式;把一切依特殊地、个别地、性质地而定的事物都解释为那些无特色的因素和意识——它们只受数量化规定性的影响——之或多或少、或大或小、或宽或窄、或频或疏,等等,尽管靠这些致命的手段永远也不可能彻底地实现这些倾向的目标。……我们生活的一个主要的趋势——把质化约为量——在货币中达到其最高和最独一无二完美的呈现。在这里,货币又一次成为发展进程中的一种文化历史序列的顶峰,而这一点无疑决定了金钱的方向。"②

在齐美尔看来,货币的使用,不仅促进了货物交流,同时也提高了人与人之间互动的频率。因为有了货币,人们不仅能参与生活于其中的初级群体的活动,而且能够与更多的人互动,参加到各种各样的次级群体中去。货币的使用改进了人与人之间的关系,促进了社会的团结。一个人之所以将货物卖给另一个人,接受另一个人所付出的钱,是因为他相信,在将来的某个时候,他能够付出他所得到的钱,买回他所需要的东西。也就是说,只有在人与人之间存在着信任关系时,货币才能存在,以之为媒介的交易才能进行。同样道理,货币经济的发展促进了这种信任关系的普及。

齐美尔认为,货币的出现也改变了政府行为的景观。一方面,正是

---

① 西美尔.货币哲学.陈戎女译.北京:华夏出版社,2002 年版,第 61 页,第 85 页.

② 西美尔.货币哲学.陈戎女译.北京:华夏出版社,2002 年版,第 206—208 页.

有了货币,政府才能对遥远的地方征税,才能向其官员及其雇员支付薪俸。这说明大规模的国家及中央集权政府的出现,是与货币经济的发展分不开的。另一方面,政府也必须尽力保持社会的稳定,只有在此基础上,它发行的货币才能为其公民所接受。

而货币对个人的影响,则主要体现在以下几个方面。首先,货币作为最一般性的工具,和其他参与交换的商品不同,其本身并不能决定自己的用途。这意味着,货币使个人有了更多的选择自由,有了更多的表现自己的方式,社会也就因而向多样化的方向发展。其次,货币使得人们能够具有多种不同的人际关系。个人可以通过付费参加各种交往活动,与各种各样的人保持接触,从而促进社会群体数量的增加及其形式、内容的多样化。再次,货币在使人们能够接触多种多样的人的同时,也导致个人更加封闭、更加孤独,这已成为现代社会无法回避的一个通病。其原因在于货币的出现,使人们倾向于数量的计算,抛弃了交易过程这一特殊的互动过程中的情感因素,人对人的了解只限于货币的多少,这与货币出现之前的情况大相径庭。在现代社会中,随着分工日趋细致,人们的生活越来越依赖于其他人的劳动。但同时,与我们直接相关的只是他人的社会角色,而不是具体的活生生的人,这导致了社会关系的非人格化。最后,在货币的强力冲击之下,许多人的人生观也发生了剧烈的变化:一些人变得"愤世嫉俗",而另一些人则变得对任何事物都"无动于衷"。在前一种人看来,金钱可以买来一切东西:美貌、地位、智慧甚至人格,令任何庄严、神圣、崇高的东西都面临着挑战。而在后一类人看来,既然所有的东西都可以买卖,唯一的区别只是价格的不同,那么事物之间根本就没有什么本质的区别。毫无疑问,后一类人在货币的冲击之下,已丧失了辨别事物之根本价值的能力。

总之,在齐美尔看来,货币在现代社会中,已经成为一种具有自身生命力的独立存在,它使我们能够对各种截然不同的事物,从量的角度进行精确的度量和比较。与货币经济相伴随的客观文化的发展,已经导致了社会生活中的计算和理性,以及非人格化的冷漠、傲慢和玩世不恭,从而构成对人性、个性和自由的最大威胁,造成了资本主义社会的"文化悲剧"。不过应当指出的是,齐美尔尽管揭示了货币经济可能产生的各种危害,却并没有督促我们返回传统社会的所谓淳朴、人性的生活中去,因为在他看来,货币是人性发展的一个必然阶段和产物,是一种绝对、纯粹的工具,是无法超越的。正因为如此,齐美尔一方面不否认现代文明发展的必然性,另一方面又对这种发展抱有一种悲观主义的态度。

本章小结

　　齐美尔通过提出并回答"社会是如何成为可能的"这一问题,确立了将社会交往形式作为社会学研究对象的基本思想,从而为社会学的产生奠定了重要的理论基础;并且基于这种观念,对社会互动的形式和过程进行了深入的探讨,同时尝试将量化方法引入社会学,研究群体规模大小对群体互动性质的影响;通过对主观文化、客观文化和社会分化问题,尤其是货币问题的社会学分析,深刻揭示了现代工业社会的内在矛盾,以及资本主义的内在"文化悲剧"。正如科塞(Lewis Coser,1913—2003)所说:"齐美尔永远和涂尔干、韦伯一样有力地激发着社会学的想象力。"[1]但是我们必须指出,齐美尔的社会学理论基本上是一系列哲理式论述,缺乏经验的、实证的理论和方法,这是它与同时代的涂尔干的实证社会学说相比的欠缺与不足。

---

　　① 刘易斯·A.科瑟.社会学思想名家.石人译.北京:中国社会科学出版社,1990年版,第239页.

第五章　韦伯的理解社会学

马克斯·韦伯

马克斯·韦伯(Max Weber,1864—1920),德国哲学家和社会科学家,德国社会学的创建者之一,与涂尔干和马克思齐名的现代社会学奠基人。

韦伯生于德国图林根的艾尔福特市,1868年全家移居柏林,1882年进入海德堡大学主修法律兼治历史、经济、哲学和神学,学习之余喜欢狂饮、击剑和格斗等。1889年他以《中世纪商业社会史》获柏林大学法学博士学位,1891年以论文《罗马农业史及其对公法和私法的意义》获柏林大学法律系教职。1894年韦伯任弗莱堡大学政治经济学教授,1896年改任海德堡大学国民经济学讲座教授。1898年夏,由于患精神分裂症,韦伯不得不中断教学生涯。直到1919年,韦伯获得慕尼黑大学的教职,重新开始他在大学中的学术生涯。1920年6月14日,韦伯因患急性肺炎在慕尼黑家中猝然去世,终年56岁。

韦伯生前只出版了《新教伦理与资本主义精神》(1905)，其未竟之作在他去世之后才陆续出版。《经济与社会》在1911、1922年间印行，引起西方各国哲学、社会科学界的轰动。韦伯各个时期发表的论文，也被分类结集付印，如《宗教社会学论文集》三卷(1922)、《科学理论论文集》(1922)、《社会科学和社会政策论文集》(1924)等。

第一节 社会科学方法论

一、理解与理解的社会学

韦伯的社会学叫作"理解的社会学"(verstehende soziologie, interpretative sociology)。用他自己的话说，社会学是一门致力于解释性地理解社会行动并通过理解对社会行动的过程和影响做出因果说明的科学。[①] 根据这个定义，韦伯将人类的社会行动作为社会学的研究对象。

社会行动是有意义的，且意义是可以理解的。韦伯把对社会行动的解释性理解和因果性说明作为社会学的两大任务。既然社会行动的本质是其蕴含的精神内涵和文化意义，那么用自然科学中的实证方法来研究社会学则无异于方枘圆凿，因此研究社会学的方法就别无他途，只能是理解和说明。

那么什么是理解呢？从确定性角度看，理解的确定性的基础有二。一是理性的方法(如逻辑和数学)，即对各种行动因素在其有意向的意义中获得完全清晰和理智的把握。理性的理解具有高度的确定性，正如韦伯所言，"当某人在推理或论证中应用 $2 \times 2 = 4$ 或应用毕达哥拉斯

---

① 马克斯·韦伯.经济与社会(上卷).林荣远译.北京:商务印书馆,1997年版,第40页.

定理时,或者当某人根据我们已经接受的思维模式正确地推出一种推理的逻辑序列时,我们对其意义具有完全清晰明白的理解"。[①]二是重新体验的方法,如移情和艺术欣赏,或如狄尔泰(Wilhelm Dilthey,1833—1911)所言,"理解就是再现你中之我"。这种方法通过同情式参与,能恰当地把握行动发生的情感环境,从而获得移情和欣赏的精确性。这种理解是对别人心灵感觉的精神体验,是对别人的行动和动机的有效把握。显然"可重新体验性"对理解的确定性非常重要,但并不是唯一的必要条件,"要理解恺撒,不必成为恺撒"。

从操作类型看,韦伯把理解分成两类。第一类是对主观意义的直接观察理解,即通过对社会行动的直接观察就能理解其意义。对语言、行动(如砍柴、关门等)、非理性的情绪反应(如惊叫、愤怒等),以及对数学和逻辑命题(如 $2 \times 2 = 4$)的理解都属于这一类。第二类是解释性理解,即根据动机来把握行动者赋予行动的意义。解释性理解是对动机的理性理解,它把社会行动置于可理解的和更加内在的意义背景之中。如果说直接观察理解仅仅知道社会行动"是什么"或"干什么",那么解释性理解就是要寻求社会行动的"为什么"。例如樵夫砍柴,直接观察理解仅能理解樵夫的行为是砍柴,而解释性理解则要寻求砍柴的动机,比如为挣钱或为自用,等等。

社会行动是需要而且可以理解的,然而仅有理解是不够的。韦伯认为,任何解释都试图获得清晰性和确定性,但无论这种解释多么清楚和确定,它终究是一种主观形式,因此不能认为这种解释就具有因果效力,而只能把它当作一种特定的假设。因此,对社会行动的解释"通过与具体的事件进程相比较而证实主观的解释是必不可少的"。[②]这里韦伯看到了解释性理解方法的局限性和因果分析方法的重要性。实际上韦伯一直试图把解释性理解和因果性说明结合起来,使两者相互补充、相得益彰,从而形成一种尽可能客观科学的社会分析模式。韦伯的这种努力与狄尔泰、李凯尔特(Heinrich John Rickert,1863—1936)等

---

① 马克斯·韦伯.社会科学方法论.杨富斌译.北京:华夏出版社,1999年版,第37页。

② 马克斯·韦伯.社会科学方法论.杨富斌译.北京:华夏出版社,1999年版,第43页。

人在社会历史领域拒绝因果分析的倾向,在方法论上是迥异其趣的。

二、因果多元论

韦伯的思想脉络是:社会是由行动者组成的系统,行动者的社会行动是有意义的,其意义是可以理解的,但仅有理解是不够的,对社会行动的理解必须伴有经验上的验证才是具有价值的。这种经验上的验证是要寻找某一社会现象背后的具体的因果关系,而不是探求具有普遍因果效力的规律。韦伯将上述主观解释和具体的验证概括为"主观恰当性"(subjective adequate)和"因果恰当性"(adequate causes)两个命题。主观恰当性(或称"意向适当性")是对具体社会行动的过程和动机的理解,是表示对行动者的主观精神状态及其特定目的的认识程度。因果恰当性"是一种事件的先后顺序,其程度是按照经验的规则存在着一种机会:它总是以同样的方式在实际进行着"。① 这里所说的"机会"指的是概率,它在理想情况下可以用数字形式表示。因此,因果恰当性是指在从主观观点出发所做的理解结果与从客观观点出发所做的观察结果之间存在统计规律上的相符。

在《文化科学逻辑的批判研究》一文中,韦伯在与历史学家麦耶尔(Eduard Meyer,1855—1930)的争论中,进一步阐明了他的方法论观点。他认为,社会科学的研究对象蕴含着文化价值,具有特殊性和独立性,因此社会科学中没有规律可言,只有具体的因果关系,规律具有必然性,具体的因果关系具有"客观可能性"(objective possibility)。韦伯认为,客观可能性和因果恰当性在理解的基础上是统一的,因果恰当性是客观可能性中的因果恰当性。没有客观可能性,因果分析就变成了线性的因果决定关系;没有因果恰当性,客观可能性的分析就没有着落,社会学的研究也就失去了意义。

综上所述,韦伯在建立其方法论体系时,既考虑到社会科学研究对象的独特性和主观性,又考虑到社会科学作为科学对客观性、确定性的

---

① 马克斯·韦伯.经济与社会(上卷).林荣远译.北京:商务印书馆,1997 年版,第 45 页.

追求。他通过对主观恰当性、因果恰当性和客观可能性理论的构建,在认识论上提倡因果多元论,使社会科学摆脱线性单义的因果关系框架,把社会科学和自然科学区别开来。这样,他在强调理解的同时又为其理解社会学提供了客观基础,为社会学的科学地位设置了一道"确定性"防线。这些都鲜明地反映了韦伯理解社会学中的实证倾向和科学信念。

三、价值中立

1904 年,韦伯发表《社会科学和社会政策的"客观性"》一文;1914年,在"社会政策学会"的一次内部会议上,韦伯就新历史学派在经济领域推行伦理价值判断的观点发表《"价值中立"在社会学和经济学中的意义》一文。上述两篇文章的讨论都围绕着一个基本问题,即在什么意义上说与社会和文化现象相关的那些学科中也存在一般的"客观有效真理"。韦伯的意思是,在涉及主观意义现象的专业学科中(如社会学),客观研究如何在逻辑上是可能的。为解决这个问题,韦伯创造性地提出了两个解决方法,即"价值中立"和"理想类型"。

对价值中立的理解还可以通过它的对立面(即价值判断)得到更好的把握。价值判断应理解为"是对易受我们影响的那些令人满意或不满意的现象的性质所做的实际评价。根据这种价值判断即这一逻辑原则的有效性和含义,某一特定学科的'自由'问题,与我们将要讨论的问题,即人们在教学中是否应当宣称他接受从某些伦理原则、文化观念或哲学观点中所推演出来的实际价值判断,是根本不同的。这一问题很难加以科学的讨论,它本身完全是一个实际评价问题。因此它的最终解决是不可能的"[1]。这段话包含三层意思。其一,价值判断是从伦理、文化和哲学观点中推演出来的实际价值判断,即实践判断;其二,科学中价值中立或价值自由就是在研究过程中要摆脱价值判断,或者不做价值判断、暂停价值判断;其三,价值判断是科学领域之外的问题,不

---

① 马克斯·韦伯.社会科学方法论.杨富斌译.北京:华夏出版社,1999 年版,第 100页.

能依靠科学来解决。

与价值判断有关的是学术与政治的关系。韦伯反对把学术与政治搅在一起,主张把讲课与演说区别开来。讲课是学术活动,是科学内的事情,不应有价值判断;演说是政治活动,是科学外的事情,可以且应该有价值判断。可见,韦伯的价值中立乃是一种学术研究的规范原则,而不是学术本身的一种构成原则。价值中立不是要求学者没有或不能有自己的价值判断,而是要求他们应弄清在什么地方要诉诸分析的理解,在什么地方要诉诸情感,告诫他们不要把关于事实的科学分析与关于事实的评论相混淆。

在提出价值中立的学术规范后,韦伯面临两个实际的问题。一是怎样选择社会科学的研究课题,二是怎样确定社会科学的研究目标。他对第一个问题的解决思路很明确,并且已经成为社会学研究的特征。价值中立是研究过程所要求的,研究过程中如果有价值判断,那么科学就没有客观性可言。但是研究课题的选择和确立离不开价值的指导,如果没有研究者的价值观,那么课题的选择就失去了原则。

对第二个问题,即社会科学研究的目标,韦伯的观点引起了很大争议。韦伯提出,社会科学的研究目标是"一方面,我们希望理解个别事件在其当代形式中的各种联系及其文化意义,另一方面,我们希望理解它们在历史上成其为这样而不是那样的种种原因"[①]。简而言之,社会科学的研究目标就是对个别社会现象蕴含的文化意义做出解释性理解和因果性说明(这与前述社会学的两大任务是一致的)。这里所说的因果说明不是一个规律问题,而是个别现象中具体的因果关系问题,即归因问题。因为韦伯认为,寻求规律是社会科学力所不及的。

四、理想类型

如前所述,社会科学的研究对象具有独特性和主观意向性,那么社会学还有客观性可言吗?韦伯意识到,社会学如欲成为真正的科学,就必须像自然科学那样建构一套精确而严谨的概念体系来增强客观性,

---

① 马克斯·韦伯.社会科学方法论.杨富斌译.北京:华夏出版社,1999 年版,第 168 页.

减少主观随意性。研究者借助这种概念体系作为衡量现实的标准,审视现实与概念之间的差距,并对这种差距做出因果解释。韦伯称这种概念体系为"理想类型"。理想类型既可以用于历史,也可以用于现实,在解释历史事件时,韦伯对历史事件和观念重新构造,从概念上概括出一种纯粹的理性行动类型,使它们在逻辑上是完备无缺的,然后把真实的历史事件与已构建的理想类型进行比较,通过观察两者之间的偏差得出因果性判断,这种在解释历史事件时构建的理想类型被称之为"历史的理想型"。韦伯在《经济与社会》的第一部分提出了一系列的理解社会学的概念,试图构建一个抽象的概念体系。但由于他的逝世,这一体系并未完成。理解社会学中的这些概念被称为"类别的理想型"。如社会行动的四种类型、合法统治的三种纯粹类型、资本主义、科层制等均属于这种理想类型。

　　韦伯在构建理想类型时受到经济学和物理学中假说的启发,他的理想类型与经济学中的"经济人"、牛顿力学中的"质点"、爱因斯坦的"思想实验"一样,实际上并不存在,它只是为了理解和说明世界而建构起来的一个精确而有效的概念体系,"它不是'假设',但它为假设的构造提供指导;它不是对现实的描述,但它旨在为这种描述提供明确的表达手段"①。根据韦伯的论述,我们可以从两个方面来理解理想类型。第一,理想类型是一个主观思维的构建,它不是基于对所有事实进行的经验上的概括,也不是作为社会的理想提出来的。"理想"的意思是指现实中不存在的,而不是指最好的或人们最希望的。既然理想类型在现实中不存在,那么它就是超越感觉和远离现实的,因而是价值中立的,正是理想类型的这种价值中立性才保证了社会学研究的客观有效性。第二,理想类型虽是一种主观思维的构建,但并不是随心所欲的虚构,也不是一种概念游戏。理想类型是社会学中理论构建的一种方法,它的建立必须有逻辑上的一致性,不能违反经验的因果关系。对某一社会现象的解释,理想类型也许不止一个,但解释的标准只有一个,即

---

　　①　马克斯·韦伯.社会科学方法论.杨富斌译.北京:华夏出版社,1999 年版,第 185－186 页.

对具体社会现象的成功理解和准确归因。

第二节 社会行动理论

一、社会行动和社会结构

在《经济与社会》中,韦伯对社会行动的含义做了详尽的阐述:"社会行为(包括不为和容忍)可能是以其他人过去的、当前的或未来所期待的举止为取向(复仇从前的进攻、抵御当前的进攻、对未来进攻的防御措施)。'其他人'可能是单个个人和熟人,或者人数不定的很多人和完全不认识的人(例如,'货币'意味着是一种交换的财富,行为者在交换时所以接受它,因为他的行为以这样的期望为取向,即为数众多的、然而不认识的和人数不定的其他人,将来在交换时乐意接受它)。"①可见,社会行动本质上是以他人的举止为取向的个人的行动。何谓"以他人的举止为取向"呢? 就是"有着针对他人的主观动机",即社会行动具有针对他人的主观意义,只有具有主观意义的社会行动才是可理解的,才属于社会学的研究范围。韦伯在这里刻意把人的行动(action)与动物的刺激反应行为(behavior)区别开来。

因此,判定一个行动是不是社会行动,就要看这个行动是不是"针对他人",有没有"主观意义"。

那么,应该如何理解社会行动? 区别不同社会行动的依据又是什么呢? 韦伯认为,"合理性"概念是解决这一问题的钥匙。根据是否合理以及合理性的程度,韦伯把社会行动分为四种类型。

1. 目的合理性行动(也称工具合理性或目的—工具合理性),即通过对外界事物的情况和其他人的举止的期待,并利用这种期待作为"条

---

① 马克斯·韦伯.经济与社会(上卷).林荣远译.北京:商务印书馆,1997 年版,第 54 页.

件"或者作为"手段",以期实现自己合乎理性所争取和考虑的作为成果的目的的行动。

2. 价值合理性行动,即依照有意识地对一个特定的举止的——伦理的、美学的、宗教的或做任何其他阐释的——无条件的固有价值的纯粹信仰,不管是否取得成就的行动。

3. 情感行动,即由现时的情绪或情感状况决定的行动。

4. 传统行动,是由约定俗成的习惯决定的行动。[①]

上述四种行动是韦伯构造的理想类型,在这些行动中,工具合理性行动具有最高程度的合理性。因为行动者对行动的目的以及达到这一目的的手段都有清醒的认识和自觉的选择。行动者对行动的目的总是再三权衡,对实现目的的手段也是深思熟虑,而且对这些手段可能引起的其他后果也有充分的考虑。价值合理性行动中,对终极价值的信仰就是行动者的目的。信奉了某种价值观后,目的是否达到,后果是否合理,均不在考虑之列,只有手段才是行动者考虑的对象。如笃信宗教的人确信上帝存在以后,他要做的只是选择一些手段如祈祷、反省、做礼拜等,至于他的灵魂最终是否得救,终极价值是否实现,这无法从客观上得到证明。传统行动和情感行动都是没有经过理性思考的行动,但两者的依据不同。前者的依据是"习惯如此""历来如此",后者是受感情和情绪支配的;前者具有稳定性和可预见性,后者则相反。

按照韦伯的论述,社会行动意指具有主观意义的且涉及他人的行动,亦即社会行动是一种包含社会关系的行动。社会结构也就是社会关系结构。韦伯在论述社会行动的基础上,构建了两种类型的社会结构,即"共同体化"的社会结构和"社会化"的社会结构。共同体化指在一种社会关系中,社会行动的调节建立在主观感觉到的参加者们的共同属性上。"共同属性"包括感情的和传统的,即共同体化可以建立在任何方式的情绪或感情的基础之上,也可以建立在传统基础之上。例如一种性爱关系、一种孝顺关系、一个民族共同体都属于共同体化。家庭是典型的共同体化的社会关系。社会化指在一种社会关系中,社会

---

① 马克斯·韦伯.经济与社会(上卷).林荣远译.北京:商务印书馆,1997年版,第56页.

行动的调节建立在以理性(价值或目的合乎理性)为动机的利益的平衡或者同样动机上的利益的结合之上。典型的社会化建立在相互允诺的合乎理性的协议之上。

二、社会行动的合理化

前述社会行动的四种类型,可分为理性行动和非理性行动两类,理性行动又包括目的合理性行动和价值合理性行动。这些行动类型是韦伯主观构建的理想类型,在现实中并不以单纯的形式存在,任何现实的行动既有理性成分,又有非理性成分,即理性行动和非理性行动并不是两种不同的现实行动,而是同一现实行动的两个不同的侧面。

目的合理性和价值合理性是韦伯从目的和手段的角度对社会行动所做的区分,在研究经济行动时,韦伯又从形式和内容的角度,把经济行动分为形式合理性行动和实质合理性行动。在一个经济系统中,如果所有的行动都可以用量来表示,即能被计算并尽可能以货币单位这一形式来表示,那么这些行动在形式上是合理的,即属于形式合理的经济行动。其合理性的程度由计算的可运用程度决定。货币为经济行动提供了统一的计算尺度,用货币对各种不同的经济行动的成本和收益进行计算,从而可以对不同的行为方式进行比较,也可以对未来的各种经济机会进行评估,所有这些又要通过复式簿记技术来进行。因此,货币计算(不是货币使用)是最合理最完善的经济计算手段,也就是说,运用复式簿记技术的经济行动是形式合理性程度最高的经济行动。在韦伯看来,现代西方资本主义的经济运作就是这种经济行动。

实质合理性指通过一种以经济为取向的社会行动方式,根据某些价值的基本要求,向现存的人的群体供应产品。其合理性的程度与产品的实际分配方式以及被提供产品的人群的范围有关。实质合理性并不满足于目的合乎理性的计算,而是要提出伦理的、政治的、功利主义的、享乐主义的、等级的、平均主义的或者某些其他的要求,并用价值合乎理性或者在实质上目的合乎理性的观点来衡量经济行为的结果。①

---

① 马克斯·韦伯.经济与社会(上卷).林荣远译.北京:商务印书馆,1997年版,第107页.

形式合理性行动的唯一目标是最大限度地追求利润,任何导向这一目标的、可量化的行动都是有效的,从这个意义上说,形式合理性是独立于其他价值的,即价值中立的。因此,形式合理性只与经济系统内的目标有关,与经济系统外的目标和价值无关。相反,实质合理性旨在满足所有人的需求,是建立在"解放全人类"等外在的道德理想之上的。两者的对立在经济上表现为市场经济和计划经济的对立,在社会形态上表现为资本主义和非资本主义的矛盾(在现代社会中则是资本主义和社会主义的矛盾),在价值追求上表现为效率与公平的矛盾。效率是经济体系内的目标或价值,而公平则是经济体系外的终极价值和目标。据此,韦伯指出,资本主义社会是目的合理性和价值非理性或形式合理性和实质非理性的社会,并且认为,现代文明的全部成就和问题都可归结为目的合理性与价值合理性的紧张和对立关系。

目的合理性或形式合理性是社会历史的运动方向,是现代社会的本质特征。前资本主义社会占主导地位的是实质合理性,即把形式作为达到某种价值目的的手段,是针对某种事物的合理性;现代社会占主导地位的是形式合理性,它以形式本身作为目的,是不针对任何事物的合理性。例如,新教禁欲主义伦理把营利作为某种价值追求(渴望得救)的手段,但宗教理性化的结果最终使现代社会把这一手段变成目的。

第三节　合法统治和科层制

一、合法统治的理想类型

从社会行动合理化的基本假定出发,韦伯采用理想类型这一分析工具对现实存在的具有合法性的统治形式进行了深入的分析。通过对这些合法统治形式组织制度典型特征的分析,韦伯揭示了西方社会组织制度的合理化趋势。

在韦伯看来,统治指在一个特定人群中,某些具体的命令(或者说所有的命令)被遵从的机会。这样一种机会的出现往往与特定的利益关系联系在一起,而且要借助于一定的权力与影响。但从根本上讲,还要解决一个统治的"合法性"问题。韦伯称:"习俗和利害关系,如同结合的纯粹情绪的动机或纯粹价值合乎理性的动机一样,不可能构成一个统治的可靠的基础。除了这些因素外,一般还要加上另一个因素:对合法性的信仰。"①因此,现实中任何形式的统治都首先要面临着一个合法性的认同问题,即要取得人们对其合理性的认可。韦伯将实际存在的具有合法性的统治形式划分为三种类型,即传统型统治、魅力型统治和法理型统治。

(一)传统型统治

在韦伯看来,传统型统治建立在人们对传统的神圣性信奉的基础之上,这种统治类型主要存在于前现代社会。"如果一种统治的合法性是建立在遗传下来的('历来就存在的')制度和统治权力的神圣的基础之上,并且也被相信是这样的,那么这种统治就是传统型的。"②在传统型统治中,统治者是依照传统遗传下来的规则确定的,统治者具有终身的权力,而且可以将这种权力不断传给自己的后裔。人们对统治者服从是由于传统赋予了他们固有的尊严。在这里,统治者不是上司,而是主子。统治者与其他成员的关系不是事务上的职务职责,而是主仆的关系。人们所服从的不是章程,而是由传统决定的统治者所任命的个人。

从传统型统治的组织情况来看,它主要具有以下特征。

1. 缺乏按照事务规则确立的、固定的"权限"。在传统型统治下,权限的最初来源主要是由统治者任意专断下达的任务,这些任务被持久执行并最终被作为传统确立下来。一些事务性的管理,则是通过统治者对受委托者(最初往往都是统治者的家臣)全权委托来确立的。

2. 缺乏固定的、合理的等级制度。在传统型统治下,对问题的决定

---

① 马克斯·韦伯.经济与社会(上卷).林荣远译.北京:商务印书馆,1997年版,第239页.
② 马克斯·韦伯.经济与社会(上卷).林荣远译.北京:商务印书馆,1997年版,第251页.

权在于统治者本人。或者主要根据传统进行安排,或者完全由统治者本人随意决定,不管他出现在哪里,所有的受委托者都要为他让路。

3. 没有自由的契约和相应的规定用以确定官员的任免与晋升。家臣和亲信往往是按纯粹世袭的方式招募来的。如果是采用非世袭的方式招募来的吃俸禄者,统治者在形式上可以自由酌情调遣他们。官员的升迁只能依赖统治者的随意决定和恩惠。

4. 缺乏专业的业务培训。最初,统治者的所有家臣和亲信都缺乏合理的培训作为基本的任职资格。一旦经过必要的培训(如能读会写)成为官员任职的条件,就会动摇官员招募的世袭制度,从而限制统治者的权力。

5. 官员没有固定的薪金和用货币支付的薪金。最初,家臣和亲信的吃穿,都由统治者本人家中供应。一旦这些官员的吃穿同统治者家庭分开后,他们所获得的俸禄的种类和规模很容易固定下来。

韦伯采用理想类型分析了历史上出现的四种传统型统治。老人政治和原始家长制是人类历史上较早出现的两种传统型统治。前者由老年人来实施统治,后者则一般根据继承的规则确定某个人来实施统治。二者的共同特征是统治者没有个人的行政管理班子,因此,统治在很高程度上取决于成员们的服从意愿,所以成员之间是"同志"关系,而不是"臣仆"关系。成员们仅仅依据传统服从统治者,统治者也要严格地受传统的约束。后来出现了世袭制。在这种统治下,统治者拥有纯粹个人的行政管理班子和军队作为统治工具,这时统治权力成为统治者个人固有的权力,成员之间的关系也由"同志"变成了"臣仆"。晚近出现的是封建制。在这种统治下,统治者以采邑或俸禄来供养行政管理班子,并通过契约等形式来对相互之间的权利和义务加以限定,这使得统治者的统治权力较世袭制更为稳固。在韦伯看来,无论是哪种传统型统治,都阻碍着合理性的发展。

(二)魅力型统治

在韦伯看来,魅力型或克里斯马型(charisma)统治是与传统型统治,尤其是家长制和世袭制截然相反的统治类型,它建立在对具有超凡品质和特殊魅力的领袖人物的崇拜和信赖的基础之上。韦伯称:"'魅力'应该叫作一个人的被视为非凡的品质……。因此,他被视为天分过人,具有超自然的或者超人的、或者特别非凡的、任何其他人无法企及的力量或素质,或者被视为神灵差遣的,或者被视为楷模,因此也被视为'领袖'。"①这样的领袖人物可能是预言家,可能是精通医术或法学的智者,也可能是狩猎的首领或战斗英雄。

从韦伯的分析中,可以看出魅力型统治具有以下几个特征。

1.领袖人物的魅力能否被认可取决于被统治者,而且这种认可要经受实践的考验。先天具有魅力并不能成为统治合法化的原因。

2.领袖人物的魅力要经受持久的考验。"倘若实际考验不能维持持久,则表明受魅力的恩宠者被他的上帝所遗弃,或者丧失他的魔力或英雄的力量。倘若他长久未能取得成就,尤其是他的领导没有带给被统治者以幸福安康,那么他的魅力型权威的机会就消失。"②

3.魅力型统治的统治团体是一种感情共同体。它的行政管理班子不是根据等级观点而选择的官员,而是按照魅力品质来选择的,与"领袖"相对应的是"亲信"。既没有"任命"与"罢免",也不存在"资历"与"升迁"。没有职务与权限,也没有薪金与俸禄。

4.魅力型统治是一种非经济性的典型政权。纯粹的魅力型统治鄙夷和谴责传统的或者合理的经济行为,即通过有的放矢的、持续的经济活动获得正常的收入。魅力型统治需求满足的典型形式,一方面依靠资助或者托钵乞讨,另一方面依靠掳掠、暴力榨取或者和平讹诈。

5.在受传统束缚的时代,魅力是巨大的革命力量。在前理性主义时代,几乎整个行为的取向都被传统和魅力所瓜分。

在韦伯看来,魅力型统治是一种严格地与个人(即与个人的魅力品质)联系在一起的社会统治形式,因而它所确立的社会关系也是短暂的。当追随者们在思想和物质上要求共同体长久存在下去,并期望这种社会关系得以长久地维持的时候,魅力型统治的性质便会大大改变。最终,由于魅力代表人物的缺位,特别是受其接班人的产生方式的影

① 马克斯·韦伯.经济与社会(上卷).林荣远译.北京:商务印书馆,1997 年版,第 269 页.
② 马克斯·韦伯.经济与社会(上卷).林荣远译.北京:商务印书馆,1997 年版,第 270 页.

响,整个社会关系的性质可能会发生根本的改变。韦伯分析了魅力型统治在接班问题上可能出现的六种解决方式。他认为无论哪一种方式都不可能使魅力型统治得以延续,最终不可避免地走向传统化和理性化。韦伯将这一过程称之为"魅力的平凡化"。魅力平凡化的结果,是魅力型统治转向传统型统治和法理型统治,或者成为二者的混合形式。

　　(三)法理型统治

　　韦伯将建立在遵守正式制定的法律基础上的统治称为法理型统治。韦伯将法理型统治视为行政管理的现代形式。他分析了法理型统治类型所具有的一般特征。

　　1.在法理型统治下,行政事务的运作要持续地受到规则的约束。"行政管理就是在法律规则限制之内,并且根据一些得到团体制度许可的、甚至没有违反团体制度的、可以普遍标明的原则,合理维护团体制度所规定的利益。"①

　　2.在法理型统治下,行政事务的运作是在一定的权限内进行的,出现了"机构"这种按章办事的运作单位。权限意味着根据效益原则进行的功能分工,根据分工获得所需要的命令的权力,并且对所允许的强制手段和使用强制手段的前提条件做出明确规定。

　　3.法理型统治具有固定的职务等级。任何机构都有固定的监督和监察制度,下级机构都有权向上级机构投诉或提出异议。而接受投诉的机关必须对投诉的内容做出回应,如果予以受理,要给出具体的解决办法。

　　4.法理型统治有明确的议事规则。这些议事规则可能是技术性的规则,也可能是准则。为了应用规则并达到完全合理,就必须有专业的培训。在正常的情况下,只有被证明接受过专业培训且成绩合格,才有资格参加行政管理班子,才能被任命为官员。

　　5.在法理型统治下,行政管理班子同行政管理资源和生产资源完全分开。行政官员对这些资源只有使用权,没有占有权,而且他们对这些物质的使用要受到严格的监督与约束。行政机关的财富与官员的私

---

　　①　马克斯·韦伯.经济与社会(上卷).林荣远译.北京:商务印书馆,1997年版,第243页。

人财富是完全分开的。

6. 在理想的法理型统治下,不存在任职人员对职务的任何意义上的私人占有。由职务所规定的权力,不允许被作为谋取个人利益的手段,而只是用来保障其履行职务所赋予的职责。

7. 法理型统治拥有行政管理档案制度。即使是口头讨论也都用文字的形式固定下来。档案与官员们的持续运作结合起来,使得"办公机关"这一现代团体行为的核心得以产生。

在韦伯看来,法理型统治可以具有极为不同的形式,而现代资本主义借助于科层制所进行的统治是最纯粹的法理型统治类型。

二、科层制

韦伯将科层制视为法理型统治的特殊形式,这也是他所认为的人类组织的合理形式。在这种统治形式下,组织按照合理性的原则来设计和分工以便有效地实现组织目标。官员们的职务等级是按照集权体系所安排的固定有序的体系,并且有着与职务相对应的严格的权限规定。组织运转依靠的是没有人情味儿的职责、规定和准则,具有非人格化的特征。官员的任命与提升所依据的主要是业绩。在韦伯看来,所有这一切都保证了组织目标的有效实现。

韦伯对科层制的组织特征进行了深入的剖析。在这种统治形式下,统治者的地位的获得,或者是依据占有,或者依据选举,或者依据继承接班的指派。但无论来自哪种形式,统治者的统治权力都有合法的权限。在这种统治形式下的行政管理班子,是由单个的官员组成的,并呈现出以下特征。

1. 官员们个人是自由的,仅仅在事务上具有服从官职的义务。

2. 官员们处于固定的职务等级制度之中。

3. 官员们拥有固定的职务权限。

4. 官员们根据契约受命,即建立在自由选择之上。这是现代科层制的本质。

5. 官员们根据专业业务资格任命。在最合理的情况下,专业业务资格应通过考试获得、通过证书确认。

6.官员们获得固定的货币薪金作为报酬,大多数有权领取养老金。薪金的标准首先依据官阶等级原则,同时也依据与职位相对应的责任。另外,也会考虑到身份地位的因素。

7.官员们把他们的职务视为唯一的或主要的职业。

8.官员们可看清自己的前程。官员职务的升迁依据年资或政绩,或者二者兼而有之,取决于上司的评价。

9.官员们在工作中完全同行政管理资源分开,个人不得将职务资源占为己有。

10.官员们要遵守严格的、统一的职务纪律并接受监督。

韦伯认为,科层制是迄今为止最为合理的统治形式,而且是未来社会和组织中统治形式的合理发展方向。他对科层制的优点大加赞赏,对其作用也大加肯定。在韦伯看来,科层制所采用的建立在集权和档案制度基础上的行政管理,精确、稳定、纪律严明,无论对统治者还是有关的人员来讲,都必须做到言而有信。因此,可以最大限度地获得劳动效益。韦伯称,科层制"纯粹从技术上看可以达到最高的完善程度,在所有这些意义上是实施统治形式上最合理的形式"①。

在韦伯看来,科层制已经渗透到现代社会的各种组织行为之中,并对每个现代人的生活不可避免地产生影响。国家、教会、军队、政党、经济企业、利益集团、协会、基金会等,这些现代的组织和团体的发展一般都是与科层制的发展和不断增强相一致的。"人们一刻也不能忘记,所有持续的工作都是由官员们在办公机关里完成的。我们的整个日常生活都纳入到这个框架之内。"②在韦伯看来,不仅资本主义在其当时的发展阶段需要科层制,而且社会主义要达到同样的技术效率,也同样需要科层制这种组织形式。

韦伯认为,科层制意味着根据知识进行统治,这是它所固有的特别合理的基本性质。现代经济受生产技术的制约,专业知识越来越具有不可或缺性。而统治者为了进行有效的统治,也倾向于通过公务知识

---

① 马克斯·韦伯.经济与社会(上卷).林荣远译.北京:商务印书馆,1997年版,第248页。
② 马克斯·韦伯.经济与社会(上卷).林荣远译.北京:商务印书馆,1997年版,第248页。

来进一步维护其地位,强化其权力。整个统治的科层化"大大促进向着理性的'求实性'、向着'职业化'和'专家化'发展"①。韦伯认为,从科层制的长远发展来看,专家在贯彻其意志方面,往往比非专家的政府官员们占有更多的优势。

在韦伯看来,科层制所具有的集权特征,并不妨碍民主精神在其中的孕育。科层制为了能从专业业务上最有资格的人当中招募人才,倾向于等级拉平化。"因为社会拉平化排除了由于对行政管理物资和行政管理权力的占有而掌权的等级的统治者,并且为了'平等'之故,也排除了依仗财产而能够担任'荣誉的'或者'次要职业的'行政管理职位的人,使科层制成为前进中的'群众民主'的不可分割的影子。"②

但与此同时,韦伯对科层制又持有一种复杂的感情。他在对科层制予以肯定的同时,也意识到其可能存在的种种弊端。例如,科层制所实现的效率是以忽视人们的精神与情感为代价的,科层制越是彻底地非人格化,也就越容易背离人的价值与尊严;在这种统治形式下,对规则的绝对服从不仅容易导致人们的创造力和责任心缺失,而且容易滋长官员的独断专行和妄自尊大。

第四节　宗教社会学

韦伯的宗教社会学研究体现在他的《新教伦理与资本主义精神》以及后来的《中国的宗教:儒教与道教》《印度的宗教:印度教与佛教的社会学》《古犹太教》之中。这些研究的共同之处在于,它们都关注宗教对于经济活动的影响、社会阶层与宗教价值之间的关系以及西方文明的独特特征。本节简要介绍韦伯的《新教伦理与资本主义精神》的主要

---

① 马克斯·韦伯.经济与社会(下卷).林荣远译.北京:商务印书馆,1997年版,第320页.
② 马克斯·韦伯.经济与社会(上卷).林荣远译.北京:商务印书馆,1997年版,第251页.

思想。

一、近代资本主义与宗教伦理

韦伯认为,分析近代资本主义必须把握两个方面:一是经济形态,二是观念形态。在宗教社会学中,韦伯分析的重点是观念形态即宗教伦理,其分析的经典之作是《新教伦理与资本主义精神》。

在《新教伦理与资本主义精神》中,韦伯试图解释"为什么近代形态的资本主义仅仅出现在西方,而没有在其他文明中出现"? 在韦伯看来,科学、艺术、史学、建筑、法律、政治组织等方面在西方得到合乎理性的发展绝不是偶然的,而是有其物质支撑和精神动力的。在资本主义的产生和发展的问题上,韦伯首先反对"对利润最大限度的追求是资本主义发展的动力"的理论解释。实际上对利润的追求以及对金钱的贪欲在任何形式的社会中都普遍存在,并不是现代资本主义特有的现象,"自从有了人,就有了对黄金的贪欲",所以"获利的欲望,对盈利、金钱(并且是最大可能数额的金钱)的追求,这本身与资本主义并不相干"。[①] 相反,资本主义的出现抑制和缓解了人们的贪欲和对财富的非理性追求,而且不择手段的追求利润往往成为理性资本主义出现的障碍。例如,中国、印度及其他文明中追求利润的现象也普遍存在,但并没有出现近代意义上的理性资本主义。

韦伯特别强调了理性资本主义在发展过程中的两个重要因素。第一是企业和家庭、公有财产和私有财产在法律上的分离,第二是合乎理性的簿记方式。这两个因素又与资本主义劳动组织方式密切相关,于是韦伯进一步把问题具体化,集中力量探讨以自由劳动组织为特征的理性资本主义的起源。

《新教伦理与资本主义精神》就是通过自由劳动之理性组织、法律、行政机构、理性主义等中介变量,层层分析,阐述宗教伦理这种神秘的力量如何产生了有利于资本主义经济制度的社会精神气质(ethos),论

---

① 马克斯·韦伯.新教伦理与资本主义精神.于晓等译.北京:三联书店,1987 年版,第7 页.

证新教伦理与资本主义精神之间的亲和性(affinity)。

二、新教伦理与资本主义精神

对"资本主义精神"这一概念,韦伯并没有用属种差的方法给出一个公式化的定义,他运用个体主义方法论引用富兰克林的话对资本主义精神做了具体的历史的说明。富兰克林告诫人们:时间就是金钱;信用就是金钱;金钱具有滋生繁衍性;经济上要量入为出、精于计算;生活上要节俭诚实、与人为善等。这些虽不是资本主义精神的全部,但却是资本主义精神的具体体现。

韦伯自己是在论述资本主义和前资本主义的区别中来把握资本主义精神的。这种区别首先表现在劳动者身上。资本主义和前资本主义两种条件下的劳动者在赚钱的欲望上并无不同,所不同的是前资本主义的劳动者缺乏劳动的自觉性,这一点正是资本主义发展的主要障碍之一。韦伯举例说,某个人按每英亩 1 马克①的价钱一天收割了 2.5 英亩地,从而挣得 2.5 马克。现在,工价提高到每收割 1 英亩得 1.25 马克。本来他可以轻而易举地收割 3 英亩地,从而挣得 3.75 马克。但他并不这样做;他只收割 2 英亩地,这样他仍然可以挣得他已经习惯得到的 2.5 马克。② 在此类劳动者看来,"挣得多一些并不比干得少一些来得那样诱人"。既然提高单位工资难以刺激人们的获利欲望,那么相反的办法即降低工资就成为雇主的常用办法,但降低工资在需要高度专注和创新精神的劳动中也难以奏效。与上述情况形成鲜明对照的是,资本主义条件下的劳动者却有着高度的自觉性和责任心,他们把劳动当作一种绝对的自身目的,当作一项天职来从事。这种天职观正是"资产阶级文化的社会伦理中最具代表性的东西,而且在某种意义上

---

① 1 英亩约合 4046.9 平方米。根据相关规定,2002 年 1 月 1 日以后 1 马克约可兑换 0.51 欧元;按 2016 年 1 月汇率,约合人民币 3.82 元。

② 马克斯·韦伯. 新教伦理与资本主义精神. 于晓等译. 北京:三联书店,1987 年版,第 42 页.

说,它是资产阶级文化的根本基础".①

其次,前资本主义与资本主义的区别还表现在企业家身上。前资本主义的企业家趋向于利用各种政治机会和非理性活动如垄断权、法律特权和高利贷等手段来追求经济的成功,他们在生活和经营的诸方面如生活方式、工作量、利润率、调节劳资关系的方法、顾客群以及吸引新顾客的方法等均表现出传统的和非理性的特点。而资本主义条件下的企业家是在"冷酷无情的生活环境中成长起来的人,既精打细算又敢作敢为。最重要的是,所有这些人都节制有度,讲究信用,精明强干,全心全意地投身于事业中,并且固守着严格的资本主义观点和原则".②他们具有确定不移且高度发展的伦理品质,以及洞若观火的远见和卓越的行动能力,在顾客和工人中赢得了不可缺少的信任。他们是为了事业才生存,而不是为了生存才经营事业。

韦伯接着分析了德国路德教的职业观、法国加尔文教的天职观和英国清教的禁欲主义。"职业(Beruf)"是马丁·路德造的一个词,他在将拉丁文《圣经》译为德文时,把拉丁文"Vocatio(圣召)"译为"Beruf"。"圣召"指听从上帝的召唤,因此,"Beruf"不能简单地译为"profession(职业)",它是同"由上帝安排的工作"这个要领联系在一起的。这就是为什么人必须把"Beruf"看作自己的目的、看作生活的功能、看作必须承担不容懈怠地去圆满完成的义务的原因。它是体现资本主义精神的一个重要方面。路德的职业观告诉人们,职业是人们终生的任务,是在一种确定的工作领域中,个人自身价值的体现。路德给世俗活动应有的位置,他认为修道士的生活不仅毫无价值,而且放弃现世的义务是自私的,是逃避世俗责任。敬业尽职的世俗活动是人的本分,是上帝的要求。

加尔文教的全部教义在于上帝而不在于个人,上帝不是为了人类

① 马克斯·韦伯.新教伦理与资本主义精神.于晓等译.北京:三联书店,1987年版,第38页.

② 马克斯·韦伯.新教伦理与资本主义精神.于晓等译.北京:三联书店,1987年版,第50页.

而存在的,人类是为上帝而存在的,一切造物都服务于上帝的荣耀。于是,加尔文教徒在一种"天职"中勤奋地劳作,通过日常事务的成功找到了摆脱被罚入地狱的恐惧的途径。在耕地里的劳作,在市场上的成功,在生意圈中的活跃,似乎成为受到上帝恩宠的最确切的证据。

英国的清教也把劳动作为人生追求的目标,把浪费时间当作最大的罪恶。它认为唯有劳动而非悠闲方可增添上帝的荣耀。人生短促,时光无价,虚掷一寸光阴即是丧失一寸为上帝之荣耀而效劳的宝贵时光。劳动既是人生的目的,也是禁欲的途径,任何游手好闲无节制的人生享乐都是禁欲主义的仇敌。

上述新教伦理彻底摒弃了基督教的古老箴言"同尘世分离",也摒弃了出世的禁欲主义、苦行主义,而代之以诚实、信用、守时、谦卑、勤奋、节俭等入世的禁欲主义德行。对新教徒来说,经济活动是一种严谨的"服役",一种"成圣"的劳动,他们的财富是为了荣耀上帝,而不是为了自用,人只不过是上帝的工具而已。

新教教派的共同特征是信奉天职观和入世的禁欲主义伦理观。新教徒通过天职观和禁欲主义伦理把履行世俗职业的义务尊崇为一个人道德行为的最高形式,从而使日常世俗行为具有了宗教意义,即宗教伦理与世俗伦理有了某种"亲和性"。于是新教徒把通过工作追求财富当作自己的天职,把职业视为荣耀上帝的重要体现。正是"天职"观念使工人和企业家在复杂的经济行为中获得了共同的伦理基础和精神动力,成为塑造资本主义精神的关键因素。

韦伯注意到,财富曾经是荣耀上帝的见证,但后来却变成了新教伦理的掘墓人。新教徒在为上帝增添荣耀的勤勉劳作中创造了财富,但随着财富的增长,人们对现世的一切热爱随之增强,对享受的欲望随之膨胀,"寻求上帝的天国的狂热开始逐渐转变为冷静的经济德性;宗教的要求慢慢枯死,让位于世俗的功利主义"[1]。财富这个"身外之物"逐渐异化为奴役人们的一只"铁的牢笼"。

---

① 马克斯·韦伯.新教伦理与资本主义精神.于晓等译.北京:三联书店,1987 年版,第138 页.

本章小结

　　韦伯认为社会学应当是致力于解释性地理解社会行动并通过这种理解对社会行动的过程和影响做出因果说明的科学。在韦伯那里,理解既是理性的,又是非理性的(体验)的;因果说明不是探求事物的普遍规律,而是揭示某一社会现象背后的具体因果关系。为了保证社会学研究的客观有效性,韦伯提出了"价值中立"和"理想类型"的方法论原则。韦伯描述的社会行动类型、科层制和资本主义精神都是他用于说明社会现象的理想类型。韦伯的理解社会学试图综合社会科学研究中的实证主义和人文主义两种不同的方法。总之,韦伯的社会学理论和方法论建树既是西方社会理论由古典向近代转化的一个重要标志,也是西方现代社会学很多理论流派的思想和方法论的渊源。但我们也应该认识到,韦伯的理论体系也存在着一定的缺陷,即其研究主要是基于历史考察的理论逻辑式探讨,对资本主义社会现实的经验研究做得不够。

第二编 现代社会学理论

　　古典社会学思想主要发端于欧洲,现代社会学理论的中心则在美国。19 世纪末社会学传播到美洲大陆后,很快在美国实现了本土化。20 世纪初美国出现的"芝加哥学派",是美国本土社会学形成的重要标志。"芝加哥学派"在理论上以美国的实用主义观点为基础,在经验上开拓了一系列富有成果的实地研究。从第一次世界大战到 20 世纪 30 年代中期,"芝加哥学派"是美国社会学的主导力量。

　　然而,现代社会学理论的真正开端出现于 20 世纪 30 年代末,其重要标志是 1937 年帕森斯的成名作《社会行动的结构》一书的问世。该书开创了美国社会学理论研究的新阶段。在此基础上于 20 世纪四五十年代形成的结构功能论,成为现代社会学第一个系统的、长期占据主导地位的理论流派。

　　结构功能理论的方法论基础是实证主义。20 世纪 60 年代末和 70 年代初,伴随着各种反实证主义哲学的兴起,各种反实证主义的、替代性的社会学理论观点纷纷出现,结构功能论已失去了在美国社会学理论中的霸主地位。这些新的理论包括社会冲突论、社会交换论、符号互动论、常人方法论及现象学社会学,等等。它们都试图从不同方面对结构功能论进行修正和发展。

第六章　结构功能论

结构功能论(Structural Functionalism)是现代西方社会学中的一个有广泛影响的理论流派。它在 20 世纪中叶一度是社会学中主导性的理论观点,至今仍有很大的影响力。这一理论把社会跟有机体做类比,认为社会是由相互依存的各部分构成的整体系统,各部分都在系统中承担一定的作用或功能;社会具有生存发展所必需的一些条件,即功能先决条件。对社会的各组成部分来说,它们的功能就是满足这些基本生存条件。功能分析的主要任务就是解决系统的功能需要问题。在本章中,我们将主要介绍结构功能论的核心代表人物塔尔科特·帕森斯和罗伯特·默顿的理论观点。

第一节　思想背景

现代结构功能论是建立在古典社会学思想基础上的,并受到了社会人类学、系统科学等的深刻影响。

一、古典社会学家的功能论思想

结构功能论的思想基础是把社会跟生物有机体做类比,而这种类比方法可以追溯到社会学的古典学者那里。如孔德在其著作中,明确使用了典型的生物学概念去说明社会。他曾指出:"我将把社会有机体的构成要素明确地分为家庭——它们是真正的要素或细胞,接下来是阶级或喀斯特(castes)——它们是其专门组织,最后是城市和社区——它们是实际器官。"①由此可见,孔德的有机体类比观点是十分鲜明的,他的这一类比方法对后来的社会学家有很大影响。

而斯宾塞则预示了现代结构功能论的主要特征。他明确提出,社会作为一个有机体,其发展是从简单结构到复杂结构、从同质结构到异质结构的过程;结构各部分之间具有不同的功能并相互依存;社会是一个以部分与整体之间分化与合作为特征的结构体系。斯宾塞还初步提出了功能先决条件的思想。

在古典社会学家中,涂尔干对结构功能论发展的影响最为突出。在《社会学方法的准则》一书中,涂尔干特别强调了功能分析方法,并把它同因果解释做了区别。他认为在解释社会事实(或现象)时,必须区分社会事实产生的原因和社会事实所发挥的功能。他提出:"为解释某一社会事实,仅仅说明它所产生的原因是不够的,至少在大多数情况下,我们还必须说明它在社会秩序的建立中所具有的功能。"②他还指出,应先研究社会事实的原因,再分析其功能,这也符合事物本身的发展逻辑。涂尔干在《社会劳动分工论》《宗教生活的基本形式》等著作中都明确使用了功能分析方法。他假定了某些社会存在的必要条件或需要,如"社会秩序""集体意识",认为各种社会组织的存在都是为了满足

---

① J. H. Turner. *The Structure of Sociological Theory*. Belmont, California: Wadsworth Publishing Company, 2003:p. 24.

② E. Durkheim. *The Rules of Sociological Method*. New York: The Free Press, 1966:p. 97.

特定的社会需要,如提出每个社会都在建立某种发挥适当功能的道德。涂尔干所倡导的整体主义方法论观点,对社会秩序、整合和稳定的重视,以及对结构分析的强调,都对现代结构功能论有直接影响。

二、社会人类学与功能分析传统

现代社会人类学家拉德克利夫－布朗(Alfred R. Radcliffe-Brown,1881—1955)和马林诺夫斯基(Bronislaw Malinowski,1884—1942)直接继承和发展了涂尔干的功能分析思想,从而对社会学中的现代结构功能论的兴起产生了重要的推动作用。

(一)拉德克利夫－布朗

拉德克利夫－布朗和马林诺夫斯基并称为英国现代社会人类学的创始人,是人类学中功能学派的主要代表。拉德克利夫－布朗在剑桥大学学习时,师从于著名心理学家里弗斯(William H. Rivers,1864—1922),毕业后在著名的三一学院当研究员。他曾进行过多次重要的人类学实地考察。其主要著作有《原始社会的结构和功能》(1952)、《社会人类学方法》(1958)等。

在很大程度上受涂尔干的影响,拉德克利夫－布朗主张社会人类学是社会学的一部分;他把自己视为"理论社会学家"或"比较社会学家"。他把社会过程、社会结构和功能三个概念看作解释人类社会系统中的社会行为的基本范畴。他认为社会是一个整体,或者说任何文化都构成了一个功能统一体或系统。在这一功能统一体中,各组成部分以一种充分和谐和内部一致的方式发挥作用,避免无法解决或无法控制的冲突。他说,每一种文化都是普遍规律或功能在其中运作的一个功能上相互联系的整体系统。要想解释任何信仰、准则、习俗或制度,都要从功能方面对它们加以分析。在这里,他所说的功能,"是指部分行为对总体行为所做出的贡献。一个具体社会惯例的功能就是指其在整个社会体系运转时在全部社会生活中发挥的作用"[1]。如一个特定

---

[1] A. R. 拉德克利夫－布朗. 原始社会结构与功能. 丁国勇译. 北京:九州出版社,2007年版,第399页.

社会习俗的功能,就是它对整体社会生活所做的贡献。

拉德克利夫－布朗的功能论还突出强调了社会结构概念。他指出,对社会结构的研究虽不是社会人类学的全部,但它应是这门学科中最有意义和最基础的一部分。他所说的社会结构是指人和人之间构成的实际的关系网络,或者说,社会结构是制度化的角色和关系中的人的配置。是"在由制度即社会上已确定的行为规范或模式所规定或支配的关系中人的不断配置组合"①。拉德克利夫－布朗对结构功能论发展的贡献还表现在,他指出了以前的功能分析所存在的"目的论"倾向,提出应该用"存在的必要条件"取代"需要"概念。他认为这样就无须假定普遍的人类或社会需要的存在;从而使生存所必要的条件问题成为一个经验问题,成为每一个社会系统都实际涉及的问题。另外,由于承认不同社会系统的生存条件有差异,因此功能分析就可以避免坚持"每一种文化事项,都必然具有一种功能和不同文化中的这些事项都必然具有同样功能"的信条。

(二)马林诺夫斯基

马林诺夫斯基是波兰裔英国社会人类学家。他大学时学习的是物理和数学,但大学期间就读过弗雷泽(James George Frazer,1854—1941)的《金枝》,并深受其影响。后来他到德国莱比锡度过了重要的两年,在那里曾跟著名心理学家冯特(Wilhelm M. Wundt,1832—1920)等人学习,开始关心语言和民俗学问题。1910年他前往伦敦经济学院,从事澳大利亚土著文化的研究。1914—1918年,他到西太平洋的新几内亚和特罗布里安(Trobriand)群岛进行实地研究,获得了重大成果,并开创了人类学的实地研究方法。1927年他被任命为人类学的首席教授。1938年他去美国耶鲁大学任教,直至逝世。他的主要著作有《西太平洋的航海者》(1922)、《野蛮社会中的犯罪和习俗》(1926)、《野蛮社会中的性与压抑》(1927)、《关于文化的科学理论》(1944)、《巫术、科学与宗教》(1948)等。

---

① A. R. 拉德克利夫—布朗. 社会人类学方法. 夏建中译. 济南:山东人民出版社,1988. 第148页.

马林诺夫斯基不但开实地研究之先河,被誉为"科学的"人类学的奠基者,还是当代功能论的创始人之一。用美国当代社会学家特纳(Jonathan H. Turner)的话说,"公正地说,是马林诺夫斯基勾勒出了现代社会学的结构功能论的基本轮廓"①。马林诺夫斯基本人在《关于文化的科学理论》中也承认:"如果说我做出了一点儿微薄的贡献,这贡献就在于建立了一门现行的学说体系,提出了一种方法和兴趣,并贴上了结构功能论的标签。"马林诺夫斯基反对以往流行的进化论和传播论的观点,倡导对人类文化的功能分析。

马林诺夫斯基提出:文化的功能,就是它在人类活动体系中所处的地位;或所谓功能,"总是意味着对某种需要的满足";"文化是包括一套工具及一套风俗——人体的或心灵的习惯,它们都直接或间接地满足了人类的需要"②。马林诺夫斯基具体从不同的文化层面如风俗、宗教、仪式、巫术、艺术、思想和道德以及生物的、社会结构的因素方面分析了功能问题,区分了系统需要的不同层次。他认为,人类首要的需要是个体有机系统的需要:营养、两性及传种、防御及日常生活必备品,这些最基本的"文化迫力",强制了一切社区发生种种有组织的活动。而更高层次的需要或文化迫力表现在社会的和精神的方面。他说,功能始终产生于对于文化迫力的反应。总之,马林诺夫斯基的两个基本思想对现代结构功能论有影响:一是系统层次思想;二是不同层次的系统具有不同的多样性的系统需要的思想。

马林诺夫斯基特别强调文化的制度因素。他认为制度是使人们的活动有组织地满足某些重要的需要的基本的、相对稳定的方式。他把社会制度看作文化的"真正的要素"。他说:"文化的真正要素有它相当的永久性、普遍性及独立性,是人类活动有组织的体系,就是我们所谓'社会制度'。任何社会制度都针对一根本的需要;在一合作的事务上,

---

① J. H. Turner. *The Structure of Sociological Theory*. Belmont, California: Wadsworth Publishing, 2003:p. 32.

② 马林诺夫斯基. 文化论. 费孝通等译. 北京:中国民间文艺出版社,1987 年版,第 14 页.

和永久地团集着的一群人中,有它特具的一套规律及技术。任何社会制度亦都是建筑在一套物质的基础上,包括环境的一部分及种种文化的设备。"①他认为这种意义上的社会制度是构成文化的真正组合部分。家庭、住户、村落社区、部落、经济组织及职业行会,都是最普遍的和最主要的制度。

总之,这些结构功能论者都把文化或社会看作一个有机的整体。认为构成整体的各部分都发挥一定的功能并相互依存,以维持统一整体的存在。这种系统整体观,显然也受到了现代自然科学尤其是生物学的影响。

第二节　帕森斯的抽象功能论

塔尔科特·帕森斯(Talcott Parsons,1902—1979),美国社会学理论家,结构功能主义的代表人物。

塔尔科特·帕森斯

帕森斯出生于美国的科罗拉多,1920年进入阿姆斯特学院,最初学习生物学,后对社会科学产生了兴趣。1924至1925年,帕森斯到伦敦经济学院学习,参加了由马林诺夫斯基等著名学者开设的讲座。随后,他得到资助前往德国海德堡大学深造,接触到了马克斯·韦伯的学说。他后来将韦伯的《新教伦理与资本主义精神》《经济与社会》等著作译成英文发表,对美国社会学界认识韦伯起了重要作用。回国后,帕森斯先在母校阿姆斯特学院教书一年,1927年转入哈佛大学经济学系任教,1931年到了新

---

①　马林诺夫斯基. 文化论. 费孝通等译. 北京:中国民间文艺出版社,1987年版,第18页.

成立的社会学系。十年后他任社会学系主任,并于 1946 年将该系改组为社会关系系,任系主任直到 1956 年,后于 1973 年退休。1979 年 5 月 8 日,他在前往德国的旅途中去世。帕森斯曾任 1949—1950 年度美国社会学协会主席等职。

帕森斯一生著述甚丰,除《社会行动的结构》《社会系统》(1951)外,其他有代表性的著作还有《一般行动理论探讨》(与 E. 席尔斯合编,1951)、《经济与社会》(与 N. 斯梅尔瑟合著,1956)、《社会:进化与比较的观点》(1966)、《现代社会系统》(1971)、《社会系统与行动理论的发展》(1977)、《行动理论与人类状况》(1978),等等。

一、社会行动理论

帕森斯早期受马克斯·韦伯的影响较大,特别重视社会行动概念,在《社会行动的结构》一书中提出了一种所谓的"唯意志的行动论"(the voluntaristic theory of action)。此书被看作现代社会学理论的第一次综合,对社会学理论的发展具有里程碑意义。《社会行动的结构》一书的副标题是"与一组近代欧洲著作家有关的社会理论研究",所涉及的著作家包括经济学家马歇尔(Alfred Marshall,1842—1924)、经济学家兼社会学家帕累托,以及涂尔干和韦伯。此书看起来是有关这些理论家的思想的研究,其实不然。"本书所关注的并不是这些论者的著作中那些孤立且无联系的命题,而在于对对他们以及他们的某些前辈的著作加以批判性分析就能看出其发展脉络的一个单一却又自成体系的理论加以推理论证。"[①]因此,这部著作是作者关于社会行动观点的新综合,是一部史论结合、自成一体的社会学理论专著。即其目的不在于研究"多种理论学说",而是倡导一种新的理论——唯意志的行动论。

帕森斯指出,这四位思想家中,尽管马歇尔、帕累托、涂尔干代表实证主义传统,而韦伯倾向于德国的唯心主义传统,他们的具体学说也不尽相同,但他们的理论中却存在着一个共同的方面,那就是唯意志的行

---

① 塔尔科特·帕森斯.社会行动的结构.张明德等译.南京:译林出版社,2003 年版,序言第 1 页.

动观。用他的话说,这个专题研究,"重点在于考察一个贯穿一致的理论体系的发展过程,这个理论可称作'唯意志行动论',并确立构成这个理论的基本概念"①。

帕森斯提出了一种关于社会行动的概念构架,称为"手段—目的"框架。用来说明这一框架的基本概念,帕森斯称为"单位行动"(unit action)。"为了说明行动理论,可分析的最小的具体单位是单位行动。"②每一个单位行动包括下列要素。(1)行动者:指作为行动主体的个人。(2)目的:行动者所要达到的未来目标。(3)情景:是目标实现的环境因素,它又分为两个方面,即行动的条件和手段。其中前者是行动者不能控制、难以改变的;而后者是可控制的。(4)规范限定:帕森斯认为这是一个复杂方面,但对行动过程来说是非常重要的。它涉及思想、观念、行为取向等,这些都制约着目标的确定和实现目标中手段的选择。简言之,与社会行动相关的主要要素包括行动者、目的、手段、条件和规范。凡人的社会行动总有一定的目的性,而其目标的实现离不开一定的手段和条件,同时所有社会行动都受一定的行为规范的制约。对此行动模式,可用下图表示③:

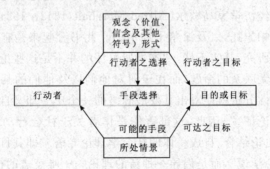

图 6-1 社会行动的要素

① T. Parsons. *The Structure of Social Action*. New York: The Free Press, 1968:p. 11.

② T. Parsons. *The Structure of Social Action*. New York: The Free Press, 1968:p. 48.

③ J. Turner and A. Maryanski. *Functionalism*. Menlo Park, CA.: The Benjamin/Cummings Publishing Company, 1979:p. 69.

　　帕森斯指出,这一行动理论有如下几个推论。第一,行动是一个时间过程,时间范畴是最基本的。第二,行动存在着错误的可能性,因为行动者对目标的确定、手段的选择是随机的。第三,在特殊意义上,行动是主观的,即这里所说的主观,是对行动者而言的。第四,行动的情景尽管涉及自然环境、生物有机体等方面,但其具体内容不是行动理论所要研究的。帕森斯同时承认,某一行动者的行动虽然是具体的,但对全部行动者来说,却涉及社会秩序、共同价值观念问题。通过综合霍布斯、洛克,特别是涂尔干的观点,帕森斯在强调行动者主观选择行动的同时,也注意到了外在的社会结构性因素对行动者的影响。如他用"系统"或"制度化"这类概念来说明社会行动的限定性。由此可见,他的这种行动观既不同于极端个人主义的行动观,也不同于他后来偏向的决定论的整体主义行动观。

　　帕森斯的唯意志行动理论来自对功利主义、实证主义和唯心主义三种方法论传统的批判与综合,他试图对社会秩序做出新的解释。帕森斯指出,功利主义明确了理性选择法则,强调了人的行动具有趋利避害性和有目的地确定自己的目标和手段的特征,但极端的功利主义夸大了个人行动的随意性,忽视了社会秩序的存在和作用。而对实证主义,帕森斯在接受它强调理性法则、对现象做客观真实陈述以确定其规律性的基础上,也批判了激进的实证主义忽视人类社会的复杂性的观点。他还认为,以研究人类思想观念为主的德国唯心主义传统,过分强调了人类社会文化的意义性、特殊性。

　　所以,按照帕森斯的观点,帕累托、涂尔干等经典作家所分析的社会行动,不是个体主义的行动,而是一定规范作用下的行动。帕森斯也认为,规范的作用是一个内在化的过程,即调节人的行动的规范不是外在的,而是同行动者的行为密切相关的因素。但在这里,帕森斯尽管提到了行动系统的概念,可他主要倡导的是一种主观性和选择性的社会行动概念。只是后来,帕森斯才放弃了这种唯意志学说,倒向了决定论:强调行动不再取决于行动者的选择,而取决于社会结构;行动的主观方面消失了,剩下的只是客观性结构因素的制约和调节。

二、社会系统论与功能分析模式

从 20 世纪 40 年代末开始,帕森斯的学术研究发展到了一个新的阶段。以《社会系统》一书的面世为标志,他的具有系统论特征的结构功能论观点形成了。他在新改组的社会关系系,网罗了大批有才学的人物,如心理学家奥尔波特(G. W. Allport),人类学家克卢洪(C. Kluckhohn),社会学家斯托佛(S. A. Stouffer)、席尔斯(E. A. Shils)、霍曼斯等。他们以帕森斯为核心,共同讨论结构功能论问题。经过他们的努力,结构功能论作为现代社会学的第一个最具代表性的理论流派出现了,而且影响迅速扩大,以至在 20 世纪五六十年代,功能分析方法被视为社会学的唯一方法,功能主义成为美国社会学中占主导地位的范式。

帕森斯的《社会系统》一书,看起来似乎是对《社会行动的结构》所提出的行动理论的发展,其实这两者在理论框架上存在着很大差异。帕森斯的行动理论明显地受到了韦伯思想的影响,强调个体的主观性行动。而《社会系统》是他的一部思想成熟的作品,以此书为标志,帕森斯确立起了自己的一套概念体系。在《社会系统》中,帕累托和涂尔干取代了韦伯,行动论变成了系统论。帕森斯的理论基点不再是"单位行动",而成了"社会行动系统"概念,即"以科学的观点把(个体行动者的)互动过程看作一个系统,并运用已成功地应用于其他科学的对系统进行分析的理论方法加以考察"①。这一概念所强调的是社会行动的系统(结构)要素。《社会系统》以高度抽象的概念体系说明了行动系统的结构和过程。故此书不是对社会系统的一般研究,而属于"元社会学"(meta-sociology)著作;或者说它所探讨的不是社会的性质,而是社会学的性质;更确切地说,是关于社会系统分析的语言。

帕森斯的系统理论基于如下的基本假设:(1)系统化的理论本身对任何科学来说都是非常重要的;(2)作为社会学基础的理论体系必须比社会学自身的体系更具一般性,它必须是社会系统的理论;(3)最重要

① T. Parsons. *The Social System*. New York: The Free Press, 1951: p. 3.

的是,这个系统化的理论必须符合"结构—功能"分析模式,这一模式已体现在生物学,特别是生理学理论之中;(4)这一理论的形成必须限于所谓的"行动"参考框架之内;(5)理论体系的建构必须尽可能地借助于专有的操作性概念。

帕森斯的"系统"(system)在其整个理论体系中占有突出地位。这个概念主要来自生物学,但也明显地受到了帕累托的影响。如帕森斯把他的这部著作看作对帕累托的系统概念的发展。他在序言中指出,他试图完成帕累托的使命,尽管他的分析角度,即结构—功能方法,非常不同于帕累托。帕森斯的系统概念强调社会秩序的自我维持与均衡,突出对系统各部分之间的关系的分析,提出"系统指的就是关系网络"。①

帕森斯把社会系统看作行动系统的一个子系统,其他两个子系统是人格系统和文化系统。帕森斯在后来又增加了一个行为有机体系统。帕森斯侧重于分析社会系统的结构及其与其他系统之间的关系。他是用角色互动的制度化来说明社会系统概念的。所谓的"制度化"指处于一定地位的行动者(角色)之间互动形成的相对稳定的模式,这种模式受规范的调节和文化模式的影响。他认为制度化既是一种过程又是一种结构,制度化了的角色构成了社会系统,即社会系统是在一定情景下相互互动的个体所构成的一类系统。帕森斯在这里特别强调规范和价值观的重要性,强调社会地位对角色行为的决定性。因此有人又将他的理论观点称为"规范结构功能论"。

但应注意的是,帕森斯所说的人格系统、社会系统和文化系统是"按分析的需要划分的,并非具体的现实。它们与整个社会生活的不同层次或不同维度相对应,而不是根据自然实体所做的区分"②。

---

① T. Parsons. *The Social System*. New York：The Free Press, 1951：p. 25.

② J. C. Alexander. *Sociological Theory Since 1945*. New York：Columbia University Press, 1987：p. 39.

三、模式变量

模式变量(pattern variables)是帕森斯学派对社会系统进行分析的重要概念,用来说明行动者的行为取向特征,或一定情境下人们的角色选择的类型。这些类型是用对立的"二分法"的形式来表示的,主要包括五对:(1) 情感性－情感中立性(affectivity / affectivity neutrality);(2)自我取向－集体取向(self-orientation / collectivity-orientation);(3)普遍主义－特殊主义(universalism / particularism);(4)成就性－先赋性(achievement / ascription);(5)专一性－分散性(specificity / diffuseness)。[①]

帕森斯使用模式变量最初是用来划分角色类型的,后来从对社会系统中角色的分析扩展到了对所有行动系统类型的分析。模式变量说明的是行动者价值取向的类型与特征,指行动者在确立情境意义之前,和在他能够根据情境采取行动之前,所做的选择。选择时,要么是前者,要么是后者,它们正好是对立的方面。如情感性与情感中立性,所指的是互动中的双方是要求有情感色彩的,还是无须情感的。例如夫妻之间的互动属于前者,而医生与病人之间的互动属后者。自我取向与集体取向,指行动者从自我利益出发做出选择,还是从群体利益出发做出选择。普遍主义与特殊主义,指在互动中,角色关系是普遍性的,还是特定性的。成就与先赋,指的是行动者所关心的是个人的成就或表现,还是个人的先赋品性,如性别、阶级、种族等。专一性与扩散性,指行动者对客体的兴趣或功能是单一的,还是多样性的。

帕森斯的模式变量概念使我们想到了滕尼斯对"共同体"(Gemeinschaft)与"社会"(Gesellschaft)的区分,实际上它们有类似的意义和应用。帕森斯使用模式变量首先说明不同的社会关系或角色特征。例如,他在《社会系统》一书中,专门有一章论述医生与病人的角色关系,认为这种关系具有情感中立的、功能专一性的、普遍主义的、成就论

---

① T. Parsons. *The Social System*. New York: The Free Press, 1951:p. 67.

的和集体取向的特征。① 模式变量还可以用来说明各种社会制度、群体与组织之间的相似和差异,可以用来说明一个社会的发展阶段。例如,现代化理论的一个重要研究方面就是应用模式变量,对现代社会与传统社会进行比较分析。模式变量的不同组合既反映不同的社会关系,也反映不同的社会结构。由此,帕森斯得出结论,现代经济和高度的职业专门化以及理性原则的应用,使社会偏重于功能专一的、成就取向的、普遍价值标准的、自我取向和情感中立的角色。而在同质性强的传统社会中,对角色的要求正好相反。当然,帕森斯的这种区分仍是分析的需要,实际存在的角色取向或社会价值取向是交互结合的。

四、AGIL 功能分析模型

在系统论的基础上,帕森斯提出了其独特的功能分析模型。不过,帕森斯的功能分析模型前后有所不同。前期可称为"机械均衡模型"(mechanism-equilibrium model),而后期为"必要条件模型"(requisite model)。

在《社会系统》中,帕森斯主要从行动系统的内部和各子系统之间的关系方面论述了功能问题,但未强调功能必要条件问题。而此时,帕森斯侧重说明社会系统的整合功能。他所说的整合有两层含义:第一,由各部分的和谐关系使体系达到均衡状态,避免变迁;第二,体系内各部分共同维持以抗拒外来的压力。例如人格系统对社会系统的整合,帕森斯指出主要有两个途径,即社会化和社会控制。帕森斯在后来的著作中,根据对行动系统的"四分法",建立起了著名的 AGIL 功能分析框架,强调系统的"必要条件"问题。

帕森斯的功能概念是与系统概念相对应的。他把行动系统分为四个子系统:社会系统、人格系统、文化系统和行为有机体系统。这些子系统又可以进一步分为子子系统。例如,他把社会子系统分为经济、政治、社会化和社区四个子子系统。这些系统之间相互依存、相互影响,

---

① 在现代型的角色关系中,通常应是自我取向的,但帕森斯认为在医生-患者关系中,应是集体取向的。在这些模式变量中,这一对较为模糊,故帕森斯后来多是只使用其他四对。

它们各自执行不同的功能,以共同维持整个系统的运行。四类系统对应着四种功能:行为有机体系统具有适应(Adaptation)功能、人格系统具有目标获取(Goal Attainment)功能、社会系统具有整合(Integration)功能、文化系统具有模式维持(Latency, or pattern maintenance)功能,简称 AGIL。这就是系统的功能问题,称作四个功能分析范式。即系统是分层次的,因而功能也是分层次的,如图 6-2 所示。

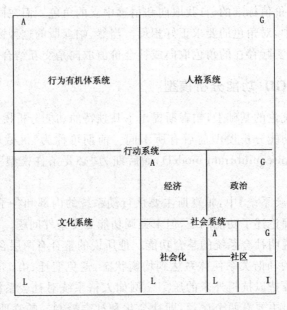

A—对环境条件的适应

G—从环境中获取目标的取向

I—系统整合

L—系统模式的维持

图 6-2　AGIL 功能分析模式

　　帕森斯的这种系统与功能"四分法",大可以用于解释整个人类社会,小可解释某一制度。他说这四个功能范式是以从单细胞的有机体到最高级的人类文明中的所有组织及其进化的基本性质为基础的。帕森斯还进一步从控制论的角度,对系统内部和外部之间的能量和信息交换关系做了说明,如表 6-1 所示。

表 6-1 行动系统的控制论关系

系统功能	行动系统	外部环境	控制论关系
		"终极实在"	高信息(控制)
模式维持	文化系统		
整合	社会系统		
目标获取	人格系统		
适应	行为有机体系统		
		自然环境	高能量(条件)

帕森斯还提出,社会系统各组成部分的均衡构成人类社会的正常状态。而冲突即使存在,也被认为是一种反常因素。因此,他认为人类社会的特征是存在着某些"团结的集体"所持的"价值取向",随着时间的推移,它会成为全社会的"价值系统",即社会成员所接受的一组规范性的判断,它提供了他们所认为的美好社会的定义。所以帕森斯认为,是集体目标和社会目标,而不是个人目标,促使和引导个人进入社会系统。个人通过集体目标的内在化而被社会化,社会秩序由此得到加强。可见,帕森斯的这种观点主张行动者个人同价值观念之间有一种被动而非主动的关系,规范的内在化仅仅是习惯的形成,是服从现状。所以,帕森斯后来不是从行动者个体的角度说明行动系统,而是以角色、互动的制度化模式分析行动系统。

五、新社会进化论

帕森斯的结构功能论通常被认为是只重视社会的均衡,忽视社会的变迁;只重视社会的和谐,忽视社会的冲突。其实不然,帕森斯把"结构"和"过程"看作社会学研究的两个基本方面。而且帕森斯在《社会系统》一书中有专门一章讨论社会系统的变迁问题。特别是 20 世纪 60 年代后,他在《社会:进化与比较的观点》《社会进化的普遍性》等著作中,提出了所谓的新进化论观点。

帕森斯是运用他的独特的系统理论去解释人类社会及其进化的。关于社会,他提出:"社会是一类社会系统,在所有社会系统中,社会在系统与环境的关系方面具有最高的自足性。"[①]可见他的这一社会概念不同于通常的社会概念。他认为社会的自足性必须同时依赖其自身内在的整合程度和社会与其他系统间的和谐关系。

因此,帕森斯是从构成社会系统的基本要素角度出发说明社会变迁问题的。他把变迁分为两类:一是系统本身的变迁,二是系统内部各部分之间的变迁。他用"紧张"概念解释社会系统内部的失调,认为紧张是指那些影响两个或两个以上的互动单位的非正常状况,或者说,任何影响到社会整合的因素都是紧张。紧张的结果常常会产生偏差行为,这需要有效的社会控制加以校正。紧张、偏差行为、社会控制的结果自然而然构成了系统的变迁。

在《社会:进化与比较的观点》和《现代社会系统》两部著作中,帕森斯还从行动系统角度考察了整个人类的进化过程。他提出人类的历史是一个不断进化的过程,这个进化类似于有机体的进化,是一个从低级到高级的演进过程。人类社会进化的方向是"适应性"的增强,即社会克服环境阻力而达到各种目标的能力的增强。

帕森斯提出了社会进化的四个过程(或特征):分化、适应力提高、包容、价值普遍化。分化指结构单一、功能多样的单位或子系统,分解成为结构复杂、功能专一的两个或更多的单位或子系统的过程。适应力提高是分化的结果。帕森斯指出,分化过程使得社会单位的资源增加、束缚减少,从而提高了其适应力。适应力的提高既指角色水平,也指集体水平。包容过程指将以个人地位背景为标准的传统社会组织加以扩大,以接纳各种各样的人群。帕森斯提出,分化和适应力提高的过程会在社会系统内带来新的整合问题,而包容新单位和结构是解决整合问题的途径。认为一个社会如果能包容新的单位与结构,它的基础

---

① T. Parsons. *Societies: Evolutionary and Comparative Perspectives*. Englewood Cliffs, N. J.: Prentice-Hall, 1966:p. 9.

将会更稳定,效率也更高。价值普遍化指社会对新分化出来的单位的承认,或使其合法化。社会价值观必须随着社会系统的进化而改变,否则将导致矛盾与冲突。社会进化的结果是否稳定均衡,将依赖于社会是否能发展出一套新的价值系统,承认并容纳所有新单位。

帕森斯综合考古学、历史学、人类学、社会学等资料将人类社会的进化划分为三个阶段:原始阶段、中间阶段、现代阶段。这三个阶段又进一步划分为五种形态:(1)原始社会;(2)古代社会,如古埃及;(3)中古帝国社会,如罗马、中国、印度;(4)"温床"(seed-bed)社会,如以色列、希腊;(5)现代社会。帕森斯指出,原始社会阶段的主要特征是:(1)宗教具有重要地位;(2)亲属关系强。在原始社会,社会、文化、人格等系统尚未分化,社会系统结构简单。中间社会的最大特征是语言文字的使用;这一时期教会成为特殊的团体,并通过语言文字将社会组织合法化,对其予以肯定;社会集团出现分化,划分为不同的群体。现代社会阶段,以西方发达国家为代表,这个阶段始于17世纪的英国,历经法国大革命和工业革命。西方社会之所以是现代社会,是因为它已达到了容纳和价值普遍化这两个进化阶段。帕森斯尤其认为美国是现代社会的典型。帕森斯强调,人类社会每进化一步,都有重大突破。如他列出了7个方面的突破:(1)阶层制度的出现;(2)文化合法化;(3)语言文字的出现;(4)权威的制度化;(5)市场经济的制度化;(6)普遍性法则的出现;(7)民主政体的出现。

帕森斯的成就主要表现在对欧洲社会学理论的继承和创新。在帕森斯50年的学术生涯中,他的思想学说前后有所不同。一般认为,他前期倡导一种"唯意志的行动论",以《社会行动的结构》(1937)为代表作;后期则转向了强调系统整体的结构功能论,发展和完善了功能分析方法。他还对社会进化做了系统考察,形成了所谓的"新进化论"观点。

作为结构功能论学派的创立者,帕森斯对美国社会学发展的影响是巨大的。在20世纪40年代之前,美国社会学研究以芝加哥学派为代表,只重视实地考察,侧重经验研究,使社会学的发展受到很大限制。而结构功能论的形成,使社会学理论研究出现了突破,并且开始重视经验研究和理论研究结合,从而使社会学的发展和应用进入新阶段。当然,帕森斯的理论由于高度的抽象概括,而被称为华而不实的"大理论",故20世纪60年代后他的结构功能论观点受到强烈批评。但20世纪80年代中期后,随着"新功能主义"理论的出现,人们又重新对帕森斯的理论产生兴趣。

第三节　默顿的经验功能论

罗伯特·默顿(Robert K. Merton,1910—2003),美国社会学家,与帕森斯并称为结构功能论的巨擘。他还是科学社会学的奠基人。

默顿生于美国费城的一个斯拉夫移民家庭。他于1927年进入费城的坦普尔大学学习哲学和社会学;1931年大学毕业后进入哈佛大学新成立的社会学系深造,受教于索罗金、萨顿(科学史家)等一代名师;1936年获得博士学位并留校任教,1939—1941年到土兰大学社会学系任教;从1941年起在哥伦比亚大学社会学系任教,直至1979年荣休;2003年2月23日在纽约逝世,享年92岁。

罗伯特·默顿　　　　默顿曾任美国社会学协会主席(1956—1957)、科学的社会研究学会主席(1975—1976)。他是美国国家科学院院士、美国文理研究院院士、瑞典皇家科学院院士。默顿1938年所发表的博士研究论文《十七世纪英国的科学、技术与社会》,被看作科学社会学的奠基性著作。《社会理论和社会结构》(1949年出版,1957年、1968年两次再版,并被译成多种文字)一书,收录了他不同时期在社会学理论研究领域的著名论文。《科学社会学:理论与经验研究》(N. W.斯托勒编,1973),收录了他在知识社会学和科学社会学方面的研究成果。默顿的其他重要论著还有《站在巨人的肩上》(1965)、《社会学的矛盾心理及其他文集》(1976)、《科学社会学:片断回忆》(1979)等。另外,他参与主编了许多有影响的著作,如《今日社会学:问题与展望》(1959、1967)、《当代社会问题》(1961、1966、1971、1976)、《欧洲的科学社会学》(1977)、《社会学传统代代相继》(1980),等等。

一、社会学中层理论观

默顿与帕森斯的思想风格迥异。帕森斯的理论以高度抽象著称,并追求建立统一的"大理论";但默顿的研究强调经验实在性,倡导"中层理论"。故帕森斯的功能论被称为"抽象功能论",默顿的功能论被称为"经验功能论"。

默顿对结构功能论发展以及对整个社会学理论的突出贡献主要表现在他的方法论方面。尤其是他所提出的"中层理论"(middle range theories)观点,对社会学理论研究与经验研究的结合,以及对社会学自身的认识均产生了重大影响。

当帕森斯倡导建立统一的大理论时,默顿就尖锐地指出:"我相信我们今天的主要任务是建立那些适用于一定层次的资料的特定理论——例如阶级动力学理论、冲突群体压力理论、社区中的权力流动和人际影响理论——而不是立刻就能建立起跟所有这些理论及其他理论相符的'单一的'概念结构。"[①]默顿提出,社会学理论是指逻辑上相关并与经验相符的一组命题。而"中层理论"是指"介于日常研究中低层次的而又必需的操作假设与无所不包的系统化的统一理论之间的那类理论,而统一性的理论试图解释社会行为、社会组织和社会变迁中的一切观察到的一致性"[②]。具体说,默顿认为其中层理论具有如下几个特点。第一,它主要用于指导经验研究。中层理论虽具有一定的抽象性,但它更接近构成可验证的命题的观察资料。第二,中层理论只涉及有限的社会现象,但它比单纯的经验概括更高一层。如参考群体理论、社会流动理论、角色冲突理论等都属中层理论。第三,中层理论可以融入

---

① R. Merton. The Position of Sociological Theory. *American Sociological Review*. 1948, Vol. 13: p. 166.

② R. Merton. *On Theoretical Sociology*. New York: The Free Press, 1967:p. 39.

所谓的社会学理论系统中,即通过有限的中层理论可以发展出普遍性的理论体系。第四,中层理论区分出了微观社会学问题和宏观社会学问题。第五,中层理论是经典理论研究工作的直接延续。第六,中层理论可以指明未知的方面,或需进一步研究的方面。

由此,根据默顿的中层理论观点,社会学理论要有所发展,第一步就是先要建立具体化的理论,这种理论是以可接受经验验证的假设为基础的。接下来才可建立综合性的概念体系,而不应急于提出宏观大理论。"社会学只有(但不是唯一)注重发展中层理论,它才会前进,而如果一味地提出综合性的社会学体系,它只会停滞不前。"①

默顿指出,目前社会学界对宏观大理论的热衷是不切实际的,原因在于对科学的误解。其中第一个误解是,认为思想体系在进行大量的基础观察之前就能有效地确立起来。第二个误解是,认为所有的科学都具有发展的同时代性——同一历史时期的文化产物都有相同的发展程度。默顿指出,把社会学跟物理学相提并论,忽视了一个重要事实,即这两者之间在学科积累的时数方面相差甚远。所以他说,或许还不能出现社会学中的爱因斯坦,因为还没有它的开普勒,更不用说牛顿、拉普拉斯、吉布斯、麦克斯韦尔或普朗克。第三个误解是,社会学家们有时错误地估计了物理学理论的实际状况。因为物理学家自己也都承认他们尚未建立起一个无所不包的理论体系,而且大多数人也把这看作近期不可能的事情(尽管爱因斯坦等人曾执着地追求过这一理想)。所以,默顿告诫社会学家,像物理学这样的已有了几个世纪历史的学科都未发展出一个无所不包的理论体系,那么对尚处于经验积累阶段的社会学来说,更应该收敛一下建立大理论体系的奢望。

显然,默顿并非主张不去发展综合性的社会学理论体系,而是认为,社会学要达到此目标,必须重视科学研究的阶段性和知识的积累性。或者从科学发展的逻辑说,知识来自经验积累,并与一定的社会发展阶段相一致。因此默顿指出:"需要只是发明之母;社会积累的知识

---

① R. Merton. *On Theoretical Sociology*. New York: The Free Press, 1967:p. 50.

才是其父。除非两者结合在一起,否则只有需要本身是无用的。"①默顿的这一主张有两层基本含义:第一,理论研究离不开经验研究,经验研究是理论研究的坚实基础;第二,经验研究应以理论为指导,理论对经验研究具有规范和引导作用。默顿的这一方法论观点,为经验研究与理论研究的结合指明了方向,他的研究策略也得到了有效的验证和广泛的响应。

二、功能分析范式

默顿认为,要改变目前的社会学状况,除了首先发展中层理论外,还应该确立起社会学定性分析的范式。所谓范式(paradigm),是指一套严格的(定性)分析的研究程序。范式的作用主要是确立明确清楚的假设、概念及命题,提供简练、准确和规范化的语言。默顿在"显在功能和潜在功能"一文中,提出了著名的功能分析范式,此文被认为对推动结构功能论的经验化起到了重要作用。

默顿提出,功能分析是社会学解释中的一个有很大发展潜力的方向,它依赖于理论、方法和资料的结合。但认为以往的结构功能论者多偏重于理论解释,忽视了功能分析的方法问题。结构功能论既是解释社会现象的有效理论,也是收集资料的有用方法。因此,默顿从他的中层理论观点出发,强调功能分析在资料收集和理论解释中的实效性。

默顿首先对以往流行的结构功能论观点做了澄清。他指出以往的结构功能论有三个错误的假定。

第一是"功能一体性"(functional unity)假定,即认为社会系统对其各组成部分具有高度的整合性,每一事项或部分都承担特定的功能。但默顿指出:"文化事项是否都一致地对作为一个系统的社会以及社会中的所有成员履行功能应是一个经验问题,而不是一个公设。"②例如在同一社会中,某一社会习俗或情操对某些群体可能是功能性的,而对

① R. Merton. *On Theoretical Sociology*. New York: The Free Press, 1967:p. 50.

② R. Merton. *Social Theory and Social Structure*. New York: The Free Press, 1957:p. 26.

其他群体可能是反功能性的。

第二是"普遍功能主义"(universal functionalism)假定,即认为所有标准化的社会或文化事项都履行积极的社会功能。但默顿指出,实际上对不同的系统,社会或文化事项具有不同的功能结果。它们既可能有正功能,也可能有负功能,或者是无功能的(nonfunctional)。对实际后果的功能评估应该做净功能分析。

第三是"不可或缺性"(indispensability)假定,即认为某些事项的功能是不可缺少的,或履行功能的这些社会或文化事项是不可或缺的。但默顿指出,功能需要是经验性和多样性的,实际上存在着"功能选择""功能对等",或"功能替代"(functional alternatives)的情况。他说,正如同一事项可以有多种功能一样,相同的功能也可以分别由多种事项以不同的方式去履行。

因此,为了使功能分析规范化,默顿提出了功能分析的一套范式,要求澄清如下方面的问题①。

1. 功能归属事项:即明确功能分析的对象,这些对象必须是标准化的事项。

2. 主观意向概念(动机、目的):要求区分主观假设和研究问题,避免混淆作为主观范畴的动机和作为客观范畴的功能。

3. 客观结果概念(功能、反功能):"功能"是所观察到的结果,它促进系统的适应或调整;而"反功能"削弱系统的适应和调整,实际上也可能存在"非功能"的结果,即所考察的事项与系统无关;另外,要求区分"显在功能"和"潜在功能"两个概念,前者是指被人们设想到和认识到的客观结果,而后者是指未被人们想到和认识到的客观结果。

4. 功能指向单位的概念:即功能是针对何类对象或单位的,这些单位有不同层次,即个人、群体、社会系统等。

5. 功能需要的概念(需求、前提条件):功能需要是功能分析的重要概念,但也是最含混和有争议的概念,因此,要求区别功能需要的不同类型(普遍的与特定的),确立验证这些功能需要的程序。

---

① R. Merton. *On Theoretical Sociology*. New York: The Free Press, 1967: pp. 104—108.

6.功能实现机制的概念:要求功能分析对功能实现的机制,主要是其社会机制做出"具体详尽"的说明。

7.功能选择的概念(功能等价或功能替代):即我们一旦放弃了功能不可或缺的假定,自然就要承认功能选择、功能等价或功能替代概念。

8.结构脉络的概念(结构强制):要求注意某一特定的社会脉络(背景)如何限制事项的变化,在此变化范围内,该事项能否有效地满足功能需要,等等。

9.动态与变迁的概念:过去的功能论者倾向于社会结构的静态分析,忽略社会变迁研究,但这不是功能分析论的本质;社会学家应该注意如何评估社会系统中逐渐积累的紧张和压力,注意变迁的方向是否会导致紧张的削弱等问题。

10.功能分析的效度问题:这首先要求社会学分析的程序严格,最大限度地接近实验研究的逻辑,还需要系统地评价比较分析(跨文化和跨群体)的可能性和局限性。

11.功能分析的意识形态蕴涵问题:应该注意功能分析学家的社会地位在何种程度上影响到他对问题的选择,影响到他的假设和概念等。

默顿还通过对美国的政治机构的分析,总结了功能分析的步骤。即首先要明确所研究的社会或文化事项,然后分析这些事项存在于其中的结构关系,最后说明事项所履行的功能。由此,默顿总结强调了两点:一是要求明确区分显在功能与潜在功能;二是功能与结构密切相关。"结构影响功能,功能影响结构"[1],所以默顿的功能分析又以强调结构因素为特征。

三、结构分析范式

在社会学研究中,默顿始终把社会结构"置于社会学分析的焦点上",因此又被称作"结构分析学家"。默顿结构分析方面的主要代表作有《社会结构与失范》(1938)、《科层结构与人格》(1939)、《社会学中的

---

[1]　R. Merton. *On Theoretical Sociology*. New York: The Free Press, 1967: p. 136.

结构分析》(1975),等等。

默顿的结构分析的基本出发点,是强调社会结构或制度对个人行为的影响。在《社会结构与失范》一文中,默顿对结构强制与越轨行为之间的关系做了经典说明。他认为在社会和文化结构的诸要素中,有两个方面是最重要的:一是文化上明确规定的目标,二是社会结构所限定的达到这些目标的合法方式。为达到这些目标,每个社会群体都把自己所期望的目标与道德容许的或传统的标准相联系。只有这两者之间的平衡使遵循它的人感到满意,这种平衡才能保持下去。

但不同社会中的越轨行为还与其他社会因素有关。默顿划分出了三种理想的社会秩序:接受(+)、拒绝(-)、拒绝并代之以新的目标和标准(±)。这些社会秩序是由文化目标与制度手段之间相交叉构成的,并表现为表 6-2 所示的不同情况①。

表 6-2 社会结构与行为类型

行为类型	文化目标	制度化手段
Ⅰ. 遵从	+	+
Ⅱ. 创新	+	-
Ⅲ. 仪式主义	-	+
Ⅳ. 隐退主义	-	-
Ⅴ. 反叛	±	±

第Ⅰ种类型是,行为既符合文化目标,也符合制度化手段要求,这是最常见的行为方式,是社会的常态。

第Ⅱ种类型是,接受文化目标,但采用非制度化的手段,如以非法手段牟利者。

第Ⅲ种类型是,与目标偏离,但利用的手段合法,如唯命是从的官僚。

第Ⅳ种类型是,拒绝一切目标和手段,这是个人由于受挫所导致的失败主义、淡泊和隐退等。

---

① R. Merton. Social Structure and Anomie. *American Sociological Review*. 1938, Vol. 3:p. 676.

第Ⅴ种类型是,既接受某些目标和手段,同时又拒绝它们,试图建立一种新的社会秩序。

默顿试图说明,一定的社会行动类型总与社会结构相关联。跟正常行为一样,越轨行为也是社会结构因素作用的结果。默顿提出,社会结构是一组有组织的社会关系,它与社会或群体成员的活动有密切关系。默顿的社会结构观对社会学理论有如下的发展。第一,承认社会结构总存在着差异、矛盾和冲突。第二,重视社会结构的动态分析,认为构成社会和文化结构的诸要素之间的紧张、矛盾和分化是导致其变迁的主要原因。第三,推动了社会学分析的经验化。"在当代的社会结构理论家中,默顿对经验研究的影响最大。"[①]第四,倡导理论的多元化。

20世纪70年代后,默顿进一步发展了其结构分析思想,并确立了结构分析的范式,即结构分析的14条规定[②],具体如下。

1."社会结构"的概念是多源头的和多形态的,也就是说,这个概念不是一脉相承的社会学思想,它们的差异部分地表现在实质内容方面,部分地表现在方法方面。

2.社会学中结构分析的基本思想早于现在著名的"结构主义"运动。后来出现的跨学科的结构主义虽然影响到了社会学的结构分析,但这两者不是来自同一学术传统。

3.社会学结构分析的重要思想主要来自涂尔干和马克思。涂尔干和马克思之间的基本思想远不是人们所想的那样是对抗的,而是相互补充的。

4.(现在)各种思想传统开始融合,表现在某些概念、思想和假设得到了综合,这将导致更为普遍的范式的形成。

5.跟其他社会科学的理论取向一样,社会学的结构分析必然涉及

---

① A. L. Stinchcombe. Merton's Theory of Social Structure. L. Coser (ed.). *The Idea of Social Structure*. New York: Harcourt Brace Jovanovich, 1975:p. 11.

② R. Merton. Structural Analysis in Sociology. P. Blau (ed.). *Approach to the Study of Social Structure*. New York: The Free Press, 1967:pp. 31—36.

微观和宏观社会现象。这要求确立起连接微观和宏观分析的概念、方法和资料。

6.采纳斯廷奇库姆关于微观现象的重要而稳健的观点,即社会结构的中心问题是对社会结构性事项的选择。

7.在宏观上,权威、权力、影响和声望的社会分配(即集中和分散)构成了社会控制的结构,其历史变迁部分地是由于一定结构下与人们的社会地位相关的"优势和劣势积累"的结果。

8.结构分析范式的根本和重要的一点是,社会结构导致社会冲突。

9.规范结构并不意味着有统一的规范体系,相反,总存在着矛盾选择。例如在科层组织、医学及科学等领域都有这种"矛盾选择"。

10.社会结构导致不同程度的越轨行为。越轨行为的出现在很大程度上是文化期望与制度化手段之间不协调的结果。

11.社会结构既导致结构内变迁,也导致结构自身的变迁。这些变迁发生在行为的选择和在不同的社会结构中由于某些强制、冲突和矛盾而造成反功能结果等情况。

12.新一代人总是在前代人的基础上改变既存的社会结构,无论是无意的还是有意的。

13.区别社会结构的显在社会功能和潜在社会功能,在分析上是有用的。

14.跟其他社会学理论取向一样,结构分析也不能声称可以解释所有的社会和文化现象。

默顿的结构分析范式是他的社会学理论的重要内容,是对其功能论观点的发展和补充。由此可看出他非常强调理论研究的精确性和严密性,强调社会学研究的经验性和积累性。尽管有的人认为,默顿后来的结构论已超越了他的功能论,但无论如何,默顿对社会结构分析的重视,已深深地影响到了社会学理论及整个社会学的发展。

四、自我实现预言

默顿所提出的"自我实现预言"(the self-fulfilling prophecy)理论是与其结构分析密切相关的一个重要成果。自我实现预言所解释的是这样一种社会过程：虚假的想法、期望、预言等会导致自身的实现，而在其他情况下可能不会发生。这在社会生活中十分常见，默顿举的例子如，当谣言说一个实际上有兑付能力的银行将要倒闭时，此谣言（即一个预言）就会导致越来越多的存款者去银行取款，结果必然导致这家银行的破产（而在其他情况下是不会发生的）。另一个例子，比如当学校教师认为中产阶级的学生由于他们来自"较优越的家庭"，因此比工人阶级的学生优秀时，这些教师就会更加关心他们，其结果是他们的确会表现得较为出色。"在所有这些类型的例子中，那种表面的但只是似是而非地'被证实的'预言却导致了永久的错误，因为预言者把实际的（所推出的）结果作为依据，而它们从一开始就是无疑的。"①

自我实现预言理论的重要基础是所谓的"托马斯定理"（Thomas Theorem），即"如果人们把情境定义为真实的，那么就会产生真实的结果"。这是由美国著名社会学家 W. I. 托马斯和 D. S. 托马斯在 20 世纪 20 年代提出来的。这个定理说明了对某些社会现象来说，重要的不是它本身是否真实，而是人们如何去看待它。它强调人们是在这种认识的基础上行动的，因此主观定义会影响客观结果。因此，一旦我们赋予情景某种意义，我们随后的行动及行动的某些结果将受所赋予的意义的影响。默顿认为，运用这一理论可以很好地揭示人类社会中的种族、阶级、性别以及少数民族之间的不平等关系的根源。例如白人对黑人的统治，传统上看来是天经地义的，但事实是，认为黑人天生低人一等的观念从一开始这个大前提就是不真实的。

但默顿同时指出，"托马斯定理"也说明，自我实现预言的这种悲剧性的、常常是错误的循环可以被打破。即一旦对原初的假说提出疑问并建立一种新的情境定义，事情随后的发展就会证明原来的假说是荒唐可笑的。只有这样，原来的观念才可能不再被看作真实的。尽管有时这样做起来很难，因为人们的观念认识常常是根深蒂固的。特别是从社会长期存在的群体间的分野来看，"内群体的美德成了外群体的恶

---

① 罗伯特·默顿. 社会研究与社会政策. 林聚任等译. 北京：三联书店，2001 年版，中译本序言第 9 页.

习"，或者说这就是民族和种族关系的"凡是敌人反对的就是我们倡导的"模式。默顿称此为"道德炼金术"。默顿在"自我实现预言"一文中，结合大量事例对此做了分析，并考察了其社会功能与反功能。他最后提出，通过制度变革可以干预自我实现预言过程，即通过一种有意设计的制止措施，可以用于自我实现预言和社会中恶性循环的运作。用默顿的话说，就是"自我实现预言，如恐惧转变成实际的惧怕，它只是在缺乏有目的的制度控制情况下才发生作用。而且只有放弃把社会宿命论看作不可更改的人类本性的这种观念，恐惧、社会灾难与进一步的惧怕这种悲剧循环才能被打破"①。

默顿通过"自我实现预言"概念，实际说明了人类行动的重要特征，除了主观性之外，还具有反思性，即行动的结果会反作用于行动情境，从而调整行动的轨迹。所以从这里可以看出，默顿的社会结构分析并非一味地强调结构决定论，他也注意到了行动者具有一定的主观能动性。社会结构虽然制约人们的选择，但人们可以在不同选择中做出取舍。

默顿的社会学研究以经验性和多样性著称。他广泛涉猎了理论与方法论、科学社会学、知识社会学、组织与科层制、大众传播、社会问题、研究政策、医护职业等社会学诸多领域。在社会学理论方面，针对帕森斯的抽象大理论，默顿提出了"社会学的中层理论"策略，倡导首先重视对经验性的具体问题的研究，建立"适中"的理论。在此思想指导下，他强调了结构功能论的经验性，确立了功能分析的具体范式。默顿理论研究的另一重点就是社会结构分析，他强调结构因素对人的行为的强制作用，总结出了社会学结构分析的基本程序。默顿对社会学理论的贡献还表现在他提出了大量的已被广泛接受的社会学术语，如角色丛、地位丛、显在功能、潜在功能、反功能、自我实现预言，等等。

默顿始终强调理论研究与经验研究的结合。从 20 世纪 40 年代起，他与著名的应用社会学家拉扎斯费尔德（P. Lazarsfeld）联手，以他

---

① 罗伯特·默顿. 社会研究与社会政策. 林聚任等译. 北京：三联书店，2001 年版，第 305 页.

们在哥伦比亚大学创办的"应用社会研究所"（后更名为"社会科学研究中心"）为基地，开展了一系列有广泛影响的应用研究。如对大众传播、研究政策、医疗职业的研究等。他们的研究不但开拓了社会学的应用研究领域，而且发展了一系列有效的研究方法，故形成了著名的"哥伦比亚学派"。默顿自然是这一学派的核心人物之一。此外，默顿始终感兴趣的一个专门领域就是对科学和知识的研究。科学社会学作为一个独立的学科诞生于 20 世纪 60 年代，这在很大程度上归功于默顿，因此他被誉为"科学社会学"的创始人。他从 20 世纪 30 年代起，就倡导把科学社会学作为一个独立的社会学分支学科而加以研究，并确立了科学社会学的基本研究问题。直到今天，默顿所开创的研究仍然是科学社会学中的主要范式。

本章小结

结构功能论是现代西方社会学中第一个有广泛影响的理论流派。它兴盛于 20 世纪五六十年代，一度被看作社会学的唯一理论范式。但 20 世纪 60 年代末以后，功能论观点受到了激烈批评。此后各种新的理论观点纷纷出现，在某种程度上说，后起的这些理论都是对结构功能论的补充发展。当然，任何其他理论都不能取代结构功能论。20 世纪 80 年代中期以来，随着"新功能主义理论"的出现，结构功能论又有了一定程度的复苏。

本章侧重分析的是结构功能论的两位核心人物——帕森斯和默顿——的理论观点。他们虽同属一派，但各辟一家。帕森斯的功能论以抽象性著称，而默顿的功能论以经验性著称；帕森斯主张建立"大理论"，而默顿主张首先发展"中层理论"。两人的社会学理论和方法论均对后来美国社会学的发展产生了重要影响。

第七章　社会冲突论

社会冲突论(Social Conflict Theory)是社会学最早形成的理论取向之一,在结构功能主义占主导地位时期一直处于社会学理论的边缘。20世纪60年代,随着结构功能主义的衰落,社会冲突论迎来了理论发展的高潮时期。一些激进的社会学者如米尔斯、达伦多夫、科塞等,在批判和吸收马克思、韦伯和齐美尔等人的社会冲突思想的基础上,加以修正和发展,形成了现代社会学理论的社会冲突论流派。该理论指出,社会冲突和变迁是社会的常态,不应将之视为社会的病态,并且社会冲突对于社会的巩固和发展起着积极的作用。同结构功能主义强调社会的稳定和整合的保守主义立场相比,社会冲突论迎合了20世纪60年代动荡不安的美国社会对日益锐化的社会矛盾的关注,成为社会思潮中激进派别的代表。

社会冲突论虽然率先打破了结构功能主义一统天下的局面,但它并没有取代功能主义理论,而只是对功能主义的补充。因为像科塞和达伦多夫等代表人物都没有完全摆脱功能主义的社会结构和功能的藩篱,他们的理论仅是有关冲突的部分性理论,而不是一种全面的社会理论。而且冲突论本身也不是一个统一的理论体系,其内部存在着极大的分歧和差异。本章我们着重分析达伦多夫和科塞的冲突论观点。另一著名代表人物柯林斯的工作将在后面的章节中介绍。

第一节　思想背景

社会冲突论是在 20 世纪 60 年代美国乃至全球大动荡时期,各种错综复杂的社会矛盾激化的社会背景下兴起的。但在冲突论作为一种现代社会学理论出现之前,许多社会学家的理论中都已经包含着丰富的社会冲突思想。对现代冲突论的形成产生巨大影响的主要是马克思、韦伯和齐美尔三位大师的社会冲突思想。

一、马克思的社会冲突思想

马克思的社会冲突思想影响是深远的,其主要内容包括如下几个方面。

(1)人们在社会生活中建立在财产和生产资料占有上的经济关系是最基本的社会关系,这种经济关系中的地位不平等是社会冲突的根源之所在。

(2)自从私有制出现后,根据是否占有生产资料和剥削他人,社会出现了两个主要的阶级:剥削阶级和被剥削阶级。这种阶级的区分贯穿了全部社会生活,涉及社会关系的各个方面。由于剥削阶级总是通过占有生产资料而占有被剥削阶级的剩余劳动和压迫他们,因而这两个主要阶级的斗争是不可避免的,是阶级社会的普遍现象。

(3)阶级斗争在阶级社会的发展中起着巨大的推动作用。"自从原始公社解体以来,组成为每个社会的各阶级之间的斗争,总是历史发展的伟大动力。"①在社会形态更替的过程中,只有通过先进阶级对反动阶级的革命斗争,才能使腐朽没落的社会制度向更高级的社会制度过渡,才能形成社会形态质的飞跃。即使是在同一社会形态内,社会发展也离不开阶级斗争。

(4)阶级斗争存在于社会生活的各个领域,表现为经济斗争、政治斗争和思想斗争。但政治斗争和思想斗争,是上层建筑领域中的斗争,它们是经济基础的反映,是由经济关系中的不平等决定的。在多种形式的斗争中,居于首位的是政治斗争,是暴力革命,武装夺取政权。

二、齐美尔的社会冲突思想

齐美尔是主张"形式社会学"的,他致力于"基本社会过程形式"的研究,社会冲突作为一种主要的社会过程形式自然在研究的范围之内。齐美尔的社会冲突思想可以大致概括如下。

(1)社会是一个有机的整体。在社会中冲突是普遍存在和不可避免的。

(2)社会的冲突不仅是利益的反映,而且是敌对本能的反映。人类具有先天的敌对冲动的本能。这种本能虽然受和谐关系和爱的本能所制约,但在利益冲突的刺激下的发展,是社会冲突的最大原因之一。

(3)社会冲突的作用并非一定是消极的,并非在所有的情况下都必然地引起社会有机系统的崩溃或社会的变迁。实际上社会冲突是促进社会有机体团结和统一的过程,是保持社会整体或某些子系统完整的过程。

(4)冲突的激烈程度与冲突群体各方的团结紧密程度、情感投入程度及对冲突的理解程度密切相关。冲突各方的成员团结越紧密,人们的情感投入程度越大,人们对冲突的理解超出个人目标、个人利益的程度越大,冲突就可能越激烈。

(5)冲突越作为一种能达到明确目标的手段,冲突激烈的可能性就越小。在一定的条件下,共同利益的意识能导致非暴力的冲突。现代

---

① 《马克思恩格斯全集》第22卷.北京:人民出版社,1965年版,第560页.

的劳资冲突则是最好的例证。

（6）群体间的冲突越激烈、越频繁，群体间的界限越明显、越牢固，各群体内部的团结也越紧密。

（7）群体之间的冲突越是不激烈，冲突对群体的整合作用就越可能发生。在一定的条件下，起初激烈的冲突有可能变得缓和，从而给社会整合带来积极的结果。①

由此可见，齐美尔的社会冲突思想与马克思的社会冲突思想是有很大区别的。其区别不仅表现在对社会冲突的原因的认识上，也表现在对冲突的功能的认识上。而且，马克思显然是注重阶级冲突和暴力革命的，齐美尔注重的则是各种类型的社会冲突，尤其是比较缓和的冲突。

二、韦伯的社会冲突思想

韦伯的社会冲突思想是他在阶级、冲突和社会变迁的研究分析中发展起来的，人们可以在他的关于传统权威社会向法理权威社会过渡的论述中找到他的主张和观点。下面是乔纳森·H.特纳所做的概括和归纳。

（1）社会冲突起源于三个条件，即权力、财富和声望的高度相关性，报酬的分配和低水平的社会流动率。

（2）由于权力、财富和声望高度相关，所以财富精英同时也是政治精英和社会精英，那些没有财富的人往往没有权力和社会地位。因此，后者在愤怒之下否认现存不平等系统的合法性时，易于选择冲突以改变现状。

（3）当报酬分配被垄断，也就是说，当只有很少的人占有权力、财富和声望，而其余的人则无法享有时，社会产生紧张和愤恨。在这种愤恨的驱使下，那些没有权力、财富和声望的人就会与垄断这些社会资源的人进行冲突。

---

① 乔纳森·H.特纳.社会学理论的结构.吴曲辉等译.杭州:浙江人民出版社,1987年版,第162—168页。

(4)当那些社会地位低的人没有机会或很少有机会向较高的社会地位流动时,仇恨就会在那些社会地位低下的人群中聚集起来,并难以控制,最终导致他们向社会权威挑战,爆发冲突。

(5)领袖人物的感召力是引起社会冲突的关键力量。如果这种领袖人物出现,并煽起下层人的不满情绪,挑起冲突,那么就一定会引起社会的变迁。

(6)当领袖带领追随者成功地进行了冲突,建立了新的社会等级系统,而财富、权力和声望变得高度相关时,就产生新的冲突。

(7)当新的社会等级系统是建立在法律和条例的平等基础上,绩效和能力成为人们社会流动的基础时,冲突的可能性就会变小。[①]

显然,韦伯是从多维度的社会不平等来说明社会冲突起源的,并且强调了社会流动率、领袖人物和组织也是社会冲突的关键因素。这是韦伯社会冲突论的独特之处。

四、米尔斯与现代冲突论

美国社会学家米尔斯(Charles Wright Mills,1916—1962),是最早对帕森斯功能主义进行批评的人。他的激进政治倾向,以及对功能主义进行的辛辣甚至嘲弄式批评,使他成为 20 世纪 50 年代最有影响的批判家。他因此不被美国那些主流社会科学家所接纳,但其《社会学的想象力》(1959)却成为影响至今的社会学经典文献。

米尔斯的社会学取向与功能主义是根本不同的。功能主义强调社会的整合与秩序,而米尔斯则把个人的需要放在优先的地位。他从现存社会结构对人的压抑和阻碍这一角度对社会进行了批判。也就是在这一过程中,他提出和论述了自己的社会理论,播撒了现代社会冲突论的"催化剂"。

米尔斯的冲突论明显地受到了韦伯和马克思的影响。他与韦伯、马克思一样,关心的中心问题是社会结构中的阶级及其各种统治形式

---

① 乔纳森·H.特纳.社会学理论的结构.吴曲辉等译.杭州:浙江人民出版社,1987 年版,第 171—174 页.

和社会动态情况。但是米尔斯在阶级的分层上没有采纳马克思的观点,而是借用了韦伯的经济、权力和声望三位一体的模式,但又与韦伯不尽相同。米尔斯重视的是权力结构,而不是经济和声望。他认为,进行政治统治的人和进行经济统治的人有着范围广泛的共同利益,所以,他们广泛合作,共同维护他们的统治。进而,这些政治和经济的精英们能够轻而易举地谋取高声望,在米尔斯看来,经济、权力和高声望三者是重合的,没有必要像韦伯那样对其进行原则上的区分。他的《白领:美国中产阶级》(1951)和《权力精英》(1956)这两部冲突论的经典之作就是建立在这种观点基础上的。

米尔斯对冲突理论的重要贡献之一是,他提出了"权力精英"(power elite)理论。他指出,美国社会中那些在经济、军事和政治机构中占据高位的财阀、军阀和政客组成了或多或少结合在一起的或统一起来的权力精英,他们的重要决策决定了美国社会的基本结构和趋向,左右着美国中下层人民的生活。权力精英们的决策反映了他们维护的只是自己统治的利益,而不是普通公民的利益。米尔斯看到,一方面精英巨头集权力、财富和声望于一身,另一方面街头的普通大众被剥夺了对公共事务的一切影响力,被迫依附于他们所不能控制的各种力量。普通大众处在一个被各种大规模组织所控制下的异化了的世界中,然而,他们却没有能力认识自己在社会中的真正位置。米尔斯就以这样的战斗精神和理论观点促进了其他社会冲突理论的诞生和发展。

第二节　达伦多夫的辩证冲突论

拉尔夫·达伦多夫(Ralf Dahrendorf,1929—2009),欧洲著名哲学家、社会学家、政治学家和自由主义政治家,社会冲突论的代表人物。

达伦多夫出生于德国汉堡,父亲是德国议会议员。1947 年他进入汉堡大学学习哲学和古典语言学,1952 年获哲学和古典文学博士学

位。1953 至 1956 年,他先后在法兰克福社会研究所和伦敦经济学院学习社会学,并获得社会学博士学位。1957 年至 1970 年,他先后在萨尔、汉堡、蒂宾根和康斯坦茨等大学教授社会学,并担任德国社会学会主席(1967—1970)。1974 年起他定居英国并担任伦敦经济学院院长。他于 1982 年获封为爵士,1988 年加入英国籍和英自由民主党,1993 年加封终身贵族,并成为上议院中立议员。

拉尔夫·达伦多夫

达伦多夫的主要著作有《工业社会中的阶级和阶级冲突》(1959)、《社会冲突理论探讨》(1958)、《阶级后的冲突》(1967)、《新自由》(1975),等等。

一、对马克思冲突论思想的继承和改造

达伦多夫的冲突论建立在对马克思的冲突思想批判、吸收和改造基础上,同时部分地吸收了韦伯和齐美尔的观点。

达伦多夫从马克思的思想中接受了冲突辩证法以及阶级斗争必然引起社会变迁等一系列观点。正如特纳所概括的那样,马克思和达伦多夫都认为社会系统始终处于一种冲突状态之中;这种冲突因利益对抗而产生,利益对抗必然内在于社会结构中;利益对抗倾向于分裂为两个冲突群体;冲突是辩证的,一种冲突,通过产生一系列新的对抗利益而得到解决,而这些新的对抗利益在某些条件下将产生进一步的冲突;社会变迁是社会系统的普遍特点,也是不同类型的制度化模式中不可避免的冲突辩证法的结果。[①]

为了使自己的理论比马克思的理论"更富于普遍性",不仅适用于资本主义社会,也适用于社会主义社会,达伦多夫根据自己对社会冲突的认识,对马克思的社会冲突思想进行了批判和修正。他认为,阶级划

---

① 乔纳森·H.特纳.社会学理论的结构.吴曲辉等译.杭州:浙江人民出版社,1987 年版,第 171—174 页.

分的关键因素不是是否占有生产资料,而是是否拥有生产资料的支配权。他的基本理由是,当代资本主义同早期资本主义相比已经发生了很大变化,生产资料的所有权被广泛地分散到许多股东的手中,真正支配企业的是专职的管理者而不是股东。高级管理者的支配权并不来自他们对生产资料的占有,而来自他们在公司中所占据的权威职位。恰恰是企业中的这种"权威关系"造成了人们的利益差别,形成了不同的阶级和他们之间的斗争。他认为,马克思的理论在细节上已不适用于现代工业社会。

达伦多夫对马克思社会冲突思想的修正并非枝节性的变动,而是一种根本性的改造。因为他否定了马克思阶级论的基础,用"权威关系"取代了生产资料的占有关系。所以,尽管达伦多夫使用了阶级、阶级斗争和社会变迁等词句,但他的冲突论与马克思的冲突思想是截然不同的。他从马克思那里继承下来的,只是抽象的词句和分析的形式。

达伦多夫以有无权威作为划分阶级的标准,完全是因韦伯的分层标准受到的启发。此外,他还从韦伯那里吸收了组织、社会流动与社会冲突关系的观点。而关于社会冲突强度的条件等观点,则来自齐美尔。

二、辩证社会观

帕森斯的功能主义认为,每个社会都是一个相对均衡的社会系统,每个社会中各子系统之间或者说各要素之间都具有良好的整合性,社会的每一部分都对社会具有功能,每一社会都建立在其成员的共同意愿基础上。与此相反,达伦多夫认为,事实上的社会具有两副面孔,一方面是它的一致性,另一方面是它的冲突性。他说:"社会的这样两副面孔可能在审美上不令人愉快,但是如果社会学要走出乌托邦的静态平衡,我们在这方面的努力就是极有价值的。"①他特别指出:"(1)每一社会都时刻服从变迁,社会变迁是普遍存在的;(2)每一社会都时刻经

---

① Ralf Dahrendorf. Out of Utopia: Toward a Reorientation of Sociology Analysis. *American Journal of Sociology*. 1958, Vol. 64:p. 127.

历着社会冲突,社会冲突是普遍存在的;(3)社会的每一要素都对社会变迁发生积极作用;(4)每一社会都建立在某些成员被另一些成员压制的基础上。"①这里不难看出,达伦多夫的社会观具有辩证的性质。他不仅认为社会有统一的一面,也认为社会有变化的一面,而且尤为重视社会成员的对立所引发的社会变迁。

达伦多夫从自己的社会观出发,认为功能主义具有乌托邦的性质。他指出,功能主义的观点不是从日常人们所熟悉的现实中发展出来的,而是由社会学家主观地想象出来的。它对社会学研究非但无用,甚至会有不良的影响。因而达伦多夫主张从功能主义相反的方面去研究社会和建立社会学理论。

达伦多夫又强调指出:"稳定与变迁,整合与冲突,功能与'反功能',合意与压制,似乎都将会是任何可想象社会的同样有用的方面。它们是被辩证地分离开来的……人们可能会想到一种更一般的社会理论,它把这两种模式……提高到一种更高的概括水平。只要还不具备这么一种理论,我们就必须满足于这一发现,即对社会学的理解来说,社会表现为两个同样有用的方面。因此,对结构功能理论不能用之于冲突分析的批评只是针对其自称的一般性而发的,而对于它是否有能力解决整合问题,这种批评则未涉及;另一方面,社会冲突和社会变迁理论也不是一种一般性理论。"②这清楚地说明,达伦多夫对功能主义的批评并不是彻底否定,而只是强调它的片面性和冒充一般性理论的狂妄性。同时,达伦多夫也阐明自己的冲突论同样是一种具体的理论、片面的理论,而不是一般性的理论。只不过由于功能主义影响广泛,所以他才特别强调冲突论。

三、社会冲突的结构分析

达伦多夫通过对资本主义工业社会的阶级和阶级冲突的分析阐述

---

① Ralf Dahrendorf. *Class and Class Conflict in Industrial Society*. Stanford,CA: Stanford University Press,1959:pp. 161—162.

② R. 达伦多夫. 关于社会冲突的理论. 国外社会学,1987 年第 3 期,第 12 页.

了他的辩证冲突论的内容。

（一）社会冲突的根源

达伦多夫说："关于冲突的社会学理论……对工人与雇主之间的冲突进行描述是很重要的；但更重要的是要证明，这样的冲突是以特定的社会结构安排为基础的，因此只要这种社会结构存在，冲突就一定会产生。因此，社会学理论的任务就是从特定的社会结构推导出冲突来，而不是把这些冲突归结为心理学变数（侵略性），或归结为描述性的历史变数（如黑人向美国移民），或归结为某种偶然性。"[①]显然，达伦多夫认为社会冲突的根源是特定的社会结构，而不是别的。这种特定的社会结构就是阶级结构。

但是这种阶级结构不是根据是否占有生产资料划分的，而是根据统治与服从之间的权威关系来划分的。他认为，到了 20 世纪，西方工业社会发生了巨大的变化，阶级革命也有了新的基础，这就是权力的占有与否。

达伦多夫对"权力"和"权威"的解释，基本上沿用了韦伯的定义，即权力是不顾反对而把某人的意志强加于他人的能力，权威是期待他人屈从的合法化的权力。他认为，现代社会就是围绕"权力"和"权威"而形成了两个阶级：一方是占有很多权力和权威的阶级，另一方面是被迫服从权力和权威的阶级。这两个阶级存在于社会的任何一个组织中。所以，社会组织不是一个产生于共同愿望的系统，而是一个强制协作的联合体（Imperatively Coordinated Association），是具有一定权威结构的群体。在强制协作联合体中，作为资源的权力与权威，其分配不可能是平等的，于是就形成了支配与服从两种角色地位，因而也就形成了支配与服从两个阶级的不同成员：发号施令者是统治阶级的成员，服从命令者则是被统治阶级的成员。具体地说，身居高位只行使权威而不服从任何人的管理者，与占据中间地位、既对某些人行使权威又对另一些人服从的管理者，都属于统治阶级；地位最低又不能对其他任何人行使

[①]　玛格丽特·波洛玛. 当代社会学理论. 孙立平译. 北京：华夏出版社，1989 年版，第 95 页.

权威的人,则都属于被统治阶级。在某一种强制协作联合体中,统治角色与服从角色有清晰的界限和分化层次,但整个社会存在多种统治与服从的社会结合形式。不管怎样,不同程度的压迫、强制是社会的普遍现象。有系统的社会对立和冲突正是由此而生的。

(二)社会冲突的形成

根据达伦多夫的观点,强制协作联合体中,或者说社会组织中,虽然存在着社会对立,但不是说冲突就一定发生。社会冲突的形成是有条件的。达伦多夫用"准群体"(quasi group)和"显群体"(manifest group)这两个概念阐述了社会冲突的条件。

达伦多夫说:"假如把群体冲突理解为关于权威关系合法性的冲突,那么,在经验上,群体冲突也许是非常容易进行分析的。在每一个团体中,统治群体的利益都表现为一种价值,正是这种价值构成了一种有关他的统治合法性的意识形态。相反,从属群体的利益则构成了对这种意识形态以及包含着这种意识形态的社会关系的威胁。"[1]同时他又指出,群体利益有"潜在"与"显在"之别。潜在的利益是由人们所承担的角色决定的客观利益,但是,它处于人的无意识状态中。显在的利益则是为人们所意识到的,并被人们作为目标来追求的利益。当统治阶级群体和被统治阶级群体的利益尚处于对立性潜在利益状态时,这两个群体不过是"准群体",即没有阶级意识的集合体,而不是组织起来的团体。然而群体的潜在利益总是要向显在利益转化的。当群体以显在利益为基础时,群体中的人们便产生了共同的阶级意识,觉知了共同的利益,并组织起来追求这种利益,这时准群体变成了显群体。显群体是组织起来的,具有明确利益要求和奋斗目标的群体,如党派、工会等。在显群体中,曾经是潜在的利益的要求变成了被明确阐述出来的斗争纲领或意识形态。于是,冲突公开化了。可是准群体又是如何转化为"显群体"的呢?达伦多夫认为必须具备如下三个条件:(1)具备基本的技术保证,包括领导者、物质设置、纲领和意识形态;(2)政治上必须有

---

① Ralf Dahrendorf. *Class and Class Conflict in Industrial Society*. Stanford, CA: Stanford University Press, 1959:p. 176.

一定的政治自由,法律上必须允许结社联盟;(3)准群体内部之间有沟通的可能程序与正式程序。

达伦多夫还认为,一旦社会冲突形成了,企图压制和消灭冲突是徒劳无益的。在现代社会中,只能通过制度化来调节冲突。

(三)社会冲突的程度

达伦多夫从冲突的强度与烈度两个方面研究了社会冲突的程度。强度指冲突各方面的能量消耗以及卷入冲突的程度,人们是否完全投入到一定的冲突中,冲突是大还是小,等等。烈度则指斗争双方用以追求他们利益的手段。烈度的范围是很大的,从和平谈判到公开的暴力行为,等等。

1.影响冲突强度的因素

达伦多夫认为,影响冲突强度的因素有三个。

(1)社团的重叠程度。社团的重叠指人们在多种强制性联合体中具有相同的角色地位。社团的重叠程度越高,冲突的强度就越大。这是因为社团重叠时,冲突各方具有多种利益的对立,从而将不同场合中产生的能量汇合成一体,不顾一切的利益冲突将会发生。人们经常会在劳资关系、民族关系中看到这种情况。达伦多夫指出,在工业结构中,被统治群体的成员,如果在其他权威关系中也处于服从地位,最后会导致社会分裂为两个相互对立的阵营,使社会冲突的强度增大。

(2)权威关系与其他报酬分配的相关程度。如果统治阶级成员凭借手中的权力,谋取各种物质利益,就会在统治阶级与被统治阶级之间,在报酬和获取报酬的途径上扩大了差距和不平等。这样,就会加强两大阶级结构的形象和矛盾,增大冲突强度。反之,"权威地位同其他方面的社会经济地位相关程度越低,阶级斗争的激烈程度越低"[1]。

(3)社会流动性的程度。达伦多夫认为,社会和团体中,垂直流动的情况是很重要的。如果社会和团体不为人们的向上流动提供任何机会,统治与被统治群体的成员构成是刚性状态,冲突的激烈程度就会增

---

[1]　玛格丽特·波洛玛. 当代社会学理论. 孙立平译. 北京:华夏出版社,1989 年版,第218 页.

加。如果情形相反,阶级冲突就不可能广泛和重要。因为,"如果流动增加,组织的团结就不断为人们之间的竞争所取代,人们投入到阶级冲突的能量就会减少"①。

2.影响冲突烈度的因素

达伦多夫认为,影响冲突烈度的因素主要有两个。

(1)社会经济的剥夺情况。冲突的烈度取决于被统治阶级的社会经济剥夺是"绝对的"还是"相对的"。绝对的剥夺是指处于被统治地位的人们同时也处于社会经济地位的最底层的现象。相对的剥夺是指处于被统治地位的人们,其生活水平高于最低生活水平,但同高于他们的人相比其富裕程度和社会经济保障又较低的现象。按达伦多夫的界说,中华人民共和国成立前的工人属于绝对剥夺,现代西方工人属于相对剥夺。如果被统治阶级的社会经济剥夺是相对的,暴力冲突就不可能发生,尽管冲突的强度可能会很高。相反,如果被统治阶级的社会经济剥夺是绝对的,那么阶级冲突就十分可能采用暴力的形式。

(2)冲突的调节。冲突的调节,就是冲突的控制方式,它是影响冲突烈度的最重要因素之一。冲突的调节与冲突性利益群体形成的政治条件有关。有时,占据统治地位的人往往阻止冲突性利益群体(对抗性的党派、工会等)的对抗,并认为这种做法是合理的。然而不管压制冲突的这种努力怎样被证明是合理的,冲突和对抗都是不能排除的。这种做法只能使冲突隐藏到表层之下,在那里,冲突酝酿着、积累着,一旦爆发,就常常采用暴力形式。假如统治者能明确承认冲突利益的存在,并为被统治的人们提供表达和协商的机会和途径,暴力冲突就会减少。调节冲突需要具备三项条件:①冲突双方均承认对方有合法的但又相互对立的利益;②利益群体有自己的组织,有处理争端的公共机构;③冲突双方都同意遵守一些正式的冲突规则,如怎样谈判、怎样达成协议、违规如何制裁及如何变更规则本身,等等。这些条件存在于开放的民主社会中。

① 玛格丽特·波洛玛.当代社会学理论.孙立平译.北京:华夏出版社,1989年版,第222页.

（四）社会冲突的结果

达伦多夫认为,社会冲突的结果引起社会结构的变迁,特别是权威结构的变迁。他概括了三种不同类型的变迁:(1)所有统治人员的更换;(2)部分统治人员的更换;(3)把被统治阶级的利益结合到统治阶级的政策中。他又称第一种变迁是革命变迁,第二种变迁是改革变迁,第三种变迁是最低层次的变迁。第三种变迁可使统治阶级长久地维持其权威的合法性。

达伦多夫还从度量的角度考察了社会变迁的程度。他提出了度量社会变迁的两个尺度:根本性与突发性。根本性是考察社会变迁的程度。它涉及统治阶级的人员、政策或阶级间的全部根本关系的变化程度。突发性是考察社会变迁的速度。根本性的变迁可能是突发的,也可能是迟缓的;非根本性的变迁也是这样。阶级斗争的强度与社会结构变迁的根本性之间存在着明确的联系,阶级斗争的烈度则与社会结构变迁的突发性之间存在着明确的联系。

总的来说,达伦多夫的冲突论有一个基本观念,那就是:社会充满冲突,冲突促进社会的变迁,冲突的调节则维护着现存的社会结构。他认为,自马克思以来,在各种条件下发生的社会变迁已经降低了阶级冲突的强度与烈度。由于各种调节冲突的制度化方法的建立,社会流动性的增加,以及工业、政治和其他形式冲突的制度性分离,都使西方社会权威关系的基本结构得到维护。达伦多夫赞成冲突的调节,而反对掩盖冲突。

达伦多夫的辩证冲突论对当代社会理论的发展是有积极意义的。

第一,他有力地揭露了功能主义对社会现实认识的片面性。他犀利的批判打破了西方社会学界墨守成规的窒息气氛,动摇了功能主义一统天下的至尊地位,推动了西方社会学理论的多元化发展,丰富了当代的社会学理论。

第二,达伦多夫的冲突理论使人们看到西方资本主义社会仍然是一个充满剥削和压迫的社会。他从阶级和阶级斗争的角度看待西方资本主义社会的冲突,对于被统治阶级保持阶级意识以捍卫自身利益是有促进作用的。有人称他是西方马克思主义者,恐怕与此有着重要的关系,而不仅仅因为他的理论与马克思有相似之处。

第三,他对一般社会冲突的精细分析以及对冲突调节的论述,有助于人们了解当代西方资本主义社会的统治策略,对于其他国家研究和解决本国内部的矛盾和冲突也有一定的参考价值。

但是,从根本上说,达伦多夫的辩证冲突论仍然是一种不符合社会现实的理论,是一种反马克思主义的理论。他对马克思的阶级理论是抽象的吸收,具体的否定。他对当代西方社会变化的认识是有道理的,但是据此对马克思阶级论所做的修正则是十分错误的。他抽掉了生产资料占有权,又不以财产剥削关系为阶级划分的基础,用权力关系取而代之,使"阶级"成一般群体的代名词,使"阶级斗争"成为一般群体斗争的代名词。根据达伦多夫的理论,工人罢工这类资本主义社会普遍性的冲突,都不是由经济利益引发的,而是由于权力不平等造成的。这种解释是难以成立的。诚然,20世纪初的资本主义社会和以前相比发生了很大变化,资本发生了分化,劳动发生了分化,中产阶级扩大了,总而言之,资本主义社会的阶级和阶级斗争复杂了。乔纳森·H.特纳在批评辩证冲突论时指出:"达伦多夫没有能力解释ICA组织,断定他们根据权力和权威而被迫组织起来。这就澄清了一个非常有趣的理论问题,即产生整合和冲突的制度化模式通过何种过程而形成,其原因和方式是什么。"[①]这是辩证冲突论的要害问题,是达伦多夫彻底否定马克思阶级论基础的必然结果。达伦多夫是反对掩盖冲突的,可是他却掩盖了资本主义社会阶级和阶级斗争的本质。

另外,达伦多夫将各种社会冲突的原因一律归结为权威关系,将社会变迁统统视为权威结构的变迁,在理论上是武断的、片面的、有欠严谨的。

---

① 乔纳森·H.特纳.社会学理论的结构.吴曲辉等译.杭州:浙江人民出版社,1987年版,第193页.

第三节　科塞的冲突功能论

刘易斯·科塞(Lewis A. Coser, 1913—2003), 美国社会学理论家, 知识社会学家, 社会冲突论的代表人物。

科塞出生于柏林的一个犹太中产阶级家庭, 本名 Ludwig Cohen。希特勒上台后, 他先于 1933 年避难到法国, 并进入索邦大学学习比较文学和社会学; 后又于 1941 年移居美国。1948 年他到哥伦比亚大学社会学研究生班学习, 1954 年获博士学位。1951 至 1968 年, 他参与创办布兰代斯大学社会学系并任教授; 1969 至 1987 年, 他任教于纽约州立大学石溪分校。科塞曾担任美国社会学协会主席

刘易斯·科塞

(1975—1976)。主要著作有《社会冲突的功能》(1956)、《理念人》(1965)、《社会学思想名家》(1970), 等等。

一、对齐美尔冲突论思想的继承和阐释

科塞长期关注功能主义研究, 但他却没有功能主义关于冲突的偏见。他在《社会冲突的功能》一书的导言中说, 美国早期的社会学家完全承认冲突的存在, 把冲突视为人类互动的一种基本形式, 既有积极的作用也有消极的作用。然而当代社会学家, 因受雇于人, 屈从于雇主的意志, 却放弃了社会学的这一传统。他决心恢复这一传统, 探索把冲突论与功能主义结合起来的可能性。他在齐美尔社会冲突思想的基础上, 构建了他的冲突理论。他指出了社会冲突的根源, 详细地分析了社会冲突的一些重要类型, 并充分地论证了社会冲突的功能。科塞与达伦多夫不同, 他的冲突论主要是从齐美尔的冲突思想出发并加以扩展

而形成的。因为科塞认为,关于社会冲突的研究,齐美尔的讨论才是"最富有成果的"[①]。

科塞接受了齐美尔的社会有机体论,同齐美尔一样,认为社会冲突是"一种社会化的形式",是一种过程,它在一定的条件下具有维护社会有机体或社会子系统的重要功能。所以科塞虽然一再指责帕森斯的功能主义忽视冲突,但也不赞成达伦多夫忽视冲突维护社会系统积极作用的倾向。他沿着齐美尔的思路,把分析的重点完全放在冲突如何维持和重建社会系统的整合与适应环境的变化上。科塞在他的《社会冲突的功能》一书的序言中明确地写道:"我们所关心的是社会冲突的正功能,而不是它的反功能,也就是说,关心的是社会冲突增强特定社会关系或群体的适应和调适能力的结果,而不是降低这种能力的结果。社会冲突不仅仅是'起分裂作用'的消极因素;社会冲突可以在群体和其他人际关系中承担起一些决定性的功能……"[②]

科塞在许多方面对齐美尔的社会冲突思想进行了发挥。例如,齐美尔看到冲突群体在追求明确的目标时,有可能用折中与调和的手段来取代暴力的手段,使冲突的激烈程度变小。科塞没有停留在重述这一命题上,而是以此为基础,又提出了一个新的命题。科塞指出,如果群体在非现实的问题上发生冲突,由冲突刺激起的感情与介入的程度就越强,因此冲突就越为激烈。

值得指出的是,由于科塞对齐美尔的社会冲突思想缺乏批判,甚至齐美尔的理论欠缺也直接导致了科塞理论的欠缺。乔纳森·H.特纳在分析科塞的冲突论时就指出了这种情况。

科塞在大量吸收齐美尔的社会冲突思想时,也认识到不能忽略其他社会学家的社会冲突思想,只有这样才能更好地构建自己的社会冲突论。因而,在科塞关于社会冲突起因的论述中,人们可以看到韦伯的"合法性丧失"的观点;在对冲突行为发生条件的阐述中,也可以辨别出马克思"相对剥夺"概念的启发作用。可是总的来说,科塞从马克思和

---

① L.科塞.社会冲突的功能.孙立平等译.北京:华夏出版社,1989 年版,第 15 页。

② L.科塞.社会冲突的功能.孙立平等译.北京:华夏出版社,1989 年版,前言。

韦伯的社会冲突思想中拿来的只是个别的观点。

二、社会冲突的根源

既然社会中普遍存在着冲突,那么是什么造成了众多的冲突? 或者说社会冲突的根源是什么呢? 这个问题是任何冲突论理论家都无法回避的首要问题。对这个问题,科塞不曾以系统的、有条理的形式阐述过,但是他在他的著作中还是清楚地回答了这一问题。他的回答与达伦多夫是完全不同的。

科塞在给冲突定义时说:"对社会冲突有多种定义方式,就本书的目的而言,可以权且将冲突看作有关价值、对稀有地位的要求、权力和资源的斗争。在这种斗争中,对立双方的目的是要破坏以至伤害对方。"[①]从科塞的这一冲突定义中可以看出,他把社会冲突的根源归为两类。第一类是物质性原因,第二类是非物质性原因。物质性原因是指权力、地位和资源的分配不均,非物质性原因则是指价值观的不一致。但是科塞没有指明哪类原因是根本的、哪类原因是次要的。在科塞看来,它们当中的任何一个在互动中均可构成冲突的根源。

但是,有一种意见认为,科塞十分重视非物质性原因,甚至在科塞的非物质性原因中塞进了心理、情感等内容,这是不符合事实的。科塞明确地说过"心理功能对于解释冲突是不充分的";"就利益冲突来说,比如工人和管理者的冲突,对立的双方似乎并不怀有互相仇恨的个人感情"[②]。科塞是社会冲突根源的多元论者,可是在多元的根源中,并未给心理特征以位置。

三、社会冲突的类型

科塞在他的冲突论中对社会冲突进行了归类研究,着重分析了如下几种冲突的类型。

---

① L.科塞.社会冲突的功能.孙立平等译.北京:华夏出版社,1989 年版,前言.
② L.科塞.社会冲突的功能.孙立平等译.北京:华夏出版社,1989 年版,第 45 页.

(一)现实冲突与非现实冲突

这是科塞分析的第一种冲突类型,是非常重要的一种冲突类型。科塞从齐美尔关于"作为手段的冲突"和"作为目标的冲突"的论述中受到启发,提出了现实性冲突和非现实性冲突。

所谓现实性冲突(realistic conflict)指"那些由于在关系中的某种要求得不到满足以及由于对其他参与者所得所做的估价而发生的冲突,或目的在于追求没有得到的目标的冲突"①。通俗地说,现实性冲突就是为达到某种目标而作为手段的冲突。所谓非现实性冲突(non-realistic conflict)则指至少冲突中的一方为"释放紧张状态的需要"而发起的冲突。现实性冲突与非现实性冲突的区别在于,对于现实性冲突来说,冲突不是目的,而是达到目的的手段,因此冲突可以为其他同样能达到目的的手段所取代;对于非现实性冲突来说,冲突本身就是目的,除了冲突的对象可以变换外,冲突本身没有其他的互动形式可以替代,冲突高于一切。另外,现实性冲突常常产生某种结果,而非现实性冲突却没有任何结果可言。比如,一个人为了增加工资,提高自己的地位或增加他在工会中的权力而参加罢工活动,这种冲突便是现实性冲突。相反,一个有着恋母情结而憎恨父亲的人,为泄愤而同老板发生的冲突,则是非现实性的冲突。工人如果有其他的途径可以实现他的目标,如谈判、消极怠工,他们便可以放弃冲突。而憎恨父亲的人,其目的就是发泄,就是攻击,攻击的对象虽然可由父亲改为老板,但冲突不可能取消。

科塞认为,提出现实性冲突与非现实性冲突是十分重要的,因为它有助于社会控制。作为一个社会越轨者,其需要是有"现实取向的",如果这些越轨者能够找到获得同样目标的合法手段的话,他就很可能不发生越轨行为。在这种情况下,越轨是带有工具性质的。另外,关于现实性冲突与非现实性冲突的区别,还可以应用到国际关系和工业社会学研究中去。在国际关系领域中,冲突基本上是有关权力、利益和价值的现实性冲突,这种斗争带有非现实性因素是偶然的,充其量不过起一

---

① L.科塞.社会冲突的功能.孙立平等译.北京:华夏出版社,1989年版,第35页.

种加强的作用。因此，对于国际政治的社会学研究虽然也可以关心由国内社会系统的各种受挫所引起的紧张，但如果不去分析造成联盟和对立模式的权力、利益等方面是不能达到其主要目的的。在工业社会学研究中，如果把劳资冲突混同于非现实性冲突，就会剥夺工人要求现实利益的权利。

科塞又指出，现实性冲突与非现实性冲突的区别不是纯粹的，两种性质的冲突往往交叉着、混合着。现实性冲突的情境可以伴随着从其原因中所反射出来的非现实性情绪。因为冲突就是由两种不同但又相互联系的因素，即现实性冲突情境和在其中投入的感情中引起的。宣传家常常利用冲突中的情感因素来增加冲突的强度，以实现目的。

（二）紧密关系中的冲突

这是科塞重点分析的第二种冲突类型。科塞注意到："关系越紧密，感情越投入，就越倾向于压抑敌对的情感，而不是把这种敌对的情感表达出来。在次级关系中，比如企业合伙人的关系，敌对情感往往能相对自由地表达出来；相反，在初级关系中，参与者全部（人性、人格）投入，使得这种情感的发泄会对他们的关系形成威胁。在这种情况下，敌对情感趋于积累起来，并得到进一步强化。"①这就是说，在初级关系中，冲突不易爆发，但是不等于没有矛盾。如果不注意敌对情感的释放，让敌对情绪积累起来，一旦冲突爆发，就可能非常激烈，如丈夫和妻子间的冲突就是这样。

同时，科塞也注意到紧密关系中，当不牵涉到参与者的整个个性，也就是说，参与者之间的紧密关系是一种片面的关系时，冲突并不一定带有敌意和攻击性，如老同学关系、老同志关系、朋友关系便是如此。

（三）内群体冲突与外群体冲突

这是科塞重点分析的第三类社会冲突类型。它是依据冲突发生在群体内部还是外部而划分的。内群体冲突是那些发生在群体内部的冲突，外群体冲突是那些发生在群体之间的冲突。科塞分析了内群体冲突与外群体冲突的一些重要特征。

---

① L.科塞.社会冲突的功能.孙立平等译.北京:华夏出版社,1989年版,第50页.

在分析内群体冲突时科塞指出,内群体冲突的激烈程度与其成员的人格投入程度相关。"在只是涉及其成员人格表面部分的群体中,或用帕森斯的术语来说,在其关系是专门性的和非情感性的群体中,其冲突的程度要比在其关系是扩展性的、情感性的,其成员用整个人格从事其活动的群体中的冲突程度低,也较少是最激烈的。"①因为,前者成员之间关系的强度远低于后者。前者的成员以部分人格投入群体,那么情感性因素进入现实性冲突的可能性也就较小,所以冲突的程度便相对低些。

此外,在内群体中,那些积极热情参与群体生活的成员,对群体中的"叛徒"会采取更多的暴烈式反应。因为那些积极的成员是与群体的生存联系在一起的,而叛徒即便不是在实际上也是在象征意义上威胁到群体的生存。再加上叛徒离开群体后往往对原来群体的精神进行一系列的清算,这就更使得原来的群体把其视为危险的象征而激烈地反对。

再有,群体对于内部异端分子的反应有时要比对变革者更充满敌意,因为叛徒离开这个群体只是到敌人那里去,而异端分子虽然拥护群体的核心价值和目标,但是主张达到同一目标的手段不同,从而使群体分裂成不同的派别,严重威胁了群体内现存领导人的政治地位。

在分析外群体冲突时,科塞指出:"群体结构能够限制实际的或预料的与外部冲突的激烈程度。"②成员参与程度高的小战斗群体,一般使外部冲突更为激烈。这是因为规模小、关系紧密的斗争群体无法应付内部冲突,因而就以排斥的方法惩罚内部持不同意见者,而且为了加强内部团结,还要虚构内部敌人和外部敌人。只有不断地搜寻敌人,不断地与外部冲突,才能加强这种小群体内部的团结和生存。

(四)意识形态下的冲突

意识形态下的冲突,实际上指作为集体的代表参与的、以集体的目标为动机的那些冲突。这是科塞强调的又一冲突类型。

---

① L.科塞.社会冲突的功能.孙立平等译.北京:华夏出版社,1989年版,第55页.
② L.科塞.社会冲突的功能.孙立平等译.北京:华夏出版社,1989年版,第88—89页.

　　科塞同意齐美尔的看法,认为以集体的目标为动机的冲突要比以个人目标为动机的冲突"更激进、更冷酷无情"①。原因有这几个方面:第一,为了集体的利益参与冲突具有一种"高尚性",会增强代表者在群体中的地位和威望;第二,群体的代表人物也会把自己看作群体目标和权力的体现,将自己与群体等同起来,使他的能量因而大大地加强;第三,通过为了集体的事业而放弃个人的要求,他使自己充分地成为集体的组成部分,对群体的任何威胁也就是对他的威胁;第四,为群体事业而斗争,使其注意力集中于某一直接的目标。这样他就可以将全部力量集中在某一具体行为上。正因为如此,作为群体代表参与的冲突具有毫不妥协的性质。他说,马克思主义运动就是这样。他同时指出,在意识形态下的冲突中,知识分子起了重要的作用,是知识分子使这种社会运动客观化,将利益群体转化为意识形态,使冲突得到加深和强化。

　　科塞还认为,意识形态下对立的双方追求同一目标时,冲突的双方可能就有了统一的因素。比如,在科学争论中,争论双方对真理的追求。再比如抗日战争时的国共合作。

四、社会冲突的功能

　　科塞非常重视社会冲突的功能,他甚至批评达伦多夫对社会冲突的功能重视不够。他无论在《社会冲突的功能》一书中,还是在《社会冲突研究的连续性》一书中,都用大量的篇幅阐述了社会冲突的功能及条件。

　　(一)群体内冲突的功能

　　科塞虽然强调社会冲突的正功能,但也没有忽视其反功能。他认为冲突具有正功能还是反功能,既要看冲突的性质,又要看社会群体或社会系统的内部结构。社会冲突的功能需要从两个方面加以说明,不能笼统而论。

　　他说,从冲突的性质来看,如果群体内冲突的双方不涉及群体基本的、核心的价值观念,那么冲突就会对社会结构发挥积极的功能;如果

---

① L.科塞.社会冲突的功能.孙立平等译.北京:华夏出版社,1989年版,第105页.

群体内冲突的双方涉及群体基本的、核心的价值观念,那么冲突就会造成社会结构的毁灭。从群体的内部结构来看,如果群体需要成员以全部人格投入,且压制冲突,那么爆发冲突使群体有解体的可能;如果群体只需要其成员部分人格的参与,且允许冲突的存在,那么爆发冲突能够消除成员对抗的紧张状态,从而对社会结构具有稳定和整合的功能。

(二)外群体冲突的功能

在论及外群体冲突的功能时,科塞主要谈了两个方面。

1. 外群体冲突对群体内部状态的影响。科塞认为,总的来说,外群体冲突有利于群体内部的整合。因为与其他群体的冲突能动员起群体成员的活力,进而增强群体团结。但是缺乏内部团结的群体面临外部冲突时,也可能会瓦解。所以经常与外部发生冲突的群体不能容忍内部的冲突。然而,在那些结构松散和开放的群体中情形却极不相同。在松散结构和开放社会中,很少要求成员以整个人格参与,更能显示出结构的灵活性。在这样的群体中,由于允许对抗的要求直接和立刻地表达,群体能够通过消除不满的原因重新调整其成员的关系,使自身得以稳定。此外,冲突在这样的群体中经常发生还有助于现存的规范获得新生,或者推动新规范的产生,通过创新和改进规范保证群体在新的条件下继续生存。

2. 外群体冲突对社会融合及扩展的影响。科塞指出,外群体冲突可以把"其他方面毫无联系或对立的个人或群体相互联系起来,并把他们带进一个公共的社会活动领域"。此外,这种结构助长了有各种不同目的的联合和联盟的相互交叉往来,因而阻止了同盟沿一条线分裂。通过这种方式,社会系统中不同的子系统找到了新的位置,并确定了他们之间新的权力关系,进而构造更广阔的社会环境。

(三)安全阀制度

安全阀制度是一种社会安全机制,也是科塞用以证明冲突具有正功能的有力例证。科塞发现敌对情绪和冲突是有区别的,敌对情绪不等于冲突。如果敌对情绪通过适当的途径得以发泄,就不会导致冲突,就像锅炉里过量蒸汽通过安全阀适时排除而不会导致爆炸一样,从而有利于社会结构的稳定。古代社会和现代社会都有这种现象,实际上这是一种社会安全的机制。科塞主张社会应将这种机制制度化,并成为安全阀制度。准确地说,安全阀制度就是在不毁坏结构的前提下使敌对的情绪得以释放出来以维护社会整合的制度。科塞认为安全阀制度对于任何社会都是必要的,对于僵化的社会尤为必要。

但是科塞并不认为安全阀制度是一种理想的制度。因为它并没有使产生紧张和敌意的关系得到改变,社会仍然埋藏着巨大的隐患。

(四)社会冲突与社会变迁

科塞之所以对现实性冲突和非现实性冲突做了严格的区分,其目的是想说明现实性冲突是社会变迁的主要促进因素。因为现实性冲突指向特定的对象,是达到特定目的的手段,能消除冲突的原因,从根本上解决问题。现实性冲突所造成的社会变迁对社会系统是有益的,因为它能使社会系统更加关注个人的需求,增加社会系统的团结,使社会系统更有效地适应变化了的环境。如果社会系统允许现实性的冲突,并很好地加以解决,就会增强社会系统的活力和生命力,防止群体蜕化为反对变迁或对成员的个人需要不闻不问的僵化系统。

科塞甚至认为暴力冲突对社会变迁也有积极的功能。因为他可以提醒社会和上层决策人物注意人们的愤怒和苦难。

科塞的冲突论虽然发端于对功能主义的批评,但它不是对功能主义的否定,而是对功能主义的扬弃和补充。正如科塞自己所言,是要把两者结合起来。科塞冲突论的这一特征,在内容和方法中都有所反映。从内容上看,功能主义的基本观点,如社会系统、社会整合、正功能、反功能等,他都接受下来了。从方法论上说,他像功能主义者一样,把理论构建在这样的假设上:社会结构依靠自身而生存,社会结构制约着个人的自由和创造力,等等。他的冲突理论同功能主义都属于自社会学诞生以来,由涂尔干所张扬的自然主义流派。恐怕正是这个原因,尽管人们都称科塞是冲突理论家,而他却不认可。由此可以更深刻地理解为什么科塞一再宣称他的冲突论只是一种"局部的理论"。

无论怎么说,科塞的冲突论是当代西方极有影响的社会学理论。他用历史和当代的大量事实证明,社会冲突不仅是社会的普遍现象,而且具有极其重要的正功能。为了使社会关系不断改善和促进社会稳定,不能忽视对冲突问题的研究。他尖锐地指出,一味地将冲突视作病态和有反功能的社会现象,社会就会忽视对个人需要的关注,就会僵化,就会使怨恨在成员身上积累,从而使社会自身埋藏下巨大的隐患。这样,不但不能避免冲突,反而会招致更严重的冲突。相反,社会对冲突采取宽容的态度,并将解决冲突的方法制度化,这是具有活力的开放的社会结构的标志。科塞的这些观点,是对全世界社会学理论发展的重要贡献。

本章小结

社会冲突理论发端于对功能主义的批判。作为先驱的米尔斯,以韦伯的分层理论为基础,提出了"权力精英论",对美国当代社会的权力结构及其冲突进行了分析,产生了巨大的影响。

德国社会学家达伦多夫抽象地吸取了马克思的阶级和阶级斗争理论,结合韦伯的权威和社会分层理论,构建了以权威关系为基础的辩证冲突论,对当代西方工业社会阶级和阶级斗争进行了分析。

与米尔斯和达伦多夫不同,科塞将他的冲突论全面地建立在齐美尔的社会冲突思想之上。他认为,冲突的根源是多元的,权力、地位和资源的分配不均以及价值观念均可成为冲突的基础。冲突具有多种类型,他着重分析了现实性冲突和非现实性冲突、群体内冲突和群体外冲突、紧密关系中的冲突和意识形态下的冲突,阐明了它们的性质、特征和功能。他关于社会安全阀的分析,也有着重要的实践意义。

第八章 社会批判论

　　社会批判论(Critical Theory of Society)是西方社会学理论发展进程中一个非常重要的理论流派。若论其核心组成部分,也是其思想精髓鲜明显现的阶段表达,当推法兰克福学派(Frankfurt School)的社会批判理论。法兰克福学派之名得自法兰克福社会研究所,这个研究所是 1923 年由霍克海默(Max Horkheimer,1895—1973)等人策划成立的,挂靠于德国法兰克福大学。其主要发展目标是了解社会生活的整体(从经济基础到各种制度乃至思想观念),并避免与现实政治发生关联。第二次世界大战前德国纳粹执政之后,法兰克福社会研究所辗转迁到美国纽约的哥伦比亚大学。第二次世界大战后,应联邦德国政府之邀,又迁回德国。

　　20 世纪 30 年代后期到 40 年代前期,是法兰克福学派学术成果最为丰硕的时期。而在第二次世界大战后,"法兰克福学派"这一名称开始出现,法兰克福学派的影响力也日益彰显,并于 20 世纪 60 年代流行开来,真正发展成为一种社会学的重要思潮,也对哲学、政治学等领域产生了思想冲击,并进一步跳出学术的圈子,在美国和欧洲社会广泛传播。

　　法兰克福学派名家云集,早期主要成员包括霍克海默、阿多诺、马尔库塞、弗洛姆(Erich Fromm,1900—1980)等人。霍克海默创用了"批判理论"一词,奠定了批判理论的基础,勾勒了批判理论的轮廓,为之后的批判理论家提供了讨论的共同基点,设定了共同努力的方向。阿多诺在批判唯科学论和实证主义社会学的过程中提出了"批判的社会学",并由此出发展开了各种批判,其中具有代表性的是对于大众文化的批判。马尔库塞立足于批判的社会学,对哲学、文化、意识形态、社会等展开了激烈而全方位的批判,其中最有影响的是对现代资本主义社会的批判。弗洛姆立足于人本主义的精神分析理论,从人的自由、人的性格、人的生存方式、人的异化等方面集中分析了资本主义社会,主要采取的是一种社会心理学进路的批判。

第一节　思想背景

　　法兰克福学派的社会批判理论是一种广泛综合的思想,特别强调把社会学与哲学、心理学等各门学科相结合,对社会进行综合性的研究。在法兰克福学派的理论家们看来,其时人文科学分裂为彼此分离的学科,难以提供关于资本主义社会的完整图景,他们意图打破这种状况,用交叉学科的方法来探讨重大的社会问题。从其思想渊源和背景来看,法兰克福学派的社会批判理论可谓广采众长、综合统摄。

一、青年马克思的学说

　　法兰克福学派的理论构建同马克思青年时期的思想有着紧密的联系。马克思青年时期醉心于黑格尔哲学,受黑格尔的影响很大,所以,法兰克福学派师法的马克思其实是一种黑格尔式的马克思,或者说是德国观念论笼罩之下的马克思。

马克思青年时期的著作主要是对资本主义社会做一种哲学及道德上的批判。我们知道,黑格尔认为思想对于现实应该具有批判性,这种否定性的思维方式是黑格尔辩证法思想的一个鲜明特色。所谓否定,并非全盘式地否定或弃绝,而是一种有限的否定、具体的否定。马克思将黑格尔的辩证法思想应用到对于资本主义社会的分析上,他谴责资本主义社会的劳资关系是一种剥削的关系,资本主义社会的生产活动已经堕落为一种异化劳动;他指责资本主义的民主、自由只是一种形式上的民主、抽象的自由。这些都显示出资本主义社会崩溃的主观可预见性。马克思的理论是一种社会批判理论,主要目标在于唤起群众的集体行动,引发社会变迁,亦即理论的批判加上革命行动。

法兰克福学派正是经由马克思从黑格尔的辩证法中继承了一种广泛综合的精神,而又从青年马克思学说中继承了一种人道精神以及对资本主义的道德批判。

二、马克思主义的批判思想

尽管法兰克福学派的理论构建接受了马克思的诸多思想,但它更直接地渊源于卢卡奇(George Lukacs,1885—1971)、柯尔施(Karl Korsch,1886—1961)创建的"批判的马克思主义"。卢卡奇强调人的历史地位而反对主客体角色颠倒的思想,关于阶级意识在革命过程中的决定作用的主体性理论,关于整体优于部分的至上性及社会应进行经济、政治、文化、心理等各方面全面改造的总体性理论,关于历史的主体客体相互作用的辩证法思想和批判资本主义的异化、物化理论等,以及柯尔施关于马克思主义哲学是一种"批判的哲学"的观点等,实际上都成为法兰克福学派构筑其理论大厦的基本构件。①

三、多种哲学的"人"之关怀

许多重要的哲学家对于人的主体性、人的现实处境等内容进行过精彩的论述,而这些分析也极大地启发了法兰克福学派的研究。如霍

---

① 欧力同,张伟. 法兰克福学派研究. 重庆:重庆出版社,1990年版,第15页.

克海默早期对康德的思想进行过细致的梳理，康德所倡导的理性和人之主体性给他以深刻的影响，之后他吸取了狄尔泰、伯格森、叔本华、尼采等强调个体性的理论，为法兰克福学派反对个人生存的标准化，关注个人的命运和处境，追求个人的自主性、自发性、创造性、自由和解放这些主题奠定了基调。弗洛姆赋予人的存在以无家可归的孤独感、被抛弃感，从个人存在的矛盾中引出人的生存之不幸与苦难，抗议人的生存与命运的荒诞性，从而在人的主题上与存在主义思潮相呼应。马尔库塞甚至直接继承了其老师海德格尔的个人本位的历史观，认为个人是目的，以至把共产主义当作"一种新形式的个人主义"的实现。[①]

四、弗洛伊德的心理分析

弗洛伊德的心理分析具有强烈的批判性，若用当代法兰克福学派的核心人物哈贝马斯的术语来说，是有着强烈的解放意图。心理分析虽然企图建立一套有效的潜意识规律，并发现一些行为事实，但决不因此而成为一种"规律性的决定论"（lawful determinism）。心理分析更大的价值在于通过帮助病人解脱潜意识因素所造成的情绪困扰，使有关的潜意识规律无法再发生作用。所以，心理分析的一些原则最终并非纯为认知、预测或控制的目的，而是帮助病人摆脱不能自知、无法自主的心理困扰。

法兰克福学派的理论家们以弗洛伊德的精神分析为理论工具，吸收其人性理论、人道主义思想、怀疑和批判的精神以及心理分析的方法，不仅从意识层次，还深入到无意识层次挖掘人的主体性，并试图将弗洛伊德的个体心理分析同马克思的社会经济政治分析进行综合。

五、德国的历史情境与时代问题

除了对传统思想广泛而有效的继承之外，法兰克福学派的社会批判理论起源于 20 世纪初期的德国，其独特的历史情境与时代问题，也深刻地影响到批判理论的风格。

---

① 欧力同，张伟.法兰克福学派研究.重庆：重庆出版社，1990 年版，第 17 页.

首先是科技文明的发展。科学与技术在 20 世纪已经成为一种主要的生产力,更成为现代形式的意识形态,人们震慑于科技的力量,也将重大社会政治决策的权力让渡给科技专家,这就是所谓"科技专家统治"(technocracy)。假科技之名,却行权力垄断之实,科技于是成为社会安排合法化的工具。而之所以会形成科技专家统治的局面,根源于科学的自我误解(self misunderstanding),即认为科学知识是最高级的知识,甚至是唯一合法的知识。科学的这种自我误解也就是一般所谓的"科学主义"(scientism)。这种意识形态严重压抑了人类的解放兴趣,使历史进程不自觉地为科技所控制。

其次是极权主义的兴起。法兰克福学派的成员大多是德国中产阶级的犹太人,第二次世界大战期间亲身经历过法西斯的迫害。他们对法西斯运动所表现的种族主义及极权主义印象深刻。而"科技专家统治"基本上是一种现代形式的极权主义,批判理论家们对此也深为关注。

面对这样的历史情境与时代问题,法兰克福学派的理论家们进行了深入的分析和批判。事实上,他们的社会批判工作一直都针对着科技理性、法西斯主义、官僚社会主义、极权主义、晚期资本主义等危害人类基本价值的历史现象。[①]

第二节　阿多诺的文化批判理论

西奥多·阿多诺(Theodor Wiesengrund Adorno,1903—1969),德国著名社会学家,法兰克福学派第一代的主要代表人物,社会批判理论的理论奠基者。

阿多诺生于德国法兰克福的一个犹太酒商家庭。1921 年入法兰

---

① 黄瑞祺. 社会理论与社会世界. 北京:北京大学出版社,2005 年版,第 25—26 页.

克福大学学习社会学、哲学、心理学和音乐,在此期间结识霍克海默、本雅明等人;1924 年获博士学位;1931 年被法兰克福大学聘为专题讲师。后来,当纳粹德国开始崛起时,他离开德国移居英格兰,执教于牛津大学,不久后侨居美国。1938 至 1941 年,他曾受聘于纽约社会研究所。1941 至 1948 年,他出任普林斯顿·拉杜克社会研究项目课题组组长,开展对权力主义的研究。1948 至 1949 年,他受聘于

西奥多·阿多诺

加州大学伯克利分校,任社会歧视研究项目课题组组长。1949 年,阿多诺返回法兰克福,协助霍克海默重建社会研究所,并任法兰克福大学哲学与社会学教授。1950 年 8 月,阿多诺任法兰克福社会研究所副所长。1958 年,他接替霍克海默任所长。1969 年,阿多诺卒于瑞士菲斯普。

阿多诺一生著述甚丰,涉猎广泛,主要著作有《启蒙辩证法》(1947)、《新音乐哲学》(1949)、《多棱镜:文化批判与社会》(1955)、《否定的辩证法》(1966)、《美学理论》(1970),等等。

一、对实证主义的批判

20 世纪 60 年代,以阿多诺为代表的社会批判理论家和以波普为代表的学者之间就社会研究的方法论问题展开了激烈的争论。在由双方的文章汇编而成的《德国社会学中的实证主义论争》一书中,阿多诺的论文《社会学和经验研究》集中批判了经验社会学。[①] 其主要观点如下。

第一,两种社会学的区分及经验社会学存在的问题。社会学可分为两种类型,第一种类型的社会学研究社会总体及其运动规律,第二种类型的社会学则研究社会个别现象。前者为源于哲学的"辩证的"社会

---

① T. Adorno. Sociology and Empirical Research. D. Frisby (ed.). *The Positivist Dispute in German Sociology*. New York: Heinemann Educational Books Ltd., 1976: pp. 68—86.

学,而后者为"实证的"社会学、经验社会学。经验社会学试图运用对经验现象进行统计分析获得的概念和范畴来概括和说明社会,以揭示社会现象的普遍性,但是社会本身却并不表现出逻辑的同一性,而表现为一个矛盾统一体,经验社会学只是把握了社会的那种确定性、自然性,而忽视了社会的矛盾性,因此,它无法把握社会的整体性。此外,经验社会学努力把自身确立为合法的学科,它只关心证伪、量化、主观意见的可重复性等,其主要危险在于把方法变成脱离于理论和研究对象,反过来对理论和社会进行控制。这种社会学可称为"没有社会的社会学"。

第二,不能将自然科学的模式移植于对社会的研究。阿多诺指出,经验社会学坚持统一的科学观,把人类社会等同于自然界,用自然科学研究自然的方法来研究社会,这是不足的。社会具有与自然不同的性质,研究社会不能像经验主义那样仅仅是对经验材料的收集和整理,当然,在社会研究领域并不完全排斥经验研究方法,但是,只是用经验研究方法研究社会,实际上是把社会看作客体,而实际上社会不仅是客体,它同时也是主体。在对社会的研究中,"唯有洞察现存的反应方式的起源,洞察这些反应方式与所体验事物意义之间的关系,才能使人们辨认所记下的现象"[1]。在对社会的研究中,关键的是要正确处理一般与特殊、间接与直接之间的关系。

第三,排除社会研究中的主观因素和价值因素会走向谬误。经验社会学在研究方法上仿效自然科学,极力推崇客观性,以消灭主观偏见或保持价值中立为基本原则,倡导运用中性语言、不带价值判断地揭示社会现象和社会问题及其普遍规律。但是,在阿多诺看来,社会本质上是以主体为中介的,作为社会客观的研究者,如果他想采用同客体完全相符合的方式来了解客体,就不可能摆脱自己先在的主观性。纯粹的经验事实、社会现象是不存在的,它们都要受到主观因素的建构和制约,同时,研究的结果也渗透着主体的价值评价。因此,社会研究不可

---

[1]　T. Adorno. Sociology and Empirical Research. D. Frisby (ed.). *The Positivist Dispute in German Sociology*. New York: Heinemann Educational Books Ltd. , 1976:p. 75.

能超越研究者的主观价值因素,排除主观性以后剩下的不是真理,而是谬误。

从上述阿多诺所提的基本观点可以看出,他在这里所反对的不仅仅是经验社会学,而是整个唯科学论和实证主义社会学。

二、"批判的社会学"的建立

阿多诺在批判唯科学论和实证主义社会学的基础上,对社会批判理论加以整理完善和详细阐述,赋予批判理论以一种肯定的或建设性的"批判的社会学"的形式。

首先,"批判的社会学"研究的对象是社会总体和各种社会现象之间的联系。"总体性"范畴是阿多诺批判社会学的核心概念。阿多诺认为,现代社会是"对抗性的总体",即矛盾的总体,这是因为总体既是实在的,又是虚假的。社会作为总体具有先在性,每个人都是被社会塑造的社会人,社会对人的这种控制迫使人们把社会作为总体来看待,或者说,社会的强制作用在每个人的心里植下了总体的概念,从这一角度看,总体是现实的东西,因此,要研究社会,必须运用系统的、整体的方法,才能认识社会的全貌;但是,总体是个人之间关系的整合,实际存在的是具体的个人,从这一角度看,总体又是虚假的,是对个人主体批判性、超越性、自主性的否定,妨碍了人们认识现实社会。显然,阿多诺的总体是以批判的面目出现的,这种批判一是指向实证主义社会学把社会看成无矛盾的总体,二是展示总体与个体的对抗与冲突,帮助个体反抗总体的暴政,抵制资本主义的物化社会,使社会成为健全的社会,使人成为健全的人。"批判的社会学"在研究社会时,既重视总体的研究,又关注总体中的个体,从这一点来看,也可称其为"辩证的社会学"。

其次,"批判的社会学"主张运用理论思辨的辩证方法。实证主义社会学使方法超越于理论、对象或主题之上,重视量化或形式化方法的作用。批判社会学则需要构建一种洞察社会总体的方法,这就是否定辩证法。所谓否定辩证法,是从传统辩证法的对立面提出的。传统的辩证法重视概念、总体、一般性,它把辩证法作为方法来理解,认为矛盾双方存在着既对立又统一的关系,认为否定的否定是肯定;而否定的辩证法关注非概念、个体、特殊的东西，它不把辩证法当作方法来理解，而是将其看成理性批判的媒介、表达矛盾的方式。实证主义社会学运用传统的辩证法在思维中消灭矛盾，而批判的社会学在矛盾中思维，它要揭示出对象中的矛盾，揭示出个别中的一般、现象背后的本质。在社会研究中，规律、范畴的产生，正是否定辩证法理论思辨的结果。理论思辨是认识社会的不可缺少的重要方法。

再次，"批判的社会学"是对社会现状进行全面批判的一种思想武器。法兰克福学派对当代发达资本主义社会进行了全面批判：技术理性的批判、大众文化的批判、意识形态的批判、大众心理的批判等，揭露社会的不公及黑暗，其目的是唤起民众的抗争意识，为建设公正合理的社会而努力，最终使社会成为符合人性、适宜人生存的社会。作为法兰克福学派的重要代表人物，阿多诺依然秉承着该学派的战斗精神，他认为当代资本主义社会是物化的社会、全面异化的社会，他声称"批判的社会学"是为人类的自由和解放服务的，因此，它不仅是一种知识，更是一种锐利的思想武器。

最后，"批判的社会学"强调社会研究的综合性。他认为，实证主义社会学是片面性的学科，它与资本主义发达的分工相呼应，将科学与非科学、哲学与具体科学、科学与艺术割裂开来。对此，阿多诺强调"批判的社会学"是一门整合各学科的交叉学科，它将把科学与非科学、哲学与具体科学、科学与艺术等统一起来，因此，"批判的社会学"是包罗众多学科的学科，力求成为宏观社会学理论或社会哲学。

三、资本主义大众文化批判

阿多诺从其"批判的社会学"出发，展开了多种多样的批判，而其中对于资本主义大众文化所进行的批判尤具代表性。

（1）文化工业的图式化运作

在 20 世纪 30 年代后期的西方社会，娱乐工业的出现、大众传播媒介的迅速成长、纳粹及其他极权国家对文化的野蛮操纵、美国电影业和录音工业在世界传媒中地位的日益显赫……这一切使得人们开始日益关注大众文化或文化工业问题。阿多诺也敏锐地关注到了这一主题，其作品《文化工业:作为欺骗群众的启蒙》(1947)被奉为研究当代大众文化的开山之作。大众文化(mass culture)与文化工业(culture industry)意义相近,为什么阿多诺用"文化工业"代替"大众文化"呢? 在他看来,大众文化容易给人造成假象,使人误认为是大众的文化、人民的文化,而他的目的在于说明自己所研究的对象不是那种自发地从大众那里生发出来的文化,也不是当代流行文化形式,而是或多或少按照计划而生产出来的文化产品。这种产品是为大众消费"度身定做"的,并在很大程度上决定着消费的性质。

在阿多诺看来,"文化工业"的主要作用在于它取消了人们对任何可能替代当前社会现状的方案的思考。而图式化(schematization)则是确保文化工业成功操纵消费者的重要策略。在阿多诺的解读中,图式乃是对有待征服的自然所做的预先准备,理性构成了算计的审判法庭,它按照自我保护的目的来调整世界,只知道从感性材料中预先准备客体,以便征服它们。图式的真正本性,最终在当代科学中显现为工业社会的利益。文化工业通过图式化运作,力图限制消费者思考,鼓励他们不假思索地遵照媒体所提供的方式去理解自己的体验,从而敦促消费者顺从当前流行的行为标准,以确保人类行为始终维持在社会可接受的范围内。对阿多诺来说,抵抗这一统治,就是要去思想,即去反对文化工业麻醉思想,继续在思考中体验文化工业带来的苦难。

(2)商品拜物教:文化工业的意识形态

"文化工业的各个分支在结构上是相似的,或多或少能彼此适应,它们将自己组合成了一个天衣无缝的系统。这局面之所以能够成为可能,是因为当代技术的力量以及经济与行政上的集中。文化工业别有用心地自上而下整合它的消费者,它把分离了数千年的高雅艺术与低价艺术的领域强行聚合在一块儿,结果使双方都深受其害。"①

在这段文字中,"经济与行政上的集中"就是指垄断资本主义,也是阿多诺所谓的晚期资本主义社会(late capitalist society)的主要特征。

①　T. Adorno. *The Culture Industry: Selected Essays on Mass Culture*, J. M. Bernstein (ed.), London: Routledge, 1991: p. 85.

在晚期资本主义阶段,统治的结构与之前相比已发生明显变化。如果说以往的统治是一种硬性统治甚至是血腥统治,那么进入晚期资本主义阶段后,统治的策略与技巧都发生了变化:所有一切都是以令消费者满意的名义出现的。统治的巨大身影隐藏在了温情脉脉的面纱之后,给人造成统治业已消失或消亡的错觉。而这种运作之所以成为可能,商品的力量与资本的逻辑在其中起了关键的作用。而当商品与资本渗透到文化中以后,文化也发生了变形,原来的文化格局不复存在。阿多诺认为,文化工业作为凭借现代科技手段大规模复制、传播大众文化产品的娱乐工业体系,广泛地产生于发达工业社会。文化工业的兴起表明,在现代资本主义商品制度下,文化艺术已同工商业融为一体了。文化产品的生产与消费为价值规律所统摄,纳入了市场交换的轨道,交换价值与利润动机是其经济层面的决定性因素。

阿多诺以流行音乐为例剖析了这一现象。他指出,包括爵士乐在内的流行音乐受市场引导,其创作者关心的不是艺术的审美价值,而是上座率与经济效益。他们一味迎合顾客的需要,成为消费者的奴隶。阿多诺将流行音乐的这种社会性质称为"音乐拜物教"。本来商品价值是使用价值与交换价值的结合,可是当流行音乐作品为了追求交换价值而大批量生产时,人们对音乐的崇拜就已异化为对音乐所取得的交换价值的崇拜。"在十足的资本主义社会中,文化商品必须保持纯粹使用价值的幻想,势必被纯粹交换价值所取代。……音乐的特殊的偶像崇拜特性就在于这种替代物。"[1]总之,大众文化的兴起使艺术家沦为资本家赚钱的工具,并且表明资本对人的统治已渗透到劳动者的闲暇时间。

阿多诺曾说过:"大众媒介……它存在的只是一个使大众自我膨胀的精神的问题,一个他们的主人的声音的问题。"[2]大众的主人是谁?显然就是掌握着政治权力、控制着经济机构的统治阶级。也就是说,大

---

① 阿多诺.音乐的偶像崇拜特性和听力的退化.转引自:欧力同、张伟.法兰克福学派研究.重庆:重庆出版社,1990 年版,第 288 页.

② T. Adorno. *The Culture Industry:Selected Essays on Mass Culture*, J. M. Bernstein(ed.), London:Routledge, 1991:pp. 85-86.

众媒介并不为大众着想,而只为统治者负责。而每一次技术力量的加强,伴随着技术革命而出现的每一种新的媒介,都意味着统治阶级有了控制大众的更精良的武器,也意味着统治的意识形态有了更好的传声筒。于是,在阿多诺那里,大众媒介成了承载并传播意识形态的工具,或更确切地说,只有通过大众媒介,文化工业自上而下的整合才算真正落到了实处。至此,我们发现:当文化工业的商品拜物教内涵与统治阶级的意识形态形成一种唇齿相依的复杂关系时,就意味着一种政治经济学意义上的文化工业机制初具规模,利用文化工业对消费者进行整合的"意识形态国家机器"已经开动。

(3)文化工业对消费者心理的操纵

文化工业在造成标准化和同一化的同时,文化产品又通过使用不同的商标或提高表面的差异如包装等来创造独特性或新颖性的假象,这就是文化工业的伪个性化。文化产品的伪个性化的目的在于确保其资本主义市场上的商业成功,确保图式化能够有效地管理人们的需求与思维。然而,文化产品要进行有效的图式化运作,光靠伪个性化是不够的,它还取决于对消费者的心理影响。阿多诺依据弗洛伊德的本我、自我、超我的三重人格结构理论创造性地提出,在晚期资本主义社会,文化工业实际上占领了人们的超我,它通过迎合本我的需要有效地削弱了自我的抵抗能力,取得了全面统治的效果。

按阿多诺的理解,在自由资本主义阶段,由于家庭中父亲拥有一定程度的经济自主权,因此他能够起到规范制定者的作用。父亲的价值和规范在反映他本人的经济利益的同时,被他的孩子所内摄或内化为其超我。父亲所拥有的经济权力要求孩子们尊重父亲,同时也激励孩子们反叛父亲代表的现实原则。父亲既是仿效的对象,也是反叛的对象。因此,这里潜存着一种抵抗社会规范的因素。然而,随着市场经济的变化,到 19 世纪末 20 世纪初,社会化力量取代了父亲和家庭而在个体的发展中起着枢纽的作用。就是说,在晚期资本主义社会,父亲经济上的无能使他不再具有以前的地位,他的孩子们既不再将他的价值内摄,也不再与之较量;具有经济地位与社会地位的文化工业替代了父亲而成了超我,它没有遭遇抵抗就成功地整合了个体,并成为社会舆论。

因此,在新的"无父"的社会里,真正的问题在于,潜在的抵抗力量已经瘫痪了。

与遭受文化工业侵蚀的超我相关的是自恋性的自我(narcissist ego)。在阿多诺看来,自恋性的自我在晚期资本主义社会十分普遍。在自恋的个体中,自我缺乏理性的自制力和独立的决策能力。由于自主性的缺失,加上现代大众文化的无孔不入,以及家庭在社会化中主要地位的日趋丧失,自我的行为已经成为"自动化的反应",而个人抵抗力量也日益遭到削弱,从而为文化工业诉诸人类情感、满足人类需要提供了肥沃的土壤。在人格结构中,自我的作用在于遵照超我的命令压制本我,但阿多诺认为它已朝着弗洛伊德"据说的自我"(力比多)的方向退化了许多,以至于它的压抑作用已经被破坏了。由于促使自我意识到本我意识中的无意识的工作被阻断,个体的"原初的、未分化的无意识愉快地与外在的有组织的标准携手合作",就是说,本我已经和文化工业、社会力量所代表的超我联合行动了,政治领导人、鼓动家和文化工业现在无须借助公开的操纵和控制,他们已经控制了本能,强化了超我的内摄运作。与此同时,自恋性自我已经如此脆弱,以至于当它面临前两者的联手时,无法形成有效的抵抗。

晚期资本主义时期文化工业所代表的超我与本我的结合,最常见的形式就是提供各种文化产品,极力满足消费者的欲望,文化工业的目的在于为消费者提供快感,也即在文化工业那里,文化成为娱乐,娱乐本身成了人们的理想,娱乐再造了幸福感,压制了反思。它许诺人们能从烦恼中解放出来,然而并不提供现实的解放,相反,它只是将人们从思考和否定中"解放"出来。

(4)艺术对文化工业的抵抗

商品化、标准化、强制化的大众文化主宰着现代文化工业社会,阻碍着人们正确认识自己的生存处境和实际利益,那么如何解决这样的文化困境呢?

阿多诺认为艺术是对这个管理化世界的否定的潜在源泉,他有一个重要命题:"艺术对于社会是社会的'反题'","艺术在现存社会中成了'反艺术'"。艺术的真理只有通过"拒绝对社会的认同"才能体现出来。他说:"艺术是对现实世界的否定的认识。"艺术作品只有体现一种否定的立场才能回到它原来的位置,艺术不仅是模仿、复制、反映世界,更重要的是批判、占有世界,揭示现实的矛盾。艺术的意义只在于对现实世界的否定与批判。为此,他坚持认为真正的艺术必须拒绝逢迎现存社会的规范,不使自己具备"对社会有益"的品格,艺术应对现存社会具有一种否定、颠覆的能力。艺术作品要想在极端黑暗的条件下求得生存,反艺术就必须把异化的现实予以内在化,然后以否定的形式呈现出来。关于这种观点,阿多诺做了一个形象的比喻:如同黑暗的艺术一样,反艺术的背景颜色是黑色的。或许,在黑暗的背景下,只有黑色的艺术,才能保持对艺术的真诚。从表面上看,艺术社会性的这两个层面是矛盾的:既要坚持站在社会的对立面,又要把自身同化到异化的现实之中。但是,按照否定的辩证法,它是合乎逻辑的,艺术只有通过真实地表现这个世界,才能真正地批判这个世界。由于这是一个令人窒息的、不人道的世界,因此,艺术要保持对自身的真诚,就必须首先否定自身,以否定的形式来达到否定异化世界的目的。在这一意义上,反艺术以自我否定的形式颠覆了同一性。

同时,艺术还应具有乌托邦的功能,"在它拒绝社会的同一程度上反映社会并且是历史性的,它代表着个人主体性回避可能粉碎它的历史力量的最后避难所"①。

艺术的"否定"和"乌托邦"功能,犹如一枚钱币的两面,艺术是"一种救赎"。在阿多诺看来,现代工业社会是一个人格分裂、人格丧失的社会。人类变成非人,这是现代社会走向野蛮的标志,也是现代社会日益丧失真实内容和意义的原因。面对这样一个社会,人类急需一种精神性的补偿来消除绝望、拯救心灵、拯救现实。阿多诺认为,唯有艺术才能满足人类的这种需要。在他看来,艺术在异化现实面前,使自己处于拯救状态。艺术能把人们在现实中所丧失的希望、所异化的人性,重新展现在人们面前,在批判现实的同时给人以希望。在这一意义上,艺

---

① 阿多诺.论抒情作品与社会.转引自:弗雷德里克·詹姆逊.马克思主义与形式.李自修译.南昌:百花洲文艺出版社,1995年版,第27页.

术就是对被挤掉了的幸福的展示。阿多诺具体阐述了如何利用艺术的功能为人类解放服务。他着重强调了两点：一是充分展开艺术想象的翅膀，无限地否定现实，认识到现实生活中的不合理和面目可憎。这就是说，只要在现实生活中矛盾还没有得到合理的解决，就应该让艺术带领人们到空想的未来。二是充分展现艺术批判的功能。他不仅在艺术与社会交互作用的意义上突出艺术的反作用，而且把艺术的反作用解释为对社会进行批判。他认为，艺术始终都是人类反对各种政体和制度的抗议力量。人们应时刻握紧艺术这一批判现存社会的武器。在各种艺术品中，阿多诺特别推崇音乐，推崇音乐的救世主义。当然，这种音乐并不是指在现代具有文化工业特征的音乐消费实践中的那种日益衰落的音乐。他认为，真正的音乐正在成为对现实中"个性泯灭"最强烈的抗议，成为与受损个性的最密切的对话。真正的音乐能够以其固有的特征间接地挽回人在现实中失去的希望，从而能起到拯救绝望的作用。他说，现代音乐的语言具有双重意义：既表现了现实被异化的烦恼，又显现了超验的现实背后的形象。

第三节　马尔库塞的社会批判理论

赫伯特·马尔库塞（Herbert Marcuse，1898—1979），美国德裔社会学家，法兰克福学派主要代表人物之一。

马尔库塞出生于柏林一个资产阶级犹太人家庭。1917 至 1919 年间他曾参加德国社会民主党左翼，后完全退出政治活动。他于1922 年获弗莱堡大学哲学博士学位，1933 年进入法兰克福社会研究所。1940 年他加入美国籍，起先服务于美国战略情报处，1951 年退休。1952 年他开始作为政治理论家，先后到

赫伯特·马尔库塞

哥伦比亚大学、哈佛大学和布兰代斯大学授课,1964 年担任加州大学
洛杉矶分校教授,1965 年任柏林自由大学教授。1979 年病逝于德国施
塔恩贝格。马尔库塞的思想深受黑格尔、胡塞尔、海德格尔和弗洛伊德
的影响,同时也受马克思早期著作的很大影响。早年试图对马克思主
义做一种黑格尔主义的解释,并以此猛烈抨击实证主义倾向。从 20 世
纪 50 年代开始,主要从事对当代资本主义的分析和揭露,主张把弗洛
伊德主义和马克思主义结合起来。

马尔库塞一生著述颇丰,从 1922 年他作为博士学位论文提交的第
一篇论文《论德国艺术小说》起,到 1979 年逝世前出版的《无产阶级的
物化》,共出版论著、论文、论集、谈话录近百种之多,其中影响较大的
有:《黑格尔本体论与历史性理论的基础》(1932)、《理性与革命:黑格尔
和社会理论的兴起》(1941)、《爱欲与文明:对弗洛伊德思想的哲学探
讨》(1955)、《单向度的人:发达工业社会意识形态研究》(1964)、《论解
放》(1969)、《审美之维》(1978),等等。

一、对实证主义的批判

马尔库塞与阿多诺一样,也是在对实证主义社会学的批判中建立
起自己的批判社会学的。与阿多诺相比,他的批判更加尖锐、系统。从
他早期的《理性与革命》一直到晚期的《单向度的人》,一直都贯穿着对
实证主义的批判。总结起来,他对实证主义的批判主要围绕以下四个
方面展开。

第一,批判实证主义的经验主义倾向。马尔库塞首先反对的是实
证主义对经济事实可靠性的信赖和对理论客观性的追求。他强调,在
知识的所有领域中,除了逻辑的和经验的规律外,还要有理性的作用,
但支配理性的原则显然不是经验和逻辑所能说明的,实证主义由于用
证实性原则衡量一切事物,而把理性的原则排除于哲学之外,这就取消
了哲学的批判功能。

第二,批判实证主义的科学主义倾向。马尔库塞对实证主义的科
学主义倾向的批判主要表现在两个方面。其一,他反对实证主义"拒斥
形而上学"的主张。他强调,形而上学比科学对实在的理解更深刻,形

而上学是"人们对他所得到的评价和体验不满意的一个宣言"。生活在资本主义社会中的那些被异化的人们，从其经验出发，只是感到自己的微不足道而已；但借助于形而上学，他们则可以获得安慰。其二，他反对实证主义把科学视为知识的唯一可能形式的主张。他认为，实证主义突出科学的作用，必然造成对作为主体的人的忽视。

第三，批判实证主义的顺从主义倾向。"肯定性的思维方式""顺从主义"等就是马尔库塞从社会作用的角度给实证主义下的结论。他强调必须揭露实证主义标榜"中立"的伪装，认为实证主义实际上是简单地肯定社会世界的现存形态，并且证实了这个现存形式是经过"科学验证"的事实的总和，是"科学地确定下来的"实际。马尔库塞还从黑格尔哲学中借用了"肯定"这一术语，论证实证主义是一种顺从现实、维护现实的思考方式。他以日常语言哲学为例来说明实证主义的这一弊病。在他看来，日常语言哲学以治疗为名，排除了思想领域中的"否定"因素，日常语言哲学维护语言的日常用法，即是维护既定的事实。

第四，批判实证主义的反人道主义倾向。马尔库塞上述三个方面对实证主义的批判，包含着深刻的人道主义动机。他对实证主义的批判可以归结为一点，即批判其反人道主义。在他看来，给人以规范性指导的理论并不基于人的经验事实，而依赖于对人的主体价值的充分信念，实证主义的最大弊端是忽视人的主体性。

二、单向度的社会：资本主义工业社会总体批判

与实证主义思维相联系，当代工业社会是仅存肯定因素或保守因素的单向度（one dimension）社会，是病态的社会、罪恶的社会，它动用先进的科学技术，制造和操纵了社会物质的一切过程，与此同时，人们的心理、意识、思维也被操纵了，这个社会成功地压抑了人们内心的否定性、批判性和超越性的向度，使社会成了单向度的社会；而生活在这个社会中的人丧失了批判性、超越性的能力，成了单向度的人。因此必须揭穿单向度社会的各种压抑性因素，用辩证的否定思维取代消极顺应的实证主义思维，开展新的社会革命。马尔库塞通过对工业社会各个层面的批判和对未来革命的展望展开了他的分析。

（一）新极权主义的全面控制

马尔库塞分析了当代工业社会在政治、经济、社会结构、文化艺术、语言文字等方面的同化与整合趋势，认为技术理性与政治理性结合成社会控制的新形式，政治领域和信息传递领域都处于封闭之中，批判的不幸意识被保守的幸福意识所取代，甚至连人的本能也仅仅存在肯定的顺应性，社会任何领域中的全部否定因素都被取消了，社会变成了一个没有反抗意识的被压抑的社会。马尔库塞认为，技术理性与政治理性的统一是当代先进工业社会统治的最基本特征。现代科学技术在工业生产上的广泛应用，迅速提高了社会生产力，这一方面为社会创造了巨大的物质财富，极大地改善了社会成员的物质生活水平，但同时也全面而深刻地加强了社会控制，导致了空前的极权主义统治。这种新极权主义深深地体现于社会生活的政治、文化、交流和思想等许多领域。

（二）政治领域中同化的显现

在政治领域，马尔库塞揭示了新极权主义对社会变革因素的遏制。这种遏制的突出表现是劳动阶级与发达工业社会的同化，即无产阶级和劳动群众放弃了对资本主义社会的反抗，站到与资本主义社会相同的立场，成为资本主义社会的肯定因素。

造成同化的原因有以下四点。

第一，"机械化不断地降低着在劳动中所耗费的体力的数量和强度"[①]。马克思所说的在艰苦的条件下从事繁重的体力劳动、受到残酷剥削的无产阶级已经不复存在，劳动者的处境有了极大的改善。

第二，"在重要的工业机构里，'蓝领'工作队伍朝着与'白领'成分有关的方向转化；非生产性工人的数量增加"[②]。这意味着科学技术的发展导致了社会结构的变化。蓝领工人从事简单的劳动，有相对的"职业自主权"，对社会有反抗的自主能力；白领工人是自动化生产的产物，他们只有依附于现代技术装备才能工作，所以，他们丧失了"职业自主权"，他们缺乏对社会控制的反抗性。因此，蓝领工人的减少、白领工人

---

① 马尔库塞. 单向度的人. 刘继译. 上海：上海译文出版社，2008 年版，第 21 页.

② 马尔库塞. 单向度的人. 刘继译. 上海：上海译文出版社，2008 年版，第 24 页.

的增加,削弱了劳动队伍对社会控制的反抗。

第三,"劳动特点和生产工具的这些变化改变了劳动者的态度和意识"①。自动化装备减轻了劳动强度,改变了体力劳动方式,而且劳动者在企业的发展中获得更多利益,劳动者把自己的利益和企业的利益统一起来,因此,劳资关系成为在利益一致基础上的关系。

第四,"新的技术工作世界因而强行削弱了工人阶级的否定地位:工人阶级似乎不再与已确立的社会相矛盾"②。劳资关系的和解导致工人阶级与整体社会控制的妥协。

正是基于这些原因,先进工业社会中无产阶级和劳动群众与资本主义世界同化了,他们成为资本主义统治的拥护者而不是反抗者。这样,新极权控制就从社会的内在矛盾上消除了它的否定方面,社会变革因素在根本上被遏制了。而在低度发展国家向工业化发展的过程中,这种对社会变革因素的遏制会更加强烈。

(三)文化领域中不幸意识的消解

在文化领域中,马尔库塞揭示了极权专制对反抗社会压抑的不幸意识的征服。马尔库塞认为,新极权统治对社会文化的控制直接表现为高层文化被现实排斥。高层文化是赞美人道主义、自主性人格及浪漫爱情的文化,是资产阶级启蒙时代代表着进步方向、超越不合理现实的文化,因此,高层文化是具有否定性的文化。随着技术理性与政治理性联合起来对社会进行极权统治,这种否定性文化难免被清除的命运,否则,它们将与现存社会相对应,形成对现有秩序的威胁。

在马尔库塞看来,艺术的遭遇代表了高层文化的命运。艺术和现实的分化本来是艺术的本质,"艺术异化是对异化的存在的有意识超越,是'更高层次的'或间接的异化"③。这也就是说,现存社会是异化的社会,艺术要完成对异化社会的超越,就只有以同异化现实相对立的形式表现自己。艺术的不幸意识来自对现存世界的悲观,当艺术表达

①　马尔库塞.单向度的人.刘继译.上海:上海译文出版社,2008年版,第26页.
②　马尔库塞.单向度的人.刘继译.上海:上海译文出版社,2008年版,第27页.
③　马尔库塞.单向度的人.刘继译.上海:上海译文出版社,2008年版,第49页.

脱离现存的支离破碎的世界中的各种罪恶时,它只有以悲惨的形式表现人生的真实面目,才能以自身的不幸意识唤起生活于困苦之中的个体的忧患,爆发反抗现存秩序压迫的斗争。所以艺术的不幸意识是一种对现有秩序有直接威胁的对立因素,新极权统治以艺术的商品化消除了艺术中的不幸意识。

艺术的商品化使艺术从与现实对立的高层降入与现实合流的低层,艺术不再是不合理社会的否定因素,而是现实罪恶的肯定因素。艺术失去了理想的超越性,作为能与其他商品相交换的商品,它恭维着压迫,赞扬着剥削,艺术的意识不再是不幸意识,而成了一种肯定罪恶现实的"幸福意识"。

(四)交流领域中语言的操作工具化

在交流领域,马尔库塞深入批判了极权社会把语言僵化为操作性的管理工具。在他看来,语言作为社会交往的媒介,具有认识事物、评价对象、思考真理、否定邪恶的功能,而极权社会为了维护自身稳定,通过社会宣传、官方认同等途径,把语言的批判性思维功能弱化,使语言仅仅成为社会控制的操作性工具。"社会宣传机构塑造了单向度行为表达自身的交流领域。该领域的语言是同一性和一致性的证明,是有步骤地鼓励肯定性思考和行动的证明,是步调一致地攻击超越性批判观念的证明。"[①]

马尔库塞说明了语言被僵化为控制社会操作工具的几个特征。第一是功能化特征。语言的功能化就是在语言指称事物时,片面强调事物的功用和操作方法。而语言作为思想的工具,除此之外,还应当揭示事物的本质和价值。第二是仪式化特征。所谓仪式化是抽出语言的具体内容,把一些语词仅仅作为形式利用。这一现象在官方语言中表现得尤为突出。而语言一旦与它的特殊内容相分离,它便同社会现实相脱离,它不接触社会现实,也就不表达现实的矛盾。第三是封闭化特征。所谓封闭化是指"名词以一种专横的、极权主义的方式统治着句子,句子则变成为一个有待接受的陈述——它拒绝对其被编纂和断言

---

① 马尔库塞. 单向度的人. 刘继译. 上海:上海译文出版社,2008 年版,第 69 页.

的意义进行证明、限制和否定"①。封闭化与仪式化联系在一起,它们都是官方宣传的工具,并被推行到公众舆论中。由于封闭性语言一经陈述就必须被认可,而无须解释和证明,更不能被否定,所以,它只能导致思想禁锢和行为管制。第四是形象化特征。形象化语言是单纯强调直接具体性而非间接抽象性的语言,因为它附着于那些显现于人的可见的具体事物,排除同类事物的共同特性的概括,所以,它不能通过现象把握事物的本质。因此,形象化语言是限制人们超越具体事物直接性的语言,是取消批判性思维的语言。

(五)思想领域中单向度哲学思想的盛行

在思想领域,语言分析哲学流行。语言分析哲学注重逻辑分析,认为现时代哲学的任务在于对具体科学的概念、命题和方法进行逻辑分析,要拒斥无意义的形而上学思辨;同时,它崇尚科学方法,认为实证的自然科学研究方法是超越了社会特殊利益集团的主观目的、价值追求和政治控制的纯客观性方法,应当用定量分析、客观分析、中立原则的科学方法取代形而上学思辨。

马尔库塞认为,正是语言分析哲学的这些特征使它丧失了哲学思想的双向度性质,成为当代工业社会实行极权控制的工具。双向度的思想讲求在各种对立统一的辩证关系中把握对象,而语言分析哲学之所以成为单向度的思想,恰恰在于它排除了主体的价值评价、情感体验、利益追求以及主体的实践内容,偏执于排斥主体性因素的逻辑分析和科学方法。

总之,发达资本主义工业社会是一个单向度的社会,是一个极权主义的社会,而且是一个新型的极权主义社会,皆因造成它的极权主义性质的主要不是恐怖和暴力,而是技术的进步。由于技术进步的作用,发达资本主义工业社会虽是一个不自由的社会,但却是一个令人舒服的不自由社会;它虽是一个更有效地控制着人的极权主义社会,但却是一个使人怡然自得的极权主义社会。在马尔库塞看来,要从这一社会中解放出来,前景是非常黯淡的。由于人们批判的、否定的、超越性的和

---

① 马尔库塞.单向度的人.刘继译.上海:上海译文出版社,2008年版,第71页.

创造性的内心向度的丧失,人们似乎根本不会提出或想到要提出什么抗议。最有希望提出抗议的,是青年学生、持不同政见的知识分子、无业游民、其他种族的受迫害者、失业者等,他们最少受到这一社会一体化趋势的影响,也最少能够分享到制度的好处,因而可能还存有一定的批判性、否定性的向度。

三、对"消费异化"的批判

在对资本主义工业社会总体批判的基础上,马尔库塞对于很多问题进行过深刻的分析和讨论。下面我们仅围绕"消费异化"这一马尔库塞曾重点论述的主题,来做一些介绍。

(一)消费异化的特点和表现

马尔库塞认为,第二次世界大战后资本主义发展出现了一个新的变化,异化已经侵入了消费领域,出现了消费异化,即:消费本来是满足人们生存需要的手段,但在工业发达社会中,消费的这一功能却被赋予了另外的意义,它成为人们补偿劳动失去自由的手段,是人们回避现实的艰辛和不幸的避难所;统治阶级对人们的消费进行操纵和控制,使消费成为新的社会控制的手段。在发达工业社会中消费异化主要表现在以下几方面。

第一,消费成为人们生活的目的。在正常的社会条件下,消费是一个社会经济活动的组成部分,也是人们赖以存在和发展的前提。消费的原本意义是通过对人生存需求的满足而促进人不断获得自由和发展,是达到幸福的手段。但在工业发达的资本主义国家中,人与商品的关系却完全颠倒了,消费背离了其原本意义,消费成为人生的唯一目的,商品不是为了满足人的需要而生产、而存在,而是人为了商品被消费而存在,人生的意义和价值通过商品消费得以确证,从而导致人只有在商品中才能寻找到自我、证明自我。"人们似乎是为商品而生活。小轿车、高清晰度的传真装置、错层式家庭住宅以及厨房设备成为人们生活的灵魂。"①

---

① 马尔库塞.单向度的人.刘继译.上海:上海译文出版社,2008年版,第9页.

　　第二,消费需求一体化,抹杀个人的真实需求。工业发达社会的消费,其控制的方式更加隐蔽,马尔库塞将这种新的控制称为当代资本主义社会一体化现象。马尔库塞认为,人的本质是爱欲,追求物质享受并不是人的本质特征。但是,在当代发达工业社会中,人们却把物质需求作为自己的最基本的需求,这种不属于人的本质需要的需求是"虚假需求",是这个社会强加给人的。"'虚假的'需求指那些在个人的压抑中由特殊的社会利益强加给个人的需求:这些需求使艰辛、侵略、不幸和不公平长期存在下去。……最流行的需求包括,按照广告来放松、娱乐、行动和消费,爱或恨别人爱或恨的东西,这些都是虚假的需求。"①马尔库塞认为,一旦把这种"虚假的需求"强加给个人,就会出现个人与社会制度的一体化现象。这种一体化首先是需求的一体化,而需求的一体化又必然带来利益的一体化:个人把社会的需求变成自己的需求后,必然会把自己的利益和前途与社会的利益和前途联系起来,这时统治阶级似乎不是在维护特权阶级的利益,而是在维护全体人民的利益。

　　第三,在消费中获得的自由是虚假的自由。在发达资本主义社会中,由于科学技术水平的提高,生产的智能化程度也相应地获得了大幅度的提高。然而,生产的高度智能化并没有使人们在工作中获得乐趣,严格而精细的社会分工,把人们牢固地固定在生产线上,人们好像是生产过程中的一个零部件,按照自动化体系的要求不断反复地去做同一个动作,这样的劳动对人们来说是被动、枯燥和乏味的。另外,由于劳动技术性的增强,劳动越来越从体力的变成脑力的。表面上看,劳动时间在缩短,实际上这种劳动占用的是人的整体生命,它不是消遣性的活动。所以,当代工业发达的资本主义社会中劳动是不自由的,于是人追求自由的本性促使人把注意力转向消费领域,试图通过自由地购买商品使自己在劳动中的不自由得以消除或者获得补偿。因此,消费给予人们自由和快乐的感受,消费成为人们逃避现实的有力手段。但是,人们的消费并不是个性化的消费,不是满足人的真实需求的消费,而是按照厂商的设计与意图、广告商的诱导来进行的消费,是"强迫性的消费"

---

　　① 马尔库塞.单向度的人.刘继译.上海:上海译文出版社,2008 年版,第 6 页.

或"受操纵的消费"。因此，人们的消费如同在劳动领域中一样，并未获得自由。"如果广泛多样化的商品和服务维持着社会对艰难困苦和担惊受怕的生活的控制——即，如果他们维持着异化——那么在这些商品和服务之间进行自由选择并不意味着自由。"①

第四，文化的商品性和商品的文化性成为发达资本主义国家的消费特征。一方面，文化变成了商品，文化、艺术可以像商品那样被当作消费对象。文化工业按照固定的程序和标准大规模地复制各种文化产品，将人的创造性活动转化为技术合成和制作，把文化及艺术包装成商品，作为纯粹审美消费的实物提供给人们，从而导致了文化的市场化。这种文化关心的不是文化、艺术的审美、批判、人文关怀的功能，而是把为人们提供娱乐和消遣作为自己存在的宗旨。为了获得公众的认同，这种文化变得日益媚俗化，其主要内容是描写金钱、交易、色情和暴力，满足人对感官刺激的需求和猎奇心理，它所包含的思想是推崇占有物质和商品是人生的唯一追求和价值体现，而不是超越地、批判地对待生活。马尔库塞把这种文化称为"肯定文化"，这种文化使人们对现实社会顺从和肯定，为发达资本主义社会的稳定提供了大量的"社会水泥"。另一方面，商品演绎成文化，为了增强满足感和体现身份与参与意识，一切商品消费者都可以冠以文化的名称，文化成为商品消费的花瓶；在消费过程中，人们更看重的是消费品对文化、身份、地位与品位的象征意义，消费被赋予意义和价值。以上这些造成了文化和商品的错位，商业中心成为文化中心，掩盖了人们对商品的强烈欲望。

(二)消费异化的危害

消费异化是一种物化的文化形态，具有意识形态的政治统治功能，它导致了商品拜物教和奢侈浪费的社会风气，导致人们的精神危机、生态危机，具有极大的危害性。

第一，消费异化导致人的精神危机。科学的、合理的、个性化的消费活动，能够使个人发挥自己的潜能和专长，然而在消费异化的状态下，在扭曲的消费信念的引导下，人们混淆了基本需要和真正需要，把

---

① 马尔库塞.单向度的人.刘继译.上海:上海译文出版社,2008年版,第8页.

追求物质享受作为自己的最高需求,忽视了自己精神方面的追求,这必将导致人性的异化,使人与自我相隔离。过度地追求物质财富和消费享乐,不仅不能使人幸福和快乐,反而使人陷入萎靡不振的精神痛苦之中。只有自我实现才能最大限度地满足个人和社会的需要,个人的潜能实现得越多,社会的物质财富和精神财富就越丰富,个人也越会感到自由和幸福。

第二,消费异化淡化了工人阶级的革命意志,使工人阶级忘记了自己的历史使命。马尔库塞指出:"先前那些资本主义阶段的无产者的确是在劳役重压下的牺畜,当他生活于肮脏和贫困中时,他只得依靠身体的劳动来获取生活的必需品和奢侈品。因而他是对他那社会的活的否定。与此相反,技术社会发达地区的有组织的工人都过着明显缺乏否定性的生活。"①在发达资本主义社会,由于社会不断地提供大量的消费品,使工人可以过上富裕、体面的生活,工人产生了对资本主义社会肯定和认同的态度,而不是否定和批判的态度。这表明,在发达的资本主义社会里,工人阶级同整个资本主义制度一体化了,工人阶级同资本家一体化了,工人阶级丧失了革命目标。

第三,消费异化执行意识形态功能,具有整合社会的作用。消费异化使人们对资本主义社会产生很强的依赖性,当资本主义社会把原本的"虚假需求"转变为"真正需求"、把应是"自由性的消费"转变为"强迫性的消费"后,人们仿佛变成消费机器,不断地购买,不断地消费,这样就强化了统治阶级对社会的统治。同时,消费异化也增强了人们对资本主义制度的合法性的认同。资本主义社会在行使统治职能时,较少运用强权和暴力,而主要借助于消遣、娱乐、消费等手段,使人心甘情愿地被纳入现存社会体系中,转移了人们对社会制度的不满情绪,丧失了对现存社会的批判和否定的能力。

第四,消费异化导致生态危机。马尔库塞认为,消费社会表现出其不合理的合理特点,为了维持这种不合理的合理性,发达资本主义国家必须继续保持高水平的生产力和劳动生产率,不断地增加和扩大消费

---

① 马尔库塞.单向度的人.刘继译.上海:上海译文出版社,2008年版,第22—23页.

异化中的物质舒适方面,把资源的浪费变成满足人的需求,把对环境的破坏变成建设。这样势必导致人对自然的过分掠夺,使生态陷入严重危机之中。不仅如此,马尔库塞还认为,当代工业社会是"攻击性的社会"。在一个社会里,人的生本能和死本能(攻击、破坏、侵略本能)的总量是不变的,总能量在二者之间分配,此消彼长。由于消费异化压抑了人的生本能,从而助长了人的攻击情绪,这种攻击情绪具有极强的破坏力。为了维护资本主义社会的稳定,资本主义国家对此进行操纵,借助于技术工具把人们的攻击性引向自然,给自然造成极大的破坏,污染、噪声等显然就是这种破坏的有形产物。

（三）消费异化的出路

既然发达资本主义国家的消费异化存在如此多的问题,那么,为了人的自我实现、自我发展,恢复人的本真状态,必须对发达资本主义进行消费革命。进行消费革命不仅仅要在政治领域、经济领域革命,更重要的是要进行文化上的革命,即人的心理、本能结构方面的革命。只有通过这种革命,人才能摆脱消费异化对人性的压抑与束缚,人的本能才能获得非压抑性的发展,从而使人获得原本属于人的幸福、自由和快乐。那么,进行心理本能结构革命的途径是什么呢?

马尔库塞提出了"艺术革命"道路的观点,即以艺术与审美形式作为克服异化、使人获得解放和发展的途径。其原因在于:艺术具有超越性,它是源于现实又超越现实的,它与现实之间存在着一定的距离;同时艺术也具有否定性。

本章小结

在西方社会科学界,以法兰克福学派为代表的社会批判理论被视为"新马克思主义"的典型,并从理论上和方法论上以反实证主义而著称。相较于传统社会科学要以科学的、量化的方式建立社会经济等的法则规律,社会批判理论从意识形态批判出发,更进一步地探讨历史的发展以及人的因素在其中的作用。

阿多诺的批判理论高举否定的辩证法旗帜,着眼于否定、破坏和批判,用"非同一性"代替"同一性"和用绝对否定代替否定之否定。他认为，实证主义割裂对象、理论与方法，把自然科学的模式移植于社会学，片面追求精确性和定量化，在"客观性"的外衣下推崇主观任意性，并且企图排除科学研究中的主观因素和价值因素。而"批判的社会学"的研究对象是社会总体及其运动规律，方法是使经验服从于理论思辨，任务是对社会、文化、世界观等方面展开批判，向往合理而公正的社会，其特征是强调社会研究的综合性。

马尔库塞针对发达资本主义社会的物质丰裕、精神贫乏的社会现实，将马克思、海德格尔、弗洛伊德等人的思想进行综合，对人的存在、人的价值所受到的压抑进行了人本主义批判。他运用"单向度"这一重要概念，剖析了资本主义社会出现的新问题、新矛盾，深刻揭露了发达工业社会的弊病，抨击了资本主义意识形态对人的奴役和摧残，揭示了片面畸形发展的单向度社会和单向度的人，并积极主张确立人们否定现存社会的批判意识。

法兰克福学派的社会批判理论也包含某些重要的局限性。特别是，绝对否定的辩证法逻辑，以及以文化革命、意识革命、本能革命代替社会革命的乌托邦主张，使得社会批判理论缺乏科学基础和建设性向度。

第九章　社会交换论

　　社会交换论(Social Exchange Theory)是20世纪60年代兴起于美国、进而在全球范围内广泛传播的一种社会学理论。这一理论认为，分析、理解人际大多数行为的最佳方法是将行为当作一种有形或无形的商品和服务来交换。这些商品和服务既包括食品、住房等有形之物，也包括社会认同、同情、怜悯之类的无形之物。人们的选择往往是将其能够分享的物品进行交换。而人们又是在权衡了行为过程之利弊得失并选择最有吸引力的东西之后才有所行动的，也就是说，人在交换这种互动过程之中是"理性"的。

　　社会交换论有三个重要特征：第一，它直接借用了古典经济学理论中的交换概念并将其扩展到更大范围的社会活动当中；第二，它是行为主义心理学和行为经济学的混合体；第三，它把社会交换作为各种社会关系的表达。

　　随着西方国家社会生活的日益复杂化、多样化，现代社会交换理论的许多命题、观点日益为社会科学家们所接受，尤其是在现代经济学、政治学和社会心理学等领域更受重视并得到应用。现代社会交换理论的奠基人是乔治·霍曼斯,另一主要代表人物是彼得·布劳。其中霍曼斯的交换理论着眼于个人层次上对个人行为的解释,一般称之为行为主义交换论;布劳的理论侧重于探索从人际互动的交换过程到支配社区与社会复杂结构的交换过程,可称之为结构交换论。

第一节　思想背景

社会交换理论是在广泛地吸收其他学科思想的基础上形成的,其中最主要的思想来源是古典政治经济学、人类学和行为心理学。

一、古典政治经济学的交换思想

以亚当·斯密等为代表的古典政治经济学家认为,人的欲望的满足主要是通过交换过程实现的。在他们看来,交换是人类一切历史阶段上一切社会中普遍存在的现象。"互通有无,物之交换,互相交易",每个人都期望从相互交换中得到报酬。这种现象是人类的一种"开发倾向",是人类的本性。同时,人是富有理性的,人在行动时,总是精心计算,对市场信息做出全盘估价,对行动的成本和利润加以权衡,尽量选择只付出较小成本就能获得较大利润的行动方案。社会交换论者吸收了古典政治经济学的成本、报酬、利润等概念,在他们看来,经济学对商品交换的分析不仅适用于经济领域,也适用于社会领域。

二、人类学的交换思想

在对现代社会的交换关系进行理论阐释时,社会学家广泛借鉴了人类学关于初民社会的交换模式的研究成果。20 世纪上半叶,西方人类学对初民社会的研究取得了相当的进展。在英国的弗雷泽(James George Frazer, 1854—1941)、马林诺夫斯基,法国的莫斯(Marcel Mauss,1872—1950)、列维－斯特劳斯(Claude Levi-Strauss,1908—

2009)等著名人类学家的研究成果中,交换被作为一种社会整合的要素受到关注。

弗雷泽用经济动机来解释澳大利亚土著居民中的姑表联姻模式。土著居民由于没有娶亲的财力,只好将自己的女性亲属作为交换妻子的"物品",因而使妇女有了较高的经济价值。拥有较多姐妹或女儿的男人就富有,并能给他带来威望和权力。相反,没有什么姐妹或女儿的男子就贫穷,地位低下,甚至娶不到妻子。马林诺夫斯基在对特罗布里恩德群岛进行研究时发现,居民中通行一种以臂环和颈饰为交换物品的"库拉圈"(Kula Ring)交换制度。这种交换主要不是源于经济动机,而是作为一种建立并维持友谊的方式。换句话说,心理的而不是经济的需要是促进和保持交换的动力,也是解释社会行为的关键。马林诺夫斯基由此区分出物质交换和非物质交换,这对现代交换理论摆脱功利主义影响起到了重要作用。

马塞尔·莫斯既反对从个体的经济动机解释交换,也反对从个体的心理动机解释交换。在他看来,促使人们进行交换的力量不是来自个体,而是来自社会或群体。个体从事交换活动是根据群体规则进行的,又是任意的,它体现了群体的道德。而这种道德一旦出现并在交换中得到巩固,其作用就将远远超出交换事物的活动范畴。莫斯的这一观点把功利主义的交换与社会结构分析紧密地联系起来,对社会学的交换理论的形成是有意义的。列维-斯特劳斯是结构主义学派的主要人物,他对社会交换理论的影响不仅仅在于他重申了交换关系,反映了社会组织模式,还在于他明确提出了交换对等原则,即任何交换都必须使得到的与提供的相等,这种对等可以是两个人之间的直接行为,也可以是通过许多人产生的间接行为。只有对等,交换关系才能继续存在下去。

三、行为心理学的影响

行为心理学是研究动物和人类行为的自然科学,它以刺激-反应作为解释行为的原则。行为心理学有许多代表人物,其中斯金纳(Burrhus Frederic Skinner,1904—1990)对交换理论的影响最大。

斯金纳依据用鸽子所做的实验研究结论,提出了关于习得反应、条件强化、泛化作用等一系列行为规律。这些有关行为的理论原则在社会交换理论家那里被略做了修改,但其主要的理论命题却原封不动地被融进现代交换理论的某些形式中。这些命题主要有以下几个。

第一,在任何特定的场合,有机体都将做出那些能得到较多报酬和最少惩罚的行为。

第二,有机体将重复那些已经证明能得到报酬的行为。

第三,若目前的刺激与过去要得到奖励的刺激一样,有机体会重复过去的行为。

第四,若目前的行为情景与过去曾受到奖励的行为情景相似,有机体会重复过去的行为。

第五,只有不断地得到报酬,行为的重复才能不断地发生。

第六,当以前曾被奖励的行为在同样或类似的情景中突然被中断奖励时,有机体会表现出某种情绪。

第七,有机体从某一特定行为中得到的奖励越多,该行为的奖励价值就越小,有机体更愿意采取替代行为以寻求其他奖励。①

总之,社会交换论是以古典政治经济学、人类学和行为心理学为基础,把人的行为看成一种计算得失的理性行为,认为人的一切互动行为都是为了追求自身最大利益的满足而发生的交换。

第二节　霍曼斯的行为主义交换论

乔治·霍曼斯(George Casper Homans,1910—1989),行为主义社会学家,社会交换论的代表人物。

---

① 乔纳森·H.特纳.社会学理论的结构(上).邱泽奇译.北京:华夏出版社,2001年版,第267-268页.

乔治·霍曼斯

霍曼斯1910年出生于美国波士顿,父亲是一位律师,母亲是美国第六任总统约翰·昆西·亚当斯(John Quincy Adams)的曾孙女。霍曼斯1928年到哈佛大学主修英美文学,1932年获文学学士学位,并留校任初级研究员。在此期间,他因参加帕累托研讨班并与人合著《帕累托理论介绍》(1934)而步入社会学领域。1939至1941年他担任社会学讲师,讲授工业社会学、功能主义人类学和中世纪历史。第二次世界大战期间他在美国海军服役;1946年回到哈佛大学,正式转入社会学系;1953年任社会学系教授,1967至1970年任社会学系主任;1964年任美国社会学协会主席。

霍曼斯学术研究领域很广,包括历史学、人类学、心理学及科学哲学。霍曼斯在从事社会学研究初期对功能主义兴趣较大,著有《人类群体》(1950)。后来,他的研究方向转向交换论,著有《社会行为:它的基本形式》(1961)、《返回到人》(1964)、《社会交换的性质》(1967)等。

一、对功能论的批评

霍曼斯的学术抱负是建立一种具有坚实理论基础的更加统一的社会科学。在他看来,现有的功能论存在以下两大不足,难以为社会科学提供理论基础。

第一,功能理论缺乏解释力。霍曼斯认为,如果说社会学是一门科学,它就必须认真从事这样的一种科学工作,即对所发现的经验性关系做出解释。解释是一种理论,其形式是一种演绎体系。虽然功能主义学派都在谈论理论,但他们并没有进行足够的理论工作。这个学派并不了解什么是理论,也从没有提出一种作为解释的功能理论。在霍曼斯看来,功能主义的理论虽然对客观现实进行了描述,但却不能对结构的发展做出充分的解释。构造关于人的行为而不是社会均衡的理论,是解释社会现象的开端。

例如,功能理论是从对规范的研究开始的,尤其对被称之为角色和角色丛的制度感兴趣,但功能论者从来不问人们为什么要遵守这些规范。他们只是说人们已将规范"内化",但是,内化并不是一种解释。又如,功能论者对各种制度的后果感兴趣,尤其是当各种制度作为一个整体的社会体系的后果时,只对它们如何帮助体系维持均衡感兴趣,而从不问为什么这样一个体系从一开始就存在。一些功能论者用"突生"来解释整体性现象,但突生又是怎样产生的呢? 功能理论无法提供足够的解释。

霍曼斯并不否认功能理论的许多命题的真实性,但他认为这些命题并不能解释所有的事情。在霍曼斯看来,任何科学都有两件事情要做,这就是发现和解释。通过前者,我们来判断它是否是一门科学;通过后者,我们可以判断这门科学成功的程度如何。因此,功能主义代表了发现和描述的努力,但它却不能进行解释。

第二,功能主义忽视了对社会中人的研究。霍曼斯认为,功能主义的研究集中于或大或小的系统和它们的组织结构,以及它们的目的功能。个人被简单地理解为占据一种地位(位置)、履行以这种地位(位置)为指导的角色。这种对于结构的强调来自涂尔干学派的传统。这种传统试图证明社会学是独立于心理学的。因此,功能主义代表了一种纯粹的社会学,一种和社会心理学相对立的社会学,但是它忽视了社会中作为行为者的人的重要性。霍曼斯所要做的,就是使人回到社会学分析中去,使理论的钟摆从纯粹社会学一端移向重新评价社会系统中个人的作用的一端。

二、基本概念

在构建新的理论的过程中,霍曼斯强调了心理学对于解释社会现象的重要性。他认为,对社会行为的所有解释归根到底都是心理学的解释。同时,霍曼斯还认为,人是理性的,人们所做到的行为要么是为了获得报酬,要么是为了逃避惩罚。这种利益最大的原则就是人们交往的基本原则。为此,除了一些心理学概念外,霍曼斯又借用了大量经济学的基本概念来阐述他的理论命题。

霍曼斯的社会交换理论的几个基本概念如下。

行动：是行动者个体的行为，旨在追求报酬、避免惩罚。

互动：是人与人之间的相互交往、相互作用，只有通过它，人们才能把自己的行动变成追求报酬、避免惩罚的行动。

情感：指在群体中，个人之间所具有的内部兴趣，如好感、反感、赞同、反对等。情感也是一种可以用来交换的社会资源。

刺激：指环境中的暗示，能引起个体做出行动上的反应。

报酬：又称奖励，指能够满足个体某种需要的对象，它可以是物质的，如金钱；也可是非物质的，如声誉、赞扬。

成本：有两种含义，一是实际成本，指在进行活动时所承受的痛苦，如体育运动员为了夺冠所进行的艰苦训练；二是机会成本，指为了获得某种报酬而失去的其他可能的报酬。

投资：指一个人所拥有的全部资源，包括社会地位、知识、专长、性别、种族等。

利润：指一项行动结果中，报酬减去成本所剩下的纯粹奖励。

公正性期待：指个人在过去行动中所付出的费用和所得到的报酬之间的比例关系所构成的主观期待。

在以上 9 个基本概念中，报酬是最核心的。人们的所有行为都是为了获得报酬，不管是内在的，还是外在的。比如，人们工作，不仅可以获得金钱（外在报酬），也可以获得友谊、满足，增加自我尊重，避免失业的耻辱（内在报酬）。报酬与成本、投资成正比，成本越高，人们期望获得的报酬越多；投资越多，人们期望的报酬越多。

为了更好地说明报酬对于行动者的意义，霍曼斯引入了"数量"和"价值"这两个重要的分析变量。"数量"指某一具体行动在一定时间内所表现的频率，"价值"指某一具体行动获得报酬或受到惩罚对于行动者所具有的意义的程度。一般说来，某一报酬出现得越频繁，其相对于行动者的价值就越小（经济学边际原理）；某一报酬出现次数越少，其相对于行动者的价值就越大。为了说明这一重要社会交换原则，霍曼斯又在其基本概念中加入了两个表示"时间"的心理学概念。

剥夺：指某人在得到某一特定奖励后所经历的时间长度。

满足：指一个人在刚刚过去的时间里所得到的报酬已足以使他不

再马上需要更多的报酬。

以上这些概念是构成霍曼斯交换理论的"基石",它们相互结合,组成了一系列命题。

三、基本命题

霍曼斯运用上述基本概念,构建了关于人类行为的一般命题系统,并试图以此推演出经验规则,解释人类行为。霍曼斯的一般命题系统由下列六大命题组成。

（一）成功命题

"对于人们进行的所有行动来说,一个人的某种行动得到的报酬越经常,这个人就越愿意从事这种行动。"[1]

在这个命题中,霍曼斯认为,如果一个人曾经成功地获得一种报酬或避免一种惩罚,他就倾向于重复这种行动。心理学家斯金纳在对鸽子行为的研究中发现了这个原则,即当鸽子啄一个特定的目标时,就给它一些食物以作为报酬,鸽子因此会慢慢听从人的指令,以期获得更多食物。霍曼斯认为,这个基本原则也同样适用于人类行动。日常生活就是由人们寻找报酬的行为构成的。如努力工作,人们期望得到一定的工资;勤奋学习,是为了取得好成绩。但如果一项曾经得到报酬的行动不再有任何报酬时,便会被中止,除非再得到新的报酬。

（二）刺激命题

"如果过去一种特殊刺激或一组刺激的出现,曾经成为一个人的行为得到报酬的原因,那么现在的刺激越是与过去的相同,人就越可能产生这种行为,或是一些相似的行为。"[2]

刺激命题涉及以往的行动经验与现在的行为情景之间的联系。如果现在产生刺激的行动情景与曾经取得成功的行动情景相似时,人就会重复以往的行动。它强调一个人在若干行动中,总是选择曾给他带来报酬的行动。例如,高水平竞赛对于运动员来讲是一个强刺激,金牌

---

[1]　玛格丽特·波洛玛.当代社会学理论.孙立平译.北京:华夏出版社,1989 年版,第 47 页.

[2]　玛格丽特·波洛玛.当代社会学理论.孙立平译.北京:华夏出版社,1989 年版,第 47 页.

是对这一行动的报酬。如果某运动员发现,上一场比赛之所以取得好成绩是因为赛前在高海拔地区进行了集训,那么现在他依然会选择在高海拔地区训练,以期获得好成绩。

(三)价值命题

"对于一个人来讲,他的行动结果对他越有价值,他就越可能去执行这个行动。"①

价值命题涉及的是行动结果的价值水平对行动的影响,强调一个人在若干能带来报酬或逃避惩罚的行动结果中,总是选择行动结果价值最大的行动。比如,某硕士毕业生面临留校和去外企两种选择:留校收入有限,但工作稳定;外企收入丰厚,但失业率高。该毕业生最终选择什么,就与其价值取向,即哪种选择对他价值更大联系在一起了。但霍曼斯同时指出,有价值的事物绝不必然限于物质的价值,也包括诸如利他主义的伦理价值等。

(四)剥夺一满足命题

"一个人在最近越是经常得到一种特殊的报酬,那么该报酬的追加对于这个人来讲,就越来越没有价值。"②

剥夺一满足命题是对前几个命题的某种限定。在前几个命题中,霍曼斯提出了人们总是从事那些能经常带来较高价值报酬的行动。但这个结论是有条件的,必须把时间作为一个尺度考虑进去。如果一个人在近期内获得某类报酬的次数增加,获得此类报酬的时间间隔缩短,该报酬对他来说,价值就会下降,从中获得的满足感也不会高。也就是说,剥夺越小,价值越小,满足感越小;剥夺越大,价值越大,满足感越大。正如饥肠辘辘的人吃第一个烧饼时,满足感最大,价值最大;而第七个烧饼对于他来说,已谈不上满足感了,甚至还有些反感,此时价值最小。

(五)攻击一赞同命题

"在一个人的行动没有得到他预料的报酬时,或得到他没预料的惩

---

① 玛格丽特·波洛玛. 当代社会学理论. 孙立平译. 北京:华夏出版社,1989 年版,第 48 页.

② 玛格丽特·波洛玛. 当代社会学理论. 孙立平译. 北京:华夏出版社,1989 年版,第 49 页.

罚时,他将感到气愤,他便可能去从事侵略性行为,这种行为的结果变得对他更有价值。在一个人的行动得到他预料的报酬时,尤其是得到的报酬比他预料的报酬大时,或者没有得到他预料的惩罚时,他会感到高兴,他更可能从事认可性行为,这种行为的结果变得对他更有价值。"①

攻击—赞同命题注意到人类行动中的情感因素。积极的情感会导致赞同性行动,消极的情感会导致攻击性行动。比如,一个人做好事,将被撞倒的老汉送往医院救治,却被伤者家属诬陷为肇事者,做好事的人就会感到非常气愤,于是双方可能会发生争吵;而如果在医院抢救过程中,恰逢电视台在采访该节目,于是做好事的人一夜成名,并成为该市的"好市民",那么,他就会感到成就和满足,以后,他会更加努力地帮助每一位所能帮助的人。

(六)理性命题

"人们在对两种行动进行取舍时,会根据他当时的认识,选择那种随着获利可能性增大,结果总价值也增大的行为。"②

理性命题既是对成功命题、刺激命题、价值命题的概括,又是对它们的限定。它力图指出:人是一个会合理盘算的功利主义者。在行动前除了要考虑行动结果的价值,还要考虑有没有可能得到。如果报酬的价值很高,但可能性很小,那么行动者采取这一行动的可能性不会大。这一关系可以用公式来表明:行动=价值(可能性)。比如,体育彩票2元一张,头奖3300万,但中奖机会只有千万分之一,于是人们更有可能不买彩票,而拿这2元钱去买其他东西,如一张报纸或一杯可乐。

在霍曼斯看来,上述六个命题是一组"命题系统",它们是相互联系的。成功命题是其理论的最基本的公理,它指出人们的行动总是追求报酬、逃避惩罚;刺激命题指出行动受到经验和情景的制约;价值命题

---

① 玛格丽特·波洛玛.当代社会学理论.孙立平译.北京:华夏出版社,1989年版,第49页.

② 乔纳森·H.特纳.现代西方社会学理论.范伟达主译.天津:天津人民出版社,1988年版,第238页.

指出人在进行行动选择时是有价值判断参与的;剥夺－满足命题限定了价值的时效性;攻击－赞同命题揭示了人类行动的感情色彩,行动受自我公正感的支配;理性命题则在指出行动价值的基础上,进一步指出行动的可能性问题。在解释人类行动时,所有这些命题都必须加以考虑。

霍曼斯的所有命题都是关于个人之间的交换行为的,但他认为,这些命题同样能对社会制度进行解释。如政府以保证个人的幸福生活来换取它的权力;教士花费时间去忠告教区的居民,访问病人,准备礼拜,以换取对他的教区的管理并获得一个谋生的职位;教育体系为保证教职员的职业,用它的服务来换取学生的学费。

四、社会交换中的公平性问题

在简单的交换例子中,社会交换是对等的,如友谊、公平的劳资交换。但是,在现实世界中,不是所有的关系都是对等的,社会学家充分意识到一个建立在权力和权威基础上的分层体系。霍曼斯用最小利益原则来解释权力和权威的起源,即在持续的社会情景中,得到最小利益的人最有可能为合作指定条件。这个原则是从对某个参与者的权力中产生的,因为在交换中,一个人向另一个人提供报酬的能力要大于对方向他提供报酬的能力。例如一个濒临破产的公司,最希望得到的报酬是一笔能救命的资金。在获得这笔资金的头两年里,公司可能依然亏损或赢利很少,即投资者向公司提供报酬(资金)的能力要大于公司向投资者提供报酬(利润)的能力。这样,投资者就获得了对公司的权力。在他们的合作关系中,投资者可以按他开出的条件与公司谈判,而公司只是被动的接受者。

霍曼斯认为,由于一部分人掌握着一些为他人急需的特殊的资源,因而被给予较高的地位,社会分层体系由此形成。在人们的地位排列中,霍曼斯认为应依据分配公平性原则,即人们在交换中,要对成本和报酬、投资和利润的具体分配比例做出判断。在投资相同的情况下,总是希望得到的报酬和付出的投资成正比;在成本一样的情况下,总是希望得到的利润与付出的投资成正比。如果人们不能按照公平性原则得到相应的报酬,就会在报酬分配方面出现不公正或脱节的现象。

那么,什么是公平性标准呢?霍曼斯认为,报酬的公平与否是相对的,取决于一个人的客观经验。他提出了两条标准。

第一,行动者过去的经验。在同类行动中,一个人总是以过去成功地从事这一行动时的成本与报酬、投资和利润的比例为尺度来衡量眼前或将来的行动,并根据个人投资的增加相应地提高标准。如果在眼前或将来的行动中,报酬和利润比过去下降了,行动者就会觉得不公平。比如,一对夫妻在结婚前,男方经常给女方买花,而结婚后不再送花,女方就会觉得男方不浪漫了,不爱她了。

第二,行动者认同的比较群体。人们在交换中,通常还要把自己的所得与自己认为相类似的人比较,而较少与和自己比较疏远的不太相似的人进行比较。比如,教师通常和其他院校的教师进行待遇比较,如果有差别,就会认为不公平,哪怕与其他阶层差距更大,他们也不会用来做第一比较群体。

霍曼斯的社会交换理论把人的需要、人的动机、人的理性提到重要的分析地位,这对于克服结构功能理论忽视人的因素这一不足是有一定的积极意义的。但是,霍曼斯理论的不足也是显而易见的。

1. 心理还原主义。霍曼斯认为任何人类行为的背后都有其心理基础,对社会行为的所有解释归根到底都是心理学的解释,因而,他的社会交换理论是建立在交换行为的心理规律的基础上的。他提出的人类交换行为的六个命题在本质上都是心理学命题。可以说,霍曼斯是一个典型的心理还原主义者,他断言一切复杂的社会现象都可返回到人类的心理中而获得解释。

2. 将人与动物的行为反应方式等同。霍曼斯的交换理论基石是斯金纳的行为心理学,这种心理学很少能认识到人不同于动物的性质,将人的行为反应方式完全看成一种动物式的"刺激—反应"方式。正如艾克在分析霍曼斯对人的看法时所指出的:"霍曼斯没有抓住人当中最根本性的东西,与动物不同的是,人的行为不一定与他的过去联系,尽管过去可以为他们计算将来提供可能性,但他们可以根据现时的好处行事。动物的行为完全是有机体对外界刺激的本能反应,而人的行为是通过意识来调节和控制对外部刺激的反应,人的需要在本质上是由社会决定的。"[1]

3.把人的行为都看作一种理性行为。霍曼斯将经济学中"经济人"假设引入社会学理论,认为人类的一切行为都是为了获得最多报酬,并将这种行为称作精于计算的理性行为。但是,在现实生活中,人的很多行为并不是理性的,而是由一些非理性的偏好和习惯所决定的。

4.过于强调社会交换的公平原则。霍曼斯把世界看作一个趋于平等交换的系统,强调社会交换的公平原则和维持该原则的必要性。他没有认识到,不公平交换也是社会交换的一种形式,不公平交换恰恰是社会分化、权力产生的原因。正因为如此,他对权力和公平性的研究也很不充分。例如,霍曼斯把社会分层看作一部分人掌握着他人急需的资源而必然产生的结果,但霍曼斯没有解释为什么一部分人掌握着这些资源。又如霍曼斯认为公平是一种主观体验,是相对于群体内部其他成员而言的,这种公平与其说是全社会的公平,不如说是群体内部的公平,用它是无法解释诸如奴隶制、低标准的工资等社会不平等现象的。

总之,霍曼斯的社会交换理论是基于个人层次上的,对于日常生活中的某些行为,对于初级群体中的某些行为,它可以做出一定的解释,但是,对于宏观社会中的种种重大问题,如社会制度的产生、变迁等,就缺乏解释力。社会是由人构成的,但是社会一旦构成,就有了它自身的特性,这些特性是不能简单还原到个人的,霍曼斯试图用个体运动的心理学命题去解释社会组织、社会制度、社会结构,是注定要失败的。

第三节　布劳的结构交换论

彼得·布劳(Peter Michael Blau,1918—2002),美国社会学家,组

---

[1]　玛格丽特·波洛玛.当代社会学理论.孙立平译.北京:华夏出版社,1989年版,第55页.

织社会学和社会交换论的代表人物。

布劳出生于奥地利维也纳的一个犹太人家庭,21 岁时流亡到美国。1939 至 1942 年,布劳受难民奖学金资助在伊利诺伊州的埃尔姆赫斯特学院(Elmhurst College)学习社会学。1945 年到哥伦比亚大学社会学系,在默顿指导下读研,1952 年获得博士学位。他先后任教于芝加哥大学(1953—1970)和哥伦比亚大学(1970—1988),1973 至 1974 年出任美国社会学协会主席,1980 年膺选为美国科学院院士。

彼得·布劳

布劳毕生致力于社会学理论的研究与教学,著作十分丰富,其中最有代表性的论著有:《科层制的动力》(1955)、《社会整合理论》(1960)、《社会生活中的交换与权力》(1964)、《互动:社会交换》(1968)、《社会交换中的公平性》(1971)、《不平等和异质性》(1977)等。

一、社会交换的理论基础

布劳理论的研究重点不在于人际关系,而在于社会结构,这与霍曼斯的理论有重大差异。布劳曾批评霍曼斯忽略了社会结构所具有的突生性质,所以它只适用于直接的人际互动关系的小群体,即只能解释非制度化的社会行为。他认为,从微观到宏观领域,交换过程虽然相同,但已变得更为复杂,即交换的主体由个人扩展到群体和社会组织,交换性质也由直接扩展到间接,交换由先于社会制度和社会结构的创造过程变为受社会制度和结构制约的过程。为了弥补霍曼斯交换理论的不足,布劳希望以自己的新理论为分析非制度化的人际互动和制度化的结构关系提供一般性的理论框架,从而逾越微观社会交换理论研究与宏观社会交换理论研究之间的鸿沟。

布劳的交换理论的重点不是个体之间的交换关系,而是社会结构的交换基础;不是研究影响人们之间交换行为的心理因素,而是探讨基本交换过程如何影响社会结构的形成和发展,而社会结构又怎样制约着交换过程。因此,布劳的交换理论被称为结构交换理论。

与霍曼斯把一切人类行为都看作是交换不同,布劳认为,社会交换是人类行为的一部分。人类行为成为交换行为,必须具备两个条件:"一是该行为的最终目标只有通过与他人互动才能达到;二是该行为必须采取有助于实现这些目的的手段。"[①]为此,他这样定义社会交换:社会交换是当别人做出报答性反应就发生、当别人不再做出报答性反应就停止的行动。[②] 由此可见,在布劳看来,社会交换关系仅仅指行动者与那些他们期待能给自己的行动以适当回报的他人之间的关系。或者说,只有当交往中的受惠一方承担了回报的义务并实际履行了这一义务时,交换关系才能维持存在。而那些不期待他人回报的交往则不属于交换关系。显然,布劳的交换概念要比霍曼斯的狭窄得多。

布劳在建构其交换理论的过程中,大量借鉴了经济学研究成果。在他看来,就社会交换参与者的行动受到报酬期待的影响而言,社会交换领域中也会呈现经济人理性选择的特点。同时,经济学中的"边际效益递减"规律也适用于社会交换领域,即人们得到特定的报酬越多,这一报酬的追加部分具有的价值就越低。

虽然社会交换与经济交换有许多共同点,但布劳对二者还是做了严格的区分,其区别至少表现在三个方面:第一,经济交换是根据明文规定的契约合同进行的,而社会交换不做任何具体的规定和明文的承诺;第二,经济交换不会引起个人的责任、感激和信任,而社会交换则会;第三,从经济交换中得到的利益是可以准确计算和预测的,而从社会交换中得到的利益则没有明确的价格,没有统一的衡量标准,报酬的价值具有模糊性。[③]

布劳进一步指出,社会交换过程中人们的选择更多地要受到社会规范的制约,而最基本的规范就是互惠规范和公平规范。互惠规范贯穿于整个交换过程的始终,制约着人们的行为和互动;而公平规范则直

---

① 布劳.社会生活中的交换与权力.孙非,张黎勤译.北京:华夏出版社,1988 年版,第 5页.

② 布劳.社会生活中的交换与权力.孙非,张黎勤译.北京:华夏出版社,1988 年版,第 7页.

③ 宋林飞.西方社会学理论.南京:南京大学出版社,1999 年版,第 194 页.

接制约着人们对报酬的期待程度。只有同时遵守这两个规范,交换关系才能维持平衡。但布劳随即指出,在现实的社会交换中要做到完全遵守互惠规范和公平规范几乎是不可能的,在一定意义上,不公平交换恰恰是社会分化、权力产生的原因。

二、微观结构中的社会交换

布劳认为,社会的微观结构起源于个体由于期待社会报酬而发生的交换。个体间的交换开始于社会吸引,社会吸引是指与别人交往的倾向性。如果一个人期望与别人的交往会带来报酬,那么不论这些报酬是内在的还是外在的,他都会受到能提供报酬的人的吸引。而要使对方承认自己,愿意与自己交往,就必须向对方证明自己也是一个有吸引力的人,力争给对方留下印象,表明如果与自己交往,对方也能从中得到报酬。假如他成功了,对方接受了他,交往就随之发生。一旦双方都从这种交往中得到了期望的报酬,相互的利益就会加强相互的吸引,当不断的吸引使双方建立了能使他们的社会交往稳定化的共同纽带时,某个群体就形成了。

在群体构成的场合中,交往不是唯一的。许多个体的交往导致了相互之间的竞争,每个人都希望自己能给别人留下印象,创造印象的策略在个体之间有很大差别。价值观和才能在这方面是至关重要的。价值观决定群体成员认为什么东西给他们印象最深,决定怎样给他人留下印象。在存在价值差异的群体中,共同的价值观能为彼此的看法提供社会支援,这种支援能使交往变得具有吸引力。在价值完全相同的群体中,要想成为一个特别有吸引力的人,则必须有不同的意见和看法。对于一个新形成的群体或群体新成员来讲,最初的竞争是时间,即别人愿意把时间花在与他的交往上,然后才转向争取肯定的评价、社会支援、尊敬和服从。

从一开始,交换关系与竞争关系是同一的。一个能产生极大吸引力的人一定是因为他能提供给别人无法从其他地方得到的报酬。随着竞争的发展,人与人之间开始出现地位分化,一些人处在吸引他人、被人尊敬的地位,另一些人处在被人吸引、向别人表示尊敬的地位。这时,交换关系和普通关系不再同一,那些处在被人尊敬的地位上的人继续为权力或领导地位竞争,而那些表示尊敬的人失去了竞争机会,不得不以尊敬来换取别人提供的报酬。

互惠是交换固有的特性。当一个人能向对方提供某种必需的、其他地方又无法得到的报酬,同时还不依赖于对方的回报时,他就可能获得权力,因为对方在仅靠表示敬意已不再能诱使对方提供报酬时,不得不向对方表示服从,最终导致一个权力分层的体系。

布劳把爱默森考察"权力-依赖"关系的框架作为分析群体内部权力不平衡的基础。他指出,一个人要保持自己的社会独立性,可以用如下方法实现自己的愿望。

第一,他能够提供给别人一种迫切需要的服务,这种服务可以促使别人反过来再向他提供服务,尽管只有他才有要求对方这样做的资源,这将导致对等的交换。

第二,他可以从别人那里获得他所需要的服务(假定存在其他的供应者),那将导致对等的交换,即建立另一种伙伴关系。

第三,他能强迫别人给他服务(假定他有能力这样做)。假如发生了这种强制,那些能够确保得到服务的人将形成对服务提供者的控制。

第四,他可以学会不用这种服务或寻求其他替代物。①

比如,消费者一直都在其家附近的一个煤气站换煤气,这是一种对等性的交换:他从煤气公司得到煤气,并付给公司报酬。但是,由于煤气价格提高,使他对这种交换重新评价,他得出结论:这种交换是不公平的。于是他面临以下选择:假如他家附近还有另一家煤气公司,他将与新公司建立他认为对等的交换;假如没有新公司,或者两家公司都同时提价,他将面临一种被迫接受高价的不对等交换的处境。摆脱这种困境的唯一方法就是不再使用煤气,而是以其他燃料或电能替代。

假如那些愿意得到服务的人不能具备上述任何条件,他就丧失了选择权,就使得提供者处于一种有权力的地位,最终导致一个权力分层

---

① 布劳.社会生活中的交换与权力.孙非,张黎勤译.北京:华夏出版社,1988 年版,第39 页.

的形成。

　　虽然通过交换获得的权力能够强迫他人服从命令,但是,这样的权力是不稳固的。由于权力的使用往往招致反对,有时甚至招致强烈的反抗,因此,在一个社会中,要让下级心甘情愿地服从,必须使权力转化为权威。权威的特征是:被下级集体所承认和实行的社会规范强制它的个体服从上一级的领导。也就是说,要求服从的强制力不是来自上级,而是来自下级群体自身的规范。当权者能否使权力转化为权威,取决于他能不能按公平性和互惠规范与下级实现交换。如果他能够并使下级获得的报酬大于他们的期望,下级就会把这种隶属看作有利的,对当权者就会表示合法性赞同。共同的忠诚感和群体规范就会出现,它们使服从成为一种下级应履行的义务,权威由此产生。随着权威的确立,人与人的关系逐步实现制度化。

　　从以上介绍可以看出,布劳描述的交换过程大致经历了"吸引—竞争—分化—整合"四个阶段。首先,在基本的交换关系中,人们是由相互的需要和满足权威相互吸引的。其次,这样的交换很容易发展成一种竞争关系,在这种关系中,每个人都要显示自己能提供的报酬,从而给对方造成印象,而自己又可从中获得更多的报酬。再次,这种竞争形成分层系统,在分层系统中,个人以他们所拥有的稀有资源为基础开始分化。最后,权力既可以是合法化的(权威),也可以是强制的,权威是以合法性价值为基础的,这种价值使具有整体效应的群体和组织能够不依赖于亲密的面对面接触而进行活动,人与人的关系逐步实现制度化。

三、宏观结构中的社会交换

　　布劳对宏观社会结构的交换更感兴趣。他认为,宏观结构是由若干群体组成的结构,它的分析单位不是个人,而是群体。群体之间的交往与个人之间的交往就其基本过程而言是一致的。第一,群体之间的交往也受追求报酬的欲望支配。第二,群体之间的交往也大致经历了"吸引—竞争—分化—整合"这样一个过程。即群体在向可能的交往者表现出吸引力方面进行竞争,通过竞争,平衡的或不平衡的交换关系将会出现,如果群体间的交换是平衡的,就会形成相互依赖的关系,如果是不平衡的,就会出现地位和权力的分化。当某一群体取得权力地位并与其他群体建立依从关系而且能有效地控制从属群体时,一个更大的系统也就形成了。第三,人际交换中的公平性原则同样适用于群体间的交换。

当然,宏观结构中的交换与微观结构中的交换也存在差别。在微观结构中,人与人的交往是直接的;而在宏观结构中,人与人的交往更多是间接的,成本与报酬的联系往往是远距离的。所以,它需要某种机制来传递人与人之间的关系结构。布劳认为,共同价值提供了这一机制,因为共同价值为宏观结构中复杂的间接交换提供了一套共有的标准,使参与的各方能以同样的情景定义进行交换。如果说个人能提供的报酬是微观结构中产生吸引的基础,那么共同价值则在宏观结构之中起着基础的作用。没有它,超出面对面互动的交换就根本不可能发生。

布劳提出了四种媒介性社会价值。

第一,个别性的价值可以充当社会联系和凝聚的媒介,它帮助创造一个共同体以代替个人的感情吸引。同时,这种个别性的价值也会导致在一个大集体中小群体的形成。

第二,有关社会贡献和成就的普遍性标准产生分层系统。在这里,地位成为一种使间接的交易成为可能的报酬。

第三,合法的价值充当运用权威的媒介,并充当大规模地追逐集体目标的组织的媒介,权力必须加以合法化,必须被群体成员承认是合法的。它必须被认为是为获得群体目标所不可缺少的。

第四,人们所持的反对意见是重组和变迁的媒介。因为这些意见鼓励了对于反对运动的支持,并使这种运动的领导合法化。[①]

布劳相信,由共同价值调节的复杂的社会生活模式正在得到制度化。假如以下三个条件具备,这样的制度就可以世世代代存在下去,这

---

① 布劳.社会生活中的交换与权力.孙非,张黎勤译.北京:华夏出版社,1988年版,第307—312页.

三个条件是：第一，组织原则必须成为正式化的程序的组成部分，以便使其不依赖于在某一时间内执行它的人而存在；第二，那些赋予制度形式合法化的社会价值必须通过社会化的过程传到下一代；第三，社区中的统治集团必须与那些价值相一致，并用权力支持表现这些价值的制度。

　　制度反映了社会生活的历史范围。过去对现在的影响，构成了社会结构在任何时候都要适应的历史框架。布劳运用他的社会价值分类观点，对社会制度进行了分类：为了保持个别性价值长存，社会需要整合制度，它包括亲属制度和宗教制度；为了保持普遍主义价值长存，社会需要生产和分配制度，它包括经济制度、教育制度、分层制度；为了使社会在追求社会目标时调动资源和协调努力，社会需要政治制度。另外，一个社会的文化遗产也包括那些反制度成分，它是由尚未实现的以及尚未明确的制度形式中表现出来的价值和理想构成的，并成为一个社会变迁的最终根源。

　　布劳的社会理论在许多方面是以霍曼斯的理论为基础的，但布劳和霍曼斯的区别也是明显的，具体表现如下。第一，布劳反对霍曼斯的心理还原论立场。布劳认为由人际交往产生的社会现象具有突生性质，不能简单地从个体心理进行解释，复杂的宏观社会结构应有自己的分析单位和概念。第二，霍曼斯的理论基本上是一种静态描述，它只说明了社会是由交换关系构成的；而布劳则通过分析支配着个体和群体之间的社会过程来帮助人们了解社会结构，力图揭示社会结构中的内在矛盾、对抗和重组过程，从而把社会变迁的分析引入社会交换理论。

　　在布劳的理论里，我们经常可以看到一些其他主流理论的影子，如关于制度、共同价值的观点体现出功能分析的色彩，关于冲突、结构重构的分析体现出社会冲突论的色彩，而他关于印象的分析又与符号互动论相近。因此可以说，布劳的理论是在综合了功能主义、冲突理论、符号互动论和霍曼斯的微观社会交换理论的基础上形成的。

　　尽管布劳在综合的过程中，对一些理论进行了修正，但是他仍然无法克服一些理论固有的弱点。如布劳虽然认为不能把一切现象都放到心理学立场上去解释，但他从未否认过霍曼斯的基本命题。实际上，心理学的分析仍是他理论隐含的起点,正如他自己所说,支配着人与人之间交往的基本社会过程,其根源在于原始的心理过程。又如,布劳在对宏观结构进行分析时,十分强调共同价值的地位。他与帕森斯一样,预设性地把共同价值看作社会存在的先决条件,而不去深入探究这些价值是如何产生的。共同价值被看作超越各种群体利益之上的东西。正因为如此,布劳虽然看到了社会生活中利益冲突和不公平的存在,但他不可能发现产生它们的真正原因和消除它们的有效途径。

布劳的理论尽管有一些缺点,但在社会学理论中仍是半经典性的。由于他把权力和压迫看作社会的现象,突破了传统的静态功能理论的局限。布劳力图使人们注意到社会结构建立和维持的动态方面。因此,布劳的分析不仅仅是微观的,也不仅仅是宏观的,他既关心微观的社会,也关心宏观的社会。他力图证明怎样才能把某些基本的原则既应用于微观也应用于宏观。他的这些努力毫无疑问要比那些不足更为重要。

本章小结

社会交换理论是以针对功能理论而发展起来的,其早期代表人物是霍曼斯和布劳。交换理论强调社会生活中交换关系的普遍性,认为社会生活的各个层面都体现这种交换关系。霍曼斯的交换理论是以个人主义的假定为前提的,这种假定来自行为主义心理学和基础经济学。霍曼斯坚持主张,个人层次的命题对于解释社会行为是极为重要的。布劳的交换理论反映了一种从微观层次到宏观层次的努力。在微观层次上,布劳把交换过程大致描述为"吸引—竞争—分化—整合"四个阶段;在宏观层次上,布劳强调共同的价值和规范出现的重要性。

第十章　符号互动论

符号互动论(Symbolic Interactionism)肇始于 20 世纪 30 年代的美国,20 世纪六七十年代开始盛行,至今仍是有很大影响的社会学理论流派。"符号互动论"一词最早见于美国社会学家布鲁默的著作《人与社会》(1937)。在功能主义占主导地位的时代,布鲁默继承和发展了米德的思想,声称要做主流社会学的"忠实的反对派"。20 世纪后半叶,在符号互动论领域最具创造性的理论家是戈夫曼。他对人们在日常生活中的自我表演做了精辟的分析,提出了拟剧论。符号互动论的兴起标志着美国本土社会学理论开始对现代社会学理论的发展做出积极的贡献。

第一节　思想背景

符号互动论的形成以实用主义哲学、行为主义心理学及芝加哥学派社会学在美国的发展为基础,而所有这些背景因素的聚集之处则是米德的思想。

实用主义产生于 19 世纪 70 年代的美国,创始人为哈佛大学"形而上学俱乐部"的皮尔士(Charles Sanders Peirce,1839—1914)。19 世纪末 20 世纪初,通过詹姆斯(William James,1842—1910)以及杜威(John Dewey,1859—1952)等人的努力,实用主义发展成为在美国影响最大的哲学流派。20 世纪 40 年代以前,实用主义在美国哲学中一直占有主导地位。

实用主义的核心范畴是"行动",其根本纲领是:把确定信念作为出发点,把采取行动当作主要手段,把获得实际效果当作最高目的。实用主义强调"生活""行动"和"效果",把"经验"和"实在"归结为"行动的效果",把"知识"归结为"行动的工具",把"真理"归结为"有用""效用"或"行动的成功"。实用主义的要义体现在皮尔士所表述的如下观点中:认识的任务,不是反映客观世界的本质和规律,而是为行动提供信念。

实用主义的主要观点包括:(1)反对抽象地区分认识的主体与客体,主张在实践或行动中将主体与客体、意义与人的活动、概念与世界联系起来;(2)真理或意义并非存在于真实世界之中,它只有当人参与到这个世界并解释所发生的事情时才存在,并且不是唯一的,而是多元的;(3)人们对行动者的理解建立于行动者的实际行动的基础上,对世界中物质和社会"客体"的界定依赖于它们对人们的效用。这些观点对符号互动论的启示包括:(1)关注行动者与世界的互动;(2)赋予行动者理解世界的能力;(3)主张动态地而不是静态地看待行动者和世界。

行为主义心理学是作为传统心理学的叛逆,在机械唯物论和实证主义哲学基础上,在动物心理学和机能主义心理学影响下产生的现代心理学派别。1913 年,美国心理学家华生(John Broadus Watson,1878—1958)发表"一个行为主义者眼中的心理学",宣告了行为主义心理学的诞生。华生式行为主义心理学的影响在 20 世纪 20 年代达到高峰,它的一些基本观点和研究方法渗透到人文社会科学的研究中,导致出现了一种基于自然科学取向和客观主义研究方法的"行为科学"。

行为主义心理学主张,心理学是一门科学,科学的研究只限于以客观的方法处理客观的资料。内省不是客观的方法,用内省法所得到的意识经验不能为心理学研究提供客观资料。行为主义心理学最重要的主张有以下四点:(1)强调科学心理学只能研究能够客观观察和测量的外显行为;(2)构成行为的基础是个体对刺激的反应,集多个反应即可知行为的整体;(3)个体行为不是与生俱来的,不是由遗传决定的,而是受环境因素的影响被动学习的;(4)通过对动物和儿童实验研究所得到的行为原理,即可推论解释一般人的同类行为。

芝加哥大学于 1892 年创办了全美也是世界第一个社会学系。早期主要成员除了创始人斯莫尔(Albion Woodbury Small,1854—1926),还有因研究波兰农民而闻名遐迩的托马斯(W. I. Thomas,1683—1947),从黑人和社区研究而赋予城市社会学灵魂的帕克(Robert E. Park,1864—1944),提出都市"同心圆模式"的伯吉斯(Ernest Watson Burgess,1886—1966),倡导"都市是一种生活方式"的沃思(Louis Wirth,1897—1952),以及社会心理学巨擘米德。这个学派对城市化及由之产生的各种社会问题的关注,以及所运用的研究方法——社区调查、参与观察、定性分析等,在 30 年内统治着整个美国社会学。

米德(George Herbert Mead,1863—1931)出生于美国马萨诸塞州的南哈德利(South Hadley),父亲是基督教公理会牧师和奥柏林学院(Oberlin College)神学教授。米德 1879 年进入奥柏林学院读书,1883 年获文学学士学位。1887—1891 年,他先后在哈佛大学、德国莱比锡大学、柏林大学学习哲学和心理学。1891 年回美国后,米德即在密歇根大学任教,深受当时与他共事的著名实用主义哲学家杜威和社会学家库利(Charles Horton Cooley,1864—1929)等人的影响。1894 年,米德应邀到芝加哥大学哲学系执教,直到他逝世为止。米德生前很少出版著作,在他死后,他的学生把他授课的笔记汇编整理出版。最重要的著作有《论现时的哲学》(1932)、《19 世纪的思想运动》(1936)、《行动的哲学》(1938)、《米德文选》(1964)等,其中《心智、自我与社会》(1934)被认为是符号互动论的经典之作。

在《心智、自我与社会》中,詹姆斯对"自我"的分析、库利的"镜中我"、杜威的实用主义等相关概念,被米德综合成浑然一体的理论体系。米德的理论基于两个基本的假设:(1)人类之所以迫使他们与群体中的他人进行协作是为了谋求生存,克服自身弱点;(2)在这个过程中,有利于人类生存或适应的行动将会被保存下来。从这两个假设出发,米德重新综合、组织了其他思想家的概念,认为心智、自我与社会通过互动而产生和发展。

一、心智

继杜威之后,米德认识到人类心智的独特之处在于,它具有理解和运用象征符号的能力。其中他将运用象征符号的过程称作想象性预演。想象性预演的主要内容是:选择各种行动方案,扮演他人的角色。这也恰恰说明了他的心智概念不是一个结构,而是一个过程。米德考察心智不是从成熟的有机体的心智开始的,而是集中考察个体最初是怎样形成这种能力的。

米德根据行为主义、进化论和实用主义的原理,强调心智产生于一种选择过程。在此过程中,儿童最初的随意之态所具有的可能技能被认定为是一些有利于婴儿生存反应的动作。例如,初生婴儿的哭叫不能表明他需要的究竟是水、食物,还是温暖,他只是简单地做出姿态,并不能给姿态固定的意义。米德认为这种姿态是没有效率和缺乏适应性的。只有当一种姿态在它的做出者和接收者身上都能引起共同的反应时,它才能获得社会意义,米德称这种姿态为常规姿态。"表意的姿势或符号要有意义,必须永远依赖于产生它的经验和行为的社会过程。"[1]

在共同的意义上运用和解释常规姿态的能力,意味着人类心智、自我和社会的发展迈出了极其重要的一步。有意义的姿势通常以包括一定内容的语言为基础。通过接受和理解姿态,人们就可以认识有利于协作且必需的姿态,从而进行想象性预演。想象性预演就是将自己置

---

[1] Mead, George Herbert. *Mind, Self and Society: From the Standpoint of a Social Behaviorist.* C. W. Morris (ed.), Chicago: University of Chicago Press, 1934: p. 89.

于他人的地位,了解那些合作的他人的态度,从他人的角度来定义和解释周围的环境中的客体的这一过程。通过想象性预演,个体得以调节和控制自己的行动,以谋求彼此间的最佳适应。只有当一个人对符号的理解与他人相一致时,人类的互动才成为可能。

这样,当一个有机体能懂得常规姿态(尤其是语言)的含义,承担他人角色,并想象性预演可选择的行动方案,那么,米德就相信这一有机体具有了"心智"。

二、自我

继詹姆斯、库利之后,米德强调,正如人类能象征性地把环境中的其他的行动者符号化一样,他们也能象征性地将自己表示为客体。于是,对姿态的理解有利于人类彼此间的合作,同时也是人类自身评价和估计的基础。自我概念是人们的主观意识的核心,但人们不是天生就具有自我概念,而是在与他人的互动过程中逐渐获得的。通过采取他人立场,并以别人的观点评价自身的行为,从而个人就成为自身的对象了。这种在互动中将自身想象为被评价的客体的能力,是与心智过程紧密联系的。米德认为,在这个过程之中,重要的是,随着有机体的成熟,在每一个与具体他人互动的场合中引起的暂时的"自我想象",最终将明确为一定程度上稳定的自我形象,这种自我形象逐步定型,从而进入相对稳定地将自身确定为某一类客体的"自我概念"阶段。借助自我概念,这些作为中介的个体行动获得了前后一致性,贯穿于个体作为某类人而稳定并始终如一的态度、意向或意义之中了。

米德指出自我的发展主要有三个阶段:玩耍阶段、游戏阶段和概化他人阶段。每一阶段不仅意味着某一个体从角色领会中所得的短期自我想象的演变,而且标志着一种更为稳定的自我概念在进一步明确化。在玩耍阶段,个人简单地"扮演"其他一些人的社会角色。例如,在这一阶段,婴儿只能对有限的几个他人(最初涉及的只是一两个人)进行想象。在游戏阶段,由于生理的成熟和角色领会的实践,个人同时承担几个社会角色,并把它们组成一个整体。它标志着一种能力,一种从一群处于协作(自己也投身于这种协作)之中的人那里获得多重自我形象的能力。在概化他人阶段，个人能体味进而理解社会中"一般他人"的角色或明确的"共有态度"，能够对社区或一般信仰、价值观和规范做整体性的透视。这意味着人们能同时提高对那些他们必须与之交往之人的反应的恰当性，并将他们可评价的自我形象从特定他人的期望，扩展到更为广阔的社会共同体的标准和观点。这样，随着"他人"总量的不断扩大，角色领会的能力也不断提高。

三、社会

米德学说中的"社会"概念，被看作业已组织起来、通过一般的他人而得以规则化了的活动。在这里人们彼此调适和协作，这种调适和协作就是心智过程和自我过程的反映。米德主要从以下四个方面展开论述：(1)社会制度与结构如何产生；(2)社会控制如何实现；(3)社会和它的制度如何维持和延续；(4)如何认识社会变迁。

社会制度与结构是如何产生的？米德认为是由个体之间有组织的与模式化的互动产生的。而这种个体间互动的组织化与模式化，依赖于心智的存在。正是由于个体具备扮演他人角色与选择各种行动方案的心智能力，个体才能协调他们的行动。

社会控制是如何实现的？米德认为社会也依赖于自我的能力。由于个体能够把自己作为客体、从一般他人的角度来观察与评价自身，才能在规模较大的群体中对各种活动进行协调，从而实现社会控制。在米德看来，在心智与自我发展过程中形成的共同的意义与态度，对于社会制度和结构的形成具有决定性的意义。人们承担他人——特殊的他人与概化的他人的角色，并用适应共同意义与态度的结构来控制他们自己的行为过程。

社会和它的制度是如何维持和延续的？米德不仅把心智与自我看作社会维持与延续的决定性因素，也把心智与自我看作社会动荡不定与不断发生潜在变化的决定性因素。社会组织的持续与变化都是在头脑的适应能力和自我的调节作用下产生的。在米德看来，没有什么社会的既定形式是终极性的。这是一个富有辩证思想的见解。米德侧重用承担他人角色的心智能力及其过程，来说明社会结构与社会制度。

这样,这种观点也就强调,心智的调适功能和自我的中介性影响能延续社会组织,也能改变社会组织。

如何认识社会变迁？米德厌弃僵硬的、压制的社会组织模式。他认为,社会源自个体间的调适性互动。因此,社会也能通过心智和自我概念表征的那些过程来改变和重新建构。然而,米德进一步强调,变迁往往是难以预测的,即使是那些诱发变迁行为的人也难以预测它。为了说明这种不确定性,米德沿用了詹姆斯最初提出来的两个概念:"主我"和"宾我"。在米德那里,"主我"指个体的能动倾向,而"宾我"则表示行为发出之后的自我形象。利用这些概念,米德强调,"主我"或能动行为是不能预知的,因为个体只能"在经验中认识"("宾我")实际发生的事情和"主我"的行动结果。

总之,米德相信不管是社会的维持还是社会的变迁,都是通过心智和自我的过程来实现的。社会表征着那些协作活动业已构成的模式,这些模式由行动者内心或他们之间的象征性互动保持和改变。虽然在米德看来,许多在群体中导致稳定和变迁的互动是可以预测的,但改变现存互动模式的偶发的不可预知行为同样存在。

米德是符号互动论最重要的奠基人,当代符号互动论的许多关键概念和思想都在米德的著作中得到了系统的阐述。个体的心智和自我的特征以及具体的互动过程是他的研究重心,其中关于玩耍和游戏活动在儿童的自我形成过程中的作用的观点,也为现代发展心理学的研究成果所证明。但是米德过分关注符号的作用,把所有的互动都看作由符号这个中介决定的,否定了社会生活的客观作用。

第二节　布鲁默的符号互动论

赫伯特·布鲁默(Herbert George Blumer,1900—1987),美国社会学家,符号互动论的主要倡导者和定名人。

赫伯特·布鲁默

布鲁默出生于美国密苏里州圣·路易斯市。1918 至 1922 年就学于密苏里大学,1928 年获芝加哥大学社会学博士学位。在芝加哥大学学习期间,他受到早期符号互动理论家如托马斯、库利和米德的思想的深刻影响,其中米德的思想对他影响最大。1928 至 1952 年间,布鲁默任教于芝加哥大学社会学系,并兼任美国社会学会财务秘书(1930—1935)及《美国社会学杂志》编辑(1941—1952)。1952 年布鲁默创办加州大学伯克利分校社会学系,并担任首任系主任。1955年他担任美国社会问题研究会主席;1956 年任美国社会学协会主席;1962 至 1966 年任国际社会学协会副主席。1967 年他退休后,继续担任荣休教授至 1987 年 4 月 13 日去世。

布鲁默著有《电影、违法行为与犯罪》(1933)、《社会规划的人性面》(1935)、《社会科学研究批判:对托马斯和兹纳涅斯基的欧美的波兰农民的评价》(1939)等,而 1969 年出版的《符号互动论:观点和方法》是他的理论的代表作。

一、符号互动论的三大基本前提

布鲁默的符号互动论观点是从对米德理论的解释中发展出来的,着重于互动过程与解释过程,注意意义发展与改变的方式。布鲁默的符号互动论主要包括以下几个部分:(1)互动的解释过程是刺激与反应的中介;(2)符号互动论的三大基本前提;(3)互动的结构与过程;(4)社会学研究方法论原则。

符号互动论强调人类行动充满了解释和意义。布鲁默认为在非符号互动中,人们彼此直接对姿势或行动做出反应;在符号互动中,人们彼此理解姿势,并在理解所获得的意义的基础上行动。在布鲁默看来,互动包含了比简单的"刺激—反应"更多的意义。布鲁默认为:"人类的互动是以使用、解释符号以及探知另一个人的行动的意义作为媒介的。

这个媒介相当于在人类行为中的刺激和反应之间插入一个解释过程。"①布鲁默认为应当在"刺激"和"反应"两个词之间插进"解释"一词,其结果就成了"刺激－解释－反应"。

布鲁默指出,符号互动论是建立在三个理论前提基础上的。

第一,个人对事物所采取的行动,是以他对事物赋予的意义为基础的。

布鲁默认为人类在理解有意义的行动中最关键的因素是意识。对此,他做出分析:"人类所意识到的任何事物乃是向其自身呈现的那些事物——嘀嘀嗒嗒的钟声、咚咚的敲门声、朋友的出现、同事的提醒、突然感到自己感冒,等等,而呈现某个事物就是将它从其所处的环境中分辨出来,将其分开,赋予它意义。在无数行动当中的任何行动——无论是小到穿衣之类的事,或者大到组织、自己进入某一职业生涯——个人对自身指定了各种不同的对象,赋予它们以意义,判断它们对自身行动的适应性,并根据此种判断做出行动决定。这就是以符号为基础的解释赋予行动的意义。"②从第一个基本前提的内容以及他的解释看,布鲁默认为人类对某一客观事物所采取的行动,主要是根据人类对客观事物所赋予的意义而定的。同一事物对于不同的人有不同的意义。

第二,这些意义产生于互动过程之中。

根据这一前提,意义乃是社会的产物,意义是被创造出来,而非事物所固有的。意义既然产生于人与人之间的互动过程之中,所以它不是固定的东西。布鲁默认为"事物对于某人的意义产生于其他人对这个人采取的与此事相关的行动过程当中。他们的行动致使确定了事物对某人的意义"③。

第三,这些意义不是固定的,而是通过自我解释过程得到修正的。

① Herbert Blumer. *Symbolic Interactionism*: *Perspective and Method*. Englewood Cliffs, N. J.: Prentice-Hall, 1969: pp. 78－79.

② Herbert Blumer. *Symbolic Interactionism*: *Perspective and Method*. Englewood Cliffs, N. J.: Prentice-Hall, 1969: p. 80.

③ Herbert Blumer. *Symbolic Interactionism*: *Perspective and Method*. Englewood Cliffs, N. J.: Prentice-Hall, 1969: p. 4.

布鲁默认为一个人其实是经过一种"自我对话"的过程来把握和交流意义的。比方说倾诉个人忧虑、苦衷的人其实是正在向他（或她）自身解释是什么东西给他带来烦扰。正是在这一"自我表白"（或自我指示）的过程中，某人达到了陈述的目的。

二、互动的结构与过程

从布鲁默有关三大基本前提的内容看，他主要强调的是人类的互动产生于个人所处的情境。与米德一样，布鲁默认为，社会在个人间的互动中不断改变着。从他关于结构与过程的论述中，可以认识如何从对自我个人的分析转向群体的分析，以及怎样从米德的"社会行动"转变为布鲁默的"共同行动"。

米德的自我概念是布鲁默建构其理论的核心。布鲁默反对过分看重结构的连续性。他认为米德关于结构的观点与流行的社会学在这个问题上的观点之间有很大的差别。但是另一方面他认为米德并没有排斥社会结构的存在，特别指出某些社会结构有非常重要的作用，比如社会角色、地位、社会制度之间的关系等。布鲁默提出了他关于结构的独到见解。布鲁默关于结构的观点强调了两点。第一，有些社会结构之所以重要，在于它们参与了解释过程以及随共同行动而来的意义的过程。第二，他所谓的社会互动不是角色互动，而是人与人之间的互动；角色会影响行动，但行动不是角色的产物。

布鲁默指出："然而，社会结构的重要性在于它们参与了解释过程以及参与了随共同行动而来的意义的过程。它们参与的方式与程度可能随情境的不同有很大的差别，这取决于人们所考虑的事情以及他们如何评价这些被考虑的事情。让我们做一个扼要的阐述。例如，大多数有名的社会学家认为主张社会互动是一种角色之间的互动是荒唐的。社会互动显然是人与人之间而不是角色之间的互动，参与者所需要的将是解释和把握他们所面临的事物——诸如某一对话题目或某一问题，而不是对他们的角色予以表达。只有在高度礼仪性的关系当中，行为方向和内容才能够由角色予以解释。行为的方向和内容通常形成于互动中的人们必须应付的事情之中。虽然角色不同程度地影响了行动的方向和内容的各个方面,这一点是真实的,但它是设定状况中的决定之物。这同主张行动是角色产物完全不同。我在对社会角色的扼要讨论当中已做出的观察同样有效地适用于其他所有结构性事物。"①

通过对布鲁默关于结构的论述的分析可见,他并未否定结构的存在,而是反对过分看重结构性的事物对决定人的行动的重要意义。他认为,人们的行动总是以个人事先简单拟定好的计划或意图为先导的。同时他认为人们的行动指人们的"大部分"行动,因为在他看来人类的行动毕竟是很复杂的,假如微不足道的活动都必须事先加以确定的话,那么人的行动可能会有"太多相互误解的、潜在的、灾难性的机会"。有鉴于此,符号互动论认为实际上存在着许多未构造好的、不确定的情境,人们在这些情境中构想自己的行动。另外,即使在多数行动已经事先确定的情境中也会包括许多尚未确定的行动。

符号互动论另一个侧重点是对疑难未定的情境和需要做出新的解释的情境的分析。社会学的其他一些理论流派对这类情境往往予以回避。布鲁默列举了疑难未定情境的例子,如开玩笑、争吵、打斗等。在此类情境当中,人的情绪起主导作用。布鲁默声称唯有符号互动论才有办法来处理这类情绪化或带有敌意关系的情境。比如,他常常用足球比赛做例子来说明这类比赛应当重在以智取胜。他分析说,尽管大多数的足球赛可能是预先确定、预先计划好的,但是当一个球被人截住时,情境就变得不确定了。于是自我指示和解释就十分必要了。与这类不确定情境有关的其他一些敌意关系是危机、困境、干旱、战争、骚乱、恐慌,等等。布鲁默认为,情境越是无结构的,符号互动论的分析越有效力。

在分析结构时,布鲁默使用"共同行动"的概念来代替米德的"社会行动"概念。布鲁默对此过程做了说明:"较大行动的集体形式由各自独立的参与者的一系列行动的共同配合所构成。共同行动的例证是商业交易、家庭宴会、结婚典礼、采购东西、比赛、欢乐的聚会、辩论、法庭

① Herbert Blumer. *Symbolic Interactionism*: *Perspective and Method*. Englewood Cliffs, N. J.: Prentice-Hall, 1969:p. 75.

公审、战争……各参与者必须占据互有差异的位置，从该位置上行动并且从事各自独立、互有区别的行动。正是这些行动之共同配合而不是它们的共性构成了共同行动。这些各自独立的行动是怎样在人类社会的状况中达到共同配合的呢？……首先，参与者通过认同他们即将从事的社会活动；其次，通过在组成联合行动中解释和定义相互的行动来共同配合他们的行动。"①

布鲁默接着指出，共同行动是由参与者共同定义的。"这些共同定义用于说明在群体生活的广大的领域内联合行动的规律性、稳定性和反复性。它们是在文化概念中设想的、既定的、规定的社会行为的来源。"②

同时布鲁默指出，在共同行动中存在的许多"不确定、偶然性和变换性"，乃是共同行动过程之重要部分。布鲁默认为其原因有三点：第一，联合行动必定有开端；第二，联合行动一旦发生，它们可以被打断、放弃或变换，参与者可能不给共同行动下定义；第三，新的情境可能会产生于共同行动当中。

最后布鲁默谈到社会结构与人类行为的关系方面。现代冲突理论家和功能主义者都强调社会结构在解释人类行为方面起着重要的作用。布鲁默则不然，他关于共同行动的论述尽管也包括了结构性角色互动的内容，但是如果我们仔细考察一下他所用的一些例子便会发现，其中许多例子是以角色来解释的。但是布鲁默绝不是将角色决定行为的重要作用当作重点来分析的。在布鲁默看来，不是社会结构、社会组织决定人们的行为，而是只有在人们的互动中，社会结构和社会组织才得以构造而成。

三、社会学研究方法论原则

米德忽视了对适合于符号互动论的研究方法做详细的探讨，布鲁

① Herbert Blumer. *Symbolic Interactionism*: *Perspective and Method*. Englewood Cliffs, N. J. : Prentice-Hall, 1969:p. 70.

② Herbert Blumer. *Symbolic Interactionism*: *Perspective and Method*. Englewood Cliffs, N. J. : Prentice-Hall, 1969:pp. 71—72.

默则对这个课题给予了高度的关注。布鲁默的预设、因果过程的想象和方法论立场都导致了他对社会学理论的独特理念的形成。他的社会学研究方法论原则由以下几方面建构。

（一）理论建构的方法

布鲁默的理论建构方法，是非实证的。布鲁默认为通常的社会学研究在论证理论假设时，过分注重统计技巧的应用。他认为这种分析方法脱离对经验世界的观察，往往产生先入为主的情况。他强调："通往经验世界的有效途径并不在于对方法技巧的设计，而在于对经验世界的考察。而要做到这一点，不能靠解释和矫揉造作的理论，不能靠设计精巧的模式，不能靠模拟自然科学的先进程序，不能靠采用最新数学或统计学，或创造新的概念，也不能靠发展精密的定量技术或坚持某些调查统计的规则。这样的关注，恰恰不能达到它所要求的方向——虽然它在其他方面的优点是不能否认的。我们需要的是，走向经验性的社会。"[①]他认为，经验性社会是由人类以及他们的日常生活所构成的。对于经验世界的认识，只有通过第一手观察和参加一个群体才能获得。

（二）敏感性概念

布鲁默把按照实证方法论建构的概念，称作"定义性概念"（definitive concept）。然而概念所指的实际情况是会转化和变动的，因而布鲁默指出，需要使用"敏感性概念"（sensitizing concept）。虽然这种概念缺乏定义性概念所具有的对属性和事件的详细说明，但它却提供了从何处能发现某类现象的线索和暗示。因此，"敏感性概念"提供了"何者相关"的一般感觉，使调查者可以灵活地追随变动中的经验世界，并在未知领域中摸索和选择一条开拓之路。使用这种概念并不必然表明社会学理论缺乏精确性，相反，虽然经验世界的本质阻碍了定义性概念的发展，但敏感性概念却可以通过灵活地接近该概念所指涉的经验世界，以及通过评价实际事件与概念之间的差别来实现改进和完善。敏感性概念经过不断完善、交流与系统化，必然会成为构成社会学的基本材料。

---

① Herbert Blumer. *Symbolic Interactionism*: *Perspective and Method*. Englewood Cliffs, N. J.: Prentice-Hall, 1969: p. 34.

（三）归纳法

与敏感性概念相对应,布鲁默特别强调把归纳法作为理论建构的方法。他认为,社会学中所应用的演绎推理方法通常是既没有严格的命题推导,也没有认真探讨有可能驳倒命题的相反的经验事例,因而无法纠正其理论陈述中的错误。同时,由于热衷于定量分析技术,使得发现与假设相反的事例更为困难。要摆脱这种理论僵局,则必须使用归纳方法。在归纳性理论中,一般性命题是从观察具体的互动情境中抽象出来的。理论与经验事实得到了重新的结合。因此,在布鲁默看来,没有归纳法的综合,社会学理论就会仍然停留在自我实现理论预言阶段,并与它所研究的对象保持很少的联系。

（四）调查方法

布鲁默为符号互动论制定了两种调查方式:探索和检验。他认为探索与检验可以统称为"对经验社会世界直接的、自然主义的考察"。由于有了这两种调查方法,研究者就能够更接近于经验社会世界并对其进行深入发掘。探索是指研究者进入具体的观察情境并用不断发现的新事实来修正自己的观察结果。检验是指在探索之后研究并运用他的观察结果,进一步确定如何完善概念并使之成为一种说明概念之间关系的更抽象、更普遍的理论。

（五）定性分析

符号互动论社会学家在研究活动中主要采用定性而非定量分析方法。在布鲁默看来,自然主义的调研方式之所以优于其他方式,在于它直接地考察了经验世界以及在自然而然的活动中进行而不是完全依靠抽象的、量化的数据。什么是定性分析方法?从社会现象或社会事实的质的方面进行分析就是定性分析方法。从这一定义出发,我们可以认为上述由布鲁默提出的调研方式的两个阶段——探索和检验都是纯粹的定性分析。

布鲁默作为米德的学生,继承和发展了米德的思想,提出了"符号互动论"这一名称,并建立了符号互动论的基本框架。同时他还提出了符号互动论的研究方法。但是,布鲁默过分抛弃了社会结构的概念,这样,从个体的符号互动中归纳出来的论断很难用于解释复杂的社会模式,如分层、群体冲突、科层制等问题。

当布鲁默在芝加哥学派积极推进符号互动论时,另一位互动论者曼夫德·库恩(Manford H. Kuhn)在艾奥瓦(旧译衣阿华、爱荷华)大学则发展出了另一种独具特色的互动论。这两种符号互动论的区别很多,其中包括对互动本质的理解不同。布鲁默主张把自我视为"主我"和"客我"相互作用的过程,互动是在实行的过程中被创造出来的,因此他着重互动的创造性和建构性;库恩则强调自我在互动中的力量,以及制约互动的群体环境,因此在他那里互动是从结构中被释放出来的。两种不同形态的互动论在方法论上的区别是明显的,艾奥瓦学派对芝加哥学派方法论持批评态度,认为其太依赖直觉,过于含糊,缺乏科学所应有的精确性,库恩坚持社会学方法应追求以可靠的手段对行动者的符号过程加以测量。他们对诸如"自我""社会行动"和"普遍化的他人"等符号互动论的关键概念制定了方法论上严格的操作定义,发展了结构化的测量手段,如问卷表等,以便对关键变量进行可靠和有效的测量。库恩测量方法尝试的例子之一是运用"二十条陈述测验"(Twenty Statement Test,TST),把对自我的研究客观化。这道关于"我是谁"的测验题,要求受测者选出最能准确地描述他们自己的二十条陈述,并且必须在限定时间内完成,然后主测者及研究者将结果与受试人的社会地位加以对照。芝加哥学派批评这是用定量的和静态的方法将本质上动态的与有机的过程对象化,艾奥瓦学派则批评芝加哥学派的方法缺乏判断力。

通常以布鲁默为代表的芝加哥学派的互动论被称为过程互动论,而以库恩为代表的艾奥瓦学派的互动论被称为结构互动论。不过,被称之为过程互动论和结构互动论的两种形态的互动论的差异并不大,起码他们都认同社会学理论必须解释互动过程。而且,在现实的研究中,相互间的融合也是显而易见的。甚至库恩本人都认为,经过充分的争论,符号互动论中大部分被分离的理论的很多方面会重新整合。①

---

① M. H. Kuhn. Major Trends in Symbolic Interaction Theory in the Past Twenty Five Year. *Sociological Quarterly*. 1964, Vol. 5; pp. 61—84.

第三节　戈夫曼的拟剧论

　　欧文·戈夫曼(Erving Goffman,1922—1982),美国符号互动论社会学家,拟剧论创始人。

　　戈夫曼出生于加拿大艾伯塔省的曼维尔(Mannville),1939 年入马尼托巴大学主修化学,后辍学到渥太华一家电影公司工作。受社会学家丹尼斯·朗(Dennis Hume Wrong)的影响,他转入多伦多大学修社会学和人类学,1945 年获学士学位;后又去美国芝加哥大学社会学系深造,1949 年获硕士学位,1953 年获博士学位。1957 至 1967 年他在加州大学伯克利分校执教,1968 年转任宾夕法尼亚大学社会学和人类学教授。1969 年成为美国艺术与科学院院士,1981

欧文·戈夫曼

年当选美国社会学协会主席,但因患胃癌未及上任,于 1982 年 11 月19 日逝世于费城。

一、戏剧分析

　　戈夫曼出版的主要著作有:《日常生活中的自我呈现》(1959)、《日常接触:关于互动的两项社会学研究》(1961)、《收容所:关于精神病人和其他被收容者的论文》(1961)、《污名:有缺陷者管理笔记》(1963)、《互动仪式:关于面对面的行为的论文》(1967)、《框架分析:关于经验组织的论文》(1974)、《性广告》(1979)、《谈话形式》(1981),等等。

　　作为布鲁默的学生,戈夫曼的理论也以个人运用符号的能力为出发点,重视符号在人际互动过程中的作用,具有主观主义与形式化的倾向。二者的不同之处在于,戈夫曼在克服布鲁默的形式化倾向方面前进了一步,着重分析个人在与他人交往中如何获得社会效果及其策略。

戈夫曼把戏剧比拟引入社会学,开创了社会学理论中的戏剧分析的范例,因而他的理论一般被称为"拟剧论"。关于自我表演的思想在戈夫曼的拟剧论中占据核心地位。他使用戏剧和舞台的比喻来描述个人的行动,研究日常生活中人类的行为。他吸收了米德和库利的思想,指出人们以多种方式向他人表现自己,这种种方式都旨在影响别人从他那里得到的印象,他称这一过程为"印象管理"。他在自己的第一部著作《日常生活中的自我呈现》中提出了戏剧分析模型,并为以后的一系列著作提供了框架。

戈夫曼使用了许多戏剧的术语,如剧本、舞台、演员、观众、表演、前台、后台和面具等。他运用剧场语言来描述了自我在日常生活中的表演,社会中的行动者被类比为舞台上的演员,社会成员也必须调整各自的反应以寻求相互协调;演员必须与观众相呼应,行动者也必须考虑各种不同的"概化他人"的态度;技能不同的演员赋予角色以不同的含义,行动者也由于各自不同的自我概念和角色扮演技巧而拥有独特的互动方式。成功地进行表演的程序和由此形成的对情境的全面定义,是戈夫曼社会学的核心。这些表演涉及以下一些内在相关的主题。

(一)剧场

在戈夫曼的第一部著作《日常生活中的自我呈现》和最后一部著作《框架分析》中,戈夫曼分别用舞台和剧院进行类比,因此,将他的工作标识为"剧场(互动)"成为一种共识。剧场这一比喻是戈夫曼建构一个统一的理论视角——拟剧理论的大轮廓的取向,而深入研究他的理论,可以看出他不是仅仅停留在这一个聪明的比喻的层次上的。

(二)前台

个体在特定时间内的表演,为观众展现一定的情境,须借助标准的、有规则的设置和道具,戈夫曼将表演的这一区域称为"前台"。前台包括两个部分。(1)布景,指演员演出时所必需的场景,缺少它演员就无法演出。例如外科医生通常需要一间手术室。(2)个人门面,它包括个人外表与举止,个人外表是"在告诉人们表演者的社会地位时起作用的标志"。① 例如,医生穿一件白大褂,脖子上挂着一个听诊器,就是同其他人员区别开来的标志。举止则是"在告诉人们表演者在互动中扮演的角色时起作用的标志"②。一般来说,一种傲慢、侵犯性的举止和一种温顺、谦和的举止,代表着完全不同的表演。同时戈夫曼认为前台趋于被建构、被制度化和对不同的环境进行模式铸造。基于这一原因,"当一个个体充当某一建构好了的角色时,他(或她)通常会发现,某一特定的前台已经设置好了"③。前台倾向于被选择,而不是由演员创造的。

(三)后台

后台是不让观众看到的、同时限制观众与局外人进入的舞台部分。后台通常与前台为邻,但彼此泾渭分明。在前台,人所表现出来的是社会化了的自我,而在后台,人们所表现的则是自我中的自发的、最本质的那些部分。在自我表演中,演员要严守后台的秘密,防止观众不合时宜的闯入。如果观众闯入后台,那后台就会变成前台,也即成为另一场不同演出的前台。戈夫曼认为,社会学家要观察人是如何从后台转变到前台的。同时他指出,地位越高的人,后台的同伴越少,因为同伴总是在同一级上。

(四)剧组

戈夫曼把"彼此协作以形成某一特别情境定义的表演"④称为剧组。所有剧组演出的最基本问题是在观众面前保持特殊的情境定义。戈夫曼强调剧组与社会结构或社会组织无关,而与维持相关的情境定义的互动有关。同一剧组的成员彼此处在一种重要的关系中,这种关

---

① Erving Goffman. *The Presentation of Self in Everyday Life*. Gardern City, N. Y.: Doubleday, 1959: p. 24.

② ErvingGoffman. *The Presentation of Self in Everyday Life*. Gardern City, N. Y.: Doubleday, 1959: p. 24.

③ Erving Goffman. *The Presentation of Self in Everyday Life*. Gardern City, N. Y.: Doubleday, 1959: p. 27.

④ Erving Goffman. *The Presentation of Self in Everyday Life*. Gardern City, N. Y.: Doubleday, 1959: p. 79.

系具有两个基本特点。第一,当剧组表演正在进行时,任何成员都可能出于不恰当的举动而泄露或破坏整个演出。每个成员都可能依赖其他人,因而必然存在一种互惠互赖契约,它把剧组各成员彼此联系起来。这种剧组成员所共同造成的相互依赖性,甚至会超越社会分层的界限。第二,剧组中所有成员都了解他们是在上演同一幕剧,他们都了解舞台演出的技巧上的秘密,即都是"知情人",所以,剧组成员彼此熟悉,相互间的社会距离相对小些,他们共同保守剧组的秘密。因此,戈夫曼把剧组称为"秘密社会",并指出,在剧组里,"表演者经历了行动诡秘的同谋生涯"。

二、印象管理

戈夫曼的拟剧互动理论的实质是"印象管理"。"印象管理",即是如何在他人心中塑造一个自己所希望的印象的过程。或者说当人们观察他们时,他们应如何表现自己。戈夫曼主要从以下几个方面加以论述。

(一)理想化表演

理想化表演是掩饰那些与社会公认的价值、规范与标准不一致的行动,而表现出与社会公认的价值、规范与标准一致的行动。显示理想化的面孔,首先意味着一定程度的掩饰。戈夫曼说过:"表演者会掩盖或部分掩盖与他自己理想的形象不一致的活动、事实和动机。"所有的社会事件与社会行动都有这种故意演戏,即显示理想化形象的成分。例如,一个医生在例行出诊时,只显示医生的角色面孔,而掩盖其他角色的面孔。

戈夫曼认为,人们经常在前台演出中竭力展现他自己的理想化形象,因而,不可避免地需要在演出中隐藏某些事物。他列举了几种情形。

第一,掩饰在参与演出之前的秘密性纵欲行为(例如饮酒),更经常的是试图隐藏过去的生活(例如酗酒)等不相容于演出的行径。

第二,掩饰演出前的准备失误,以及修正这些错误的步骤,以免自己的偶尔失误会破坏自己在观众中的好印象。

第三，当个体向他人呈现某种成果时，他往往只呈现最终的结果，而掩饰制造产品的过程。而这个过程往往伴随着艰辛，他们希望从过程到结果都是令人感到轻松、愉快的。

第四，如果个体的活动要体现几种理想标准，那么，行动者往往会在观众面前维护某些主要的标准（其缺陷不能掩饰），而牺牲某些次要的标准（其缺陷能被掩饰）。

（二）神秘化表演

演员经常通过限制自己与观众之间的接触，而将其演出神秘化。借助自己与观众之间制造"社会距离"，演员可以在观众中造成一个令人敬畏的印象，还可以避免观众对演出提出质疑。在此戈夫曼再次指出，观众也被卷入这一过程中，他们自己也经常以尊敬的方式，对表演者这一行为进行配合。然而，这种神秘化只局限于高阶层和高地位者群体。

（三）补救表演

印象管理是用来应付一些未预期的意外行动的，如无意动作、不合时宜的闯入、失礼、当众吵闹等都会导致表演的不协调。戈夫曼对此提出了四种补救措施。（1）表演者使用的补救自己表演的预防性措施，它包括戏剧忠诚（高度的内团体效忠，避免剧组成员认同观众）、剧组素养（演员牢记自己的角色，避免过失，维持自我控制和处理演出时的面部表情与声调）、戏剧规则（事先决定演出的最好办法，做好各方面的筹划）。（2）观众或局外人用以帮助表演者补救其表演的保护性措施，其中最主要的保护措施是老练，它包括避免进入后台、对表演者的疏忽视而不见、对新手的宽容等。（3）表演者还要采取一些措施，以使观众或局外人都能为了表演而使用那些保护性措施。这就涉及"老练对老练"的问题了。首先，表演者必须善于接受观众的暗示；其次，表演者需要误传事实时，他必须按特定的礼仪行事，以便观众为他寻找一个开脱的理由，如演员最好以开玩笑的口气说假话。（4）观众的有意忽视。观众为了配合表演的完成，对于表演者的失误会有意识地忽略。

戈夫曼关注个体在情境中的实际行为，个体在自我表演中为了向他人展示一个良好的自我形象，熟练地施展表演技能，对社会规范赋予自身的角色采取灵活变通的方式去扮演，在不违背社会公认的准则的同时，也能实现自我设计。传统社会学分析只强调社会规范对个体的制约，但却忽视了个体在实现社会期望过程中所采取的一系列幕后行动与理性计算，戈夫曼则通过对个体在情境中的即刻投入的分析，深刻揭示了社会期望得以实现的微观机制。

本章小结

符号互动论不仅有众多的流派，而且各流派之间在理论原则和研究方法上还存在着差别。如以布鲁默为代表的芝加哥学派和以库恩为代表的艾奥瓦学派之间，就一直存在着诸多分歧和争论。本章仅介绍了米德、布鲁默和戈夫曼这三位学者的思想，因此我们主要以他们的理论作为基础，从几个方面来分析该理论的价值。

符号互动论作为一种现代社会学理论，具有以下三方面明显的理论特征。(1)重视人的主观(自我)因素，强调人既是客体又是主体(即自我的双重性)。(2)重视对社会微观层次的研究，强调个人的特殊性，注重对个人之间的互动过程的研讨。正因为如此，它指导研究者寻找产生问题的个人的、个别的、特殊的原因，所以对社会的考察比宏观理论更细致、更精确。(3)它重视对实际生活和互动的过程即所谓经验世界的考察，主张从生活经验中归纳出理论。因此，它有助于指导人们对社会现实的观察、研究。

上述三方面的理论特征其实也是符号互动论对于当代社会学理论的独特贡献。符号互动论在西方社会学发展史上，对恢复人的主观能动性、认识人的主观世界起了不可忽视的作用。

但是，符号互动论也具有明显的理论局限。第一，它过分侧重于个人的、个别的因素，忽视乃至否定社会结构、社会制度的重要作用，这就不能不使符号互动论者的研究产生一定程度的片面性。第二，尽管布鲁默等人一再强调他们的理论能够研究大型的社会组织和结构，但是从符号互动论的基本命题、方法论原则以及所从事的经验研究的内容和成果看，它始终是长于个人、小群体的社会学理论，迄今尚未见到以这一理论为指导从事大型的、总体的社会现象研究取得显著成功的例证。第三,符号互动论强调主观意义的重要价值与作用,在方法论上则注重于研究者个人的感觉、直觉,因而有只相信某种个人的直接经验的倾向,这就必然限制其研究活动的范围。

对符号互动论的典型批评是说它对社会结构的宏观特征不加注意,因此无力处理权力、冲突、分层、变迁等问题。在互动论者的眼里,人纯粹是认知性的存在,似乎只要我们了解人们自以为对世界拥有的知识、他们的目的及自我认识,我们就可以了解他们。

符号互动论的局限性似乎是由其基本理论取向所决定的。这一理论建立在社会学和心理学的交叉的边缘理论之上,从基本取向看它更侧重于心理学方面,即侧重对个人、个人品质、人格、个人行为的探讨。因此,符号互动论目前只能通过给予研究者在宏观社会情境中分析微观过程的框架和测量工具,来为宏观分析提供一种补充。此外,符号互动论提出了一种有关人类行动的目的论解释。由于侧重于互动的过程,不愿意更进一步发展概括性的理论,这使符号互动理论长期停留于纯粹描述性的研究上。作为一种关于人与社会行动的理论,它无意跟其他行动理论一样,也变成关于社会的理论。但为了掌握现实情境的复杂性,符号互动理论应设法弥补其理论性单薄的特点,发展一种更复杂的理论性解释,将人类行动更多的层面(情感、非理性、无意识等)纳入理论考虑的范围。

尽管符号互动论有很多局限性,但它在长达一个世纪的发展中却并未销声匿迹,其主要的学术旨趣和研究内容在传播过程中也基本上没有出现偏差。首要原因或在于,符号互动论在发展过程中不断抵御来自外部尤其是帕森斯的结构功能主义的挑战。尽管米德已经为符号互动论提供了最初的理论导向,但是作为一个社会学理论学派,符号互动论的兴起与帕森斯等社会学家对芝加哥学派"霸主"地位的挑战分不开。只有旗帜鲜明地维护自己的立场,芝加哥学派的成员(不论他们是否还在芝加哥大学)才能有效应对结构功能主义的压力。这种"旗帜鲜明"即表现在通过符号互动论这种颇具个体主义色彩的理论,对抗帕森斯抽象宏大的结构功能主义对社会学的垄断。

另一原因在于,符号互动论的持续发展也与它的中层理论性质相关。与社会理论领域中诸多以宏大叙事为特征的流派不同,符号互动论关注的问题相对来说主要集中在与日常生活中的经验问题有联系的中观层面上。符号互动论的根本问题就是日常生活中符号意义的创造与交换。这样一种理论的"中层"性质,一方面比较容易将学者团结或局限在某种既定的讨论之中,另一方面也容易将理论的运用与丰富的经验研究结合起来。它与稍后兴起的现象学社会学相互影响、彼此呼应,使现代社会学理论呈现出多元并存的格局。

第十一章 现象学社会学

现象学社会学（Phenomenological Sociology）由奥地利哲学家和社会学家阿尔弗雷德·舒茨（Alfred Schütz）在 20 世纪 30 年代开创，20 世纪 60 年代以后开始引起西方社会学理论界关注，跻身现代社会学理论之林。舒茨批判地接受了胡塞尔的意向性理论，尝试把生活世界、主体间性等概念引入社会科学，并把它与韦伯的"理解"概念相结合，主张社会学回到生活世界的基本事实上，开辟了当代社会学理论中的一个新方向。

现象学社会学在理论上提出的基本问题，是怎样使按照自然科学方式建立起来的"社会学"在整体上不致成为一桩错误的事业，以及怎样选择一种研究社会现象的方式使之更富成效。它力求选择一种使自己植根于社会现象独特性的基础，强调这一独特性要求使用有别于自然科学的方法。这种方法论使它关注社会现象的意义特征，但不流于无法检验的直觉。正是在这一点上，现象学社会学把胡塞尔的先验现象学与韦伯的理解社会学联系起来。

第一节　思想背景

现象学社会学的共同思想背景是现象学，特别是胡塞尔的先验现象学思想。胡塞尔（Edmund G. A. Husserl, 1859—1938），德裔犹太哲学家，现象学宗师。他自诩现象学将挑起为一切学术建立绝对基础的大梁，使哲学成为严格之科学体系，以拯救欧洲于学术危机。

胡塞尔认为哲学当以寻求彻底确定性为最终志向，而当时流行的自然主义、心理主义皆以片面之独断扭曲实在世界之真相，甚而坠入相对主义。自然主义以事实等同于实体，甚至认为唯有物理世界之事实才具有认知的意义，而所有观念世界（意识、价值、理念等）都被斥为第二性，或根本否认其存在价值。这一观点之流弊造成了"幼稚的客观主义"与"过度的事实主义"。胡塞尔认为，事实不过是本质的例释（ex-emplifier），只有本质才具有绝对必然性，而对本质的把握只有在直观反省中才能得到。实证论建立严密科学的理想一旦架基于个别局限的感觉经验，不免狭隘肤浅。至于自然主义风潮下的心理主义，亦带有自然科学的朴素性，因为它是在"意识自然化"之下从事心理的实验分析，而忽视了意识只有在对其做直观反省下呈显出来，才成为可理解的对象。

在胡塞尔看来，欧洲已逐渐丧失其精神所系之目的性——理性对无限的追求，而满足于肤浅的独夫式的因果机械思考。胡塞尔一生的努力即在重新恢复理性的尊严，创造坚实稳固的本质科学。这一本质科学必须能让事物本质自然呈显，没有预设、权威的扭曲，而成就一个超越经验知识以外的哲学架构。

一、超验现象学

为哲学寻找一个超验的出发点是胡塞尔现象学事业的首要目标，

这个出发点就是"回归事物本身"(back to things themselves)。胡塞尔认为,我们的世界是一种人工物,并非自然形成的,因而我们关于这个世界的自然态度(the natural attitude)常常受到遮蔽。哲学家必须放低自己的姿态,听从事物的要求。胡塞尔认为,返回最原始的起点的哲学是彻底的科学,也是达到一种智识"澄明"的唯一途径。

"现象"一词的意义是"呈现于意识中的事物"。因此现象学所呼吁的,乃是由对外在的存在的关注,转移至对意识的深度反思。"回归事物本身"就是让客体的本质自然呈显于意识现象的直观审视之中。客体并不具任何意义(客体并不等于"真实"),除非有意识直接朝向它。在胡塞尔看来,知识论的先决条件,是把客体的现象(也就是客体呈显出来的),原原本本地保留在主体的认知官能中。现象的意义不是显示自己的表象,而是显示本身存在的本质。因此"现象就是本质",对现象的直观把握找到了主体与客体的衔接处,透露了"主客合一"的可能性。

二、意向性

胡塞尔接受了其师布伦塔诺(Franz Clemens Brentano,1838—1917)的"意向性"(intentionality)概念,并主张现象是意向行为的对象,而所有的意识都是具有意向性的。更直截了当地讲,意识本身即是意向,因此意识是一切现象的本源和母体。所谓现象学就是一种关注主体意向性问题的反思哲学。

而所谓意向性,指意识总是有所指向,总是把自身指向某个内容,是对某个内容的意识。换言之,意识总是有所意识的意识,总是意味着什么,总是在自身内带着所意味的内容。不仅意识总是有所意识的意识,而且所意识的一切也总是被意识着的一切。正是因为意识具有意向性,所以它是有结构的,其基本结构就是"意识-所意识""意向-所意向""意味-所意味",前者和后者总是相互伴生、不可分离。因此所谓意向性,就是意识与所意识之间的关系。

三、现象学方法

现象学既然声称要建立"没有预设"的哲学,自然必须有一种"方法", 以排除所有的预存理念, 回到未赋予属性前的经验, 并把握住清澄意识下的纯粹自我。胡塞尔提出的方法就是"现象学还原"和"现象学描述"。

现象学还原(phenomenological reduction), 即"悬置"或"存而不论"(suspense, withholding)。现象学还原包括: (1)本质还原: 排除一切有关对象的"客观"存在性的判断, 使其摆脱一般的时空结构观念的束缚; (2)先验还原: 排除一切人类学和心理学对于意识的说明的影响, 转向对作为本质的纯粹直观的意识分析。这是胡塞尔较笛卡儿"我思故我在"高明的地方。"回归事物本身"的原则也因此有了实践的可能。

具体方法就是先要将原本信受的自然态度放入括号或加括号(bracketing), 让它暂时不发生作用。这并不是要否认自然信受的存在; 相反的, 却正是要去彰显它、检视它。"存而不论"并不会使我们骤然面对空无, 外界的事物并未有丝毫改变, 唯一改变的是在这之前被直接地接受为实在的世界, 不再凭借自然态度的一般定论或以之为基础而看待世界。

对自然态度的"存而不论"仅是初步的, "存而不论"的最终目标是将所有预存概念(理论、先设、权威、传统……)都"放入括号中"。在此动态的心理意识过程中, "回归事物本身"获得了具体的实践。我们可从两方面考察此方法。一方面, 主体的一切主观成分、不是发自纯意识的知识, 统统剥落, 放入括号。由此观之, "存而不论"所衍生的乃是一个残余的纯粹自我。另一方面, 客体毫无阻碍地呈现自己, 把自己本来的面目(本质)原原本本呈现出来。最终境界将如胡塞尔所说的: "世界在我之前冉冉升起。"

必须强调的是, 整个"存而不论"的工作, 都是在对意识自身的直观反省中获得的。此处的"反省"(reflexion)不是经验主义所说的"内省"(introspection), 因为内省要与其对象维持一种距离, 而"存而不论"则是一种对意识流的投入、涉身。借着直观感受, 反省"跟随"着意识流, 但却不去参与或干扰这些活动, 它所观察的是"体验本身"。现象学的方法始于一种彻底的缄默(silence), 此缄默代表的是尽力去"看清"给定的(given)直接经验现象。

现象学描述(phenomenological description)。"存而不论"是一种消极的过滤办法,把不具备"绝对无疑性"的研究材料排除出现象学研究范围之外。而"现象学描述"则是一种对研究对象的积极探寻,就是要对所研究的对象做如实的描述。它不对对象进行理念化,也不试图挖掘潜在于研究对象背后的架构,现象本身即有其存在的合理性。现象学描述反对自然科学的抽象方法,以及传统哲学的本质主义(认为现象是虚幻的,总是希望透过现象看本质)。现象学描述方法的实质,就是引导研究对象如其在经验中直接呈现的变化那样,在研究者面前展现出来,即,使事物如其所是地呈现出来。

四、主体间的生活世界

生活世界有两种:一是作为日常经验的生活世界,二是作为纯粹经验的生活世界。日常生活世界是相对于"科学世界"而言的世界,它先于科学世界而存在,是科学世界由之发展出来的基础。其性质主要为:先在性、前科学性、前理论性。换言之,所谓日常生活世界,就是未经科学化、理论化、抽象化,常人在自然态度中能够触摸到的世界。其性质主要为:未被主题化;未被客观化;知觉世界,即主体间性或互主体性的世界(intersubjective life-world)。

日常生活世界是一个知觉世界,在它之前还有一种更基本、更原初的直觉世界,即作为纯粹经验的生活世界,或原初生活世界。这个世界是一切存在的总根基,是先验的。

总体来说,现象学是对实证主义的一种反抗,它将"存在问题"(question of being)转化成"意义问题"(meaning of being),从重视本体论到重视认识论和方法论。(1)它把独立于人类意识而存在的外在世界,转化为必须透过意识而展开、而发生的与人类的主观建构有关的世界——世界因我而有,因我而存在。世界不是像实证主义所说的那样只能被发现,而是可以变化、可以重新建议组合和建构的。(2)自我不是一块等待印上外在世界种种表象的白板,而是在历史中沉积、变动、生长的自我,与世界之间有一种灵动的互动关系。自我与世界的互动表现为与他我(other of ego)的均衡对等关系,而他我代表着另一个视角。意义的世界由众多视角形成，不同侧面的世界折中沟通而形成一个"共识世界"或"主体间世界"——它有随时被修正的潜在可能性。(3)共识世界有许多种，其中西方近代以来占主导地位的科学世界只是其中一种，与其他宗教的、美学的世界并无二致。

第二节　舒茨的现象学社会学理论

阿尔弗雷德·舒茨（Alfred Schütz，1899—1959，又译许茨），奥地利哲学家和社会学家，现象学社会学的主要创始人。

舒茨出生于维也纳的中产阶级家庭，父亲是银行职员。第一次世界大战期间他曾在奥匈帝国军队中服役，后在维也纳大学学习法律和社会科学。毕业后承继家族传统，在银行工作。1922年舒茨开始对韦伯的理解社会学产生兴趣，1929年接触到胡塞尔的先验现象学。1932年，舒茨出版了现象学社会学的经典著作《社会世界的意义构造》，受到胡塞尔好评（1967年此书翻译成英文，改名为《社会世界的现象学》）。1938年，由于第二次世界大战的缘故，舒茨移民美国。在美国，舒茨一方面担任

阿尔弗雷德·舒茨

银行的法律顾问，另一方面在纽约新社会研究学院（The New School for Social Research）兼职教授通识课程。直到1953年以后，舒茨才放弃银行工作，全职担任纽约新社会研究学院社会学教授，专心从事社会学研究。1959年5月20日，舒茨在纽约去世。

舒茨在生前并不被广泛地知晓，直到近年来，他的学说才吸引了大批社会学家的注意。他的作品先后由学生、同事、遗孀整理出版了三卷本文集《社会实在问题》《社会理论研究》《现象学哲学研究》（1962—

66),以及两卷本的《生活世界的结构》(1973,1989)出版。

一、社会行动理论

舒茨的社会行动理论是建立在对韦伯行动理论的深挖和批判的基础之上的。行动理论既是舒茨的现象学社会学理论建构的起点,同时也是现象学社会学的重要组成部分。在《社会世界的现象学》一书中,舒茨借助胡塞尔现象学的方法和柏格森的"内在时间意识"和"绵延"的概念,对韦伯的行动理论进行了深入的探讨,这标志着舒茨的社会行动理论的初步形成。1939 年,当舒茨开始为美国的《经济学》杂志撰写关于帕森斯《社会行动的结构》一书的书评时,他又进一步整理和完善了自己关于社会行动的观点。1940 年,舒茨开始与帕森斯书信往来,舒茨将整个评论的内容都寄给了帕森斯。正是这篇关于《社会行动的结构》一书的评论,导致了舒茨和帕森斯的学术沟通最终失败,以及帕森斯对于舒茨的误解。后来,在这篇评论的基础上,《社会世界与社会行动理论》一文于 1960 年的夏天发表在《社会研究》(Social Research)杂志第 2 期上。1964 年,这篇文章由 A. 布罗德森编辑收入《舒茨文集》第二卷《社会理论研究》中。

(一)舒茨对于韦伯"社会行动"理论的批判

舒茨认为,韦伯将"行动"概念界定为"有意义的行为",此定义是相当含糊的。在韦伯那里,"行为"(behavior)一词的含义要比"行动"(action)一词的含义宽泛得多,即"行为"包括"行动"。有意义的行动属于行为,无意识的动作以及情感的行为、传统行为等也都属于行为的范畴。同时,行动与行为的区别还在于,"行动"是明确指向他人的,行动对于行为者而言是有意义的,也就是说,行动着的个体能够明确意识到自己的行动及动机,凡行动都是理性的,而行为则不一定。这正是行动与行为的主要区别。"接触他人"是行动成为"社会行动"的必要而不充分条件,也就是说,并非人际的每一种接触类型均具有社会特性,只有当行动者的行为有意义地指向他人时,"行为"才成为"社会行动"。

在舒茨看来,韦伯对于"社会行动"的这些基本定义以及对于"行动"和"行为"的区分都需要进一步的审查。舒茨认为,以"主观有意义"

和"主观无意义"来区分行动和行为是毫无作用的。[①]

　　舒茨指出,人们在常识事件中谈论"行动"与"行为"的区别时,总是认为,前者是有意识的,或者说"自愿"的,而后者的特征则是"反应性"的(如各种肌体的反射活动),并以此把这两者区别开来,其实这种区分是肤浅的。韦伯对于"行动"和"行为"的上述区别是不够的。从现象学的角度来看,行为是通过自发的活动赋予意义的意识经验,而在行为发生或者进行的过程中,这种自发活动不过是使意义发挥构造作用一种给定的意向性的方式。从这种意义上说,行动不过是行为的一个子集而已。其实,这里舒茨所要区分的不是作为意识经验的"行动"与"行为",而是作为个体行动者之意识活动过程和结果的"行动"与"行事"。

　　"行动"指的是具有自我意识的个体行动者根据一个预先设计的方案所进行的、取向未来的某一具体目标的人类行为,它来源于个体行动者的意识经验,最突出的特征是具有目的性、计划性;"行事"指的是一个不断发展的过程,即"行动的结果"。行动的筹划就是一个虚拟的、幻想中的行事,而行事就是一个已经完成了的行动。

　　从舒茨对于行动和行为的区分中,我们能够看出,他在韦伯原有的基础上进一步拓宽了分析的深度,将对行动发生的过程以及意识流内经验构成的分析作为我们了解行动者行动背后意义和动机的一个前提条件。这是舒茨关于社会行动理论的新的要素和贡献。

　　(二)赋予行动以意义的过程

　　在舒茨看来,韦伯将行动定义为"赋予意义的过程"是有问题的。舒茨认为,行动是一个时间过程,行动者在进行行动的时候,就是处于绵延之流中,无法对意识流内的经验赋予意义。只有当行动者意识到自己的行动并进行反省的时候,意识流内的经验才由于"光的照射"而获得了意义。因此,行动者只有在回忆的时候,在行动发生之后才能对行动进行反思和回顾。

　　在舒茨看来,必须检视意义的经验过程和结构。他反复强调,"赋

_____

　　① 舒兹.社会世界的现象学.卢岚兰译.台北:桂冠图书股份有限公司,1991年版,第17页.

予意义"一词只是个比喻。"经验的意义并不是在经验上赋予另一个新的、附加的、次级的经验。意义也不是一种对个人经验的'述词'。对我们而言,意义是个体注意自身经验中一点的某种方式。这一点被反省行为'挑选出来',并加以个别的说明。因此,意义指自我对自身绵延流的一种特殊的态度。"①

对于意识流内经验的构成,舒茨这样分析:"当一个行动者处于行动的状态时,他就沉浸在绵延的时间流里。这时,他是不能发现任何清晰的、可相互分辨的经验的。一旦他意识到这一绵延,这种意识本身就使他脱离了这种时间流,借助时间的回溯,通过反思的态度,关注其体验,并分辨、挑选、勾画经验,从而使持续的意识流转化为冻结的、空间化的完成状态,将行动构成行事,从中构成行动的意义。"②

（三）行动的意义和动机

与舒茨的行动理论密切相关的另外一个问题就是意义问题。舒茨进一步区分了行动的"意义"和"动机"。他认为,意义可以分成"客观意义"和"主观意义",而动机也可以分成"原因动机"和"目的动机"。舒茨认为,韦伯没有区分清楚"主观意义"和"客观意义"。在舒茨看来,自我对某一行动的"意向性意义"和"他人对于同一行动赋予的意义"是不同的。因为,行动者个体的意识流,也即行动的"主观意义",作为观察者的他人是无法进入的。行动的主观意义只有行动者本人才最清楚。而自我的意义确立的过程和对他人的行动的理解过程涉及的是两种完全不同的意义,这是基于人与人之间不同的生平情境所形成的不同的经验图式和解释图式。要理解这种意义,必须和他人一样处于其生活的意识流中,去对他的经验赋予意义,但这是不可能的。

在舒茨看来,在社会世界中,个体行动的主观意义通常需要经由反省的关照才能察觉到,需要经过"痛苦的努力"才能从客观的世界转向自身内在的意识流中,并且也只有在完成现象学的还原后,才能察觉到意义的构成过程。

---

① 舒兹.社会世界的现象学.卢岚兰译.台北:桂冠图书股份有限公司,1991 年版,第 40 页.
② 舒兹.社会世界的现象学.卢岚兰译.台北:桂冠图书股份有限公司,1991 年版,第 69 页.

但是,社会世界中行动的客观意义对于每一个具体的个体而言却都是既定的。每一个个体从出生就在一个特定的文化世界中,这个世界中的每一项特定的事物都被赋予了特定的含义,它不仅对于我而言具有这样的意义,对于其他人而言也同样如此。正是事物所具有的约定俗成的含义(客观意义)才使得人际沟通成为可能。这也是我们理解他人的基础。

而对于行动者行动的理解离不开对于行动背后目的动机或者原因动机的探寻,否则就称不上是真正理解了行动者的行动。在舒茨看来,"原因动机"是进行某一行动的理由,而此理由是由过去的事件历史所决定的,目的动机是进行某一行动的理由,而此理由是由行动未来要实现的目的所产生的。通过上述区分,舒茨进一步把现象学的方法、米德的象征互动论和韦伯的行动理论结合在一起。

(四)社会世界中的行动

舒茨在后期发展他的行动理论的时候,将行动放到了社会世界中来进行考察。在他看来,任何一个行动者都不是生活在真空的,生活世界是他们生活、工作、展示自己的舞台。除了继续关注早期行动理论中一些主题外,舒茨进一步研究了期望与设计、自由、选择与兴趣之间的关系等问题。

1. 理性行动

在舒茨看来,理性行动通常包含以下几重含义:它往往被等同于"有道理的,合乎道理的"(reasonable),这样通常意味着避免机械地运用先例(precedent),放弃对于类似情况的使用,从而寻求把握情景的新的方式。同时,有时理性行动也等同于有意的(deliberately)行动,其中,包括对于在当前情景中对于窍门的使用,对于目标的期待,而且此期待还通常是行动者设定行动的动机等多重含义。同时,理性行动还通常指"经过设计的或者有计划的行动","可预期的"行动,"逻辑的"行动等。因此,根据对于他人的解释,一个理性行动通常预设:在两个或者更多手段对于同一个目标的选择,或者在不同目的之间的选择。

2. 行动过程及设计

在舒茨看来,全部设计过程都存在于通过幻想对未来行为举止的预期之中,然而,它不是不断前进的行动过程,而是被当作已经完成的活动来幻想的,这种活动是全部设计过程的出发点。[①] 也就是说,行动在进行设计的时候,它在行动者心中是一个已经完成的时态,而此设计的过程是,在设计之前心中要有所确立的结构的某种观念。这样,通过幻想将自己放在一个未来的时间之中,行动在设计者心中就成为完成的了。

另外,行动者的设计是建立在他原有的知识基础上的。也就是说,行动的设计离不开行动者原来的知识积累。以前所发生的有关的活动及其经验都构成了行动者在当下进行设计时的参考图式和类型化的模型。舒茨认为,全部设计过程都包含着一种特殊的理想化,胡塞尔将之称为"我可以再做它一次"的理想化。这种理想化包含着一种特殊的构造。也就是说,在进行设计的时候,行动者原有的知识必然与他完成设计之后所拥有的知识不同,因为,在设计的过程中,他已经"变得老练了"。在设计过程中所具有的经验,已经改进了他的生平境况,而且扩大了他的知识储备。在此,舒茨运用了柏格森的选择理论和莱布尼茨的意志理论进行说明。在他看来,"深思熟虑"构成了一个能动的过程,自我及其动机在这个过程中都处于不断生成的、持续不断的阶段中。设计过程也就是在幻想中被预期的反省。同时,舒茨也同意了莱布尼茨的看法,即动机只是诱导人们去活动,但是并不迫使人们活动。人们可以自由地选择遵循或者不遵循。这里就涉及了行动的自由问题,即在进行选择时候的行动者,到底是自由的还是不自由的?

3. 自由、选择与兴趣

舒茨认为,生活在社会世界中的个体是自由的。此种自由表现为,在行动发生的过程中,行动者可以根据他的兴趣、关联系统自发地进行选择。但是,行动一经发生,它就已经是结束的,就变成了行事,就不再自由了,而且变成一种封闭的状态。他同意柏格森对于选择过程的看法,即:选择"只不过是存在在内在绵延中的一系列事件,而绝不是自我在两组空间化的时间之中的因素之间的犹豫不决的过程"[②]。而莱布

---

① 许茨.社会实在问题.霍桂桓译.北京:华夏出版社,2001年版,第47页.
② 许茨.社会实在问题.霍桂桓译.北京:华夏出版社,2001年版,第138页.

尼茨的意志理论同样能够帮助我们认识选择的过程以及影响选择的因素。意志存在于造成某种与其内在固有的肯定性影响成比例的行动的倾向当中,可以分为先行意志、中间意志、决定意志。在此基础上,正是各种意志的相互作用导致了人们对决定的最后抉择。由此,我们可以得出结论,即舒茨论证的正是行动者在进行抉择时候的自由问题。在他看来,行动归根到底是行动者的个人意志自由抉择的结果。

另一方面,行动者在进行选择的过程中,还受到其兴趣的影响。同时,行动还受到从生平角度决定的情景知识等的影响。

作为建构其现象学社会学理论的起点和基础部分,舒茨关于社会行动的论述受到了后来很多研究者的诸多批评,批评的焦点主要集中于行动与自由的关系问题,主要以高曼为代表。他发现了舒茨理论中存在的一些含糊不清以及自相矛盾的地方,但有些评论和观点又失之偏颇。可以肯定的是,舒茨的行动理论不仅对韦伯理论进行了补充和完善,更在很大程度上丰富了理解社会学的研究传统和研究视角,并且为当代的社会学研究提供了诸多的启发。

二、生活世界理论

(一)"生活世界"的含义

舒茨所谓的"生活世界"指人们在其中生存并进行各种日常活动的具体社会环境。它在我们出生以前就存在着,具有自己的历史,而且是以一种有组织的方式呈现给我们的。舒茨放弃了"生活世界"超验性的特点,试图运用社会学方法来分析生活世界的结构,以揭示超验性本身的生活世界的基础。舒茨认为,生活世界是一个文化世界,但它不同于日常现实,可以被认为是人们全部活动的总和。

舒茨在引用胡塞尔"生活世界"的概念时,进一步强调生活世界"社会实在"的本质。也就是说,对于生活世界中的行动者来说,生活世界是他们的行动得以立足的社会现实基础;而对于研究行动者社会行为的社会学家来说,生活世界是他们分析社会行为所必须重视的首要的社会事实。

在舒茨那里,"生活世界"正是以解释和说明人类行动和思想为主要内容的社会科学所开始的地方,同时也是现象学社会学研究的起点。舒茨认为,日常生活世界中的实在,在自然态度内的人们看来是不证自明的。日常生活世界就是实在的领域,人们参与其中,并且通过他的活动而改变这个世界。同时,该领域中的客体和事件(包括行动和他人行动的结果)也会限制他自由行动的可能性。日常生活世界是人们基本的和最高实在的结果。

在日常生活世界中,精明成熟的成年人以自然态度将该实在视为理所当然。通过这个理所当然,我们将所经历的一切都视为无可置疑的。每一件事情的状态对于我们而言都是没有问题的,直至它需要进一步的注意为止。因此,舒茨的"日常生活世界"指的是这样一个主体间的世界:它在我们出生很久前就已经存在,同时也已被其他人、被我们的前辈解释为一个有组织的世界。现在,它对于我们的解释和经验来说是既定的。我们对它的全部解释都建立在人们以前关于它的经验储备的基础上,都建立在我们自己的经验和由我们的父母和老师传给我们的经验基础上,这些经验以"现有的知识"的形式而发挥参照图式的作用。① 而且,生活世界也不是某个人的私人的世界,该实在的基本结构是大家所共同分享的。

舒茨认为,在自然态度内,普通人关于被视为理所当然的日常生活世界有如下的假定:(1)他人身体的存在;(2)这些身体被赋予意识,这在本质上与我自己是相似的;(3)外部世界中的事物,对于我和我的同伴是相同的,并且有着基本相同的意义;(4)我能够进入与我的同伴的相互关系和相互行动中去;(5)我能够使自己被他人理解;(6)已经分化的社会和文化的世界对于我和我的同伴都是历史给定的;(7)我发现自己在任何时刻的情景只有很小的一部分是纯粹由我自己创造的。

因此,生活世界的日常实在就不仅包括个体所经验的自然的世界,同时还包括社会的世界。总之,我们生活在其中的这个世界是一个由完全得到限定并且具有明确属性的客体构成的世界。我们在这些客体中间运动,它们抵制我们,我们也可以影响它们。对于自然态度来说,

---

① 许茨.社会实在问题.霍桂桓译.北京:华夏出版社,2001年版,第284页.

这个世界现在不是,而且从来不是一个单纯由各种有色彩的点、不连贯的声音、温暖和寒冷的中心构成的总和。自然态度并不认识这些问题,对于它来说,这个世界从一开始就不是每一个个体的世界,而是一个对于我们所有人来说共同的主体间的世界,我们对它不具有理论兴趣,而具有突出的实践兴趣。

日常生活世界既是我们的各种运行和活动的舞台,也是这些行动和互动的客体。为了在其中、在我们的同伴之中实现我们所追求的意图,我们必须支配它,必须改变它。我们不仅在这个世界中工作和操作,而且也影响这个世界。可以说,我们的各种身体运行,动觉的、运动性的、操作性的——都连接着这个世界,限制或者改变它的各种客体及其相互关系。另一方面,这些客体抵抗我们的活动,我们要么必须克服这种抵抗,要么必须向它屈服。因此,我们可以正确地说,实用动机支配我们关于日常生活世界的自然态度。在这种意义上,世界是某种我们必须通过我们的行动加以修正的东西,或者是修正我们行动的东西。

舒茨在《社会世界的现象学》中将社会世界的结构分为四个领域:直接经验的世界(the world within actual reach)、同时代人的世界(social world of contemporaries)、前人的世界(world of predecessor)和后人的世界(world of successor),这是他日后现象学社会学分析的一个基石和起点。在之后的学术生涯中,他用胡塞尔的"生活世界"置换了原来的"社会世界"的概念,并进一步丰富和深化了对于生活世界结构的分析。这在他生前构思的最后一部著作《生活世界的结构》一书中体现得很清楚。这本著作集中了舒茨毕生研究现象学社会学的所得,代表了他最高的学术水平。他在其中不仅探讨了生活世界的结构、日常生活世界与自然态度的关系,同时还深入地分析了生活世界的分层、生活世界中的知识的来源和构成等诸多问题。

(二)生活世界的分层

舒茨认为,由自然态度所控制的日常生活是最高的实在。在自然态度下,生活世界在普通人眼里是真实的、有秩序的,其他人和我们一起存在,生活世界中我的同伴更像我们自己,同时我们与我们的同伴之间的社会互动也是可能的,而且我们能够彼此理解,生活世界中的秩序在时间上是预先给定的。

生活世界是根据不同的维度而建构的。首先,实在的主要领域包括幻想的世界、梦的世界、宗教的世界以及关于他人的科学的世界。其次,它是在物理的意义上根据社会距离而进行的空间分布。所有这些方面都影响到自我互动和理解或者行动者与他人自我的行动。

舒茨在分析生活世界时加入了时间和空间的视角。"处在自然态度中的精明成熟的人主要是对他的日常生活世界的这样一部分感兴趣——它处于他的活动范围之内,而且在时间和空间中以他为中心。""个体实际的'此在'(actual here)是在空间中确定其方位的出发点,它是个体坐标系的原点'O',同时个体实际的'现在'(now)也是所有时间视角的起源。"①由此出发,个体开始组织在这个世界中所发生的一切事件。

舒茨认为,当我们讨论处于我们力所能及范围之内的世界的时候,我们主要是对该世界超验性空间的面向感兴趣,因此也不可避免地要加入时间的视角。因为,"随着我的离开,刚才还处于我可以触及范围之内的世界就会超出我可触及的范围。但是,我可以在任何时候,由于不同的动机重新返回我先前可触及的世界。然而,我先前触及的世界现在已经不在我可以触及的范围之内了,因为我此刻的意识之流已经不同于先前"②。在舒茨那里,他不仅关注日常之生动的经验之超验性的延伸的世界,同时也关注绵延的世界。

在舒茨看来,世界时间的超验性以个体从梦境中撤离、重新返回到清醒状态而得以体验。这个体验不需要以他同伴的存在为参照。生活世界之客观时间的结构是建立在作为意识流之主观时间的基础之上的,与作为"生平时间"的身体节奏相交叉,同时与作为世界时间的季节,或者所谓的"社会时间"之日历相交叉。我们同时生活在所有的这

---

① A. Schutz, T. Luckmann. *The Structures of the Life-world*. Evanstan: Northwestern University Press, 1973: p. 36.

② A. Schutz, T. Luckmann. *The Structures of the Life-world*. Evanstan: Northwestern University Press, 1973: p. 45.

些维度中。但是,在这些维度中,在具体的事件之中并不会出现完全的一致和重叠,因此这个不一致性的结果就是"等待"的现象。在舒茨看来,在不同时间维度之间的不一致还表现为瞬时性和连续性之间客观结构的存在,因此,实行计划、执行行动、拥有体验都已经被局限在时间之内,或者说受到时间的限制。此外,外部世界中连续的事件是在我的肉体的节奏以及社会日历时间中展示给我的,因此,对于自身计划和事件的安排都必须在外部世界中安排一定的序列进行排列。

在此我们能够看出,舒茨充分注意到了日常生活世界进行中时间和空间的维度,也就是说,具体行动者的行动不是发生在真空中的,而是受到特定环境和时间的局限,而行动者所有关于行动的计划和安排也都无法脱离客观的外部时间。时间之外在的、固定的结构给每一天提供了计划,并提供了由行动者的局限所决定的生命历程,我们将在客观的外在时间的结构中根据事件的重要性或者其他的标准来安排我们的事件序列,如哪一些是第一位的,哪些是次要的,等等。

至于世界时间与情景之间的关系问题,在舒茨看来,世界时间之固定的过程是在生活世界之日常实在中以一种连续和同时的结构法则来展示自身的,并且成为每一天计划的基本动机。而时间之局限的和固定的过程,人生规划以及日常计划都是相互联系的。另外,由于世界时间的不可逆性,我们无法去体验我们前人所经历过的世界,同时也无法进入我们后来人的未来的世界。在此,舒茨总结出了生活世界时间性的三个方面的特征:永久性——局限;时间之固定的历程——重要的事情优先;历史性——情景。在舒茨看来,局限性、时间之固定的历程,以及情景等都是加在生活世界中实际存在之上的不能够更改的"限制","在这些基本的结构之内,在我的行动和经验不能更改之限定性的因素之中,由于我的局限的激发,我施展自我,克服相反的力量,并进行行动"。[①] 对于个体而言,上述那些不可更改的限定性的因素,是个体在自然态度下很少进行反思的领域——是其在处理日常事务中的基础和

---

① A. Schutz, T. Luckmann. *The Structures of the Life-world*. Evanstan: Northwestern University Press, 1973:p.50.

视为理所当然的部分。

在对主观时间进行分析的部分,舒茨加入对于意识流时间"现实化"(actualization)的分析,这里是舒茨对于前期理论进行发展和补充的地方。外部的时间结构是如何被统一到意识流中的,它们是如何被"现实化"的?舒茨对于这些问题进行了深入的分析。在舒茨看来,时间的现实化问题并不涉及时间延伸的同质性的结构整体,相反,它与展示时间的参照框架有关,后者是我们意识中与外接的经验和对于意义的把握之构成的基础。

另外,对于上述问题的回答还涉及生平情景的现实化。舒茨认为,意识流的时间清晰度是意识的张力所决定的,它随着从一个有限意义域向另外一个实在的领域之间的转换而变化,从一种情景向另外一种日常生活世界的转化而变化。舒茨关注内在绵延的基本的时间结构。他质疑说,一天的历程,及其时间的清晰性是如何构成生命的历程的?它的意义是如何构成的?在舒茨看来,对于这些问题的回答要考虑到日常生活世界的主体间性的特征以及个体在社会生平情景中所涉入的关联结构,计划的层级,行动的范围。因此,生平清晰性的范畴不仅是内在绵延的范畴,而且是主体间性和相关的自然世界观在其中形成和建立的范畴。每一天过程的时间清晰性和生命历程的时间清晰性是以一种相互的联系而一起存在的。

舒茨进一步分析了日常存在的生活世界之社会安排。在这一部分,舒茨既对于早期生活世界的理论进行了重新阐述,同时又在时间和空间的视角下对于社会世界的四个领域进行了新的论述。[1] 可以认为,舒茨对于生活世界之分层的研究既是对早期生活世界理论的整理,同时又有新的补充和发展,体现了舒茨在其学术生涯的后期阶段对于生活世界之研究的现象学社会学的成熟的形态。

(三)生活世界中知识的来源、构成和分配

知识库存(stock knowledge at hand)是舒茨改造胡塞尔生活世界

---

[1] A. Schutz, T. Luckmann. *The Structures of the Life-world*. Evanstan: Northwestern University Press, 1973:pp.59—92.

概念的一个重要范畴,也是他用来分析生活世界知识构成的一个重要概念。它指现成地掌握在行动者手头的知识储藏库,是在行动者的长期日常生活行为中自然地积累,并时时在行动中起作用的那些知识。

在《生活世界的结构》一书中,舒茨分析了知识库存与情景之间的关系以及生活世界之主观经验的结构、知识库存中的例行化、知识库存生平特征的问题等。舒茨深入地分析了知识获得的条件、知识库存的结构化、知识获得的连续性以及知识库存的中断等问题。此外,舒茨还主要分析了知识与关联之间的关系。他对主题关联、动机关联和解释性关联进行了区分。在舒茨看来,人们之所以会对某些问题或者变化感兴趣,而对另一些问题或者变化无动于衷、视而不见,都是由于关联系统而产生的。舒茨指出,在生活世界中,情景的构成,获取和运用知识,知识库存与具体情景之间的联系都受到关联性的限制。关联性是普通人组织自己知识库存的方式。在日常生活中,所有的经验和行为都基于关联结构。

有关知识的社会起源与社会分配、关联与类型化是舒茨《生活世界的结构》一书的中心话题,同时也构成了他关于知识社会学的主要内容。可以说,对于知识问题的关注和思索贯穿了舒茨学术生涯的始终。

三、社会科学方法论

(一)基本立场

舒茨在社会科学方法论方面的很多立场都与韦伯一致。他继承了韦伯在方法论上个体主义和主观主义的基本观点,详细分析了个体意识流中意义赋予和形成的过程,探讨了个体行动者的知识构成、生活世界的结构以及多重实在等诸多问题。方法论的个体主义的立场贯彻他学术生涯和始终,并在他各个时期的著作中有所体现。

在对待实证主义和人文主义的基本态度方面,一方面,"他是一个自然主义者,虽然他在很大程度上忽视了社会科学中因果分析的问题。因为,他尊重自然科学的方法和标准及其在所有严肃的学术诉求中的严格的可适用性。"①而另一方面,在一些重要的方面,他又是一个"非自然主义者"。他相信在自然科学和社会科学之间还存在一些根本区别,并坚持认为研究人类的事情需要运用一些特殊的方法。因此,舒茨对于科学主义和人文主义均持批判性立场,既没有完全认同其中的哪一种,也没有完全否定哪一种。换言之,他的立场在许多重要的方面都表现为一种"折中的"做法和态度。

(二)理解的方法

作为社会科学中一种特殊的方法,舒茨将"理解"视为绝对重要的和基本的。在他所有著作中关于社会科学本质的一个突出的主题就是,社会科学的知识必须与日常生活中经验到的社会实在相关联。因此,对于舒茨而言,理解是不可或缺的,无论是在日常生活中用于理解他人的行动还是在社会科学中,目标都是为了达到对社会实在的意义的把握。而许多方法论的争论也都是围绕着这个概念展开的。

从社会科学方法论的角度看,理解不仅仅是一个过程,更是一种方法,是社会科学区别于自然科学的一种独特方法。那么,作为社会科学研究活动的主体,社会科学家理解行动者是如何成为可能的? 作为生活世界中一员的社会科学家,如何做到既深入行动者的内心世界同时又保持价值中立客观的研究立场? 舒茨在社会科学领域内对这些问题都进行了深入的探讨。

在舒茨看来,常识思维通过"理解"这种方式就可以在社会世界中找到它的方位并与之达成协议。而在哲学层面对于"人类的理解何以可能"的质疑从康德以来,就一直是一个认识论的难题,并且迄今为止,还没有人给出令人满意的答复。而社会科学家对于"理解"(Verstehen)的理解和普通人对它的理解是不一样的。在常识思维中,"理解"是一种特定的经验形式,普通人通过它获得对社会文化世界的认知。同时,"理解"也不同于内省,它是一种学习过程或者一种文化移入过程

---

① B. C. Thomason. *Making Sense of Reification: Alfred Schutz and Constructionist Theory.* London: The Macmillan Press, 1982: p. 45.

的结果,它所采取的方式与人们对所谓自然世界的常识经验的方式相同。[①] 但是,在科学思维中,"理解"则要涉及行动者的主观动机和意义,同时需要让社会科学的思维客体与常识的思维客体保持一致。

对于舒茨而言,"理解"可以在三个层面上进行:(1)作为人类事件的常识知识所具有的经验形式;(2)作为一种特定的认识论的问题;(3)作为社会科学中的一种特殊的方法。

(三)社会科学的两级建构

社会科学家所面对的事实和事件具有完全不同的结构。对于那些在其中生活、思考和行动的人来说,这些事实和事件具有特定的意义结构和关联结构。普通人正是运用这些结构建立了对事实和事件的常识构造。而社会科学家进行的科学构造活动就要以这种常识构造活动为基础。相比而言,普通人对社会世界的构想是一级建构(first order construct),而社会科学家的建构则是对社会行动者建构的建构,属于二级建构(second order construct)。

一级建构,也即常识建构,它所涉及的是主观的成分,也就是说,它指的是从行动者的观点出发对行动者的行动的"理解"。因此,社会科学为了要说明社会实在,处于二级层面上的科学建构就必然包含对于行动者的主观意义的指涉。

在舒茨看来,社会科学家的观察领域——社会实在,对于在其中生活、行动和思考的人类来说,具有一种特殊的意义和关联结构。"通过一系列常识建构,他们已经对这个被他们当作他们的日常生活的实在来经验的世界进行过预先选择和预先解释。而社会科学家为了领会这种社会实在而建构的思维客体,必须以人们常识建构的思维客体为基础。正是在这个意义上,社会科学的建构是二级建构,也即对社会世界中的行动者之建构的建构。""社会科学的首要任务就是开发那些人们在日常生活中据以组织他们的经验,特别是关于社会世界的各种经验

① A. Schutz. *Collected Paper* I *;The Problem of Social Reality*. M. Natanson (ed.). The Hague:Martinus Nijhoff, 1962;p. 56.

的一般原则。"①而普通人在日常生活中所运用的"一级建构",以及社会科学家在此基础上的"二级建构",都属于舒茨所谓的"一般原则"。

（四）社会科学的三个假定

舒茨所建构的社会科学的两级建构在社会科学方法论方面面临这样的难题,即作为科学研究活动的主体,社会科学家一方面要考虑社会科学的特点,在一级建构的基础上建立二级构想;另一方面又要遵循科学世界这个"准现实"的独特认知风格,保证科学家"超然观察者"的形象,使其二级建构不受一级建构中实践目标的干扰。那么,如何才能做到这一点呢？舒茨认为,要解决这个问题,社会科学建构的各种"类型",即有关社会世界的科学构想,必须遵循以下几项基本假定:(1)逻辑一致性假定;(2)主观解释的假定;(3)适当性假定。在舒茨看来,如果社会科学的建构能够保证符合这三项要求,则不但能保证其客观效度,而且可以与常识性的一级建构保持一定的关系,使得社会科学的理论建构能够落在社会世界之上。

具体而言,逻辑一致性假定指的是自然科学的程序和社会科学的程序之间的那些相似之处。也即,该假定要求社会科学家设计的类型构想系统,必须通过它所隐含的概念框架的最高程度的清晰性和确定性建立起来,而且必须与形式逻辑的各种原理完全相容。舒茨认为,遵守了这个假定,就可以保证社会科学家所构想的思维客体的客观有效性,同时保证社会科学的思维客体与常识构想的思维客体相区别开来。

主观解释的假定则根据社会科学和自然科学之间的特殊不同而提出。具体而言,该假定要求社会科学家在说明各种人类活动时,必须询问个体行动背后心灵的所思所想。也就是说要探究行动者背后的目的动机和原因动机,发现行动者赋予其行动的主观意义。遵守这个假设就可以保证下列可能性:使所有各种人类行动或者其结果都指涉这种行动或者这种行动的结果对于行动者来说所具有的主观意义。②

---

① A. Schutz. Collected Paper I: The Problem of Social Reality. M. Natanson (ed.). The Hague: Martinus Nijhoff, 1962: pp. 5—6.

② 许茨. 社会实在问题. 霍桂桓译. 北京: 华夏出版社, 2001 年版, 第 72 页.

舒茨的第三个假定即适当性假定则指,社会科学家在构造有关人的行动的科学模式时必须考虑到,这些行动都是由处在生活世界中的个人完成的,而这些普通人在完成这些行动时借助了他们自己能够理解的类型构造,即常识构造。遵循这一假定,就能够有效保证社会科学家对社会现实的构造和常识性的构造之间的一贯性,而这一点是自然科学无须考虑的。适当性假定保证了社会学建构的可能性与行动者的主观意义是一致的,而主观解释的假定则能够证实这种一致性在事实上已经被建立起来。根据理性的模型,这三个假定是一个连贯的整体。

后来,舒茨又补充了一个相容性假定(the postulate of compatibility),指社会科学家构想的类型必须只包括那些科学上可以验证的假设,这些假设又必须与我们的整个科学知识体系相容。

在上述几个假定中,适当性假定受到的关注和争议最多,已经成为现象学社会学讨论中的一个焦点。

以社会科学的几个假定为核心内容的舒茨社会科学方法论从提出以后就受到了来自学术界的质疑和批判,其中主要以凯罗尔(Carrol)和迈克林(Mclain)为代表。此外,舒茨理论的另一个批判者高曼则从行动理论及主要概念入手,颠覆和否定舒茨所建构的社会科学方法论及其现象学社会学的理论。

虽然有这些批评意见,舒茨对于社会科学所做出的贡献是有目共睹的。首先,舒茨提出了社会科学的三个假定,这可以认为是他对于社会科学的最大贡献。其次,舒茨提出了社会科学研究的两级构想、傀儡、理性行动等多个理想类型,丰富了社会科学研究的概念和分析工具。第三,指出了现象学的研究方法对于社会科学研究的意义。由胡塞尔所开创的现象学能否用来指导社会科学的研究,现象学的方法论与社会科学的方法论之间是否能够真正相容,尽管这些问题引发了很多学者的争议,至今仍然没有一个定论,但是舒茨却认为答案是肯定的。可以说,舒茨对于这些问题的看法和观点都为社会科学的研究提供了很好的方法论的指导,在很大程度上甚至超出了社会学的学科范围而对于所有其他的社会科学都有一定的指导意义和参考价值。

纵观舒茨现象学社会学理论的构成,我们发现,有一些问题是贯穿舒茨研究和思考的始终的,如理解他人的问题、生活世界的结构问题、知识的来源和构成问题,等等。可以说,舒茨终其一生都没有停止过形而上的理论思考;终其一生,他都在思索着对于普通人的理解问题;终其一生,他都没有忘记他作为一名社会科学家的角色和责任。正是他数十年如一日持续不断地进行着思索和努力,我们才得以在他之后尽享他思想的魅力和精华。

舒茨理论的缺陷也是显而易见的。他的现象学社会学的体系尚不够严密,其合理性经常受到批评和质疑。比如,在亚历山大看来,舒茨的大多数理论给人的印象是一种"混合物",而不是现象学与社会学真正综合性的结合。他断定了二者之间的关系,却从没有真正使之完善。① 另一种批评意见则是质疑现象学方法在社会科学中的适用性。在批评者看来,现象学的方法不仅与社会科学的内在逻辑是不相容的,同时对于社会科学而言也是有害的。上述批评意见可以说在某种程度上击中了舒茨理论的要害。因为,舒茨在其理论的建构过程中一直都面临一种二元困境,即对于胡塞尔现象学中超验性概念的处理问题。接受它还是拒斥它是舒茨面临的难题,因为超验性的主张是与社会学的经验性相冲突的。舒茨意识到了这一点,因此反复强调他抛弃的正是胡塞尔的超验性主张。然而,由于超验性主张恰恰是胡塞尔现象学的核心,拒绝接受这一主张也就注定成为一项无法完成的任务。

舒茨的过早逝世使得他没有能够在生前将其观点做系统化的整理和表达,同时也没有能够回应上述诸多的批评意见。然而,正是在舒茨的影响下,彼得·伯格(Peter Berger)和托马斯·卢克曼(Thomas Luckmann)发展出社会建构论②,加芬克尔创立常人方法论,并使得现象学社会学成为现代西方社会学的一种重要研究范式。实际上,舒茨的现象学社会学思想深刻影响了 20 世纪 60 年代以后社会学理论的发展。当代活跃在社会理论界的几个重要人物,如哈贝马斯、吉登斯、布

---

① 亚历山大. 社会学二十讲. 贾春增等译. 北京:华夏出版社,2000 年版,第 186 页.

② 限于篇幅,本章未介绍伯格和卢克曼的社会建构论,可参见 Peter Berger. Thomas Luckmann. *The Social Construction of Reality*. London:Allen Lane, 1966.

迪厄、柯林斯等人，都直接或者间接地从舒茨的思想中汲取了营养，获得了启发。就吉登斯而言，舒茨有关社会科学的两级建构的思想对其社会科学方法论产生了很大的影响，舒茨有关社会行动的特点论述也为其结构化理论提供了有益的借鉴。在某种意义上，可以认为，舒茨的著作已经成为社会哲学理论经典文本的有机组成部分。

第三节　加芬克尔的常人方法论

哈罗德 · 加芬克尔（Harold Garfinkel，1917—2011），现象学社会学的主要贡献者之一，常人方法论的创始人。

哈罗德 · 加芬克尔

加芬克尔出生于美国新泽西州的纽瓦克市（Newark），父亲是一位家具经销商。他先在纽瓦克学院获得会计专业的学士学位，后入北卡罗来纳大学获得社会学硕士学位。1946 年，他进入哈佛大学社会关系系，师从帕森斯攻读社会学，1952 年获博士学位。其间，他曾访问纽约新社会研究学院，就教于现象学社会学家舒茨。博士毕业后他先在俄亥俄州立大学任教，1954 年 9 月年转到洛杉矶加利福尼亚大学，1966 年任教授，1966 至 1975 年任社会学系主任，1987 年退休。加芬克尔 20 世纪 50 年代提出"常人方法论"，1967 年出版《常人方法论研究》，系统阐述了其理论主张。20 世纪 70 年代，加芬克尔带领学生开辟了新的"工作研究"（Work Studies）领域，研究成果汇编于他主编的《常人方法论的工作研究》（1986）中。20 世纪 90 年代以来，加芬克尔致力于建立常人方法论与传统社会学的理论联系，其成果主要收入其《常人方法论的纲领》（2002）中。

一、常人方法论的产生背景

孔德以降,主流社会学基本上一直是在自然主义的认知模式下成长的,从概念、方法到理论的建立都跟着自然科学亦步亦趋。现象学社会学则是一种反自然主义的社会学理论,是对自然主义社会学的"现象学批判"。现象学社会学认为,实证主义社会学忽视了自然科学与社会科学在研究对象上的本质区别,它用一套范畴、概念创造了一个有秩序的科学的人类行动的实在,但这个实在是不真实的。现象学社会学从胡塞尔的现象学中借用了"生活世界"和"互主体性"概念,认为日常的生活世界是一个互为主观性的世界,这个世界是由多重实在构成的,行动者与互动的他人都在共同参与和分享这个世界。现象学社会学主张,对社会学来说,日常经验的实在才是最重要的,应当对传统社会学认为的"事实""实在"加以"悬置",转而研究人们是怎样赋予他们在日常生活中的经验以意义的,从被研究者的角度来解释经验的实在。

加芬克尔试图从经验研究上证实现象学社会学的上述观点,并从理论上给予更具批判性的表述。他创立的常人方法论正是要强调研究人的日常活动,尤其是社会互动中形成的习惯性的方面,考察人们使用什么手段赋予日常生活世界以意义,即怎样构造实在。加芬克尔提出"常人方法论"(ethnomethodology)①一词是在 1954 年,其时他正与其同事门德罗维奇(Saul Mendolowitz)一起进行陪审团决策问题研究。"ethno"在希腊文中意为国家、人民、部落、种族,此处主要指普通人或成员(member),"ethnomethod"就是普通人为解决各种日常问题所运用的"方法",即常人方法。"常人方法论"这一理论标签同时包含了加芬克尔的两个理论旨趣。其一,社会学研究应该面向日常生活,分析普通人在日常生活中如何运用常识性知识、程序和技巧来组织他们的实践行动。在这个意义上,常人方法论所关注的社会实在,是那些日常的(everyday-life)、毋庸置疑和理所当然的(unquestioned and take for

---

① ethnomethodology,又译作"本土方法论""人种学方法论""民族学方法论""俗民方法学""常人方法学"等。

granted)、延续展开和不断建构的(ongoing constructing)成就。其二，社会学本身也是一种日常活动，社会学知识与日常知识或常识之间并没有截然分明的界限。

常人方法论尽管主张对传统社会学持彻底的反思和批判态度，但它本身并非无源之水。在谈到自己的学术背景时，加芬克尔曾经提到四位思想家的名字：帕森斯、舒茨、古尔维奇(Aron Gurwitsch, 1894—1965)和胡塞尔。其中后三位都是现象学家或现象学社会学家，表明现象学的思想和方法对加芬克尔提出常人方法论产生了决定性影响。除此而外，帕森斯的社会学理论，后期维特根斯坦的语言哲学，米德、布鲁默和戈夫曼的符号互动论等，也对常人方法论的形成和发展有不同程度的影响。

常人方法论通常被归为微观社会学，它与现代社会学的关系可以从两个方面考察：一是与主流的实证社会学的关系，二是与符号互动论的关系。常人方法论最初以扮演传统社会学和主流社会理论的彻底批判者为己任，拒绝承认自身与经典社会学的任何关系，后来又以涂尔干的真正继承者自诩。① 这种孑然不群的态度是它不仅在理论上受到批评，而且在实践上受到排挤的重要原因。同样，它也没有系统澄清其与符号互动论的关系，尽管二者在许多问题上持有相同或相近的立场。

加芬克尔社会理论的核心是所谓"社会秩序如何可能"的问题，而这一兴趣无疑来自他的老师帕森斯。正如帕森斯不满于霍布斯对"秩序问题"的解释，加芬克尔也不认同帕森斯的行动与社会秩序理论。帕森斯认为社会秩序是客观存在的，稳定的社会行动模式依赖于被行动者内化了的规范或规则，后者是先于个人而存在的。加芬克尔则与之相反，认为社会秩序或稳定的社会行动模式是行动者不断完成的暂时的结果，并非单纯依赖于规则而存在，相反，规则是行动者在行动中构

---

① 常人方法论者经常简称其工作为"EM"或"EM Studies"，以区别于传统社会学的正式分析(formal analytic, FA)。加芬克尔认为，与传统的正式分析(FA)相比，常人方法论研究(EM)是研究涂尔干所谓社会事实的更"正确的"路径。参见 Harold Garfinkel. *Ethnomethodology's Program*: *Working out Durkheim's Aphorism*. Anne Warfield Rawls (ed.). Lanham, Md.: Rowman & Littlefield, 2002:pp. 66—67.

建出来的,它是使行动成为可说明和可描述的一种"工具"。社会秩序是一个过程,在这一过程中,行动者通过各种方式,富有技巧地创造出一种秩序感。可以说在许多论题上,常人方法论是以一种"颠倒"的方式与帕森斯理论相关联的。

尽管常人方法论与符号互动论有着种种差异,但加芬克尔对米德、布鲁默,特别是戈夫曼的工作是熟悉的,两种理论在研究兴趣、方法论立场甚至具体观点上都有重要的内在关联。常人方法论与符号互动都把研究重点放在日常面对面社会互动的微观分析上,都重视语言在社会互动中的重要作用,都主张从行动者的立场来解释现实的社会生活,都关注社会生活的主体性基础,而且它们对实证主义的共同不满使之建立起一种共生关系(symbiosis)。

常人方法论的代表人物,除了加芬克尔之外,还包括西克里尔(Aaron Cicourel)、萨克斯(Harvey Sacks)、齐默曼(Don Zimmermann)、维德尔(Lawrence Wieder)、波尔纳(Melvin Pollner)等。本节主要介绍加芬克尔的常人方法论思想。

二、常人方法论的基本思想

(一)社会秩序的性质:对传统社会学的挑战

在后帕森斯社会学中,常人方法论是以最激进的批判和最彻底的反思的形象出现的。它对传统社会学和当时占主导地位的帕森斯理论的批判和反思主要表现在以下几方面。

其一,批判和反思传统社会学,尤其是以帕森斯为代表的功能主义理论日益脱离社会实践的倾向。

常人方法论认为,传统社会学长期以来一直忽略了对人们置身于其中的"第一生活环境"——日常生活现实的分析研究,并用抽掉属人意义的空洞概念如结构、功能、角色等去说明社会现实,进而将其所表达的属性当作社会现实的本质。传统社会学对社会"现象"的"科学"描述方式实质上扭曲了社会现实本身。常人方法论强调社会学家应对传统社会学来一次"范式革命",抛弃传统社会学业已建立的理论框架与方法论,循着舒茨的研究路径,直接关注人们置身于其中、并且不断构建着的日常生活现实世界,建构起直接揭示日常社会生活世界本身的理论与方法论。

其二,拒斥传统社会学关于社会和人的形象的假定。

关于社会事实的假定。传统社会学假定社会事实是一种外在于个人的客观存在物。常人方法论指出,社会事实并非外在于个人的全然客观的"物",而是一种反身性的社会现实,并且总是指向情景,因而社会现实是处于不断建构的过程中的。

关于"人的模型"(model of man)的假定。在社会现实与社会秩序的建构过程中,行动者并非消极的"判断的傀儡"(judgemental dope)。加芬克尔批判传统社会学尤其帕森斯的行动理论中的"人的模型",即行动者通过对内化了的规范的主动遵从而达到其行动的一致性。加芬克尔指出,传统的"人的模型"不外两种:一种是"文化的傀儡",一种是"心理的傀儡"。前者指的是社会学意义上的社会人,他们由于按照共同文化所提供的行动的预设性与合法性选择而行动,从而产生一种稳定的特征;后者则是心理学意义上的社会人,他们由于精神病史、健康状况及其他精神机能变化等心理学因素所产生的行动选择表现出一种社会稳定特征。① 这些"人的模型"都忽略了人类实践的积极的创造性质,因而并不能真正说明行动者如何赋予行动以意义、如何感知和解释行动,以及规范或规则如何支配着人们的互动。

其三,批判传统社会学的科学主义取向。

传统社会学要求社会学家科学地描述世界,并将科学理性用作解释人类行动的方法论准则。加芬克尔认为用科学理性来确定日常生活实践活动是有问题的,不仅造成了对人类行动自身的误解,而且扭曲了人类行动自身。换言之,用科学理性来研究根本不具有科学理性特征的日常生活实践是毫无意义的,对实践活动的理解和说明只有在抛弃理性科学观念的基础上才是可能的。实际上,实际的社会学研究并没有真正贯彻其科学主义和理性主义的预设,在其推理中仍然运用与日

---

① H. Garfinkel. *Studies in Ethnomethodology*. Englewood Cliffs, N. J. : Prentice-Hall, 1967:p. 68.

常生活实践推理一样的假设和态度,即常识理性。传统社会学这种自认为优越于日常生活的、基于科学理性的理论建构,实际上恰恰暴露出它与日常生活实践所共有的素朴性,社会学知识与常识一样含混不清,传统社会学只是一种"民俗学科"(folk discipline)而已。

加芬克尔对帕森斯行动理论的批判和拒斥,最典型地表现在对"霍布斯秩序问题"(Hobbes' problem of order)理解上。所谓"霍布斯秩序问题",即英国近代哲学家霍布斯(Thomas Hobbes,1588—1679)提出的"人类的共同生活以及由此而来的社会秩序如何可能"的问题。霍布斯本人对此的答案是:"通过一个由使用暴力或以暴力相威胁来支持的最强有力的统治者的专制和命令。"19世纪的社会学家不满于这种解答,并提出了若干替代方案。其中斯宾塞继承卢梭的观点,认为较为发达的社会是通过其成员之间的契约关系网来实现秩序的。涂尔干则反对这种契约论,认为契约不能作为社会秩序的独立基础,因为建立契约已经假定了社会规范,即"契约将受到尊重"这样的规范。涂尔干对秩序问题的解释,是将社会秩序的基础归结为"集体良心"或"集体意识"。帕森斯则循此进一步将秩序问题具体化,转换成"究竟是什么使社会维系在一起"。换言之,使社会维系在一起的基本因素,是"暴力"(force)还是各种"欺诈"(fraud),抑或是这两者?为了避免重蹈霍布斯的覆辙,帕森斯将秩序问题与行动(action)和价值(value)结合起来,建立了他的"唯意志论"(voluntarism)或自愿主义的行动系统理论。

"唯意志论"这个概念表明,社会成员不是单单基于个体的利益或外在的强迫而生活在一起的,相反,他们是在一个规范性的关系域中自愿地同意一起生活的,即一个唯意志论式的秩序既不是纯粹的强制性秩序,也不是纯粹自利主义的利益权衡的结果。帕森斯认为,在一个没有任何外力介入的社会中,人们之所以不会陷入"一切人反对一切人的战争"状态,是由于社会中存在着一种道德规范或"共同价值体系"(common values system)。作为社会成员对社会的一致性理解,道德规范或共同价值在社会生活中被制度化了;同时,社会又以约束的方式,让行动者在社会化的过程中习得这种共识,使之成为被社会成员内在化了的行动准则。当社会成员按照规范结构所规定的规则行事时,就避免了"失范"或"战争",从而产生了社会中稳定的社会秩序。

帕森斯的这一"内化"模式包含以下三个方面的要点:(1)稳定的社会秩序依赖于行动者在行动时遵守规范,或者规则;(2)规范或规则是社会独立于个人预先决定的;(3)对维持一种社会秩序来说,关键是在行动者的意识中被内化的道德性的规范。

加芬克尔常人方法论的行动理论却是对帕森斯行动理论的三个命题的颠倒。针对结构功能主义对社会秩序先验性、外在性,以及行动者通过社会化将规范内化并恪守执行的观点,加芬克尔指出,在这些理论预设中,行动者不过是一个"判断傀儡",行动是被动和服从的,而不是主动和创造的。加芬克尔认为,帕森斯完全忽视了日常社会生活中行动复杂的组织过程和行动者所从事的大量权宜性的努力。社会中存在的较为稳定的行动结构,不是社会行动者遵循预先确定的规范的亦步亦趋的产物,而是"一个永无止境的,正在进行的,权宜性的成就"。正如舒茨所言,"生活世界就是不断被我们的行动所修正并不断修正我们行动的世界"[①]。

加芬克尔对社会秩序的解释可以概括为:(1)稳定的、一再出现的社会行动模式是行动者权宜性努力的成果或"成就"(accomplishment or achievement);(2)规则与其说是先于行动,作为行动的"蓝图"和规定发挥的作用,不如说是在行动之后,是使行动成为"可说明的""可描述的"一种工具;(3)社会的"秩序"的基础,如果有的话,也是认知性的,而非规范性的。

(二)日常生活及其推理实践

常人方法论所研究的基本问题,不是传统社会学乐此不疲的那些抽象的社会结构和社会行动问题,而是普通人看待社会的方式、方法,或者按照加芬克尔的术语,是常人在日常生活中的常识推理实践(common sense reasoning practices)。传统社会学普遍忽视日常生活世界研究,把常识视为理所当然的资源(resource)而不是研究主题(topic)。舒茨首次将社会学研究引向日常生活世界这块未开发的领

① 许茨.社会实在问题.霍桂桓译.北京:华夏出版社,2001年版,第285页.

域,而常人方法论正是沿着舒茨开辟的道路继续对日常生活世界的实践活动进行经验研究。常人方法论就是要研究普通人在日常生活中,如何运用常识性知识、程序和思考来解释日常情境并行动的方法,并从普通人的日常行动及其看待行动的思考模式出发来考察社会现象。

常人方法论假定,人是理性的,日常生活也有秩序和逻辑,但常人使用日常推理而不是科学推理来完成日常生活实践。"在受日常生活之成见支配的行动中,科学理性只能被看作一种无效的理想。科学的理性性质既不是日常例行事务中的稳定特征,也不是其中值得认可的理想。如果试图将这些性质固定化,或是强迫人们在日常行为中同它们保持一致,就会夸大一个人的行为环境的无意义特征,并使互动系统的混乱状况大大加强。"①

在常人方法论看来,社会中的绝大多数人是没有受过社会学训练的普通行动者,而他们才是现实社会的真正建构者和诠释者。他们以日常生活的例行程序,不加思考地不断重复和展开其言行:一方面他们处于既定的客观社会现实中,自然而然地按照既定的社会规范和制度去行事;另一方面,他们又以大量重复性的习惯动作和行为模式创造着他们身处其中的社会世界,建构他们关于社会世界的实在感。社会并不需要社会学家的分析、观察和评论,早已按大多数人的普通观点和方法论"客观地""现实地"存在和运行了。社会学的任务不过是观察日常生活中早已存在的面目和运作机制,发现"日常实践活动的形式特征"。

常人方法论关于日常推理实践的核心主张,可以简单概括为:(1)社会活动是有序的(orderly),它们在重要的方面是非随机的、周期性发生的、重复出现的、匿名的、有意义的和连贯的;(2)这种有序性是可观察的(observable),社会活动不是私事而是公共的,其生产过程是可以目睹和感知的;(3)这种可观察的有序性是平常的(ordinary),对胜任那些实践的任何成员来说很容易接近;(4)这种平常的、可观察的有序性是有取向的(oriented),参加者在有序的社会活动中趋向于一种

---

① H. Garfinkel. *Studies in Ethnomethodology*. Englewood Cliffs, N. J.: Prentice-Hall, 1967: p. 283.

互相活动意识;(5)这种有取向的、平常的、可观察的有序性是理性的(rational),有序的社会活动对那些知道如何去生产和评价它们的人来说是有意义的;(6)这种理性的、有取向的、平常的、可观察的有序性是可描述的(describable),掌握了自然语言的人可以谈论他们活动的秩序。①

在《常人方法论研究》中,加芬克尔提出了几个重要概念,特别是可说明性、索引性与反身性(反思性),具体揭示了日常推理实践的上述特征。

1.日常实践的可说明性

加芬克尔认为:"社会成员用于产生和管理有组织的日常生活事件的各种环境的活动,与成员使这些环境成为可说明的程序相一致。"②换言之,日常生活实践是一种可说明的实践,是可观察的和可报道的实践,或正处在观察和报道实践之中的人们所能利用的实践。可说明性(accountability)意味着,实践或行动的某些部分可以被参与者或旁观者向他人描述、报道,可以被看到、被谈论,并因此为成员所理解,成为可认识的行动或实践。在这里,所谓说明(accounts)指行动者解释(描述、批评、理想化)特定情境的方式,而说明实践(accounting practices)则指一个人提出说明而其他人接受或拒绝该说明的方式。

日常实践的可说明性并不意味着在行动规则和规范预先决定的情况下,一劳永逸地对实践活动进行全面描述与理解。相反,由于日常实践行动自身的某些属性(如索引性)的限制,说明只能是局部描述和理解,描述和理解的界限则由实践需要决定。对于日常实践行动而言,规则与规范与其说是本质的,不如说是认知性的,其唯一作用或许就是使日常实践行动成为可认识的和可说明的。换言之,规则和规范只是行动者维持日常实践行动可理解性和可说明性的源泉,只是行动者理解和说明其实践行动的参照。规范和规则具有双重说明属性:一方面在

---

① Michael Lynch. *Scientific Practice and Ordinary Action*. Cambridge University Press, 1993:pp. 14—15.

② H. Garfinkel. *Studies in Ethnomethodology*. Englewood Cliffs, N. J.: Prentice-Hall, 1967:p. 1.

实践行动与规范性常规一致的情况下,规范和规则可以有效地赋予行动者自我存在(self-subsistent)的解释;另一方面在行动与规范性常规偏离的情况下,这种偏离被赋予"辅助性阐述",也即规范或规则将主动寻求解释不能满足的特殊条件——根据某些"特殊动机"或情境做出说明。无论哪一种情况,规范在认识上都充当了行动——无论是与规范一致的行动还是偏离的行动——得以理解的解释基础。① 简言之,规范与规则是实践行动可说明的基础,其作用在于使实践行动成为可描述的与可说明的。

可说明性是常人方法论对日常实践推理的最基本的假设。正是因为日常实践是可说明的,所以一方面,常人方法论才主张社会学应该并且可能从日常生活中找到理论源泉;另一方面,加芬克尔也才能进一步将社会学的推理实践也看成一种说明实践。

2. 日常表达的索引性

"索引性"(indexicality)一语源自语言学,其主要研究语句可能在不同语境中其有不同意义。加芬克尔扩大了这一词的意义,将之用于社会学分析,进而认为日常实践行动也具有索引性。在常人方法论中,"索引性"即指人的行动"和场景之外的社会结构之间存在复杂的关联"。索引性表达在加芬克尔的常人方法论中居于重要地位,日常实践的可说明性本质上就是索引性表达。加芬克尔曾经说:"我用'常人方法论'一词来指对索引性表达和其他实践行动作为日常生活中各种有组织的巧妙实践之权宜性的和不断发展的成就所具有的理性性质的研究。"②

加芬克尔区分了索引性表达(indexical expressions)与客观性表达(objective expressions)两个范畴,前者是日常表达的特征,而后者是科学表达的特征。所谓索引性表达指日常沟通行动"依赖于对意义的共

---

① John Heritage. Ethnomethodology. A. Giddens & J. H. Turner (eds.). *Social Theory Today*. Oxford: Polity Press, 1987: pp. 246—247.

② H. Garfinkel. *Studies in Ethnomethodology*. Englewood Cliffs, N. J.: Prentice-Hall, 1967: p. 11.

同完成且未经申明的假设和共享知识",就其意义而言,它是完全依赖于其情境的,即它是由情境限定的(context-bound)。任何一个表面上孤立的"表达"和"行动"归根到底都是一条"无穷无尽"的"索引链"上的一环,永远不能归到一个不受索引性问题困扰的最终基础,加芬克尔称之为"无底之船"(a boat without a bottom)。与索引性表达相反,客观性表达主要对事物的客观性质的普通特征予以描述,而不受描述者与特定情境限定。也就是说,客观性表达不依赖于描述现象的特殊表现形式的背景关系,即是不受情境限制的(context-free)。借助于客观表达,人们建立起各种精确科学,因为这种表达使得正式话语成为可能,亦即它使得关于现象的普遍命题的系统阐述成为可能,而这些命题具有普遍有效性。

日常生活中的索引性表达,尽管模糊和不精确,却不妨碍社会互动的进行。相反,语言的运用过于准确却反而会破坏社会互动的意义。因此,与传统社会学试图借助一些东西(最著名的就是"规则")来"修补"(repair)或"疗救"(remedy)日常行动的努力相反,常人方法论从不试图为行动提供终结性的理论说明,认为只有这样才能体现日常生活的真实面貌。加芬克尔写道:"无论实践行动在哪里成了研究的主题,这种可能的区别以及对索引性表达的客观表达替代,在人们必须具体证明它们的每一种特殊情况和每一实际场合下,都依然只是纲领性的。"①换言之,我们自以为是客观的社会之所以是客观的,仅仅是因为我们用客观的术语表述它们;也就是说,依据它们共同的性质表述它们。而这些共同性质并非必然地内在于这些客体本身,而是由描述的方式赋予它们的。② 因此加芬克尔断然指出,日常活动的描述与理解是"无法疗救的"(unremediable),对无穷无尽的实践行动的索引性所做的任何"疗救"或"修补"努力,不仅错误地理解了日常生活,而且损害

① H. Garfinkel. *Studies in Ethnomethodology*. Englewood Cliffs, N. J. : Prentice-Hall, 1967: p. 6.

② P. Filmer, et. al. (eds.). *New Directions in Sociological Theory*. Cambridge: The MIT Press, 1972: p. 212.

了社会学理论自身。对于日常实践而言,索引性表达本身具有合理性,社会学研究的任务即描述和说明索引性表达的这种合理属性。这也是为什么加芬克尔在其常人方法论定义中一再申明,常人方法论要将"索引性表达的合理性"作为自己的研究对象。

加芬克尔通过一些经验研究来揭示索引性表达的合理性。例如《常人方法论研究》中收录了下面一段研究报告:

（某夫妇两人在客厅看电视）

丈夫:今天晚上我有点儿累。

妻子:怎么样的累法? 身体累还是精神累,还是只是觉得无聊?

丈夫:不知道,主要是身体累吧。

妻子:你是说筋骨疼还是肌肉酸呢?

丈夫:我想两者都有吧,不要太钻牛角尖!

（夫妇两人继续看电视）

丈夫:怎么这些老电影都用同样的背景?

妻子:你说老电影是什么意思? 是所有的老电影还是大部分老电影,或者仅仅是这部老电影呢?

丈夫:你怎么了? 你知道我指的是什么!

妻子:我希望你能讲得清楚一点儿。

丈夫:你明白我的意思! 不和你讲了!

这个实验研究就能很好地表明,日常生活中谈话过于要求精确反而会扰乱正常的互动过程。有点儿累就是有点儿累,不必讲明是身体累还是精神累;老电影就可以了,不必要求申明是所有的老电影,还是一部分,或者某一部老电影。妻子要求讲清楚,反而惹怒了丈夫,致使谈话中断了。

下面这个有关索引性表达的实验更经常被加芬克尔和其他人引用。加芬克尔要求学生观察并记录人们在日常生活中的对话,把当事人谈话的实际内容写在左边一栏,把当事人实际所表述的意义或对对方叙述的实际理解写在右边一栏。在实验中,加芬克尔要求学生尽可能地记录下日常谈话中使双方得以理解但未言明的背景（context）:

丈夫：今天,达纳不用我把他抱起来就成功地把一枚硬币放到停车计时器中。

今天下午,当我接我们 4 岁的儿子达纳从幼儿园回家,在一个停车场里停车的时候,他终于能够得着那么高的地方,成功地把一枚硬币放进了计时器,而他以前总是必须被人抱起来才够得着。

妻子：你带他去唱片店了?

既然他把一枚硬币放进了停车计时器,那么,这就是说,他在你停车的时候和你在一起,我知道,你或者在去接他的路上,或者在回来时会在唱片店门口停一下。你是在回来的路上停车,所以他和你在一起,还是你在去接他的路上在唱片店门口停了一下,而回来带着达纳又在别的地方停车了?

丈夫：不,带他去修鞋店了。

不,我在去接他的路上在唱片店门口停车,而在带达纳回来的路上在修鞋店停了一下车。

妻子：为什么?

我知道你为什么在修鞋店停车的一个理由。实际上为什么这样做呢?

丈夫：我给我的鞋买了一些新鞋带。

你可能记得,我前几天把我的一只棕色牛津式便鞋的鞋带弄断了,所以我停车去买些新鞋带。

妻子：你的平底鞋很需要钉上新的鞋后跟。

我刚才以为你买的可能是别的东西,你本来可以把你的那双需要钉后跟的黑平跟鞋带去,你最好尽快请人修一下。

　　加芬克尔发现,谈话中的很多东西之所以被理解,不仅基于当事人实际说出来的东西,而且根据大量谈话中未提到的因素,也即大量的言外之意。对这些言外之意的理解依赖于谈话所涉及的当事人最近的互动发展过程及前景预期,依赖于谈话过程和对话发展的文献证据(doc-umentary evidence),即一系列时间上连贯的表达。[①] 这些言外之意是无穷无尽的,加芬克尔将这些大量的言外之意称为"合同中未言明的条款"(unstated terms of contracts)。正是这些"条款"使实践活动中的任何规则都不足以应付当前或未来实践行动中所有可能的情况,也就是说,使现有规则不可能预先决定行动。如前所述,规则在日常活动中所具有的作用是认知性的,而非规范性的,即使实践行动成为可说明的,这是由实践行动的索引性属性所决定的。

3. 日常行动的反身性

在日常实践中,行动、场景和说明构成一个复杂的整体:行动处于局部场景之中,而这个局部场景又是行动的建构物;说明既使行动成为可理解的条件,本身又是行动的构成成分;说明与场景之间也存在类似的构成与被构成的辩证关系。行动的反身性(reflexivity)即指行动与说明和场景之间的不可分性,说明是行动的内在组成部分,说明行动也"不能独立于其从社会角度组织起来的运用场合而存在"。相反,说明是一种独立的实践行动,跟其他行动一样,必然有助于其作为其中一部分的环境的形成,并从中获得解释与理解。正如加芬克尔与萨克斯所概括的:"描述在某种意义上是其所描述的环境的一部分,其在详尽说明环境的同时也为环境所详尽说明,这种反身性保证了自然语言所特有的索引性特征。"[②]

常人方法论将日常行动看成一个反身性建构过程。沿用曼海姆的概念,加芬克尔将这一反身性的建构过程称为"文献解释法"(docu-mentary method of interpretation)。所谓文献解释方法,就是将一种实际现象当作一种预先假定的基本模式的"证据""说明"或"代表",一方面,这个基本模式是由它的个别证据引申而来的;另一方面,这些个

---

① H. Garfinkel. *Studies in Ethnomethodology*. Englewood Cliffs, N. J.: Prentice-Hall, 1967:p. 36.

② H. Garfinkel. H. Sacks. On the Formal Strurture of Practical Actions. John C. McKinney and Edward A. Tiryakian (eds.). *Theoretical Sociology: Perspectives and Development*. New York: Appleton-Century-Crofts, Educational Division, 1970:p. 160.

别证据反过来又是在对基本模式有所了解的基础上加以解释的。模式自身与模式的特例相互强化、相互证明，互为对方的反身。在这里，基本模式就是关于社会文化背景的常识知识。

在加芬克尔看来，无论是专业社会学家还是日常生活中的普通人，都面临着"常识选择情境"，因此都会在说明实践中使用"文献解释法"。以谈话为例，所有谈话本质上是反身性的或自我描述的，因为谈话意义的建构过程亦被当作意义构成的一部分。成员的系统表述（formulation）不断创造着谈话并通过证明其可理解性而描述着这一环境，与此同时，通过同一程序，成员建构并描述作为一可观察现实的环境。正是在这个意义上，虽然实践行动的"反身性"不可避免地指向行动置身于其中的环境，但"反身性"并不等同于符号互动论意义上的"情境定义"。

加芬克尔开展了大量经验研究来说明实践行动的这种反身性。下面的实验即为这样一项研究：加芬克尔邀请 10 名大学生参加一项被称为"精神心理治疗法"的实验。实验者假称是受过专门训练的学生顾问，为被试提供咨询。基本过程即：首先要求被试者谈一下他所要咨询问题的背景资料；然后提供一些只能用"是"或"否"来回答的问题，而实验者则承诺尽其所能回答问题。实验者与被试者分别安排在两个相邻的屋子里，通过对讲机谈话，而互不见面。当被试者提出问题后，实验者给出"是"或"否"的答案。这时，被试者切断对讲机电源，对给出的回答予以评论，并用录音机录下来，而不让实验者听到；之后，被试者再接通对讲机电源继续提问……以此类推，每个人不少于十个问题。被试者并不知道，坐在隔壁屋里的实验者根本不是学生顾问，也不知道他们所提问题的答案是由随机数字表格事先确定好次序的，而实验设计出来的目的只是为了看一看他们如何使这些仅仅具有随机性的回答有意义。

在研究中，加芬克尔发现，尽管实验者的回答具有随机性，但学生们并不这么认为。相反，他们认为回答是由问题引起的，并且发现他们可以明白"建议者心里想什么"，并且总是努力从实验者的回答中寻找其预期的意义。这样，在实验者与学生被试者之间便形成一基本互动模式，这一基本模式反过来又为学生们理解以后的回答提供依据，并决定着下一个问题提出。即使在处理自相矛盾的回答时,学生们也力求做出合理解释,如实验者不了解问题的全部背景,或等等后面的回答,看看是否有助于理解前面回答的意义等。简言之,学生们总是想方设法地维持已经建立起来的基本互动模式。加芬克尔指出,在整个咨询的过程中,回答的意义是学生们依照某种模式反身性地建构出来的。

加芬克尔试图通过上述分析表明,谈话互动中的共同理解是如何依据其背景预期处于特定谈话互动模式之中,同时每一现实的谈话语句作为证据又是如何在谈话过程中产生出谈话互动模式的。在加芬克尔看来,日常生活中的各种实践活动与上述过程相类似,实践行动的意义也是反身性地构造起来的。上述实验所表现出来的特征也是构造一切实际活动的特征,它们是一切实践活动的形式属性,而与内容无关。实践行动者在用其所属的互动模式(它本身也在互动中形成)理解具体互动行为(即理解相互作用的现实材料)时,同时也在将互动过程本身确定为一定类型的社会结构。加芬克尔称这一过程为"反身的标准化过程",在按照作为社会标准化手段的背景预期来组织自己的活动时,"人们正是用这些活动本身发现、创造并维持着这种标准化"[①]。也就是说,实践行动的意义是反身性地构造起来的。社会活动的各种结构在什么程度上被行动者所了解、所理解,那么,它们便在什么程度上存在着。社会就是实践的行动者在互动过程中的意义建构过程,简言之,是行动者的理解过程。

三、常人方法论的方法论

如前所述,常人方法论是在对传统社会学进行激进批判的基础上,通过引入现象学的概念和方法建立起来的。这意味着常人方法论对于社会学推理实践的理解,既和传统社会学有重要区别,也不完全等同于现象学社会学,而是有其独特的元理论逻辑。

---

① H. Garfinkel. *Studies in Ethnomethodology*. Englewood Cliffs, N. J. : Prentice-Hall, 1967:p. 67.

（一）"常人方法论的无差异"

现象学社会学虽然明确提出一种生活世界社会学的新主张,但在社会学与生活世界的关系上,还是主客二元的对立思维方式。舒茨没有把社会学家放在社会世界之中,社会学家作为与研究对象相对立的主体的身份没有改变。在这一点上,舒茨、韦伯、涂尔干都将社会学家视为站在社会世界之外的观察者。

常人方法论则更彻底地向以孔德、涂尔干、韦伯和帕森斯等人为代表的主流社会学提出挑战,不仅坚定地把社会学的立足点移到日常生活之中,而且明确主张要用普通人处理日常生活的方法、人与人交往互动的方法来研究社会现象;不仅社会学最基本的研究对象是日常生活,而且社会学本身也是一种日常活动;社会学同日常生活的关系也是一种日常关系,也应当用常人的眼光和方法去理解。把社会学本身也看作一种日常活动,这个观点将使社会学放弃作为客体对立面的主体地位,社会学家及其社会学研究活动不再具有二元论思维方式中的那种主体性。而一旦进入常人世界,社会学的问题域也就发生了变化:从社会结构研究转向人际交往研究,从抽象的模式分析转向具体的、可以直接感知的日常实践(比如谈话)分析,对社会秩序何以可能的理解也发生了根本性的变化。

实际上,常人方法论的研究旨趣一开始就同时指向普通人和社会学家的说明实践,并且认为两者没有本质的不同。普通人和社会学家都提供说明,社会学报告就是一种说明。常人方法论可以分析普通人的说明,也完全可以用同样的方式去分析社会学家的说明。加芬克尔用"常人方法论的无差异"(ethnomethodological indiference)来概括他的上述思想。这个概念的含义有二:第一种含义类似于韦伯所说的"价值中立",即研究者采用非个人的方法论,不对日常说明的本质做出(道德)判断,而是分析它们是如何被用在实践行动中的,发现人们用来提出、理解、接受或拒绝特定说明的方法。第二种含义是一种"知识平等论"(epistemic egalitarianism),即常识推理与社会学推理的对称性,常人(外行)与专家的平等地位,强调社会学要基于成员的立场、运用成员的方法进行说明。在这里,"成员"(member)不仅指参与日常实践活动的人们,而且也指对这些活动及其场景进行分析的外部观察者。"成员的说明"(members'accounts)能够作为在特定场景中参与社会生产和再生产的构成性因素,将社会与个人衔接起来。

"常人方法论的无差异"包含着常人方法论关于社会学方法论的反身性主张。这一主张涉及两个方面:其一是对社会学研究本身的反思,涉及对传统社会学素朴性的批判,以及对社会学作为一种"工作"自身的推理实践的考虑;其二是要求社会学研究必须有助于揭示日常实践活动的反身性特征。

(二)"方法论的独特适当性"

常人方法论研究者拒斥传统社会学标准化的研究方式,也拒斥非反思性的社会学推理。他们遵循现象学的"回到事情本身",使用现象学描述方法呈现事物的本来面目。这一描述取向要求研究者直接观察,并直接参与到那些环境中去,因为这一描述同时也预设了与成员实践环境相关联的意义。正如萨克斯所指出的:"社会学可以是一门自然观察的学科。"① 在加芬克尔的术语中,"说明"一词用"account"而不是"explanation"或"interpretation",正是要强调前者比后者更详细、更具体、更如实的描述意味(Bird song depictions in field guides)。此外,常人方法论研究者偏爱录音、录像等技术手段的运用,也是出于忠实记录事件发生过程和场景的需要。

在其经验研究中,常人方法论者虽使用社会学、人类学、解释学等各种相关学科的经验研究方法,但总是不同程度地对这些方法加以创新,使之成为常人方法论的研究方法。这就是所谓"方法论的独特适当性",即根据研究实际情况,因地制宜地使用各种现有的研究方法来达到自己的研究目的。他们探索与发现那些对其研究对象而言独一无二的方法,这些方法具体包括什么则由研究者视情况而定。正如加芬克尔所说:"我们的兴趣不在于预先发明,并且事实上也不指向严格的方法论研究,只有当我们发现这些方法对我们的检视而言成为可达到的

① 转引自李猛. 常人方法四十年. 国外社会学. 1997 年第 1 期,第 2—3 页。

实践推理的特征时,我们才运用这些方法程序。"①

　　常人方法论发展了大量的局部研究的方法,某种意义上是要强调常人方法论的策略。如个案研究,加芬克尔在对变性人 Agnes 的研究中使用这一方法,试图揭示现实生活中的个体如何对自己或他人进行性别定位,亦称之为现实建构的个案研究。这种个案研究与医学、社会学意义上的个案研究已大不相同,暗含了常人方法论的理念。又如实地研究,在常人方法论研究中,被应用于研究特定群体成员运用常识建构日常活动的秩序和意义。常人方法论也采用社会学的其他常规研究技术,如统计技术等,这使其方法论带有某种"实证"倾向。

　　常人方法论的方法论及其准则是宽泛的,既不具体也不系统。常人方法论似乎更愿意在实际研究中践行这些准则,而不是提出清晰的概念框架、研究程序进而建构起系统的理论。在某种意义上,常人方法论的这些方法论只是一些无形的准则,这些准则依赖于常人方法论研究者所具有的使方法与现象之间相符合的创造能力(capacity)或资格(competence)。加芬克尔曾指出:"由于研究者是'成员',因此他们可以确定并将研究对象分类。……常人方法论的方法只是部分可言说的(tellable),常人方法论者必须依靠自身的能力资格才能从中获得更多。"②换言之,常人方法论者并不能从常人方法论研究的方法论中获得任何具体的指南或秘诀(recipes)。

　　(三)"破坏性实验"

　　"破坏性实验"(breaching experiments)可能是加芬克尔所创立的最具特色的研究方式。加芬克尔引用舒茨关于日常生活构成预期的分析,表明破坏视角互易性基本假定的行动将导致某种迷惑、愤怒以及各种试图恢复情境的努力。在常人方法论研究中,破坏实验的目的简单说即通过打破常规而发现常规,具体有三方面:(1)通过打破正常生活

　　①　转引自 Pierce J. Flynn. *The Ethnomethodological Movement: Socio-semiotic Interpretations*. New York: Mouton de Gruyter, 1991: p. 93.

　　②　转引自 M. Rogers. *Sociology, Ethnomethodology, and Experience: A Phenomenological Critique*. Cambridge: Cambridge University Press, 1983: p. 104.

秩序,观察社会现实如何得以建构或重建的过程,也即正常社会秩序如何得以维持的过程;(2)说明社会秩序的建构时时刻刻都在发生,而人们并未察觉自己参与其中;(3)说明社会现实是柔性的、脆弱的和容易损坏的。

常人方法论研究日常生活中理所当然的事情,揭示与说明蕴藏于所有实际行动与环境(setting)之中的"一致性赞同"的东西。"破坏性实验"研究的合理性在于,常人方法论所要研究、揭示和说明的社会现实通常是"现成的"(ready-made)、不言而喻和毋庸置疑的,或者说已经"黑箱化"了。要想考察这个现实的形成过程,必须采用某种方法扰乱现实的稳定性,重新打开已经黑箱化了的现实建构过程。通过"破坏性实验",不言而喻的确定性成了问题,现实重新处于一种形成中的、包含各种变化可能性的状态,即所谓"自动加芬克尔状态"(autogarf-inkels)[1]。开展这种破坏实验研究依赖于三个条件:(1)情境结构是构造的,以便被研究对象不将之当作实验、游戏、骗局或玩笑;(2)对象没有充分的时间按自己的意愿来重新构造现实情境;(3)对象没有获得帮助以形成新的界定。

加芬克尔称,"破坏性实验"并非真正意义上的实验,而只是一种例示(exemplification)。加芬克尔用四类例示说明了这一方法。(1)破坏意义关联的一致性。要求学生们(实验者)拒绝普通用语中理所当然的意义(索引性表达),坚持要其谈话对象详尽阐明其平常所说的话的准确意义。比如在平常的对话中,当对方说"我累了""车胎漏气了"时,追问他们到底说的是什么意思。(2)破坏关于地位模式的共同经验。比如要求学生们在商店里坚持将顾客当作店员,要求顾客完成店员的责任,如结账、将购买的东西包好等。(3)破坏对司空见惯的事项的背景理解和"适当"认知。例如要求学生扮演家里的寄宿者,通过称呼父母为"先生""女士",使用礼貌用语回答父母的问题等,来破坏家庭中基本人际互动所要求的构成预期。(4)破坏关于真实社会世界中成员资格

---

[1] Harry Collins. *Sociology of Scientific Knowledge*. Bath: Bath University Press, 1983:p. 95.

的常识知识。例如,要求医学院预科生听研究者安排的对"入学申请者"所做的访谈录音,并对之做出评价。从录音中可以判断出,"申请者"是乡下人,谈话中夹杂许多方言,并且言语混乱、词不达意、自吹自擂、诋毁其他学院和专业,且与访谈者之间观点龃龉,似乎不善于与人打交道,显然不具备医科大学生通常所需要的品质。在这些学生根据录音对该"申请者"做出仔细评价后,再让他们看这个"申请者"的"正式信息":父亲是一家大公司的副总经理;文学爱好者,尤其爱好弥尔顿的诗歌和莎士比亚的戏剧;各门理科成绩均优,本科阶段即表现出研究生的水平;有在一家纽约市立医院工作的经历,并且很成功(薪水大幅增加)。他们同时得知,这位申请人已经被录取,推荐者对他的评价都相当高。在得到这些否认其最初印象的信息之后,实验者要求学生再听录音,重新评估这一申请者。结果表明,"学生们积极处理(正式)资料中表现出来的不协调,努力使之与最初的印象达到协调一致"①。

从结果看,各种"破坏性实验"的一个共同点是,被试在面临预期受到破坏时会产生紧张(惊讶、尴尬、愤怒等),并希望按照一些特殊方式解释非常规情况的出现,比如"你病了?""疯了!""傻子!"等。这正好说明,日常互动包含着大量不明言的背景假设、共享知识和隐含模式。西克里尔曾总结了常人方法论家在研究中所发现的日常互动的一些技巧或方法。

(1)(寻求)正常模式(the normal form):如果互动双方对情境的定义(何者为真)感到模糊,就会产生紧张。在这种情况下,他们就会提示彼此回到正常模式。

(2)(进行)视角交互(reciprocity of perspectives):行动者假定,如果交换位置,他们会具有同样的经验。因此,除非受到特定信息的干扰,行动者一般都趋于忽视由于他们的独特活动所引起的视角差异。

(3)(运用)"等等"假定(the etcetera assumption):当互动中出现隐含信息过多、意义不明时,行动者一般会"等待"必要的信息,以使对

---

① H. Garfinkel. *Studies in Ethnomethodology*. Englewood Cliffs, N. J.: Prentice-Hall, 1967:pp. 220—232.

方的言辞和行为有"意义"。

常人方法论是美国社会学与欧洲社会理论结合而成的"怪胎"。一方面,由于它对主流社会学所持的旗帜鲜明的批判和反思立场,常人方法论相当长一段时间内不被美国主流社会学所接受,并遭受到各种凌厉攻击,直至被斥为"反动""胡言乱语""声名狼藉"。这些来自主流社会学家的批评大都指责常人方法论更多的是用艰涩的语言来表现普通的和平淡无奇的东西。常人方法论开展的所谓"破坏性实验",更被指责为违反科学研究的伦理道德。常人方法论与美国主流社会学之间的这种互不信任和相互攻击,一度使常人方法论在社会学理论界处于相对尴尬的境地。

另一方面,常人方法论与现象学和现象学社会学的关系,也一样扑朔迷离。一些教科书在对常人方法论的三言两语的介绍中,一般简单地将它归入现象学社会学的一个激进分支。在许多社会学家看来,常人方法论是建立在现象学哲学基础上的解释社会学,充其量是现象学社会学理论的发展和实证化。但也有人注意到,常人方法论与现象学之间并没有持久的关联。首先,常人方法论的概念和方法论术语越来越不具备现象学色彩,诸如生活世界、自然态度、自我意识等很少在常人方法论研究中出现,尤其是在后期常人方法论研究中,这个特点更为突出。其次,常人方法论对舒茨之后的现象学社会学很少关注,后者大多关注意愿、角色、情景、互动、常识构成与日常生活研究等,而常人方法论则渐渐发展出了自己特有的对日常生活现实研究的独特视角和方法,如谈话分析、工作研究等。再次,或许也是更为重要的,常人方法论与现象学社会学有着迥异的关注点,后者极度关注人类意识、人类动机等问题,而常人方法论则更为关注经验实证的、可观察的社会活动。

在各种针对常人方法论的批判声音和模糊评论中,人们也看到了常人方法论的独到创见之处。特别是它为我们提供了一个独特而新颖的观察生活世界的视角,对解决当代社会学理论面临的"微观—宏观""能动—结构"问题也提供了富有启发性的思路。正是这些积极的价值,使得常人方法论一直在不断发展壮大。在经过最初对传统社会学的成功挑战之后,它现在已经作为社会学的一个常规分支或一个独特的理论流派进入社会学体制。常人方法论的研究成果大量公开出版,美国各大高校社会学系都将常人方法论作为社会学的专业必修课开设。

如果说早期常人方法论的影响仅限于美国西海岸的大学校园的话,那么近年来,常人方法论对主流社会学的影响日益广泛,其思想日益为主流社会学家所吸收并接纳。越来越多的欧洲和美国的社会学家,将常人方法论和谈话分析的理论整合到其研究取向中。当代重要的社会理论家如吉登斯、柯林斯、哈贝马斯、布迪厄等,都曾系统地研究过常人方法论的思想,并在自己的理论工作中大量地吸收常人方法论的概念、方法、研究思路。甚至在后结构主义与后现代主义理论家(如福柯)的思想中,我们也可以看到常人方法论的影子。

尽管常人方法论确实提出了一些富有创造性的洞见,并为当代社会学理论的发展提供了某些灵感源泉,但在与其他社会学流派的视角融合和理论综合方面,它迄今没有做出富有成效的贡献。此外,常人方法论作为社会学的一门常规学科,如何塑造出一种可以用于指导研究工作的"标准"范式,也还需要进一步明晰。

本章小结

现象学社会学在舒茨去世后的 20 世纪 60 年代以后,才在西方社会学理论界崛起并引起广泛关注。舒茨本人的理论观点与方法论,对当代西方社会哲学和社会学理论研究直接提供了启发与借鉴。他在一般社会学理论上,把肇始于韦伯的方法论个体主义对主观意义及其理解的研究推到了主体构造意义的顶点,代表了社会学理论研究的一个新路向。

常人方法论是 20 世纪 60 年代以批判和反思帕森斯理论为主导的新兴社会学理论流派之一。以加芬克尔为代表的常人方法论者从现象学中汲取理论资源,主张社会学研究应该面向日常生活,分析普通人在日常生活中如何运用常识性知识、程序和技巧来组织他们的实践行动。而且,社会学本身也是一种日常活动,社会学知识与日常知识或常识之间并没有截然分明的界限。这些主张和见解尽管并没有为今天的理论家和研究者们不加批判地接受，但常人方法学所关注的问题已经成为社会学理论和研究方法论的核心问题以及对社会学自身进行反思的重要基础。

第三编　当代社会学理论

　　20 世纪 80 年代以来,西方社会学理论的发展面临日益复杂的局面。一方面,伴随美国后帕森斯社会学理论的发展,各种理论流派和思想传统日益分化,形成了所谓"多元范式"(multi-paradigms)的格局。另一方面,受欧洲社会理论复兴及后现代主义、建构主义、女性主义等激进思潮的影响,现代社会学理论的基本问题,如个人与社会、结构与行动、宏观与微观等,重新成为争论的焦点。围绕这些问题,不同理论流派和思想传统之间既相互批评又相互借鉴,并兴起了一场理论"新综合运动"(new syntheses movement)。

　　在这一编中,我们主要介绍亚历山大的新功能主义理论、哈贝马斯的沟通行动理论、吉登斯的结构化理论、布迪厄的实践理论、科尔曼的理性行动理论、柯林斯的互动仪式链理论以及福柯的权力知识理论等。这些理论的共同特点在于,它们都试图通过批判性地继承社会学主要理论流派和思想传统的合理要素,建立一种更具包容性的理论范式。

第十二章 亚历山大的新功能主义理论

杰弗里·C·亚历山大

杰弗里·亚历山大(Jeffrey Charles Alexander,1947—),美国当代著名社会学家,新功能主义的主要倡导人,文化社会学的代表人物。

亚历山大先后在哈佛大学(1969)和加利福尼亚大学伯克利分校(1978)获得社会学学士和博士学位。1974 至 2000 年,他任教于加利福尼亚大学洛杉矶分校;2001 年以后转任耶鲁大学社会学教授。自 20 世纪 80 年代初以来,他发表了一系列有影响的理论著作,旗帜鲜明地倡导新功能主义观点。他的主要代表成果有:基于博士论文出版的 4 卷本的《社会学的理论逻辑》(1982—1983)、《新功能主义》(1985,合著)、《微观与宏观的结合》(1987,合著)、《行动及其环境》(1988)、《1945 年以来的社会学理论:二十讲》(1987)、《文化与社会:当代的争论》(1988,合著)、《结构与意义》(1989)、《分化理论与社会变迁》(1990,合著)、《世纪末的社会理论》(1995)、《新功能主义及其后》(1998)、《社会生活的意义:一种文化社会学的视角》(2003)、《表演与权力》(2011),等等。

第一节　社会学的理论逻辑

当代社会学理论的兴起不仅意味着现代社会学主导理论的式微,也伴随着社会学理论群体的代际更迭。随着老一辈社会学家的隐退、新一代社会学家的崛起,西方社会学理论的发展呈现出了崭新的景象。新功能主义(neofunctionalism)的兴起就是一个重要表现。新功能主义的代表人物有德国社会学家卢曼(N. Luhmann)、明希(R. Munch),以色列社会学家艾森斯塔德(S. N. Eisenstadt),美国社会学家斯梅尔瑟(N. J. Smelser)、贝拉(R. Bellah)、科勒米(P. Colomy)等。但新功能主义观点的最有力倡导者,当数美国社会学家杰弗里·亚历山大。是他首先使用了"新功能主义"一词,并在此方面提出了富有创建性的理论观点。而且最重要的是,他用这一新的观点对功能主义及社会学理论传统做了诠释与重建。

一、以后实证主义为方法论基础

亚历山大倡导新功能主义观点和对传统功能主义的重构,突出地表现在其方法论和研究取向等方面的转向。

新功能主义的方法论基础是后实证主义(post-positivism),而传统的功能主义的方法论基础是实证主义。亚历山大在《社会学的理论逻辑》第一卷中,通篇分析了后实证主义与实证主义在方法论上的对立性,并试图重建社会学的理论基础。他指出,社会学需要建立一种一般性的理论逻辑,即"在科学过程中运行着一种一直为社会科学领域内实证主义倾向的代言人们所忽视的逻辑。科学也依循一种一般化的或

'理论的逻辑'而前行,正如它依循实验的经验逻辑而前行一样肯定无疑,而实证主义仅仅专注于后一种逻辑。"①

亚历山大提出,传统的实证主义有四个基本假定:第一,认为经验观察与非经验陈述之间有根本的认识论上的分野;第二,认为普遍性或抽象性的东西对经验趋向的学科没有重要意义;第三,认为一般性和理论性的问题只能通过经验观察来加以评价;第四,认为科学的发展是"渐进性的",即直线性和积累性的。

与实证主义的这四个基本假定相对立,亚历山大认为后实证主义也有四个基本假定:第一,所有科学数据资料都受理论的指导。事实与理论的区分既不是出于认识论上,也不是出于本体论上的需要,而是出于分析上的需要;第二,理论成果并不仅仅依赖于经验证明;第三,一般性理论的形成常常是武断的和平行的,而不是怀疑性和垂直的;第四,只有当经验事实的变化为新的理论所认识后,才会出现科学观念的根本变化。②

因此,亚历山大的后实证主义观点跟科学观的变革是一致的。他提出:"科学可以被看作这样一个学术过程,它产生于两种不同的环境脉络之中:一种是经验观察到的世界,另一种是非经验的形而上学世界。"③如下所示:

科学序列及其构成因素

形而上学环境　　　　　　　　　　　　　　　　　　　　　　　　经验环境

基本假设　模型　概念　定义　类别　定律　假说　关系　方法论　观察

根据这种科学观[亚历山大称之为"科学思想连续统(continuum)"],社会学研究可以在不同的概括性水平上进行,而且可以提出不

---

①　杰弗里·C.亚历山大. 社会学的理论逻辑. 于晓等译. 北京:华夏出版社,2008 年版,第 43 页。

②　Jeffrey C. Alexander. *Theoretical Logic in Sociology*. Vol. I. Berkeley: University of California Press,1982:pp. 30-32.

③　Jeffrey C. Alexander. *Theoretical Logic in Sociology*. Vol. I. Berkeley: University of California Press,1982:p. 2.

同的话语方式。但受社会历史等因素的影响,话语方式的选择又受到一定的限制。所以,研究不只依赖于经验基础,还依赖于非经验的信仰、想象和推测。社会学理论在时空上并非仅仅沿科学连续统发展,它是由传统所传递并为人们所创造的。故亚历山大提出:"我要称科学的非经验部分是更重要的要素。这种要素的传递不是通过观察而是通过传统。我这样讲或许使你们感到非常奇怪。你们很可能十分正常地把科学(理性和现代性的原型)视为传统的对立物。然而,在我看来,科学实际上依赖于传统,即使当它是理性的时候也是如此。社会学是一门经验性的社会科学,它需要严格的检验、事实、证实和证伪。然而,在我看来,所有这些科学活动都发生于未经严格的经验评价的传统之中。"①

亚历山大认为,理论既产生于对"真实世界"进行科学研究之前的非事实或非经验性思考过程,又可以产生于这个"真实世界"的结构。所谓的非事实过程指研究人员的信仰、想象力和推测力等。

他指出,社会学理论的不同传统,实际上就是因为它们把科学连续统中的某一层次的要素视为比其他层次更有决定意义的要素,认为它们之间的分歧,尤其表现在其基本预设的不同上。如关于社会行动和社会秩序的不同预设,实际构成了社会学理论争论发展的主线。但亚历山大提出,科学连续统中的每一层次的要素可能都是重要的,有时甚至是有决定意义的。故不应片面强调某一层次的要素。

二、迈向新的理论综合

第二次世界大战后西方社会学理论的发展已经历了两个阶段:第一阶段是从第二次世界大战后到 20 世纪 60 年代初。在此阶段,帕森斯和默顿的功能主义理论占据主导地位。第二阶段是从 20 世纪 60 年代到 80 年代初。在这一阶段,功能主义观点受到了激烈批评,而各种替代性的理论观点纷纷登场。亚历山大称当时社会学界的情形犹如国王死了,群龙无首。

---

① 亚历山大. 社会学二十讲. 贾春增等译. 北京:华夏出版社,2000 年版,第 5 页.

　　但 20 世纪 80 年代后,西方社会学理论的发展出现了重大转机。新功能主义等一批新的追求理论综合的观点开始出现。亚历山大称这一发展为"新的理论运动"。新理论运动的出现具有重要的学术和社会原因。从学术方面说,"后实证主义"等观点的兴起,赋予学术界以新的希望。人们对科学以及社会学自身有了新的认识。从社会方面来说,20 世纪 80 年代后,世界政治气候缓和,冷战结束,激进的社会运动减少,社会矛盾已没有过去那样尖锐。

　　当代美国著名社会学家斯梅尔瑟在评论社会学理论的发展时是这样说的:"20 世纪 60 年代和 70 年代期间社会学和其他许多门社会科学盛极一时的理论斗争,近 20 年来有所削弱。20 世纪 90 年代理论界的特征看来更接近于'和平的多元主义'——承认社会学研究理所当然地应当包容不同的理论观点和方法,即使在不同派别的理论家和经验调查人员之间的倾向明显不同。"[①]他说,这形成了两种趋势:一是就社会学研究日益带有跨学科的性质而言,抽象地看来彼此对立的理论观点趋向于融合;二是当代学术界的情况表明有一些学者在认真致力于理论综合,他们包括亚历山大、吉登斯等人。

　　亚历山大等也明确指出:"新功能主义本身或许比任何其他的理论更能代表一种典型的综合性理论形式。"[②]他们认为正是在这一点上,他们坚持了帕森斯的基本宗旨(或者说去完成帕森斯想做但未做的理论综合),并认为帕森斯的分析模型为这一新综合提供了唯一可靠的基础。他们试图融合不同的理论观点,在行动与秩序之间、冲突与稳定之间、结构与文化之间确立起新的关系。而追求综合所努力的一个重要方向是实现微观分析与宏观分析的结合(micro-macro linkage)。

　　我们知道,20 世纪 60 年代后,反功能主义主要是沿两个方向发展的,一是微观理论的兴起,如互动理论、行为主义交换论、常人方法论

　　① 斯梅尔瑟.社会学理论.国际社会科学杂志(中文版).1995 年第 12 卷,第 1 期,第 20 页.

　　② J. Alexander and P. Colomy. Neofunctionalism Today: Reconstructing a Theoretical Tradition. G. Ritzer (ed.). *Frontiers in Social Theory*. Boulder,Co.: Westview Press,1990:p. 39.

等,它们强调的是个体行动的意义性;另一方向是宏观理论的发展,如冲突理论、结构理论等,它们强调的是外在于个体的宏观结构的作用。长期以来,微观理论与宏观理论之间存在着尖锐的不可调和的对立,主要反映为整体主义与个体主义的方法论之争、唯名论与唯实论的本体论之争,以及客观主义与主观主义的价值论对抗。但进入 20 世纪 80 年代后,对立的观点趋向缓和,寻求综合性的理论明显加强。用亚历山大的话说:"在整个西方社会学界——在英国和法国,在德国和美国——综合化理论而非极端化的理论现在已提上了当今议程。"①

亚历山大的理论综合体现在对社会行动和社会结构的重新解释。他在批判吸收各种微观理论观点的基础上,提出了一个新的分析模型:

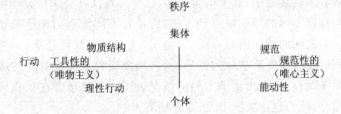

根据其解释模型,个体的行动是应变行动(contingent action),它具有解释性(interpretation)和策略性(strategization)两个基本要素和特征。"我认为行动沿两个基本维向发展:解释性和策略性。行动是可理解的,但他同时又是实践性和功利性的。行动的这两个方面应该被看作经验意识流中的分析性要素。它们既不代表不同种类的行动,也不代表单一行动中不同时点的不同侧重方面。任何行动都是解释性和策略性的;每一过程在任何一个时间都是连续发生的。"②

亚历山大所说的行动的解释性由两个不同的过程构成:典型化(typification)和创新(invention)。前者指从现象学的观点看,所有行

① J. C. Alexander. The New Theoretical Movement. N. Smelser (ed.). *Handbook of Sociology*. Newbury Park: Sage, 1988:p. 77.

② J. C. Alexander. *Action and Its Environments*. New York: Columbia University Press, 1988:p. 312.

动者都把对世界的理解当作真实的。这构成了社会行动的意义性的一个方面。但典型化的行动并不是重复性的,人们总是在不断寻求创新。从策略性的特征说,行动并不仅仅在于理解世界,它同时是为了改变和作用于世界。行动者总是在努力通过实践去实现自己的创新。

　　但亚历山大同时又提出,应变行动并不等同于经验观念上的个体行为。他说行动总是发生在一定的集体性结构环境之中。而构成行动环境的要素或系统有三种:人格、文化和社会。前两者属于行动的内部环境,而社会系统是行动的外部环境。他认为,行动可以看作在心理、文化和社会环境之间的流动(flow)。这样,行动过程便与结构(或秩序)要素连成了一体。正是在这一点上,亚历山大得出结论:"由于应变行动是意义性的,所以对意义的性质和要素的更复杂的理解成为任何微观与宏观结合的中心问题。"意义与文化系统密切关联,所以亚历山大考察的重点问题是文化以及社会的分化。

　　综上可以看出,亚历山大的社会行动和社会结构观已超越了帕森斯的观点。他的理论强调两个突出的思想:一是社会行动的应变性;二是多维的社会结构观。他的研究为我们认识社会行动与结构的关系提供了新的视角,为功能主义理论的发展注入了新的活力。如科勒米所说:"功能主义没有死亡。相反,有迹象表明功能主义传统正在获得新生。"[①]

第二节　新功能主义观点

一、什么是新功能主义

　　亚历山大在其《新功能主义》一书的导言中,首次系统阐述了新功

---

　　① P. Colomy. Recent Development in the Functionalist Approach to Change. *Sociological Focus*. 1986,Vol. 19:p. 139.

能主义观点。他指出,新功能主义的出现,虽然不是帕森斯的功能主义的翻版,但二者的确有某种亲缘关系。他说"功能主义"这一术语"所指的并非是一套概念、一种方法、一种模式或一种意识形态。毋宁说,它指的是一种传统。"①他认为应从如下几方面去理解这一理论传统。

(1)功能主义虽然没有在解释性方面提供一种模式,但它所提供的是社会各部分之间相互关系的基本图景,故在更具描述性的方面提供了一种模式。

(2)功能主义像关注结构一样关注行动。而且,其行动概念如同关注实践和手段一样,去关注表意性的行动(expressive action)和行动的目的。功能主义特别关心在限制和规定的手段下达到目的的程度。

(3)功能主义认为整合是一种可能性,而社会控制的变异和过程是事实。均衡论尽管不能作为对实际的社会系统分析的参考点,但它可以作为功能主义系统分析的参考点。

(4)功能主义假定人格、文化与社会之间的区分对社会结构来说是必要的,而且它们之间的相互作用所产生的紧张(tensions)是变迁和控制的持续根源。所以,功能主义除关注"社会性"或制度性的分析外,也关注相对自主的文化和社会化问题。

(5)功能主义把分化看作是社会变迁的主要形式,分化也是导致个人化与制度性强制的主要形式。

(6)功能主义追求不同于其他社会学分析层次的独立的概念化和理论形式。

亚历山大指出,随着对功能主义传统的再认识,人们已形成了一种明显的重新关注功能主义的学术取向。他说:"已经出现的这种新的认识与其说是一种理论,不如说是一种广义的学术取向。参照'新马克思主义'的称号,我把它称为新功能主义。"②即他认为新功能主义与新马克思主义有许多相似之处:第一,像新马克思主义一样,它的发展包含了对原初理论的某些基本原则的彻底批判;第二,像新马克思主义一

---

① J. Alexander (ed.). *Neofunctionalism*. Beverly Hills: Sage, 1985: p. 9.

② J. Alexander (ed.). *Neofunctionalism*. Beverly Hills: Sage, 1985: p. 11.

样,它试图综合各种不同的理论传统(包括相互矛盾)的要素;第三,像新马克思主义一样,这一趋势是在竞争发展的多样性中得到加强的,而不是以单一不变的形式存在的。

由此可见,新功能主义既是传统功能主义的发展,又是一种新的理论形态。它试图在综合不同的理论传统的基础上,重构功能分析。

二、新功能主义的特征

新功能主义与传统的以帕森斯为代表的功能主义的关系,是扬弃或超越。用亚历山大等人的话说,就是"重构"(reconstruction)。"新功能主义通过对帕森斯传统的核心思想的重构从而区别于功能主义。"[①]他们认为正是在这一点上,新功能主义是"后帕森斯的"(post-Parsonian)。对待"传统"的态度,或详细化,或发扬,或修正,但重构既意味着修正旧的理论传统,又意味着形成新的理论传统。"新功能主义尽管在一些重大性和常常是根本性的方面不同于传统的帕森斯的思想,但它们又不能截然分开。新功能主义不接受传统功能主义的某些核心思想,但它为早期功能主义——或至少是重大部分——所受到的学科共同体的批评做争辩。新功能主义不认为自己在努力恢复旧传统,但它与帕森斯的早期工作之间具有根本性的关联。"[②]

更为突出的一点是,新功能主义试图接纳或综合不同的观点,以克服传统功能主义的"反个人主义""忽视变迁""保守主义"等受批评的致命弱点,提高它的解释力。亚历山大他们对功能主义的重构体现在一般性话语(generalized discourse)和研究纲领(research programmes)两方面,而且把一般性话语当作发展新功能主义的中心工作,因为它涉及对基本假设、社会学争论的意识形态的和形而上学的用意以及更广的历史背景的定位。而新功能主义的研究领域涉及的是一些具体化的

---

① J. Alexander and P. Colomy. Neofunctionalism Today: Reconstructing a Theoretical Tradition. G. Ritzer (ed.). *Frontiers in Social Theory*. Boulder, Co.: Westview Press, 1990: p. 46.

② P. Colomy (ed.). *Neofunctionalist Sociology* (I): *Classic Statements*. London: Edward Elgar, 1990: pp. xvi—xvii.

问题,体现在文化社会学、社会变迁与分化、女性主义等专门研究之中。新功能主义给这些问题以新的解释。

新功能主义与传统功能主义的关系还可以从对待"经典"(classics)的态度上加以说明。亚历山大从后实证主义观点出发,对"经典"的中心地位做了新的说明。他说,在传统的经验主义者看来,对经典的"注释和评析——这些确能突出独特地位——在社会科学中没有地位"。或者,用著名哲学家怀特海的话说,"一门留恋于其创始人的科学是没有希望的"。默顿也曾告诫人们:对早期人物的研究只是一种历史学的工作,而不是科学研究工作。但亚历山大认为,这类观点是基于社会科学与自然科学的统一性提出的,并过分强调了知识发展的经验积累性。

亚历山大从后实证主义观点指出,非经验因素对理论知识的发展同样是重要的,尤其是对社会科学来说。亚历山大提出:"话语,而不仅仅是解释,成为社会科学领域中的主要特征。"①因为话语是通过争论而不是预测去提出假设的,它的说服力是基于逻辑一致性、范围的广泛性、解释性的领悟、价值相关性、修辞作用、优美和争论的脉络结构等因素的。而且,社会科学中的话语是多种多样的,而不是只有一种。所以说,认为理论的构成应是多元的,"经典"对理论的发展具有不可替代的作用。亚历山大等人便以此为出发点,试图赋予新功能主义以新的内涵。

第三节　文化社会学研究

亚历山大的新功能主义观点,不仅在话语分析上是全新的,以超越帕森斯的传统观点,同时他试图融合不同学派的观点,做出新的理论阐释。其文化社会学研究就是一个例证。

---

① J. C. Alexander. The Centrality of the Classics. A. Giddens and J. Turner (eds.). *Social Theory Today*. Cambridge: Polity Press, 1987: p. 22.

一、论文化社会学

亚历山大在多年研究积累的基础上，于 2003 年出版了《社会生活的意义：一种文化社会学的视角》，系统提出了其文化研究的强纲领（strong program）。他指出，其著作的"宗旨是为文化社会学提出一种研究纲领，并说明这一纲领如何可以被具体运用于对当代生活某些重要方面的分析"①。亚历山大这一强纲领的主要思想是，他所主张的文化社会学理论强调文化的自主性（autonomy）；借助新的方法论，关注对行动者与社会结构的关系，以揭示社会生活的意义。他说："文化社会学是一种社会精神分析法。其目标是把社会潜意识揭示出来，让男男女女明白自己的神话，进而他们可以创造新的神话。"②

因此，亚历山大所提出的这种"文化社会学"（cultural sociology），不同于一般意义的文化社会学（sociology of culture）。后者是关于文化现象的社会学研究，而前者指的是以文化为取向的社会学研究，这里的"文化"是形容词，而不是作为对象的名词。即亚历山大所强调的是建立一种文化取向的社会学研究。他说："文化社会学可以像唯物社会学一样冷静而具有批判性。文化社会学之所以能使集体情感和观念成为其方法和理论的中心，正是因为支配这个世界的往往是主观的、内在的情感。社会建构的主观性形成了集体意志、形构了组织规范、确立了法律道德，并且为技术、经济和军事装备提供了意义和动力。"③

由此，亚历山大倡导文化研究的强纲领。他认为这种强纲领已得到了科学知识社会学等学科研究的支持。其强纲领具有如下几个显著特征。第一，旨在建立的一种文化的社会学理论，关注文化的自主性。第二，在方法论上，强调社会生活的文本性。主张以一种丰富的、有说

---

① J. C. Alexander. *The Meanings of Social Life：A Cultural Sociology*. Oxford：Oxford University Press，2003：p. 8.

② J. C. Alexander. *The Meanings of Social Life：A Cultural Sociology*. Oxford：Oxford University Press，2003：p. 4.

③ 杰弗里·亚历山大. 社会生活的意义：一种文化社会学的视角. 周怡等译. 北京：北京大学出版社，2011 年版，第 3 页.

服力的诠释学方法去重构社会文本(social text)。这需要运用"深描"方法对那些创造社会意义文本结构的符码、叙事和符号进行解释。这种方法不同于由弱纲领所主张的"浅描"方法,后者对意义的关注不够。第三,强调在行动者与行动主体之间寻找因果关系,尤其是要具体阐明文化是如何介入和引导实际事件的发生机制的。

可见,亚历山大提出的文化研究的强纲领很大程度上吸收了诠释学、建构论以及后现代主义的某些观点,强调文化分析的视角对社会学理论的重要性。所以,亚历山大的这些观点跟 20 世纪 80 年代后西方社会理论领域出现的"文化转向"是一致的。

二、论市民社会

亚历山大从新功能主义角度实施研究纲领的重要方面是对文化的研究。他的这一研究关注到了两个当代的突出问题。

第一是现代性问题。亚历山大提出,在过去几年里,文化断裂(cultural fragmentation)已经引起现代社会的批评家们的广泛关注。哈贝马斯等人都把这种文化断裂斥之为是异化的和压制性的。然而,他认为意义系统的断裂可被视为是意义的分化,以及彼此相关的认识形式、情感形式、道德形式和形而上学形式的日益增长的自主性。虽然,这种分化在某种程度上伴随着忧虑和混乱,但是也存在着由此获得的自由与理性,以及延续文化内聚力的可能性。如果把文化分化的心理与社会环境也考虑在内的话,那么显而易见的是,倘若没有自我能力和道德发展相应提高的可能性,没有机会的扩展与增加,断裂则是根本无法产生的。韦伯把理性化和非个性化看作现代性的根本特征,而新马克思主义的批判理论也沿着韦伯的道路发展。亚历山大提出,分化理论以一种更加笼统的和现实的方式为描述现代性提供了一次机会。即认为现代性意味着生活世界的多元化、而非文化殖民化,这种多元化创造了现代生活的各种机会与各种问题。

第二,运用话语分析考察了市民社会的文化问题。亚历山大所关注的是市民社会的语言符号特征。他认为现代社会中的文化讨论都忽视了符号系统中的二元对立或"辩证"的品质。他说:"现代社会中,对文化的讨论一般所忽视的恰恰是符号系统的这种二元品质,或者是黑格尔意义上的辩证品质。无论称之为'价值''取向'还是'意识形态',人们对文化的处理一直是单面性的并且经常是高度理想化的。这样一种方式不仅使文化与社会冲突的研究不大相关,而且还造成了一种对文化自身的原子论的理解并最终碎裂化。无论是在帕森斯、贝拉和克拉克洪的著作中,还是在马克思、阿尔都塞和葛兰西的著作中,文化都是以关于正确和善的分散规范性理念的术语来确定的。的确,政治文化是规范性和评价性的。然而,至关紧要的是要承认,这种品质并不意味文化是单面的或者是理念化的。相反,从索绪尔到巴特和列维—斯特劳斯这些结构主义者们会坚持认为,政治文化具有一种二元结构,我认为这种结构建立了关于市民生活的神圣和世俗范畴。事实上,只有在这些对立力量的矛盾性吸引之中,政治世界的文化动态才出现。"①

　　亚历山大提出,所有文化体系都涉及一种固有的紧张或张力,作为这种二元对立的任何一面,文化产生出其在道德、认知和情感上的对立,事实上这种对立成为必需。因为这种内在动力被忽视了,文化分析过于经常被当作意指与社会结构性分析形成反差的对社会的静止性研究,而社会结构性分析的焦点所重视的是制度和群体之间的冲突。当那些承认文化重要性的人们集中关注动态时,他们也总是通过分析"一些内在整合的文化格局"与"未能为实现这些格局(制度化)提供必需的资源的社会"两者之间的张力来进行关注的。这导致了对社会化失败和社会控制崩溃的讨论,这些讨论的主要焦点是冲突和紧张的社会渊源而不是其文化渊源,并勾画出了一个不现实的,乌托邦式的,或改革者的关于建立一个整合并无冲突社会的图景。所以亚历山大通过突出文化中的这种二元话语性,对市民社会做了剖析。他提出:"我将把市民社会界定为社会的一个领域或次系统,这个领域或次系统在分析上,并且不同程度地在经验上,是与政治、经济和宗教诸生活领域相分离

---

① 　J. C. 亚历山大. 作为符号性分类的公民与敌人:论市民社会的极化话语. 见邓正来,亚历山大. 国家与市民社会:一种理论的研究途径. 北京:中央编译出版社,1999 年版,第215 页.

的。市民社会是一个凝聚性领域,在这个领域中,抽象的普世主义与诸种具体的关于共同体的看法紧密地交织在一起。它既是一个规范性的概念,同时又是一个实在的概念。它使人们对普世的个人权利与对这些权利的具体限制之间的关系得以进行经验性的研究,如同对那些决定市民社会自身地位之条件的研究一样。"①

他认为市民社会依赖于来自上述的其他领域的资源或输入,包括来自政治生活、经济制度、广泛的文化讨论、地区组织以及原基性的资源。此外,市民社会亦有其自己的组织:法院、大众传播制度以及民意测验,这些都是重要的例子。市民社会是由其自身的独特精英结构所构成的,不仅是由控制了法律体系和交流体系的功能性寡头们,而且是由那些通过自愿组织和社会运动来行使权势和认同的功能性寡头们所构成的。

但他认为市民社会并非只是一个制度性领域,它还是一个有结构的、由社会确立的意识领域,是一个在明确的制度和精英们自我意识到的利益之下和之上起作用的理解网络。因此他提出:"要研究市民社会的这一主观维度,我们就一定要承认并集中关注一些独特的符号性准则体系(symbolic codes),这些符号性准则体系对于构成那些处于社会内部或外部的人们的社会感来讲极为重要。这些符号性准则体系在社会学上非常重要,因此,我以为,每一个对社会/地方/次系统冲突的研究都必须通过论及市民社会这个符号领域而得到补足。"②

他认为这些准则体系提供了亦纯亦不纯的结构范畴,而市民社会的每个成员或潜在成员都被规定而纳入这些范畴。正是依据符号的纯和不纯,中心性得以界定,边际人口的身份才变得有意义,以及高位的获得才会被认为应当或非法。

亚历山大指出,从社会结构的层面来说,市民社会是由行动者、行动者之间的社会关系和制度三者构成的。由此从话语分析的方面看,

---

① J. C. 亚历山大. 作为符号性分类的公民与敌人:论市民社会的极化话语. 见邓正来,亚历山大. 国家与市民社会:一种理论的研究途径. 北京:中央编译出版社,1999年版,第210页。

② J. C. 亚历山大. 作为符号性分类的公民与敌人:论市民社会的极化话语. 见邓正来,亚历山大. 国家与市民社会:一种理论的研究途径. 北京:中央编译出版社,1999年版,第211页。

它们都具有不同的相对立的话语结构。如在美国,有一种民主的准则体系,它创立了自由语式。它规定了行动者、社会关系和制度三者适合于一个按民主方式运作的社会所应具有的特点。而它的对立面则是一种"非民主的准则体系"。

首先对行动者来说,准则体系和对立的准则体系对人性做了针锋相对的假设。如由于民主制取决于自我控制的和个人的积极性,因此构成民主制的人们常被描述为是具有主动性和自主性的,而不是消极的和依赖的。他们被认为是理性的和通情理的,而不是非理性和歇斯底里的;是冷静的而不是易激动的;是节制的而不是情绪化的;是头脑清醒、现实的而不是天生爱幻想或疯疯癫癫的。因此,民主话语假定下列品质是公理:积极主动、自主、理性、通情理、冷静、节制、现实和清醒。而对立的准则体系,即证明限制市民社会是正当的话语,其性质就已经明确隐含其中了。如果行动者是消极被动的、依赖性强的、非理性和歇斯底里的、易激动的、情绪化的、不现实的或疯癫的,那么就不能允许他们有那种民主制所允许的自由。相反,这些人就应当受压制,这不仅是为了市民社会,而且是为了他们自己。这些对立的品质用表 12-1 表示为:①

表 12-1　关于社会行动者的话语结构

民主的准则体系	非民主的准则体系
积极主动	消极被动
自主性	依赖性
理性	非理性
合乎情理	歇斯底里
冷静	激动
自我节制	情绪化
现实	不现实
心智健全	疯癫

① J. C. 亚历山大. 作为符号性分类的公民与敌人:论市民社会的极化话语. 见邓正来,亚历山大. 国家与市民社会:一种理论的研究途径. 北京:中央编译出版社,1999 年版,第 217 页.

同理,基于这样的关于行动者的矛盾准则体系,可以推出对社会关系的不同表述。即为民主所驱动的人——那些积极主动、自主、理性、合乎情理、冷静和现实的人——将能够形成开放的而不是秘密的社会关系;他们将信任他人而不是多疑,将直截了当而不是处处算计,将坦诚而不是欺骗。他们的决定将基于开放性的深思熟虑而不是阴谋策划,他们对待权威的态度将是批判性的而不是盲目遵从。他们对待其他共同体成员的行为将受到良知和廉耻的制约而不是受贪婪和自利的驱使,他们将会把同伴作为朋友而不是作为敌人来对待。

而另一方面,如果行动者是非理性的、依赖性强的、被动的、情绪化且不切实际的,他们所形成的社会关系就会具有下列特点:他们不会建立开放和信任的关系,而是会形成一些基于对他人重重疑心之上的秘密社团。对于这些秘密社团中的权威,他们将遵从,但对他们的小群体之外的人,他们的行为方式将是贪婪和自私自利的。他们对其他人爱搞阴谋和欺骗,行为上爱算计,将他们群体外面的人视为敌人。见表12-2。

表 12-2　关于社会关系的话语结构

民主的准则体系	非民主的准则体系
开放	秘密
信任他人	多疑
批判	遵从
廉耻感	自利
良知	贪婪
坦诚	欺骗
直截了当	算计
深思	阴谋
朋友	敌人

同样在社会关系基础上所派生出的社会制度,也会有对立的两个极端:是专断的或者是有规则调整的;依靠暴力或者法律,强调等级或者平等;是排他性的或者是包容性的,由个人人格来调整或者是由职务责任来调整,等等。详见表12-3。

表 12-3　关于社会各制度的话语结构

民主的准则体系	非民主的准则体系
规则调整	专断
法律	权威
平等	等级
包容性	排他性
非个人性	个人化
契约性	有归属性的忠诚
社会群体	派别
职务	人格

亚历山大认为,这三种话语结构实际上是密不可分的。它们共同体现着人们日常的行为取向或形态。如"规则调整"是民主的社会制度的关键因素,但它与"坦诚"和"开放"这些界定社会关系的术语相似——同义或者在文化意义上相互强化。它与"合乎情理"和"自主性"这些界定具有民主意识的行动者的术语也是相似的。

当然,他也指出,在一个具体的民族共同体内,构成市民社会话语的那种两分准则体系以及具体表述,通常并不是划分给相异的社会群体的。相反,即使在那些挣扎于强烈社会冲突的社会中,在大多数情况下,市民美德和市民罪恶的构建也是同时被广泛接受的。

亚历山大认为,这些准则体系构成了一种评价性的维度,而这种维度使得准则体系能够在决定政治过程的产出上具有决定性的作用。如认为在美国的市民社会中,民主的准则体系具有神圣的地位,那种非民主的准则体系则被视为亵渎神圣。非民主准则体系的要素是危险且具污染性的,被认为是对市民社会神圣核心的威胁,而市民社会的核心是与民主准则体系相一致的。为了保卫这一核心,保卫那体现了市民社会符号性追求的神圣语式,就必须将那些认同亵渎神圣的人们、制度和物品孤立起来,把后者排除在市民社会的领域以外,有时甚至可以将它们摧毁掉。

本章小结

20 世纪 80 年代后出现的新功能主义,既是帕森斯的功能主义"大理论"的复苏,更是一种全新的理论重建。它实际上是一种综合性的新的理论取向(或运动)。具有这一理论取向的学者,其实其理论观点也并非是完全一致的。本章我们主要介绍了亚历山大的新功能主义观点。亚历山大特别强调社会的文化性,倡导后实证主义观点和重建社会学的理论逻辑。他在文化社会学等方面的理论研究,既体现出对传统理论的继承,同时又具有明显的创新性和综合性特征。

亚历山大等人试图重构功能主义,恢复帕森斯功能主义的权威性。但是,有些人仍对亚历山大的目标存有疑虑。如特纳提出,亚历山大的新功能主义实际上是非功能主义(nonfunctionalism)。因为他不再重视功能需要概念,而恰恰是功能需要思想才是功能分析的独特之处。[①]因此,特纳并不承认亚历山大的观点属于新功能主义的。不过特纳的这一观点最近有所改变。

柯林斯等人也指出,亚历山大的观点只是一个宏大计划的开端,他还未提出系统化的实质性理论体系。所以他的观点尚待发展完善。亚历山大本人也曾承认:"新功能主义与其说是一种成熟的理论,毋宁说是一种理论取向。"其实,只是这样一种理论取向,已给社会学界带来了新的预示,反映着社会学理论发展的某些共同趋势。因为它试图融合不同的理论传统和派别,解决过去一直困扰着社会学发展的一些重要理论问题。正如亚历山大和科勒米所指出的:"今天,新功能主义不再是一个许诺;它正成为一个热烈的理论讨论领域和不断发展的经验研究领域。"[②]

---

① J. Turner, and A. R. Maryanski. Is "Neofunctionalism" Really Functional? *Sociological Theory*. 1988,Vol. 6(1,Spring):pp. 110—121.

② J. Alexander and P. Colomy. Neofunctionalism Today:Reconstructing a Theoretical Tradition. G. Ritzer(ed.). *Frontiers in Social Theory*. Boulder,Co.:Westview Press,1990:p. 55.

第十三章 哈贝马斯的沟通行动理论

哈贝马斯(Jürgen Habermas, 1929—),德国当代著名社会学家和哲学家,法兰克福学派第二代代表人物。

哈贝马斯

哈贝马斯生于德国北莱茵威斯特法伦州的古马斯巴赫镇的中产阶级家庭,青少年时期成长于法西斯氛围和战争环境。1949 年在哥廷根大学攻读哲学、史学、心理学、经济学和德国文学,研究卢卡奇的马克思主义理论。1955 年进入第二次世界大战后重建起来的法兰克福社会研究所,成为阿多诺的助手。

哈贝马斯的学术生涯可大体分为三段:20 世纪 60 年代、20 世纪 70 年代、20 世纪 80 年代至今,几十年间出版了 30 多部著作。第一本专著是 1961 年完成的教授资格论文《公共领域的结构转型》,该书体现了他日后始终为之奋斗的理论追求：重建公共领域，寻求有效沟通，为人类找回失落的家园——生活世界。1963年他发表《理论与实践》社会哲学论文集，提出理论的生命力在于介入实践，推动社会向进步合理的方向发展。1964至1971年在法兰克福大学任哲学和社会学教授，这段时间是他的学术成果逐步扩大影响时期。在动荡的20世纪60年代，他发表了《作为意识形态的技术与科学》(1968)和《认识与兴趣》(1968)，在前一书中批判了技术至上论和资本主义世界对舆论和文化的控制；后一书考察了德国古典哲学认识论的演化，批判实证主义对认识论问题的简化，分析实用主义和历史主义在认识论上的贡献和问题，阐明兴趣在认识中的地位和作用。

1969年他任法兰克福社会研究所所长。由于与左派学生运动的冲突，1971年他离开法兰克福到马克斯·普朗克学会的科学和技术世界生活条件研究所任所长。其后十余年间，他在政治活动和行政事务上不够顺利，但学术成果丰硕，出版了《社会科学的逻辑》(1970)、《晚期资本主义的合法性问题》(1973)、《论重建历史唯物主义》(1976)、《交往与社会进化》(1976)、《交往行动理论》(1981)等。这些著作最重要的内容是关于交往行动的研究，也对先前学术研究成果进行总结。

1981年他返回法兰克福任哲学和社会学教授，1994年退休。出版《道德意识和交往行动》(1983)、《现代性的哲学话语》(1985)、《事实与价值》(1992)、《对话伦理学》(1992)、《包容他者》(1996)等，内容涉及交往伦理学，并为现代性辩护。

第一节　社会科学的逻辑

哈贝马斯的元理论是一种批判认识论，内容主要包括：对传统理论或实证主义理论的批判，马克思主义批判，以及通过重新阐释认识与旨趣的关系，为批判理论建立知识论的合法性。

一、反对实证主义

1961 年德国社会学大会上，阿多诺、哈贝马斯作为法兰克福学派的代表，与实证主义者波普尔（Karl Popper）、阿尔贝特（Hans Albert），就社会科学的逻辑进行了一场论战。论题涉及：共识真理观与符合真理观；社会科学的自足性与统一科学模式；社会总体性批判与认识批判；肯定马克思主义的历史唯物主义和弗洛伊德的精神病理学与否定马克思主义的历史决定论和弗洛伊德的学说。

二、反对解释学的相对主义

在《论社会科学的逻辑》中，哈贝马斯用伽达默尔（Hans-Georg Gadamer）的哲学解释学来对抗维特根斯坦（Ludwig Wittgenstein）和温奇（Peter Winch）的语言哲学逻辑和社会科学理念。但他们之间也有差异和冲突，冲突的焦点在于对"传统"和"语言"的理解。伽达默尔把传统当作解释学的基础，在他看来，传统是一种先在，是给定的，我们可以习得并掌握。我们并不是在传统之外，而是在传统之中。解释学首先是在对传统所提出的、但在渐渐缩小的价值要求做出的反映中发展起来的，因而理解就无法越过解释者所置身的传统语境。而哈贝马斯反对把传统看作一个固定的实存的文本，反对主体对传统直接占有。他主张应当通过反思这个中介去接近传统，阐发传统，在主体与传统之间建立起一种主体间性的关系。"人们不能从理解在结构上从属于传统的这种特性中，得出这样的结论：传统的媒介通过科学的反思不会发生深刻的变化。甚至，在连续起作用的传统中，不只是一个不受认识约束的、似乎可以获得盲目承认的权威在起作用；伽达默尔对在理解中使自身得到发展的反思的力量有着错误的认识。反思的力量在这里不会长时期地被由于自我解释而产生的绝对精神的假象所迷惑，并且不会脱离反思的力量赖以存在的有限基础。但是，当反思的力量看透了反思赖以产生的传统的起源时，生活实践的教义就会发生动摇。"

三、认识与兴趣

哈贝马斯批判孔德和马赫的实证主义,因为实证主义否认哲学反思的价值,它不再研究认识的条件和意义,而是用现代科学的事实代替认识论,用科学主义的知识学代替认识批判的反思。其后果就是排除了科学对自身的反思,也排除了人们对社会科学现象进行自我反思的研究。哈贝马斯试图通过对科学的批判重建一种以自我反思为基础的、批判的社会认识论。

在《认识与兴趣》中,哈贝马斯提出了"认识的兴趣"这一概念,并以这一概念为出发点进一步分析了认识与兴趣在自然科学和精神科学中的联系,揭示被实证主义丢弃了的认识论反思维度。其中,认识是人类维持自身生存的工具和创造新生活的手段,是认识主体借助工具活动和交往活动,在使用一定技术占有开发自然和把握人的共性的进程中完成的社会活动。它不是纯粹的生物适应环境变化的工具,而是一个具有强烈社会性的特殊范畴。人类离开了对自然界、对人际关系的不断认识,就无法生存下去。因此,彻底的认识论必须具有社会理论的形式,无论认识主体还是被认识的客体,离开社会历史联系都是不可想象的。

兴趣或旨趣与人类再生产的可能性以及它与劳动和相互作用相联系的基本导向,既不等于本能,也不能完全脱离生活过程的客观联系。兴趣具有认识和实践的品格,它是人类的认识过程和生活实践过程相统一的基础。

哈贝马斯反对把认识与兴趣相分离的观点,认为:(1)兴趣先于认识,指导认识,是认识的基础;(2)兴趣也只有借助于认识的力量才能实现。认识与兴趣的真正融合和统一,只能发生在自我反思的领域中。

哈贝马斯认为,人的认识兴趣决定了人的科学活动,而每一种科学活动又都有它的特殊认识兴趣。认识的兴趣及其对应的科学有三种。(1)技术的兴趣/自然科学:即试图通过技术占有外部世界的兴趣,旨在将人类从自然界的强制中解放出来。换言之,技术的兴趣试图解决自然界的不可认识和不可理解性,排除自然界对人的盲目统治。技术兴趣是自然科学的基础,促成并决定着自然科学的思想和研究,或自然科学包含着技术的兴趣。(2)实践的兴趣/精神科学:维护人际间的相互理解以及确保人的共同性的兴趣,旨在把人从僵死的意识形态依附关系中解放出来。它是精神科学的原动力,指导着后者的发展。(3)解放的兴趣/批判的社会科学:人类对自由、独立和主体性的兴趣,旨在把主体从依附于对象化的力量中解放出来,建立人与人之间没有统治的交往关系和取得一种普遍的、没有压制的共识。批判的社会科学能够帮助人们认识被意识形态歪曲的社会状况,能够启发政治活动家对科技的发展和使用做出实事求是的判断,并使他们成为治疗社会疾病的医生。

人类历史的前进和发展,首先取决于解放的兴趣,而解放的兴趣本身又决定于指导人们获取共识和拥有控制自然界的技术力量的兴趣。哈贝马斯通过对三种兴趣和三种科学的分析,试图表明:在当今发达社会,技术的兴趣所创造的成果,已经被统治集团滥用,给人类带来了不幸和灾难;人们的实践兴趣——人与人之间的平等对话关系,在很大程度上遭到了阻挠和破坏,达成共识的途径仍然受掌握着政治经济大权的少数人的控制。在这种情况下,只有解放的兴趣所指导的批判的社会科学,才能使广大阶层和社会摆脱物质匮乏和人际关系紧张的困境。

第二节　沟通行动和沟通理性

一、沟通行动概念的提出

哈贝马斯的沟通行动(又译"交往行为")理论是从分析韦伯的理性化概念开始的。对于韦伯的悲观主义,哈贝马斯认为主要是他的合理性的概念过于狭隘,韦伯所谓的"理性化"不过是"技术的理性化"或"工具性的理性化",所谓的合理性,只是工具的合理性。而其合理性概念的狭窄源于其行动概念的狭隘。"韦伯的出发点是一种目的论的行为模式,并把'主观意义'定义为一种(前沟通的)行为意图。行为者可以追求自己满足自己的兴趣，或赢得权力，或获得财富；也可以追求实现诸如虔诚或人的尊严这样的价值；还可以通过放纵情欲或欲望得到满足。这些目的包括功利性的、价值性的以及情感性的，它们被浓缩成为具体语境中的目的，是主观意义的流露，而行为主体可以把主观意义与他们的目的行为紧密结合起来。"[1]

哈贝马斯将韦伯的这一行动模式总结为表 13-1：[2]

表 13-1

根据合理性递减趋势而得出的行动类型	主观意义分为下列因素			
	手段	目的	价值	后果
目的合理性行动	+	+	+	+
价值合理性行动	+	+	+	—
情感行动	+	+	—	—
传统行动	+	—	—	—

从表中可以看出，"目的合理性行动"最为理性，因为在此类行动中，行动者的主观意义涵盖了手段、目的、价值和后果；"价值合理性行动"次之，因为在此类行动中，行动者不顾行动的后果，用韦伯的话说，此类行动取向于"信念伦理"而非"责任伦理"；在"情感行动"中，行动者不顾价值与后果；而在"传统行动"中，则目的、价值、后果皆不计。

哈贝马斯认为，韦伯的对行动类型的这种分类的狭隘性在于，它忽视了人类行动的互动或相互协调方面，忽视了具有言语和行动能力的主体之间的人际关系，自身只是孤立的行动主体的行动。也就是说，韦伯的行动模式中的行动者的合理性只是从单方面即行动者自身的手段、目的、价值与后果来考虑行动的合理性，而不顾及行动中的另一方。而典型的大量的社会行动，都是在一定的社会关系中进行的，很显然，从单方面的主观意义来评价行动的合理性，必然是狭隘的、不合理性的。

针对韦伯行动理论的局限，哈贝马斯提出了自己的行动类型学，如表 13-2 所示：[3]

---

① 哈贝马斯.交往行为理论.第 1 卷.曹卫东译.上海：上海人民出版社,2004 年版,第 268 页.
② 哈贝马斯.交往行为理论.第 1 卷.曹卫东译.上海：上海人民出版社,2004 年版,第 270 页.
③ 哈贝马斯.交往行为理论.第 1 卷.曹卫东译.上海：上海人民出版社,2004 年版,第 273 页.

表 13-2

行动取向\\行动语境	以目的为取向	以沟通为取向
非社会的	工具行动	—
社会的	策略行动	沟通行动

从上表可以看出,哈贝马斯将社会行动分为策略行动与沟通行动,其特点表现为行动者之间的关系是一种互动的关系,或者说,行动者从主观上意识到自己的行动是与他者相联系的双向的行动,而不是自己独白式的或只需考虑自身需要的行动。哈贝马斯将只考虑自身目的实现的行动称为工具行动,工具行动实质上是非社会的,因为社会行动必须考虑到他人。

工具理性行为模式的出发点在于:行为者主要关注的是要实现一定的目的。行为者选择他认为适合于一定语境的手段,并把其他可以预见的行为后果当作目的的辅助条件加以算计。所谓达到目的,就是行为者所希望的状态在世界中出现了,而这种状态在一定语境中是计算的结果,具体表现为:或者是有目的地去行动,或者是有目的地放弃行为计划。最终的行为效果由以下几方面内容组成:行为结果(总体而言就是指付诸实现的预期目的)、行为后果(包括行为者已经预见到的,或行为者意向中的,以及行为者必须承担的),以及负面效果(出乎行为者预料的)。如果我们从遵守行为规则的角度对以目的为取向的行为加以考察,并从对状态和事件的干预程度对它们加以评价,那么,我们就说这种行为是工具行为。但如果我们从合理选择规则的角度来考察它们,并从影响对手抉择的程度来对它们加以评价,那么,我们就说这种行为是策略行为。工具行为可能会和社会互动联系在一起,而策略行为本身就是社会行为。相反,如果参与者的行为计划不是通过各自的斤斤计较,而是通过相互沟通获得协调,那么,我们就说这是一种交往行为。在交往行为中,参与者主要关注的不是自己的目的;他们也追求自己的目的,但遵守这样的前提,即:他们在共同确定的语境中对他们的行为计划加以协调。因此,通过协商来确定语境,这是交往行为所需要的解释工作的重要组成部分。[①]

从以上的论述中,我们可以得到一个沟通行动概念的初步规定:沟通行动的目的是行动者为了协调相互的行动而进行的行动,这种协调又是行动者相互之间以语言为中介,通过相互沟通而达到的;也可以说,沟通行动是人们相互之间的一种运用语言进行沟通的行动,是使用语言的行动,即言语行动(行为)。

二、普遍(形式)语用学

哈贝马斯认为,对社会行动的分析应该以沟通行动作而不是目的合理性行动为分析的起点。在沟通行动的分析中,哈贝马斯吸收了许多现代西方语言分析哲学的成果,尤其是维特根斯坦、奥斯汀(John Austin)、塞尔(John Searle)等人的言语行为理论。在此基础上,他提出了自己的普遍(形式)语用学。[②]

所谓普遍语用学,就是"确立并重建关于可能理解的批判条件"或"沟通行动的一般前提假设""言语的有效性基础"。[③] 也就是说,普遍语用学的任务是说明言语行为在什么情况下、如何达到自己的目的,揭示沟通行动得以顺利进行的形式条件是什么。这一任务正是以往的言语行为理论没有解决的。如果揭示了这些有效性条件,就有可能找到解决行动合理性和社会合理性难题的钥匙。

那么,这些言语的有效性基础到底是什么?哈贝马斯认为,任何处于交往活动中的人,在施行任何言语行为时,必须满足若干普遍的有效性要求(validity claim),并假定它们可以被验证。

这些有效性要求可用四个概念来概括:可领会性要求(compre-

---

① 哈贝马斯. 交往行为理论. 第 1 卷. 曹卫东译. 上海:上海人民出版社,2004 年版,第 273 页.

② 哈贝马斯最初使用的概念是"普遍语用学"(universal pragmatics),但后来又倾向于使用"形式语用学"(formal pragmatics)。参见 Habermas. What is Universal Pragmatics: Notes 1. Maeve Cooke (ed.). *On the Pragmatics of Communication*, Cambridge, Massachusetts:The MIT Press, 1998:p. 92.

③ 哈贝马斯. 交往与社会进化. 张博树译. 重庆:重庆出版社,1989 年版,第 1—2 页.

hensibility claim)，真实性要求(truth claim)，真诚性要求(truthfulness claim)，正确性要求(rightness claim)。更具体一些，也就是："言说者必须选择一个可领会的表达以便说者和听者能够相互理解；言说者必须有提供一个真实陈述(或陈述内容,该内容的存在性先决条件已经得到满足)的意向,以便听者能分享说者的知识；言说者必须真诚地表达他的意向以便听者能相信说者的话语(能信任他)；最后,言说者必须选择一种本身是正确的话语,以便听者能够接受之,从而使言说者和听者能在以公认的规范为背景的话语中达到认同。"①

这四个有效性要求如表 13-3 所示：②

表 13-3

现实领域	交往模式:基本态度	有效性要求	言语的一般性功能
关于外在自然的"那个"世界	认识式:客观性态度	真实性	事实之呈现
关于社会的"我们的"世界	相互作用式:遵从性态度	正确性	合法人际关系之建立
关于内在自然的"我的"世界	表达式:表达性态度	真诚性	言说者主体性之揭示
语言	—	可领会性	—

1. 四个有效性要求中,只有可领会性不需要任何外在条件就能满足。因为,如果一个句子是合乎语法的,那么,它对于所有懂得这种语言构造的听者来说都是可领会的,因此,在许多场合,哈贝马斯所讲的言语行动的有效性要求主要是其他三项,它们是一个成功的言语必须满足的有效性要求。(1)对参与者来说,我们期望我们所使用的语用能够反映外在世界的某种事实或事态,并且通过这些语句把相关的事实或事态告诉别人。因此,这些句子的有效性取决于它们能否反映事实或事态的真相,就它所提供的某种事实或事态而言,它必须被认为是真实的。(2)正确性要求是语言使用者在使用语言和别人沟通时,要遵守

---

① 哈贝马斯. 交往与社会进化. 张博树译. 重庆:重庆出版社,1989 年版,第 3 页.
② 哈贝马斯. 交往与社会进化. 张博树译. 重庆:重庆出版社,1989 年版,第 70 页.

支配着人与人沟通的社会规范。只有当我们遵守这些使用这些语句的社会规范时,我们和别人的沟通才会被认为是合理的和正当的。(3)当我们使用某一语句时,我们总是希望别人相信这是在真诚地表达我们内心的想法和感受。

2.虽然言语的有效性要求是任何言语行为中都必须满足的,但在不同的沟通情景中,某一方面的有效性要求会特别突出,而其他有效性要求则是隐藏的。哈贝马斯认为,根据言语者的沟通意图的不同,我们在言语行为中对语言的使用,大致可分为三种情况:认知的、互动的、表意的。

在语言的认知使用中,说话者是要提出真实的命题,传达信息,以便听者接受和分享言语者的知识,此时,真实性要求最为凸显。

在语言的互动使用中,说话者是要在一定的规范语境中,完成一个正确的言语行为,以便在言语者和听众之间建立一种正当的人际关系,此时,正确性要求最为凸显,如表达命令、承诺等的言语行动。

在语言的表意使用中,说话者偏重于表达自身的主观感受、意愿、意见、意图等,此时,真诚性要求最为凸显。

当然,没有任何言语行为会凸显可领会性要求,因为这是利用语言进行沟通的先决条件,如果语句从语法的角度是不可理解、不可领会的,所有的沟通都无法进行。

3.言语的有效性要求不仅规范着语言的使用,而且分别同三个不同的"世界"相关联。

真实性要求关联着"客观世界"(objective world),正确性要求关联着"社会世界"(social world),真诚性要求关联着"主观世界"(subjective world)。对于它们之间的关系,可用如下例子进行说明。①

在课堂上,一位教授向一位学生提出要求:"请你给我拿一杯水来。"面对教授的要求,学生可能有两种回应:一是满足教授的要求,二是对教授的要求提出质疑。

---

① 哈贝马斯.交往行为理论.第1卷.曹卫东译.上海:上海人民出版社,2004年版,第292页。

在第一种情况下,学生立刻给教授取了一杯水,表明这位学生认同教授言语背后的有效性要求,因此没有任何质疑。我们可以进一步说,首先这位学生和教授都假设了在外在客观世界里,即在教室附近的某个地方有水可取,这是预设了真实性要求;其次,学生认同了教授有权要求学生给他取水,这符合社会世界里的正确性要求;最后,学生假设教授不是在开玩笑,这句话表达了他内心的真实需要,这满足了主观世界里的真诚性要求。

在第二种情况下,学生可对教授所说的话的有效性进行质疑:他可以认为教室附近无水可取,这是质疑言语的真实性要求,关联着客观世界;他也可以质疑教授是否有权要求他去取水,这是质疑其正确性要求,关联着社会世界;他也可以认为教授在开玩笑,这是质疑言语的真诚性要求,关联着主观世界。

三、不同行动概念的比较

为了进一步说明沟通行动的概念,哈贝马斯对社会(学)理论中的其他行动概念与沟通行动概念进行了研究。在哈贝马斯看来,以往的社会(学)理论,主要研究了三种行动概念:目的(策略)行动、规范调节的行动、戏剧行动。目的(策略)行动主要由韦伯进行了研究,符号互动论则对规范调节的行动的研究做出了贡献,戏剧行动的提出是戈夫曼的贡献。这样,加上沟通行动,社会(学)理论中的行动概念可以归结为四个不同的基本概念:即目的(策略)行动,规范调节的行动,戏剧行动,沟通行动。[①]

(一)目的(策略)行动

目的行动(teleological action)是行动者通过选择一定的有效手段,并以适当的方式运用这种手段,而实现某种目的的行动。目的行动专注于某种既定目标与达到目标的手段间的联系。因此,目的行动的核心问题是,如何在给定的行动情境中选择合理的手段和方式实现主

[①]　哈贝马斯. 交往行为理论. 第 1 卷. 曹卫东译. 上海:上海人民出版社,2004 年版,第 83—101 页.

体预想的目的;它的核心概念是在不同行动可能性之间做出的决定。

从本体论结构上说,目的行动概念的前提是:一个行动者与实际存在的事态之间的关系。这些事态可能是一直存在的,也可能是刚刚出现的,或通过有目的的干预而带来的。

就行动主体而言,人被看作"认知-意志复合体"。一方面,行动者通过对情境的认识形成关于对象的知识和信念,并通过感知传达出来;另一方面,行动者可以形成一定的意图,以便把理想的事态付诸实现。因此,行动面对的客观世界表现为具有一定内涵的陈述命题或意图命题。

通过意见和意图,目的行动的行动者可以和世界建立起两种可以得到客观评价的合理关系:一方面,一个行动者能否成功地让他的感知和意见与世界上发生的事情或事物相一致;另一方面,一个行动者能否使世界上发生的事情与他自己的愿望和意图一致。在这两种情况下,行动者都有所表达:"他可以提出真实的命题或错误的命题,或实施有目的的干预,结果可能成功,也可能失败。"[①]

目的行动本质上是非社会的,即使有行动者之间的合作,也是以自我为中心的利益权衡为基础的。在这里,人与事物没有本质区别,与之合作的他人只是他实现自己目的的手段和工具,只是实现自己目的的障碍或促进因素。单纯从目的行动出发来理解合理性,只能承认工具合理性。

当出现两个有目的的行动主体时,目的行动就发展成为策略行动。策略行动与目的行动并没有本质的不同,只不过在策略行动中,至少需要有两个有目的的行动主体,"他们一边把其他行动者的决定作为准绳,一边又对其他行动者的决定施加影响,以此来达到其目的"[②]。

策略行动的效果视其他行动者而定。在策略行动中,策略行动者

---

① 哈贝马斯.交往行为理论.第 1 卷.曹卫东译.上海:上海人民出版社,2004 年版,第86 页.

② 哈贝马斯.交往行为理论.第 1 卷.曹卫东译.上海:上海人民出版社,2004 年版,第86 页.

都紧盯着自己行动的功效的最大化，即使相互协作，也是在这种协作符合其自我利益时才存在。"这种行动模式奠定了经济学、社会学以及社会心理学的决定论和博弈论的基础。"①

（二）规范调节的行动

在目的论的行动模式中，行动者或同他所认识的客观世界发生关系，或同他有目的地干预的客观世界发生关系，而在规范调节的行动中，行动者作为社会角色的扮演者同他所属的社会世界发生关系，或者同他通过规范调节的人际关系的世界发生关系。

规范调节的行动是以一个行动者与两个世界之间的关系为前提的。行动者除了要同作为外在的客观世界发生关系外，更主要的是还必须同他自身所属的社会世界发生关系。社会世界是由一定的价值规范构成的社会成员之间关系的整体。规范表达了社会集团成员共同认可的行动规则。遵守规范不具有认知意义，因为它不是对事实的认知，也不是为了实现自己的愿望和意图，遵守规范是一个社会集团对其成员的要求和社会成员对生活于其中的社会集体应尽的义务。因而，规范调节的行动对行动者提出规范正确性的有效性要求。

符合规范的行动的前提是，行动者能区分情境中的事实因素和规范因素，"行动者把行动语境中的实际内容和规范内容，也就是说，把条件和手段与价值区分开来"。"参与者对于事实或非事实可以采取一种客观化的立场，或者，参与者对于正义的要求或非正义的要求采取一种符合规范的立场。"②

（三）戏剧行动

戏剧行动（dramaturgical action）指在公共场合有意识地展示自己的主观情感、品质、愿望等主观性的行动，从而使自己与别人不同的特有的主体经历和体会，让观众看到并接受。它的核心概念是自我展示

①　哈贝马斯.交往行为理论.第1卷.曹卫东译.上海：上海人民出版社,2004年版,第83页.

②　哈贝马斯.交往行为理论.第1卷.曹卫东译.上海：上海人民出版社,2004年版,第89页.

(presentation of self)。

戏剧行动在本体论结构上假定客观世界、社会世界之外,还必须假定主观世界这一前提,戏剧行动把人生作为舞台,把行动作为展示自己主观性的活动。

它的合理性可根据个性的同一性和自我表达的真诚性来衡量。

(四)沟通行动

所谓沟通行动(communicative action),指至少有两个行动者通过语言的交流,求得相互理解、共同合作、协调相互间关系的互动行动。行动者共同寻求他们对情境和行动计划的理解,以便以意见一致的方式协调彼此的行动,实现共同的目的。它的本体论前提除假定客观世界、社会世界和主观世界的存在外,还必须假定作为知识和观念载体的语言世界的存在。在沟通行动中,人与不同世界的关系不是像在目的行动、规范调节行动和戏剧行动中那样,是一种直接的关系,而是一种反思的关系。在这种反思关系中,行动者不再与三个世界中出现的事物发生直接的关系,而是通过语言同客观世界、社会世界和主观世界间接地发生关系。它不是单方面地与某一世界发生关系,而是同时把三个世界作为理解和解释的框架。

沟通行动的合理性标准除了要满足语言表达形式本身的可理解性之外,必须同时满足三个有效性要求:对客观世界事态做出的陈述是真实的,沟通行动建立的人际关系是正确的,言辞表达与说话者的意图是一致的。如果行动者能同时满足这三个有效性要求,就能在意见一致的基础上协调相互关系,从而为社会合作提供合理的基础。

沟通行动是相互沟通对世界的理解并协调彼此行动的机制,它也具有目的性,但是,它与目的论行动不同,其目的不是个人的意图,而是达成共识。

以沟通行动为基点,可以更好地理解社会行动:如果行动者的行动注重行动所产生的效果,即以选择适当的手段达到一定的目的为导向,这样的行动就是目的(策略)行动;如果行动者仅涉及社会世界,他的行动将遵守共同的社会规范,这样的行动就是规范调节行动;如果行动者的行动以吸引听众或观众为导向,注重自我表演,这样的行动就是戏剧行动。目的(策略)行动、规范调节行动、戏剧行动这三种行动概念虽然分析了人的特定行动类型,但是,任何一种行动理论都没有包容合理性的所有要求,都是片面的。这三种行动概念没有把握语言理解的真正意义,它们都只是从单方面把握语言的功能。在目的(策略)行动模式中,语言作为实现主体预想目的的工具,既服务于对情境的认知,也用于影响参与合作的其他对手的行动,这种语言观是工具主义的。在规范调节的行动中,语言是传播传统文化价值和规范共识的媒体、道德教化的工具,它不考虑语言的其他功能。戏剧行动把语言作为传达自己情感或展示自己人格魅力的中介,只顾及语言在展示行动者主观体验上的作用,它忽视了语言的认知功能和人际关系的调节功能。"它们各自所代表的沟通类型都是沟通行动的临界状态,具体而言,第一种是间接沟通,参与者眼里看到的只是自己的目的;第二种是共识行动,参与者只是把已有的规范共识付诸实践罢了;第三种是与观众相关的自我表现。他们都只是分别揭示了语言的一种功能,即或发挥以言表意效果,或建立人际关系,或表达经验。"①

只有沟通行动模式,把语言首先作为直接理解的一种媒体,语言的所有功能才能在这种行动模式中得到充分的运用;只有在沟通行动中,语言才同时承担认知、协调和表达功能,语言作为相互理解的中介才具有独立的意义。

四、沟通行动与理性讨论

在沟通行动中,行动者互相提出四项普遍性的有效性要求——他们的语言是可以理解的、命题内容是真实的、言语行动是正确的符合社会规范的、意向的表达是真诚的——而且互相承认这些有效性要求,这是构成沟通行动得以继续进行的背景性共识。有效性要求的提出与承认一般情况下都未明言,只是沟通行动不可或缺的预设或假定。而且,有效性要求的提出和承认是一种互相的期望:我对自己的言语行动提

---

① 哈贝马斯.交往行为理论.第 1 卷.曹卫东译.上海:上海人民出版社,2004 年版,第 95 页.

出有效性要求,而我也知道或期望你对自己的言语行动提出同样的要求,同时我假定你也知道我对我自己的言语行动提出这样的要求。

一旦沟通行动的参与者对于某一言语行动的有效性要求有所怀疑时,也就是不再认为其是理所当然地可接受的,则有效性要求是否得到了满足就会替代沟通,成为沟通双方的焦点。

如果某一言语行动的可理解性成为问题的焦点,如下的问题就会产生:这句话的意思是什么? 我应该如何理解你所说的?

如果某一言语行动的命题真实性成为问题的焦点,如下的问题就会产生:事情真的如你所说吗? 为什么会这样? 这是可能的吗?

如果言语行动的规范正确性成为问题的焦点,如下的问题就会产生:你为什么要这样做? 为什么不那样做?

如果在沟通行动中,我们对对方的诚意有所怀疑,我们就会提出如下的问题:对方是否在欺骗我? 或者他在自欺?

面对这些问题,"人们基本上面临两种选择:或是转向战略行动,完全中断沟通,或是在不同的水平上————一个论辩性言语的水平上(其目的是推论式检验至今仍被视为假说的、有待澄清的有效性要求)————重新开始以达到理解为方向的活动"[①]。也就是说,当沟通的有效性要求受到质疑时,我们要么中断沟通,转向策略性行动,不再以达到相互间的理解为目的,要么通过论证活动,即通过提供论据来为沟通行动的继续进行做努力,也就是进入理性讨论的过程。为了使沟通得以继续进行,此时就需要沟通的双方利用合理的论证,通过理性的对话,证明自身的言语行动是符合有效性要求的。进行理性讨论以达成共识的过程,实际上是一个沟通参与者,寻求更佳论据的力量、证明自身的合理性的过程。

但是,也不是所有的有效性要求的满足都需要通过理性讨论来保证,只有命题的真实性要求和规范的正确性要求的保证需要通过各自的论证逻辑来进行。这是因为,如果言语的可领会性有问题,行动者只能借助于释义、改写、翻译、语言的约定等来消除误解,否则沟通无法进

---

① 哈贝马斯.交往与社会进化.张博树译.重庆:重庆出版社,1989 年版,第 4 页.

行。而如果沟通的参与者的诚意受到怀疑(例如怀疑对方说谎、欺骗、夸大等),则相互的信任只能在未来的互动过程中,透过种种的行动表现,重新建立,例如保证、行动的一贯性等。

如果真实性要求与正确性要求若受到严重的挑战,则必须诉诸理性的讨论以求解决,使沟通得以继续进行。

五、沟通行动与理想的言语情景

在哈贝马斯看来,以行动参与者的沟通和形成共识为目的的沟通行动的顺利进行,除了要求行动的参与者具有沟通资质(能力)之外,还要求有一个自由、平等的沟通环境,要求沟通者具有真诚沟通的意愿,也就是"理想的言语情景"。理想的言语情景实际上是沟通行动得以进行的外在条件;只有当沟通行动的参与者具有同等的说话机会,进行陈述、解释、论证、追问和反驳等,以使所有沟通参与者的观点都是可以批判检验的,才可能形成合理的共识。这些条件可归纳如下:

1. 对话各方应具有平等对称的地位和权利,任何人都可以提出自己的意见,并有权对别人的任何意见提出批评、质疑和反对;

2. 任何与问题相关的证据都应该受到重视,当产生对有效性要求的疑问时,任何方式的批评和论证都不应受到压制;

3. 每个沟通的参与者必须具有同等的权利实施表达性言语行动,表达自己的愿望、好恶和情感;

4. 每个人都有同等权利实施调节性的言语行动,即提出要求或拒绝要求,做出承诺或拒绝承诺,自我辩护或要求别人做出自我辩护;

5. 不给讨论设定时间界限,讨论是否终止取决于是否达成共识,如若受资料和知识限制,无法做出合理的判断,可暂缓讨论,但任何人都有权在适当的时候和条件下,重新提议讨论;

6. 沟通行动的参与者对言语行动的有效性要求采取假设的态度,即把任何一个事实陈述、规范要求和自我表达都理解为可错的、有待检验的;

7. 沟通结构必须排除一切强制,包括来自论证过程内部和来自外部的强制,除了相互合作追求真理这一动机之外,排除其他任何动机,也就是说,除了证据的力量之外,没有其他任何力量影响讨论。①

对于"理想的言语情景"这一概念的性质,哈贝马斯的解释是:

"理想的言语情境既不是一种经验现象,也不完全是一种虚构。它是话语中相互之间不可避免要采取的假定前提。这种假定前提不能有悖于事实;但是,即使它违背了事实,它也是交往过程中具有指令作用的虚构。因此,我更愿意说预定或预见一种理想的言语情境。……语言沟通的规范基础包含双重意义:既是作为预定,也是作为预定的基础……因此,理想的言语情境概念不只是康德意义上的规整原则;因为有了语言沟通行为,我们就已经一劳永逸地做出了这样的假定前提。另一方面,理想的言语情境概念也不是黑格尔意义上的实存概念,因为没有任何一种历史社会具有我们能够用理想的言语情境彻底阐释清楚的生活形式。毋宁说,理想的言语情境或许能够和一种先验现象相提并论,但又不是这样一种现象。……对理想的言语情境的预见,之于任何一种可能的交往来说,都具有结构现象的意义,同时也是一种生活方式的表象。我们无法先天地得知,那种表象是否只是一种从不可避免的假设中产生出来的虚假推断——或者说经验条件对于逐步实现假定的生活方式能否具有实践意义。从这个角度来看,建立在普遍语用学之中的合理言语的基本规范具有一种实践的假设前提。"②

六、沟通合理性

哈贝马斯提出沟通行动的概念,最终目的是为了提出自己的合理性理论,从其《交往行为理论》第一卷的副标题"行动合理性与社会合理化"可见一斑。在哈贝马斯看来,韦伯之所以在理性化的问题上陷入悲观主义,正是因为其行动概念的狭隘,导致其对合理性的理解仅限于目的—工具合理性。目的—工具合理性模式的错误在于,这种视角仅看

---

① 汪行福.通向话语民主之路:与哈贝马斯对话.成都:四川人民出版社,2002年版,第87—88页.

② 哈贝马斯.真理论.转引自曹卫东.交往理性与诗学话语.天津:天津社会科学院出版社,2001年版,第88—89页.

到了人类行动处理主体与客体关系的合理性，但忽视了主体与主体间关系的合理性。沟通行动所处理的正是主体间关系，或者所处理的是主体间行动的相互协调问题。

哈贝马斯指出："行为者的行为具有多大的合理性，主要取决于我们为行为所设定的世界关联。"[①]由于沟通行动的不同有效性要求分别指向不同的行动主体与不同世界关联：命题内容的真实性指向客观世界，语言规范的正确性指向社会世界，表达的真诚性指向主观世界。三种不同领域的世界对应的是不同领域的事物：客观现象、道德法律、以及艺术，而每一领域都有不同的理解和判断的合理性标准，或者说是具有不同的有效性要求。这样，沟通行动的合理性就分为三个不同的层面：主体与客观世界关系的合理性；主体与社会世界关系的合理性；主体与主观世界关系的合理性。

哈贝马斯对沟通行动概念的分析，普遍（形式）语用学对交往的有效性要求的分析，都是为了揭示沟通行动中所潜藏着的不同于目的-工具理性的另一种理性：反省、批判和论证的能力，即沟通理性。沟通理性首先是一种对话式的理性，是以主体间的平等的对话为基础的。相对的，目的—工具理性是一种独白式的理性，基于个人利益的计算的理性。其次，沟通理性是一种借助于更佳论据的力量进行反复论证的理性。在有效性要求受到质疑时，沟通行动的参与者能够进入理性的讨论，在讨论中，沟通双方针对受质疑的有效性要求反复讨论，以期达成共识。相对的，目的—工具理性不必借助于理性的讨论，而是以单方面的利益的取得为标准。

沟通行动的合理性程度是以沟通理性的发展程度为基础的。在哈贝马斯看来，韦伯和传统批判理论之所以在社会理性化的问题上陷入悲观主义，正是因为他们分析问题的概念框架的不适当：其出发点都是目的—工具合理性行动，没有看到在人类的沟通行动中，实际上潜藏着另一种理性的潜能，即沟通理性。理想言语情景下的沟通理性显示出

---

① 哈贝马斯.交往行为理论.第 1 卷.曹卫东译.上海：上海人民出版社，2004 年版，第83 页.

人们是希望相互沟通和理解的,意味着人们愿意放弃用武力或其他内外的强制力来协调主体间的行动,愿意通过平等的对话和沟通来处理人际冲突。在哈贝马斯看来,如果人类的这种理性能力能够得到发展,实现社会的全面合理化并非没有希望。

第三节　生活世界、系统与社会理性化

一、生活世界及其理性化

哈贝马斯对沟通行动的分析,是为了说明,如果我们换一种视角,也就是从主体间以语言为媒介来沟通、协调其行动的沟通行动视角出发,由此我们可以看到,现代社会中,形式(目的)合理性与实质(价值)合理性的矛盾、自由与意义的丧失的现象并非社会现代化的必然,并非无法解决的矛盾,在人类沟通行动中,就蕴藏着突破理性化的困境的可能性。

人类沟通行动中的理性潜能,在社会的层次上,则蕴藏在"生活世界"之中。

所谓生活世界,就是人类生活于其中的、大家在一定程度上共同拥有的、一组庞大而并不明确的社会文化背景。由于生活世界的存在,沟通与沟通才成为可能。

生活世界与沟通行动是两个相辅相成的概念,沟通行动是在生活世界内进行的,生活世界使得人类理性地进行沟通成为可能。"沟通行动的总体总是在生活世界的视野内达成共识。他们的生活世界是由诸多背景观念构成的,这些背景观念或多或少存在着不同,但永远不会存在什么疑难。这样一种生活世界背景是明确参与者设定其处境的源泉。通过解释,沟通共同体的成员把客观世界及其主体间共有的社会世界与个人以及(其他集体)的主观世界区分开来。世界概念以及相关

的有效性要求构成了形式因素,沟通行动者可以用它们把各种需要整合的语境与他们自身所处的明确的生活世界协调起来。"[1]

对应于文化再生产、社会整合和社会化的过程,哈贝马斯将文化、社会和人格看作生活世界的结构性要素。文化是一个资料的储存库,是生活在一起的社群所共享和共有的,当沟通行动的参与者通过语言沟通就世界上的某些事物进行解释和理解时,知识储存库使得沟通成为可能;社会指合法的秩序,通过这种秩序,沟通行动得以调节不同的意见和社会行动,并促进社会整合和人类的归属感;人格可以理解为沟通行动的参与者所具有的语言能力和行动能力,这种能力使得他们能够参与到相互理解、沟通的过程之中,并促使个性特征的形成。

生活世界的理性化表现为文化、社会、人格的相互关系及其界限变得越来越清晰。哈贝马斯认为,可以从三个方面来看待生活世界的理性化过程:(1)生活世界结构上的区分;(2)内容与形式的分离;(3)符号再生产的反思性的增加。

所谓生活世界结构上的区分,指文化、社会和人格这三种结构不再受具有神秘色彩的世界观所控制,而是各自独立起来。"在文化与社会的关系中,结构的区分表现为制度系统与世界观的逐渐脱离;在人格和社会的关系中,结构的区分表现为主体间的偶然性关系的范围的扩展;在文化与人格的关系中,结构的区分表现为传统的更新越来越依赖于个人的批判取向与创新能力的事实。这些进化的结果是:在文化方面,传统变得具有自我反思性,并处于不断改进的状态;在社会方面,合法的秩序的建立及其规范的正当性依赖于形式程序来决定;在人格方面,抽象的自我身份通过不断对自我的肯定而建构起来。这些变化的出现,是在日常沟通实践中做肯定或否定的判断时,不再诉诸规范的一致,而是建立在沟通参与者本身合作的解释过程的基础上。因此,它们

---

① 哈贝马斯.交往行为理论.第1卷.曹卫东译.上海:上海人民出版社,2004年版,第69页.

标示着沟通行动中内在的合理性潜能的释放。"①

对应于文化、社会和人格的区分,是形式与内容的分离。"在文化层面,人们在建立自我认同时,不再依赖于神化世界观中尚紧密交织在一起的具体内容,而是依赖于一些形式因素,如世界概念、沟通前提、论证程序、抽象的基本价值观念等。在社会层面,从它们在原始社会中还紧紧依赖的特殊内容中演化出了普遍的原则和程序,现代社会的法律秩序和道德规范愈来愈建立在一些普遍的原则上,而不是依赖于具体的生活形式。在人格系统的发展层次上,在社会化过程中所获得的认知结构,愈来愈脱离它们在'具体思维'中得以整合的具体文化知识。"②

生活世界理性化的第三个层次,是符号再生产的反思性的增加。具体表现为:"在不同的文化领域、不同的社会制度里,甚至是教育下一代的过程里,人与人之间的沟通和理性上的反思日益占据着主要的位置。"③

二、系统及其理性化

生活世界的理性化实际上所表明的是人与人的沟通越来越依赖于理性的讨论而不是受制于外在的强制力。然而,这里出现了一个问题,现实社会的实际的情况似乎并没有出现哈贝马斯所说的生活世界的理性化所带来的全面的合理性的增长。正如韦伯和法兰克福学派的第一代人物所指出的,现代社会出现了自由和意义的丧失。如何解答这一问题呢? 哈贝马斯认为,我们必须分析社会理性化的另一层面:系统的理性化。

哈贝马斯认为,虽然韦伯揭示了西方社会理性化的悖论,但由于他没能在系统和生活世界之间做出区分,混淆了系统和生活世界,所以没有找到解剖现代社会的有效工具。西方的理性化过程,并不是如韦伯

① J. Habermas. *The Theory of Communicative Action* (Vol. 2). trans. Thomas Mc-Carthy. Boston: Beacon Press, 1987: pp. 145—146.

② J. Habermas. *The Theory of Communicative Action* (Vol. 2). trans. Thomas McCarthy. Boston: Beacon Press, 1987: p. 146.

③ 阮新邦. 批判诠释与知识重建. 北京:社会科学文献出版社,1999年版,第63页。

所说,只是在工具或目的理性的层面上进行的,而是在两个层面上进行的:一是生活世界的理性化过程,一是系统的理性化过程。

在哈贝马斯那里,系统有两方面的含义。一是和生活世界相对、影响人类生活的社会的制度或组织,如经济系统、行政系统等。系统和生活世界同时具有调节人类行动的作用,只不过生活世界是在价值层面上规范人的行动的,而系统是从功能层次上调节人们不同的生活方式和取向的。由于现代社会结构的复杂性,人们对自身行为的原因及其可能出现的结果不再具有清楚的认知,系统正好具有调节人类行为的功能。系统的另一层含义是研究者采取客观观察者的视角去分析和了解社会现象,同时代表一种系统分析方法,即把社会作为一个系统去了解,重视对其结构和功能的分析。①

哈贝马斯将系统理性化的过程分为四个阶段②:第一阶段是古代的"平等部落社会"(egalitarian tribal society),第二阶段为"等级部落社会"(hierarchical tribal society),第三阶段为"政治分层社会"(politically stratified society),第四阶段为"经济分层社会"(economically constituted society)。在第一阶段,无论是符号意义层面还是系统层面的创造,都是在亲族系统内进行的。它不但促使社会整合和系统整合,同时也给人类日常沟通提供意义基础。这种模式和活动慢慢地建立起一个社会网络,使得货物交换也成为可能。这些交换日益频繁,加上一定程度的分工,使部落社会的结构出现了改变,从而进入第二个阶段。在这两个阶段里,生活世界与系统没有分开,系统的发展是以生活世界里的符号意义为基础的,直到政治权威的出现,具有神秘色彩的世界观被语言结构代替了,人们对日常和政治事务的共识是通过"神圣语言化"(即语言对话)而达到一致的。慢慢的,权力机制使亲族结构分离开来,形成一种新的制度,即国家。在这一时期,权力是建立在司法制裁之上的。于是系统理性化过程便进入第三个阶段。在这样的社会结构里,货物在市场上的交易是由金钱做中介的,慢慢地形成金钱主宰社会

---

① 阮新邦.批判诠释与知识重建.北京:社会科学文献出版社,1999 年版,第 63—64 页.
② 阮新邦.批判诠释与知识重建.北京:社会科学文献出版社,1999 年版,第 64—65 页.

的机制,最后经济与政治秩序分割开来,从而进入经济分层社会。

从以上系统过程的四个发展阶段来看,哈贝马斯认为,系统的发展是依赖生活世界赋予符号意义的。在平等部落里,生活世界里的意义基础是在性别和世代的角色上的;在等级部落里,世袭的社群给予系统意义以基础;在政治分层社会里,是政治职能提供意义给系统发展的;在经济分层社会里,中产阶层的民事法律是这一阶段系统发展的意义基础。一句话,人类用理性代替了权威或传统文化制约进行相互间的沟通。同时,人类在沟通、理解外在世界的事务或者做价值道德上的决定与选择时,愈来愈依赖自己的判断,权威与传统文化的影响相对减弱了。为此,个人的自由通过理性的活动而增加了。然而,随着人类社会的进步与发展,社会秩序越来越不被一个简单和呆板的生活领域来事先假定,而是变得日益复杂,人类似乎很难再像过去那样凡事都只靠自己的判断来解决了。于是就产生了现代社会的悖论:一方面个人的理性认知能力和自主性增加,另一方面却又导致系统对个人的制约也日益显著,使现代社会里的生活世界受制于系统,最终变成了系统的殖民地,即出现了"生活世界的殖民化"。

三、生活世界的殖民化

所谓生活世界的殖民化,"指原本属于私人领域和公共空间的非市场和非商品化的活动,给市场机制和科层化的权力侵蚀了"①。

在现代社会,体制的理性化主要存在于市场和国家机关的范围内。市场指经济系统对人的影响,它主要通过金钱制约着人类的行动和生活世界。国家则是通过行政机构所产生的权力来影响和控制人的行为的。所以,在现代社会里制约人的行为的主要手段是金钱与权力。二者都要求有效率的运作,因此都以工具理性或目的理性作为运作的准则和目标。为达到有效率的运作,市场以金钱来调节和制约人的行为,国家机关则通过权力来影响人的行为。但是,随着社会的发展,金钱与权力的制约机制逐渐渗透到其他活动中。人们不但在日常的工作中,

---

① 阮新邦.批判诠释与知识重建.北京:社会科学文献出版社,1999年版,第70页。

而且在娱乐、教育和家庭等事务中也以金钱和权力作为沟通的媒介，对待周围的人和物像对待商品一样，只重感性上的取舍，不做深层的反思和讨论。这样，人们逐渐习惯于把周围的环境（包括其他人在内）都当作一种达到个人目的的工具或手段。这就是哈贝马斯所说的生活世界的"殖民化"。

虽然出现了生活世界的殖民化，但在哈贝马斯看来，并不能由此就对人类的前景悲观失望。他认为，问题的关键在于实现"沟通的合理化"，也就是让对话主体之间在没有任何内外强制力的情况下进行真诚的对话，在实现相互理解的基础上进行沟通。

本章小结

哈贝马斯的沟通行动理论旨在建立一个普遍性的"规范基础"，借以描述、分析、批判、评价现代社会的结构，说明现代社会中形式（目的）合理性与实质（价值）合理性的矛盾并不具有必然性，且是有解决的希望和可能性的。

哈贝马斯的沟通行动理论是从分析韦伯的理性化概念开始的。哈贝马斯认为，韦伯所谓的"理性化"不过是"技术的理性化"，所谓的"合理性"只是工具的合理性，它忽视了人类行动的互动或相互协调方面。

哈贝马斯认为，对社会行动的分析应该以沟通行动作为分析的起点，而不是目的合理性行动。沟通行动是人们相互之间的一种运用语言进行沟通的行动，是使用语言的行动，即言语行动（行为）。在沟通行动中，行动者互相提出四项普遍性的有效性要求——他们的语言是可以理解的、命题内容是真实的、言语行动是正确的符合社会规范的、意向的表达是真诚的——而且互相承认这些有效性要求。

哈贝马斯认为，沟通行动中潜藏着不同于目的-工具理性的另一种理性：反省、批判和论证的能力，即沟通理性。沟通理性首先是一种对话式的理性，其次是一种借助于更佳论据的力量进行反复论证的理性。

哈贝马斯认为，沟通行动是在生活世界内进行的，生活世界使得人类理性地进行沟通成为可能。生活世界的理性化实际上所表明的是人与人的沟通越来越依赖于理性的讨论而不是受制于外在的强制力。

第十四章　吉登斯的结构化理论

安东尼·吉登斯(Anthony Giddens,1938—),英国当代著名社会学家,具有重要公共影响的社会理论家。

吉登斯出生于英国北部的埃德蒙顿(Edmonton);1956 年考入赫尔大学(Hull),主修社会学和心理学,1959 年毕业;随后到伦敦经济学院攻读硕士学位,1961 年毕业;之后辗转于英国莱斯特大学、加拿大西蒙·弗雷泽大学(Simon Fraser)、美国的洛杉矶加利福尼亚大学任教或访学。1969 年,吉登斯获得剑桥大学的研究员职位,并于 1974 年获得剑桥大学博士学位。1985 年他被聘为剑桥大学国王学院社会与政治学系的社

安东尼·吉登斯

会学教授,1996 至 2003 年任伦敦经济政治学院院长,2004 年被封为贵族并当选工党上院议员。

吉登斯在批判总结经典社会学理论、结构功能主义与常人方法学

等理论的基础上,试图以结构化理论和"双重解释学"解决能动与结构、微观与宏观的二元对立问题。在此基础上,他进一步展开对全球化和现代性的研究,形成了他自己的风险社会理论。吉登斯的著述丰富,现已发表了 200 多篇文章,出版了 34 部著作。他的学术生涯经历了三个阶段:第一阶段(大致从 20 世纪 60 年代末到 70 年代中期)是理论积淀期,出版《资本主义与现代社会理论》(1971)和《涂尔干》(1972),分析了马克思、涂尔干、韦伯等人的思想,取得了批判性地研究古典社会理论的初步成就;第二个阶段(20 世纪 70 年代后期到 80 年代末)是他的思想成熟期,提出其结构化理论,主要作品为《社会学方法的新规则》(1976)、《社会的构成》(1984);第三阶段(20 世纪 90 年代之后)是成果高产期,他运用其结构化理论研究现代性及全球化的相关问题,相继出版《现代性的后果》(1990)、《现代性与自我认同》(1991)、《亲密关系的转型》(1992)、《第三条道路》(1998)等专著。

第一节 社会学方法的新规则

关于社会科学的认识论和方法论,历史上形成了两种基本的取向,即实证主义与反实证主义取向。吉登斯试图批判性地综合这两种取向,来解决第二次世界大战后西方社会学理论的危机。实际上,实证主义社会学、人文主义社会学和批判主义社会学尽管在理论观点和研究取向上表现出了许多不同,但从元理论层面上看,它们却具有相当的同一性,都预设了主客分离和二元对立的模式。吉登斯要做的就是超越这种二元论模式。他在 1971 年出版的《资本主义与现代社会理论》第一版的前言中写道:"这本书是出于这样的信念而写的,当代社会理论需要一个根本性的重建,这种重建必须从重新认识这些著作家们的著作开始,他们建立了现代社会学的基本框架。在这些著作家中最为重要的是马克思、涂尔干和韦伯。"

一、对经典社会学理论的批判

(一)对实证主义的批判

实证主义科学观念的核心思想是:科学的目标是对外部世界获得预见性和解释性的了解;要实现这一目标,就有必要建立理论,而理论是由表达发生在自然界之中的各种独立和分离的事件间的规则联系的高度概括的陈述所构成的,这些概括陈述或规则,使得我们能够预见和解释我们借助系统观察尤其是实验而发现的现象。解释某物就是说明它是这些规则或规律的具体事例;而预见就是从这些规律中演绎出经验结果;通过系统观察而对规律做出经验检验,这是认识的唯一可靠的基础;实证主义把科学看作建立在经验之上的、理性的和客观的事业,在这里,科学知识是累积起来的,低层次的规律从较高层次的规律中推演而来,科学逐渐使我们能越来越成功地预见、解释和控制外部世界。这种实证主义的纲领,影响了从孔德开始以来的各种形式的社会学理论、方法和经验研究,实证主义的主要代表是孔德、涂尔干和(一定意义上的)韦伯以及帕森斯和他的学生默顿,实证主义在当代出现了很多分流,最新的代表是新功能主义、理性选择理论和交换理论,它们都通过显示出讲究实际、严格和科学来获得自己的合法地位。它们把社会学的使命理解为解释被认为是统治社会世界的客观"法则"或因果关系,它们希望严格依据科学方法论进行的足够数量的经验研究,最终能够生产出或发现这些法则,实证主义的社会理论力图真实地解释社会世界。

吉登斯对实证主义的严厉批评与他对功能主义的批评(下文将论及)一样,都出于某种哲学人类学的考虑。他对实证主义忽视日常生活中普通人的各种认识构造活动的态度明显不赞成,他认为在社会理论中必须做的是恢复具有认知能力的人类行动者的概念,社会科学家不能忘记绝大多数的行动者所做的是有意图的行动,他们了解他们如此行动的理由,所有人类行动者对他们行动的种种条件具有相当的知识,那种知识并非偶然地依赖于他们的所作所为,而是其行动的构成要素。

吉登斯对实证主义的第二个批判是认为各种形式的实证社会学包

含了一个关于何为自然科学的错误模式。社会科学家相信,他们自己努力探求的是再创造自然科学宣称要实现的那种发现。吉登斯认为,他们的自然科学模式在哲学上是有缺陷的。实证主义所展现的自然科学模式基本上是一种经验主义的模式,它将创造规律的演绎体系视为科学的最高抱负;吉登斯指出,库恩以后的科学哲学证明,自然科学是一种诠释学的或理解的努力,在自然科学领域中当然有各种规律,但规律必定是被解释的,它必定是在理论体系的脉络中才是这样的,因此,自然科学包含了意义的解释系统,科学的本质是关于理论框架的创造。构建意义的框架实在比规律的发现更为根本,探求构成科学成分的规律在自然科学的传统模式中被给予了不适当的首要地位,社会科学家却接受了这种过分的重视。

吉登斯对实证主义的第三个批判在于,认为实证主义者错误地认为发现社会生活的规律是可能的,他们错误地将社会生活的规律直接与自然科学中存在的那些规律进行类比。自然主义的社会科学基于这样的观察之上:社会生活中的许多事件和过程并非任何投身的参与者所期望的,在自然主义看来,正是社会制度外在于个别行动者的目的,社会生活是由行动者所不知道的力量支配的。然而,吉登斯认为,主张社会生活或制度的某些方面并非那些参与者的意图是一回事,而认为个体行动者被多少决定其行动过程的"社会原因"所驱使则完全是另外一回事。吉登斯认为行动的"意外后果"正是社会再生产的条件,社会制度的持续存在乃是行动的有意和无意结果的混合作用。实证主义设想社会科学的实践内容具有一种技术形态,社会科学应该对纠正行动者关于社会行动或制度的虚假信念负有责任,如同发生在自然科学中的情况一样,随着我们对社会世界的了解不断加深,我们就可以改变社会世界。吉登斯对此提出了相应的批判:社会科学的确也包含对常人行动者所持的关于社会世界虚假信念的批判,但这些批判的概念和理论得以构成的背景、其实践的意涵与自然科学的大为不同。社会科学关注持有观念和创造观念的行动者,及其对他们的行动以及如此行动的条件做出的理论概括。社会科学不必向身处其中的行动者解释社会世界的意义,正相反,社会科学的技术观念必然是寄生于常人观念之上的。

另外,吉登斯对功能主义进行了激烈的批判。20 世纪 90 年代,当《社会学方法的新规则》再版时,吉登斯曾指出他对功能主义的批判仍没有过时,近年来的新功能主义仍一再重犯他早已指出的错误。对于吉登斯来说,功能主义的失败之处正是吉登斯的结构化理论的特点所在,因此,不理解吉登斯对功能主义坚定不移的批判,是无法全面理解他的结构化理论的。

在社会学各种流派中,功能主义有着最长的历史。孔德是社会学的创始人,又是功能主义的创造人,他建立社会学的一个思路就是借用当时声望较高的生物学中的概念和术语,使社会学求助于生物学,得以产生和确立。而斯宾塞社会理论的核心内容就是发展了这种类比,使之系统化。涂尔干强调社会分析中的整体论原则,把系统的组成部分看作完成整体的基本功能、满足整体需要和必要条件的部分,发展了功能主义。帕森斯使功能主义达到了其最高峰,形成了一个完整而庞大的体系,帕森斯的结构功能主义理论把社会视为一个系统,即视为由相互联系的各个局部组成的一个整体,帕森斯提出任何社会系统都有四种基本的功能先决条件:适应、目标获取、整合和模式维持。

吉登斯对功能主义的批评尽管涉及“目的性行动”的性质、“功能”概念、“系统”和“结构”的区别,还有自然主义等诸多方面,但其批评的核心仍在于功能主义存在的“唯社会论”问题,功能主义理论预设的社会整体相对于没有自主性的个人的优先性,吉登斯认为是片面的,甚至是错误的观念,吉登斯要做的是用“能动性”取代“傀儡”,结构化取代“静态结构”,“二重性”取代“二元论”。吉登斯对功能主义,至少是涂尔干和帕森斯提出的功能主义的四个重要方面进行了批判:(1)功能主义将人的能动行为化约为“价值内化”;(2)没有将社会生活看作其成员行为的积极建构;(3)它将权力看作附属现象,并将处于孤立状态的规范或“价值”看作社会活动的并因此也是社会理论的最基本特征;(4)没有从概念上重视规范的可协商性。①

此外,吉登斯对功能主义的"进化论"进行了重点的批判。吉登斯表明,人类社会的变迁历史并非是按照进化论的"模子"展开的。首先,人们并不是单单处在某种历史变迁之中,相反,他们是在意识到自己所经历的历史变迁的情况下去参与这一变迁并创造自己的。其次,生物进化理论假定,按照适者生存的法则,通过变异而保留下来的各类物种,具有其独立的起源和明确的"边界",但人类社会却不是如此变迁的,与生物有机体不同,一个社会系统与另一个社会系统之间并没有像生物有机体那样的明确界限,相反,它们是相互作用的。最后,人类历史的发展也没有一种所谓的进化路径。

(二)对解释学的批判

吉登斯对韦伯及以后的解释社会学,尤其是对舒茨的现象学社会学、加芬克尔等人的常人方法论和米德的符号互动论进行了细致的考察。他的专著《社会学方法的新规则》就是专门对解释社会学的研究,此书的最终结论就是他的"双重解释学"。

吉登斯在《社会学方法的新规则》中,对解释社会学的重要流派符号互动论给予了批评性分析,以此进一步地澄清他的"结构化理论"。吉登斯认为,符号互动论是功能主义主要的竞争对手,从某种重要意义上来说,米德的社会哲学是围绕自反性,即"I"和"me"的相互关系建构的。更准确地说,米德所专注的是"社会自我"。而这一重点在他的追随者的著作中更加突出,自从"社会自我"很容易被重新解释为"社会决定的自我"后,符号互动论与功能主义的差异已经变得越来越不明显。这就解释了为什么这两个理论流派能够在美国社会理论中走到一起,在美国社会理论中,这两者之间的差别已经被普遍认为只不过是"微观社会学"和"宏观社会学"之间的分工。但吉登斯的"结构化理论"想要强调的是:在行动者对社会的建构和社会对作为其成员的行动者构建之间的关系问题与微观和宏观社会学之间的区别完全无关。

① 吉登斯.社会学方法的新规则——一种对解释社会学的建设性批判.田佑中译.北京:社会科学文献出版社,2003年版,第82—83页。

吉登斯对舒茨的现象学也有以下几点批评意见。(1)由于现象学的还原色彩,舒茨无法将社会现实重构为客观世界;这一点明显地体现在他对"同时代人"和"前辈"的毫无说服力的解释上,从社会领域这个词的先验意义上来说,它不能从有目的的意识中建构。吉登斯解决现象学的这一缺点是在他对实践的阐述中完成的,实践包含了主体能动性与结构的使动性和制约性的统一,吉登斯关于"实践"概念的表述解决了现象学面对纯主观世界所带来的解释上的困难。(2)舒茨著作的整体取向只是说明行动的条件,而对行动的后果很少论及,吉登斯强调了行动的意外后果,以此来克服现象学的纯主观性色彩。(3)舒茨对关于社会学概念的"适当性假设"的解释很模糊,指导建立社会学概念的旨趣与标准不同于那些涉及日常概念的旨趣与标准,但怎样才能实现这一点呢? 又为什么需要这样做呢? 舒茨都没有给出回答。吉登斯的"双重解释学"恰恰是在舒茨关于"两极构造"的基础上完善而形成的,它回答了日常生活世界与社会科学的专业领域的关系问题。

另外,吉登斯对常人方法论的批判在于,常人方法论没有考虑到结构性因素和无意识因素的影响。

最后,吉登斯对解释社会学的整体缺陷进行了总结,他认为这些缺陷主要有三个方面:首先,解释社会学在强调行动意义的同时,却忽视了实践;其次,忽视了权力问题;再次,忽视了对观念系统的不同解释与利益争斗的关系。吉登斯认为有三个相互交叉的问题必须得到解决:对行动这个概念以及相关概念如目的、理由和动机等进行澄清,将行动理论与对制度结构的性质分析联系起来,还有关于社会科学方法认识论的问题。吉登斯在这三个方面的具体作为,在下文关于"双重解释学"及关于行动概念的构建中进行了具体的阐述。

(三)对批判主义的分析

批判主义社会理论的主要代表,在经典时代就是马克思的历史唯物主义和辩证唯物主义,在现代则是法兰克福学派的批判理论。吉登斯在关于批判理论的分析中,具体分析了马克思与哈贝马斯的批判理论。吉登斯认为,在马克思那里,权力、利益分配和斗争作为批判理论的主要内容出现,但马克思将注意力集中在对资本主义的政治经济学的批判上面,所以他从不想回到曾在其早期知识生涯中吸引过他的更一般的本体论问题上去,从而,关于实践概念和人类劳动的改造能力,马克思的著作只是提供了一个轮廓性的初步定位。因此,在吉登斯看来,马克思从未将批判理论真正系统化。吉登斯指出,哈贝马斯的批判社会学是一种"政治"的努力,目的是要把人类从各种桎梏中解放出来,他的这条路线继承了马克思对资本主义政治经济学的批判任务,只不过批判的方式不同:马克思是从"劳动异化"及生产力与生产关系、社会化大生产与生产资料私人占有之间的矛盾来批判资本主义社会的,而哈贝马斯则将舒茨的现象学与韦伯的"合理化"分析结合起来,从"系统世界"对"生活世界"的侵占来批判现代社会对人的奴役。

吉登斯对批判的社会理论很重视。这首先表现在他在《资本主义与现代社会理论》一书中对以社会批判及社会冲突为旗帜的马克思的理论的解析。批判的社会理论的主要假设是认定事物的本质存在于对现实的否定之中,因此,马克思着力于分析现存社会的矛盾,否定现存世界的合理性,并通过这种否定或批判来改造世界,为促进社会变迁提供某种行动方案。其次表现在他在《社会学方法的新规则》一书中对哈贝马斯理论的关注。最后,吉登斯同批判理论一样,指出了实证主义企图获致一些非历史的社会定律的谬误,吉登斯认为,社会现象根本没有非历史的模式,因为行动是建立在基于行动者的具有知识这个特性之上的,而行动者对自身反身的监视和他的意识的形成与修订,却离不开他的时空脉络,在这个意义上,社会行为模式在本质上是历史的,任何从社会现象归纳推广得来的"社会定律"皆是历史的,它们所涵盖的范围是受着历史的限制的。社会研究必然涉及两个理解:一方面社会研究的对象必然包含社会行动者自己对社会现象的理解;另一方面,社会研究也为被研究的对象提供另一重科学的理解。这两重理解是相互渗透和相互影响而改变的,基于这种事实,吉登斯认为社会理论对社会的建构会有转化作用,在这个意义下,社会理论具有批判作用。

二、双重解释学

至孔德创立实证社会学以后的近两个世纪里,社会学理论的内部逐渐形成了一系列的"正统共识",这主要表现为以下三点。(1)自然主义,它主张社会科学应以自然科学为榜样,社会科学阐述问题的逻辑框架也与自然科学相类似。(2)在解释人类活动时,我们应该运用某种社会因果概念。(3)功能主义,它一般认为社会科学应像自然科学一样,社会系统类似于生物体。20世纪60年代末70年代初,对帕森斯等代表的"正统共识"的彻底批判开始了。冲突理论、交换理论、符号互动论、常人方法论等都站在自己的视角上指出了以帕森斯为代表的"正统共识"的某些缺陷,但很难说这些理论解决或超越了"正统共识"的主要问题。

吉登斯在社会科学与自然科学的关系问题、社会学研究的方法论和认识论等问题上进行了自己的研究,他深刻地探讨了作为结构化理论前提的社会学元理论的核心问题——社会科学与自然科学的差异性,深刻地批判了社会学中从孔德以降、经过涂尔干等形成的"自然主义"和"功能主义"倾向,在解决生活世界与社会科学专业性世界之间的关系和社会科学的基本性质与任务等问题上,提出了他的"双重解释学"。他重新阐明了社会科学的基本性质、任务及由此带给社会世界的深刻影响。

(一)双重解释学的基本内涵

"双重解释学"意味着社会科学的逻辑必然包含着两套意义框架:其一是由普通行动者构成的充满意义的社会世界,其二是由社会科学家创造出来的元语言。这两者在社会科学的实践中相互交织,相互渗透。科学家用于理解社会过程的概念和归纳能被作为行动者的常人所用,这些人能够改变社会的过程,因此,在根本的意义上,社会学家与常人的所作所为并没有什么不同。

(二)双重解释学视野里的社会科学的基本性质和任务

吉登斯的"双重解释学"是建立在对自然主义和过分解释取向的批判的基础上的。"社会科学应该从自然科学的阴影中摆脱出来,无论后者披着什么样的哲学外衣,我并不是相信,人类行为研究的逻辑和方法与自然科学研究是完全不一致的;我也不想支持那些具有人文传统的人所提出的观点,他们认为,任何一种概括性的社会科学从逻辑上说都是不值得考虑的,但是如果把社会科学看作类似于自然科学,那么任何这样的取向都注定要失败,而且只能导致对人类社会的有限理解。"①社会科学不像自然科学,因为它们正是自己的研究对象的组成部分。在自然科学中,法则要发挥作用,总是存在边界条件的,但这些条件不会影响恒定的因果关系,而社会科学中的概括就不同了,因果机制本身具有一种不稳定性,其程度取决于概括所针对的那些人在多大程度上可能会运用标准的理性过程,从而产生标准的意外后果。因此,自然主义的要为社会世界寻找恒定法则的想法注定是行不通的。而倾向于解释学的单纯通过分析行动者的意义要素来理解社会世界的运转,也是有缺陷的。因为尽管日常生活的行为事实上总是以有目的的形式周而复始地进行着,但在许多方面,社会生活并不是组成社会的行动者的意图的产物。"弄清楚在不断变化的时空情景中,行动者认知能力的局限是什么,这是社会科学的根本问题。"②社会生活或制度的某些方面并非完全是行动者的意图,所以社会科学的任务之一就是要批判那些被视为常识的普通信念,社会科学家从事的批判活动就是他们工作的核心;但正因为社会科学家自身就构成了社会世界的一部分,"职业"社会分析家和普通社会分析家之间存在着复杂多样、持续不断的密切关联,因此,社会科学家提出的观点和他们声称所获得的发现必须接受批判性考察,所以社会科学的任务必然地还要涉及一种"内部批判",正是这种内部批判构成了社会科学的实质内容。

综上所述,吉登斯认为,由于社会科学研究对象的"反思性"(对此,下文将具体论述)及因果关系本质上的不确定性,社会科学对日常错误信念的批判,就必然要以实践的方式介入社会,不像自然科学通过证伪就可以让行动者相信正确的结果;因此社会科学的基本性质在于它的"实践性",而不是自然科学的"技术性",批判常识与内部自我批判构成了社会科学的内容。

---

① Anthony Giddens. *Social Theory and Modern Sociology*. Calif: Stanford University Press, 1987: p. 19.

② 吉登斯. 社会的构成. 李康,李猛译. 北京:三联书店,1998 年版,第 465 页。

（三）双重解释学引发的后果

1.社会科学的"平庸性"与实践影响。与自然科学不一样,社会科学涉及双重解释的问题,由社会科学发展出来的概念和理论所发生的效力,是由进行概括和理论思考的个人的各种行动所构成的,技术的社会科学概念逻辑上与日常世界的概念相联系。社会科学的概念被创造出来分析社会世界,而同时又反过来被纳入这个世界,自然科学的概念和理论则完全与自然客体世界相隔离。与自然科学成就所显现的丰富的创新性的技术影响相比,社会科学表现出明显的平庸性。但吉登斯认为,自现代开始,社会科学就对社会世界具有并继续具有一种深广的实践影响力,但这种影响并非主要是技术的影响,而是通过社会的概念被吸纳到社会世界中并成为它的构成内容来发挥作用。他再次重申双重解释的含义:社会科学家不得不对社会变化的结果怀有警醒意识,因为正是他们的概念和理论对他们力求分析的社会产生了改变的效应,社会科学不可避免地以批判常识和内部自我批判为其核心工作。

2.社会科学概括的"历史性"。如上所述,社会科学研究的领域和任务,决定了其研究方法的特殊性,因为在社会科学与以自己的活动构成社会科学研究主题的人,存在着交互解释的作用,即"双重解释",所以,我们无法将社会科学的理论和结论与它们所探讨的意义及行动世界截然分开。人的实践活动具有反思性,使得在有关人的社会行动的概括过程中牵涉到的因果条件本质上并不是一成不变的,所以社会过程的永恒的抽象定律是不存在的,"社会理论的东西只不过是些概念框架,而不是由某些普遍化的解释命题构成的"①。社会科学的概括就其性质而言,是"历史的",概括得以成立的环境在时间和空间方面都是有一定范围的。

---

① 吉登斯.社会的构成.李康,李猛译.北京:三联书店,1998 年版,第 37 页.

第二节　结构化理论

在《社会的构成》里，吉登斯将心理学、人类学、语言学等领域的成果融合起来，构建了一些具有一定解释力的概念，并在对社会学理论内部的各派理论进行大清理的基础上，形成了他的结构化理论。这一过程与他的"双重解释学"的思想是内在呼应的。在吉登斯看来，结构与能动的关系而非霍布斯的秩序问题，才是社会学应该认真思考的问题。

一、行动、行动者与反思性

为了解决行动者与结构之间是如何相互作用的问题，吉登斯在《社会学研究的新规则》一书中以行动的概念出发，试图形成一种建立在实践基础上的行动理论，"就其成员而言，须将社会的被创造与再创造过程视为一个充满技能的行动过程，而不只是一系列的机械过程"，行动最根本的特征是非决定性的。吉登斯以此批判了帕森斯的"行动参照框架"。同时，在这一问题上，他也批判了解释学的观点，解释学都倾向于将"行动"等同于"有意图的行动"，将"有意义的举动"等同于"有意图的后果"，吉登斯认为不应该将行动看作分散的实体，如理性、动机、意图等，它不是互不联系的单个行动的总和，而是一种不间断的行动流，一个我们不断地加以监控和"理性化"的过程，"行动"是一个包含经过意义认定的"举动"、动机激发和贯穿始终的理性化这三者在内的流动过程，同时行动者的认识能力也是有限的，因此行动的后果不是总能预见到的，所以会产生"意外性后果"。

在界定了行动的含义以后，吉登斯具体分析了行动的载体行动者。他认为行动者是一个人格体系，他借鉴了弗洛伊德的心理结构模式的分析来说明这个体系的构成，即：无意识动机、实践意识和话语意识。吉登斯采用了埃里克松的心理分析观点，认为许多行动背后的基本力量是无意识动机的一连串过程,以求在同别人的互动中得到信任感,无意识动机即行动者在日常生活中所隐藏的本体性安全感。吉登斯关于实践意识的认识直接来自本土方法论与现象学社会学,是指行动者的"自动化"特征,只可意会,不能言传,尽管人们对于正在发生的事情的了解并非总是清楚的,亦总是不容易搞清楚的,但是,人们知道他们正在做什么,或许人们还相当准确地知道如何去做。话语意识则是行动者可以用语言的形式说出行动的理由。吉登斯特别强调其中的实践意识和话语意识的作用,认为这是行动者自主性的标志,称它们为反思性,反思性是人们行动中一个十分明显而且重要的特征,它使人类的行为从根本上具有非决定性、创造性与能动性的特点。当然,吉登斯并没有把人的自主性过于夸大,而是认为,人的认识能力是有限的,正因为有限,便出现了行动的意外后果,意外后果的发生为结构的再生产创造了条件。在《新规则》一书所提出的行动理论中,"非意图后果"被用来作为超越解释社会学的局限的一个有力武器,吉登斯认为"非意图后果"既保留了功能分析的解释能力,又避免了功能分析的客观主义和自然主义,同时又能与社会理论的解释性因素很好地衔接起来。

吉登斯在对"行动"的分析方面超越于解释社会学的另一点是,合理地将行动理论与对制度结构的性质分析联系起来。吉登斯认为,互动形式产生的三个必不可少的要素是交往、权力的运作和道德关系,它们相应于结构的三个特性:意义、支配和合法化,处于互动与结构之间的媒介则是解释框架、工具与规范;从逻辑的角度来说,意义、规范和权力等内在地包含于目的性行为概念和结构概念之中,结构化的过程也就包含这三者之间的互动。当然,现实的社会实践过程并不表现为上述各个维度的截然分离,而表现为一种合成性的和相互包含性。

二、结构、结构化与结构二重性

吉登斯对结构及相关的问题所做的分析吸收了现代哲学中语言学的研究成果,以语言和言语的关系来分析结构与行动之间的关系是吉登斯对结构所做的分析的中心思想。

吉登斯思想中的结构指的是规则和资源。"结构可以在实践中表现出来,但不是具体实践的外显模式,而是一些记忆中的原则。结构本身也不是具体的存在,它没有时间和空间的边界,它必须依靠知识的延续或实践的延续才能存在。结构对于实践,如同语言规则对于说话行为的差异。结构,恰似某种抽象的规则,它只是使某种构造性行为成为可能的虚幻的存在。"①规则指行为的规范和表意性符码,其中规范包括政治、经济和法律制度,表意性符码则是具有意义的符号,如语言或一个手势、一声尖叫等。资源也分为两种,配置性的和权威性的资源,前者指的是,在权力实施过程中所使用的物质性的资源根源于人类对自然的支配,后者指的是在权力实施过程中的非物质性的资源,它源于社会中的一些人对另一些人的支配。规则与行动的交互作用,吉登斯是这样分析的:规则并不只是对人们如何行动做出的概括,它们是实践活动的生产与再生产以及系统的再生产的条件和中介。规则不只是带有否定性意义的禁令或限制,它也是建设性的,是对行动意义的积极建构。同样,资源也非只是对某种现状的描述,而是一种能力,吉登斯将资源与权力结合起来分析,认为资源是权力的基础,资源所构成的是结构的支配方面,在《社会的构成》里,他指出:资源为规则提供了条件,而规则凭借着这些条件具体体现于社会实践之中。

在处理能动与结构的关系问题上,吉登斯用结构的二重性概念批判了功能主义与结构主义、解释学与现象学的错误之处。他认为,社会理论所要解决的,不是像功能主义与结构主义所认为的那样,社会结构如何决定了人们的行动,也不像现象学或解释学社会学那样,以为人们的各种各样有目的的行动本身如何构成了社会,而是行动是如何在日常的环境条件下被结构化的,同时行动的这种结构化特征又是如何由于行动本身的作用而被再生产出来的,这里体现的结构二重性原理,即是:结构一方面是人类行动的产物,另一方面又是人类行动的中介。而在这种社会实践之中,结构实现了生产和再生产的过程,这就是所谓的结构化。因此,结构并不是对人的行动的一种制约,它更多表现为某种

---

① Anthony Giddens. *The Constitution of Society*: *Outline of the Theory of Structuration*. Berkeley: University of California Press, 1984:p. 17.

使动性,可以看出,吉登斯试图重新界定结构的概念,以"二元化"来代替"二元对立"。

三、时间、空间与例行化和区域化

吉登斯在《社会的构成》中指出,在以往的社会学理论中很少看到时空的重要性,他批评了"共时性"与"历时性"的区分,主张打破社会学、历史学与地理学之间的界限。他批判性地吸收了海德格尔的时间哲学与赫格斯特兰德的时间地理学,将行动者的互动与时空连接起来,形成了他另外两个分析性概念——例行化和区域化。

例行化是社会互动关系在时间流程中的再生产,在时间的流逝中,人们有序和可预知的态度延伸其互动,认识到他们需要别人的信任。吉登斯认为现代社会与传统社会相比,时空的交汇方式发生了深刻的变化,时空关系发生了分离,这种分离使得人们在时空上无须共同在场便可以进行互动,正是例行化维系了不在场互动过程中的本体性安全感。

他以场所代替了赫格斯特兰德的"位置"概念,认为场所不是某一物理空间,而是人类活动与社会生活的具体环境,场所总是内在地区域化了的空间。吉登斯之所以用区域化这一概念,其目的就在于用来指场所的时空组织以何种方式被安排在更加广泛的社会系统之中。区域化不仅指在物理空间中的具体定位,而且还涉及与各种常规化的社会实践紧密相连的时间—空间的区域分化,区域化是空间中社会互动的再生产。

四、社会再生产与系统再生产

在1979年发表的《社会学理论的中心问题》中,吉登斯引入了"社会整合"和"系统整合"来拓展他的理论解释范围。在吉登斯眼中,社会整合主要指的是行动者之间的交互作用,即双方都在场的交互作用,也就是面对面的互动,而系统整合则是群体和群体之间的交互作用。行动者具有反思性能力,建立在行动者的反思性监控之上的社会整合与在互动的例行化、区域化的基础上的系统整合涉及个人或集体之间在扩展或延伸了的时空条件下的彼此联结,行动的例行化与区域化保证了跨越时空条件下社会互动的有序完成。

总之,社会整合和系统整合是吉登斯"结构化理论"所要给出的最终答案之一,即社会和系统的再生产是如何可能的? 而他的"结构化理论"的形成无非是他的"双重解释学"的具体运用,即用"敏感的"概念框架来解释社会世界,而不是寻找永不褪色的规则和定律。因此,从这一意义出发,笔者并未总结出所谓的"结构化理论",但遵照吉登斯的意图,总结出了它的分析工具——一系列的概念框架,粗略地描述了它们在实际分析中的运用。

五、结构化理论与经验研究

吉登斯认为结构化理论并不能用来指导所有的经验研究,"在表明结构化理论对于经验研究来说具有丰富的意涵时,我并不想让读者认为,只存在一种研究程式,所有学者从今往后都应该采取这种方式"。① 但是,吉登斯认为结构化理论能够指导经验研究的任务,也就是说是经验研究的一种方法论,"不过,以更为一般的方式来看看结构化理论所引导的经验研究的任务是什么,这是有可能的,而且也是有必要的"②。

吉登斯进一步指出了经验研究的一般内容:(1)用解释学的方式来阐明意义框架;(2)研究实践意识(无意识)的情景和形式;(3)识别认知能力的各种局限;(4)对制度秩序进行详细说明。吉登斯指出,所有的社会研究都是以一种解释学的内容为前提的,这种解释学的前提是要解决不同意义框架之间的相互不可理解的问题,这种研究可以用来澄清在千差万别的行动情景中行动者所具有的认知能力的性质,并因此能更好理解行动者行动的理由。对于所有的经验研究而言,吉登斯认为对实践意识进行解释是探讨社会行为各方面特征的一个必不可少的要素,就像他自己对现代性中个体的自我认同层面的研究一样,个体在现代性情景中的自我认同机制实际上就是一种实践意识的表现,实践

① 吉登斯.社会的构成.李康,李猛译.北京:三联书店,1998 年版,第 463 页.
② 吉登斯.社会的构成.李康,李猛译.北京:三联书店,1998 年版,第 464 页.

意识实际上是吉登斯的"结构化"概念在能动层面的一种表述,是连接"结构"与"能动"的一个关键的要素。"我一贯强调,弄清楚在不断变化的时空情境中,行动者认知能力的局限是什么,这是社会科学的根本问题。"①吉登斯认为,如果不考虑相关行动者的认知能力,就很难成功地完成对社会系统的结构性特征的研究,因为他的结构性特征,即各种制度秩序,只有在行动者的行动中才被具体表现出来,而只有在这种实践的过程中,结构性特征才完成了生产和再生产的问题。对制度秩序进行详细说明,是指研究社会系统的主要制度构件对社会整合和系统整合的作用。

第三节　现代性与全球化

古典阶段的社会学理论从各自的研究视角对现代性问题进行了深入的研究,如马克思从资本主义、涂尔干从有机团结、韦伯从合理化视角进行的研究等;而且每一个视角又都是与说明人类社会发展的动力机制联系在一起的,如马克思从生产方式、涂尔干从劳动分工、韦伯从理性化的多样性进行的研究。他们的方法论与分析方法是:马克思是社会关系、涂尔干是社会事实、韦伯是社会行动等。② 到现代阶段,这一主题已变得更加具体化、系统化和理论化了,从帕森斯的结构功能分析,到20世纪70年代的各种反帕森斯的理论,都是紧紧围绕现代性的研究主题展开的。吉登斯本人也对现代性做了理论化与系统化分析。

吉登斯在《现代性的后果》中,对现代性是这样界定的:"现代性指的是社会生活或组织形式,大约17世纪出现在欧洲,并且在后来的岁

---

① 吉登斯.社会的构成.李康,李猛译.北京:三联书店,1998年版,第465页。

② David Owen (ed.). *Sociology after Postmodernism*. London: Sage Publications, 1997:p.12.

月里,程度不同地在世界范围内产生着影响。"①虽然吉登斯认为现代性起始于 17 世纪,并且他也从这个时段开始探索现代性的动力机制和现代性的制度特性等重要问题,但他更关注的是现代社会。针对后现代主义的"解构"思潮,比如对理性、启蒙、进步和秩序等的解构,他认为当代社会不过是现代性高度发展的产物,认为我们正进入一个高度现代性的时期——反思性现代性。他将反思性看作晚期现代性的一个内在特征,并且试图用反思性现代性来化解现代与后现代之争。

一、对现代性的分析

(一)现代性的断裂性

现代资本主义的诞生并没有达到社会发展渐进模式中的最高点,相反,它是一种与以前的社会秩序具有巨大差异的社会,吉登斯的现代性的断裂就是这种意思。现代性带来的生活形态以前所未有的方式,把我们抛离了所有可知的社会秩序的轨道,当然在传统和现代之间也存在着延续,但是,几个世纪以来,在现代性的影响下出现的变迁是如此具有戏剧性和普遍性,以至于从试图解释它们的早期的知识谱系中能获得有限的帮助,在现代性所导致的变迁的绝对速度和波及范围上,现代性社会与以往的社会都有很大的不同。

由现代性的到来所开创的社会秩序——全球体系,将成为一种新兴的社会秩序,基于此,吉登斯将现在的现代性称为晚期现代性。"为了更好地了解我们当今所生活的世界的特征,我们就不能援用对先前存在的各类社会所做的研究,社会学的任务就是要致力于分析 20 世纪晚期我们现今发现我们自己所生活的新兴世纪的特征。"②

(二)现代性的动力机制

吉登斯用"时空分离""社会制度的抽离化"和"反思性的制度化"等三个因素来解释现代性的变迁动力。

---

① 吉登斯.现代性的后果.田禾译.南京:译林出版社,2000 年版,第 67 页。
② 吉登斯.民族——国家与暴力.胡宗泽,赵力涛,王铭铭译.北京:三联书店,1998 年版,第 37 页.

前现代社会的时间总是与空间位置联系在一起的,但到了现代社会,随着机械钟的发明和使用,日历在世界范围标准化,时间从空间中分离出来了;与此同时,空间与场所也出现了脱离,在场的东西的直接作用越来越为在时空意义上缺席的东西所取代。时空的分离进一步促成了"社会制度的抽离化",这种抽离化类型主要有两种,一种是象征符号,一种是专家系统。象征符号指的是一套抽象的中介系统,其典型形态之一就是货币;专家系统指的是技术职能或职业性的专家评判体系。这种制度抽离化建立了与前现代社会不同的安全与信任系统,但它是建立在人的无知基础上的,因此也带来巨大的风险,形成一系列的现代性的后果。

现代性的反思性是制度化了的反思性,它发生在跨越时空的抽象系统再生产的层面,而不仅仅是个体行动者对共同在场的互动情景的监控。在现代性条件下,反思性由于抽象系统的发展得以制度化,与传统相比,个体行动者或社会行动者不再以本地的经验和传统为中介,而是以来自不在场的专家系统的知识为中介对社会活动进行反思性监控的。现代性,就在人们反思性地运用知识的过程中(并通过这一过程)被建构出来。"社会学在反思现代性的过程中的关键地位源于它用最普遍化的方式反思现代社会生活。"①例如,收集和汇总官方统计数据本身就是一种反思性活动,其间还充斥着那些凭借它们社会科学才获得的每一项发现,而这些发现又会对社会生活产生影响。

(三)多维度的现代性分析

吉登斯认为,现代性是多维度的,在不同的层面上的制度有不同的表现,而过去社会学理论所阐述的各种因素只是其中的一部分。

作为对现代性的单一维度分析的挑战,他提出了一种多维的分析视角。在大多数社会学观点中,存在着争论现代性制度究竟是资本主义的还是工业化的问题,吉登斯把资本主义和工业主义看成现代性制度的两个不同的制度维度或组织类型。监督机器成了与现代性兴起相关的第三个制度维度,监督可以是直接的,如福柯讨论过的很多例子,

---

① 吉登斯.现代性的后果.田禾译.南京:译林出版社,2000 年版,第 34 页,第 36 页.

像监狱、学校以及露天工作场等,更重要的是间接的监督,建立在对信息控制的基础上的监督。第四个制度性维度是对暴力工具的控制,军事力量始终是前现代文明的主要特征,然而在那些文明中,政治中心从来就不能长久地获得来自军方的稳固的支持,但在现代社会中,国家实现了在领土明确的边界内对暴力工具实行成功的垄断。

(四)现代性的后果

现代性带来"去传统化""自然的终结"和"自我认同"的改变。

时空分离和脱域的制度化反思促使传统全面而快速地从现代生活中撤离,吉登斯认为"现代性毁灭传统",不断被修正的科学知识成为反思的中介,习俗和日常实践受到严重的改变,它们远离地方性情景,由不在场的抽离系统主导行动。传统的撤离和全球化的发生是反思性现代性阶段的双重过程,社会关系抽象化程度的不断提高,必然导致一个地球村的出现,而跨越全球化的知识传统也必然导致行动日益从其他地方性传统的限制下脱离出来。

同时,反思性现代性也带来了"自然的终结",人的生活环境越来越由先前的自然环境转变为某种反思性地制造出来的"人造环境",人与自然的主导关系转变为以人与社会为主导的关系。人类遇到的最大风险不再来自自然,而来自由高度现代性所带来的各种风险:经济秩序的崩溃、生态的灾难性破坏、极权的增长和核战争的爆发等。

现代性的制度化反思不仅出现在社会的结构层面,而且延伸到自我的核心部位,带来自我认同的某些变化,"在现代性的情景下,自我认同的形成越来越成为行动主体的一种积极建构过程,他们依据大量来自抽象系统的知识以规划理想中的自我及其发展"[①]。自我反思也成为现代性制度化反思的一部分,个人的决策和行为模式受到专家知识的指导和干涉。

二、全球化:现代性制度的延伸过程

社会学面临着研究对象全球化的事实。当代社会学的认识必须要

---

① 吉登斯.现代性与自我认同.赵旭东等译.北京:三联书店,1998年版,第35页。

与社会生活国际化的趋势相适应,社会学也是将这一过程的复杂性传达给大众的重要媒介。

(一)全球化的制度维度

吉登斯总结了两种关于全球化的观点,一种是关于国际关系研究的文献,一种是沃伦斯坦的"世界体系理论"。前者将注意力集中于民族－国家体系的发展之上,分析它在欧洲的起源及在世界的扩散。当欧洲的国家体系成熟起来时,相互依赖性也日益增强,这不仅表现在国际领域中国家间彼此的关系,而且也体现在政府间组织的迅速发展过程之中,出现了一种朝"一个世界"发展的运动。吉登斯认为这种分析仅仅涉及全球化的一个方面:国家间的合作。这种观点的缺陷在于:如果把国家当作国际舞台上的主体行动者,就很难处理那些既不是国家间也不是国家以外而仅仅是超越国家界限的那些关系。吉登斯将沃伦斯坦的世界体系论总结为"世界资本主义经济"在全球的扩张。吉登斯认为沃伦斯坦成功地摆脱了许多正统社会学理论关于社会变迁的阐释中存在着的"内发型模式"倾向,但是吉登斯同时认为,这种理论的不足之处在于把现代社会的转变归结为一种占支配地位的制度性关系:资本主义。基于以上的分析,吉登斯总结出了全球化的四种维度:世界资本主义经济、民族国家体系、世界军事秩序和国际劳动分工,它们与现代性的维度相对应。

全球化的第一个制度性维度是世界资本主义经济,世界经济的主要权力中心集中在资本主义国家,这些国家的经济组织也相对独立于政治,尤其是跨国公司,既可以在某个特定国家发展,也可以在其他地方获得发展;但是它们不可能把自身建设成统治着某一特定领土的政治和法律实体,而不可能在一些关键性方面与(控制着领土与暴力工具的)国家的权力抗衡,公司在世界经济中扮演着主导性角色,而民族国家是全球政治秩序中的主导者。

吉登斯将民族国家体系的主权存在理解成某一受反思性监控的东西。在《民族国家与暴力》一书中,他详尽地分析了民族国家与传统国家相比出现国界的观点,民族国家在领土内拥有自主性并受到别国认可。全球化本质的一个方面是:在民族国家体系发展的过程中存在着一种主权的此消彼长的过程,一方面各个民族国家在一致行动或权力联合的过程中,会对自己的主权有所削弱,而另一方面不少民族国家又增强了自身的影响力或者维护自身主权的倾向,第二次世界大战后,由原来的殖民地经过独立斗争而出现的新国家就是这样一个过程的结果。

在全球化的第三个维度——世界军事秩序中,吉登斯指出战争的工业化特性,军事力量和战争也都表现为全球化趋势,第一、二世界与第三世界的国家都在以一种彻底的方式将其军事现代化,两次世界大战都表明了地方冲突演变成为全球性的军事介入的事实。

全球化的第四个维度涉及全球劳动分工体系方面。现代工业内在地基于劳动分工之上,自第二次世界大战以来,劳动分工的全球性依赖有了很大加强,与过去的情况相比,对于资本主义国家来说,更为困难的是在全球经济相互依赖加强的情况下如何管理其经济。

(二)后现代性

如前所述,现代性带来了一系列的严重后果,吉登斯主张通过解放政治和生活政治来克服现代性所带来的严重后果。他把解放政治定义为一种力图将个体和群体从对其生活机遇有不良影响的束缚中解放出来的一种观点。他的解放政治包含了两个主要的因素:一是力图打破过去的枷锁,二是力图克服某些个人或群体支配另一些个人或群体的非合法性统治。解放政治是一种生活机遇的政治,而生活政治便是一种生活方式的政治,在晚期现代性条件下,在一种反思性秩序的环境中,它是一种自我实现的政治,在那里这种反思性把自我和身体与全球范围的系统联结在一起,全球化的影响已经深深侵入自我的反思性投射中,反过来自我实现的过程又会影响到全球化的策略。女权主义是完全面向生活政治领域的,女权主义改变了自我认同。生活政治意在表明个人化与全球化是相互关联的,因为正如潜在的生态灾难一样,地球上的任何人都无法躲藏。生态问题启发了新的以及日益增强的全球化系统的相互依赖,并且也要求每一个人都回过头来考虑到个人活动与地球问题之间的深层联结问题。

生活政治思考那些受现代性的核心制度所压制的道德和存在问

题。这些问题包括:人类对自然的责任是什么? 环境伦理的原则是什么? 未出生者的权利是什么? 胚胎的权利是什么? 应该用什么样的理论原则来控制基因工程? 科学技术发明上的限度应该是什么? 人类使用暴力的限度应该是什么? 个体对自己身体的权利是什么? 如果有什么差异的话,所要保存的性别差异是什么? 动物拥有的权利是什么? 诸如此类。

解放政治与生活政治是相联结的,比如妇女运动在重新塑造自我认同的同时,也有明确的解放目标,即要把妇女从传统的束缚形式中解脱出来,并允许她们与男人在平等的水平上参与到先前由男人把持的领域中。

那么吉登斯规划生活政治和解放政治的目的是什么呢? 答案是一种超越现代性的乌托邦的现实主义——后现代性。他指出了一种后现代性的轮廓:多层次的民主参与、技术的人道化、超越匮乏型体系和非军事化。在此基础上,吉登斯进一步规划了一种全球化的超越模式:协调化的全球秩序、社会化的经济组织、对战争的超越和关注生态的体系。

本章小结

本章简要介绍了吉登斯的社会学理论,包括他的理论来源、方法论主张、结构化理论的基本观点,以及在结构化理论的基础之上进行的对现代性及全球化的研究。吉登斯认为,社会科学家既是社会现象的研究者,也是社会世界中的行动者,因此社会科学家既要批判性地研究社会世界,又要反思自身。他认为,结构指的是社会行动所涉及的规则和资源,结构是人类行动的产物,又是人类行动的中介,并通过社会实践实现生产和再生产的过程。这在一定程度上化解了社会学理论中的"二元对立"。吉登斯关于现代性和全球化的研究是当今社会学研究的重要议题,有着重要的价值和影响。

第十五章　布迪厄的实践社会学理论

比埃尔·布迪厄（Pierre Bourdieu, 1930—2002），法国当代著名社会学家，具有重要影响的社会理论家和公共知识分子。

比埃尔·布迪厄

布迪厄出生并成长于法国西南部比利牛斯—大西洋省的丹郡，一个讲奥克话（Occitan）的地区，父亲为普通公务员（邮差）。1951 年布迪厄考入巴黎高等师范学校，师从阿尔都塞学习哲学，后对胡塞尔和梅洛—庞蒂（Maurice Merleau-Ponty, 1908—1961）的现象学产生兴趣。1954 年他通过文官资格考试，1958 年获阿尔及尔大学讲师职位。阿尔及利亚战争期间（1958—1962），他受法国国家统计调查局委托，同著名人类学家沙雅德（A. Sayad）合作调查阿尔及利亚农民的生活习俗和各种礼仪。1960 至 1964 年，他先后在巴黎大学和里尔大学任助教；1964 年任法国高等实践研究学院指导教授；1968 年接任阿隆（Raymond Aron,1905—1983）创立的欧洲社会学中心主任,并于 1975 年创办《社会科学研究行为》期刊；1981 年起任法兰西学院的社会学教席；2002 年 1 月 23 日因癌症去世。

布迪厄著述丰富,出版有 36 本书和 300 多篇论文。他的学术生涯由哲学、人类学到社会学,分为三个阶段:结构主义人类学阶段（20 世纪 60 年代之前）,出版《阿尔及利亚社会学》(1958)、《继承人》(1964)；实践理论阶段（20 世纪 70 年代）,出版《实践理论大纲》(1972)、《实践的逻辑》(1980)；反思社会学阶段（20 世纪 80 年代之后）,出版《学术人》(1984)、《区隔》(1984)、《实践与反思》(1992)。

第一节　反思社会学

布迪厄的思想综合了多种学术传统,既有马克思主义的,也有现象学和结构主义的；既有解释学的,也有实证主义的；既有哲学的,也有人类学和社会学以及政治学的。他批判性地吸收这些不同领域的主要思想,从而构建起一种实践与反思统一的社会理论。

一、实践逻辑与学究式谬误

布迪厄坚持通过实践理论反思性地讨论社会学知识的属性,并以此为依据批判社会学方法论中主观主义与客观主义的二元对立,构建出一种比较独特的社会学元理论。

实践理论是布迪厄社会认识论的基石,他正是借助其实践理论不遗余力地反对认识论和方法论中的唯智主义（intellectualism）或更为广泛的学究式谬误（scholastic fallacy）。

所谓唯智主义,指的是用理论的逻辑代替事物的逻辑。实践是模糊的、现实的、紧迫的,在现实的时间流中持续进行而又指向未来的,但我们对实践的理论理解往往将理论上的偏见强加给现实。在布迪厄看来,不论是客观主义的认识论还是主观主义的认识论都有这样的问题。结构主义和实证主义是这种客观主义认识论的代表,萨特(Jean-Paul Sartre,1905—1980)的存在主义现象学以及社会理论中的理性选择理论是主观主义认识论的代表。索绪尔(Ferdinand de Saussure,1857—1913)语言学将研究的焦点确定在语言而非言语上,研究纯粹的语言规则,这完全是从语言学家自身的视角出发的一种学究式观点,而不是从言语实践出发的科学研究。结构主义人类学犯有同样的错误。当列维-斯特劳斯(Claude Levi-Strauss,1908—2009)讨论婚姻交换的模式时,事实上就武断地将人们在婚姻实践中种种现实的紧迫需求以及策略性考虑完全抹掉。而实证主义的社会学更是以客观和科学的名义以及烦琐冗杂的方法来构建起一系列的命题和定律,认为那就是对社会世界的真实反映。这些客观主义还有一个重要的问题,那就是它们往往持一种机械主义的观点:人的行为总是机械地自动地在社会事实的作用下生产出来,实践因之就失去了现实性、紧迫性与时间感。

各种各样的主观主义也是这种唯智主义的体现。萨特所理解的"人"就是笛卡儿的"神",每时每刻都从虚无中创造出世界的意义。经济人的观点或者理性选择理论的观点也是这样,它们把人设想成为全能的理性机器,而所谓的各种规律便从这样的假定前提中推演出来,最终作为现实实践的描述与理论。

后来,在《帕斯卡式的沉思》一书中,布迪厄更为系统地总结了学究式谬误产生的三个根源。现实生活中人们的实践是紧迫的、现实的、充满时间感的,但是学者往往从现实的实践世界中抽离出来,他们是悠闲的,有着充裕的时间,免于各种紧迫状况的压力,他们的思想和观点因之和现实的实践世界相脱离,这是学术研究与日常社会实践的一种固有矛盾。但学究式谬误在这种矛盾中往往将现实世界中的特例普遍化,忘记了这些情形发生的种种复杂的社会条件。学究式谬误有着三种不同的表现形式:其一是将理论的逻辑代替实践的逻辑;其二是道德上的普遍主义,这种普遍主义事实上误识了道德的社会经济条件,从而在研究中预先排除了经济社会地位中不能够享受到某种权力的人;其三是审美上的普遍主义,这和道德上的普遍主义相似。

二、学术场域与知识的社会属性

如果上面的讨论太过哲学化的话,通过场域理论,布迪厄更进一步明确了社会科学(包括社会学)研究所面临的困境。事实上,学术领域构成了一种场域,充满了各种各样力量的斗争。人们总是容易假定学术领域应该是一个纯粹的以真理为依归的世界,与权力斗争无关,事实上这是对学术领域的误识,这种误识本身构成了学术领域的一种符号资本。学术场域面临着两方面的力量:一是场域内部的,二是场域外部的。社会学领域处于外部和内部的极大张力之中。在场域内部,逐渐形成了一系列的惯习,因为不同的理论或者观点方法的主张者所提供的知识是一种文化资本,这些不同的文化资本都有着被同行接受的强烈愿望,以及与之密切联系的各种利益,所以都极力想占据学术领域的支配权力,合法化、常规化,形成符号资本。在不同的时期,我们可以发现一旦某种思想或者理论占据了这种支配地位,就会努力将这些思想、方法注入教育、训练与公众的观念之中,构成场域参与者的常识,惯习由此而形成。同时在场域内部建构出稳定的不受质疑的"客观知识"也同这个场域为了从广泛范围的社会中吸取资源而必须专业化、合法化的要求相关,专业化的社会要求知识生产者提供稳定可靠的知识,提供出可供使用的观点,正是社会学研究传统的建立和对这种研究传统不加批判的接受,使得社会学的职业化成为可能。而在场域之外,我们发现公众的议题或者常识的观念往往是社会研究中相关研究问题甚至主要概念工具的来源,但对这些常识世界中的问题,社会学家们往往并没有进行认真的思考和审查,而且现实实践中的各种紧迫性要求都在影响着社会学家们的研究,使得他们的研究工作变得短视并且违背学术的精神。

这样,社会学的问题、概念、理论和知识由于实践以及场域运行现实逻辑也必须经受更为严格的批判和社会学反思。因此,布迪厄坚信:"社会学的社会学是社会学认识论的一个根本性的向度。它远非社会学众多专业性分支之一,而是任何严格的社会学研究必不可少的先决条件。"①布迪厄关于学术场域与教育的研究占据了他的社会学经验研究的主要部分，从中可以看出他将社会学的社会学（或者反思社会学）作为社会学的最基本的构成基础。从某种意义上，布迪厄意义的社会学就是反思社会学，这通过社会学的社会学实现。这样，以社会学的社会学为基本方式的反思社会学就是社会学学科的一项根本任务和基本内容。

三、反思社会学的实践

反思，即与常识和既有知识的决裂是社会科学研究的基本要求。这里，布迪厄既承继了法国的认识论哲学传统，也承继了马克思的思想。以巴什拉为代表的法国认识论哲学强调真正的科学的认识是超越常识的，是因与常识的决裂而建构出来的，这种决裂是获取真正知识的必要条件。借助于实践理论，布迪厄认为，学术事业和社会实践有一个根本性的区别。学术事业要求超然于纷繁复杂的具体实践，进行最为彻底的反思，才能够获得真正的知识。正如《资本论》之前的马克思所认为的，人们总是戴着有色眼镜来观察世界的，理论总是实践的理论，总是有着各种各样预设的企图，所以纯粹的知识本身是不存在的，我们只有通过反思才能够获得真正的认识。《实践与反思》中，布迪厄详尽地解说了这种反思社会学的基本实施要素及其政治旨趣。

一旦认识到了我们很多概念、理论和方法工具都是经由一个社会建构过程而形成的之后，反思社会学要求我们首先进行彻底的质疑。这种质疑就是要保持一种怀疑一切的坚韧精神和态度。如何来实施这种反思呢？对社会学进行社会学的剖析，逐次追寻研究问题、概念、理论和方法工具的社会建构过程。这是在我们进行一项研究之前的一项必备功课。布迪厄将这种对研究问题和研究主体的社会学反思称为参与性对象化，其目的就是要使研究者"全面摆脱与他竭尽全力所要知晓

---

① 布迪厄,华康德.实践与反思——反思社会学导引.李猛,李康译.北京:中央编译出版社,1998年版,第100页.

的对象之间的关系"①。这种参与性对象化应该是反思社会学的核心。例如,我们要研究专门职业(或专业,profession),我们首先要做的不是径直去探寻各种专门职业划分的途径或者依据,而是必须去探讨研究问题的由来。因为这一研究问题是经由不同场域的复杂力量的较量而形成的。我们必须首先询问:我们的研究题目从何而来? 是受政府的委托,还是应学术场域的要求? 如果是受政府的委托,我们必须要研究清楚,在政治权力场域和学术场域中,政治力量对这项研究的要求是什么,要达到什么目的,政治力量和利益如何同学术场域的力量相互关联。如果这个问题来自学术场域,我们也必须探讨研究者有着怎样的意图,这种意图如何与学术场域的基本力量较量、与资本的积累相联系。我们不仅仅要探讨和研究问题是怎样建构的,我们还要探讨学术场域中有关关键概念与方法的建构史。把某些问题纳入学术场域作为研究问题,是一种社会建构的过程,同样,学术场域中相关的概念和方法的形成,也是一种建构过程。这些概念和方法的建构过程是由场域之外的各种力量推动的,在这里所举的专业社会学研究中,"专业"这一概念就是专业群体的社会建构产物。正如很多社会学研究已经揭示出的那样,现代社会中的专门职业是这些专家群体集体性建构的结果,在这个建构过程中,我们所称之为中性的专家群体同样是一个资本争夺的场域。在这个场域中,资源和权力的分配有着极大的不平等,因此我们就不能够简单地接受人们对于职业分类的常识观点,按照职业目录名册上的分类表对这个群体进行看似合理的实证主义调查。这样,我们就把研究对象从社会学的常识中解放出来(由帕森斯等人构建的同时又渗透进人们常识的关于专家群体的看法)。因此,我们可以发现,实证主义社会学所强调的方法论上的原则在这里是不能够照搬照用的(这是对传统的研究方法的反思)。由于专家群体构成了场域,场域之中各个行动者力量和资本的严重不平衡使得我们不能够将其看作毫无个性的原子,因为在很多场域中,只要占据了一个关键的位置,往往足

---

① 布迪厄,华康德.实践与反思——反思社会学导引.李猛,李康译.北京:中央编译出版社,1998年版,第380—388页.

以控制整个场域，所以我们不能够仅仅用抽样调查的方法，因为抽样调查的方法潜在假定了个体之间不存在巨大的差别。例如，研究 20 世纪 50 年代的法国知识分子场域，如果所做的抽样调查中丢掉了萨特，很难想象你能够了解那个场域，但这种遗漏是抽样调查所不能够看见的，也是那种常识性职业分类表看不出来的。

　　这样，布迪厄的反思社会学的实践跨越了几个层面：哲学的、理论的、经验的与具体方法的。反思社会学需要我们坚持一种几乎是怀疑一切的勇气，需要我们通过场域、资本、惯习与实践的分析透视社会学研究的社会学，并且需要我们以一种包容的态度对待研究方法。怀疑、反思、与常识决裂、拆解容易使我们误入歧途的各种常识性的观点并展现其社会构建的过程，抛弃社会学研究方法手册上的教条，大胆使用一切可以帮助我们理解问题的方法工具（布迪厄嘲笑地说，方法论是门笨驴的科学）[①]——这就是布迪厄反思社会学的基本实践指南，而这个指南的最基本理论基础，就是布迪厄关于实践、惯习、场域、资本（尤其是符号资本）、权力的元理论。

　　在布迪厄的实践中，这种反思保持着一种基本的信念：哲学、社会学、政治学、道德关怀是紧密联系在一起的。实践是一个整体，因此社会科学是不应该被割裂开的；学术领域是一个与政治社会现实紧密相关的力量斗争的场域，揭示出这种场域的实践逻辑是社会学研究的基本任务之一，而这种揭示与一种道德关怀和价值选择是紧密不可分的，正如布迪厄所说："社会学给予我们的真正自由在于给予我们一点儿机会，让我们去知晓我们参与其间的游戏，让我们在置身某个场域的时候尽可能少受这个场域的各种力量的操纵，同样也少受从我们的内部发挥作用的、体现在我们身体层面的各种社会力量的摆布。……只要你将反思社会学用于自身，就为自己开辟了一种可能性，以确定和识别自由的真正所在，并因此踏上了塑造小范围的、谦和而又切实可行的道德的征途。……社会科学的政治任务在于既反对不切实际、不负责任的

　　① 布迪厄，华康德.实践与反思——反思社会学导引.李猛，李康译.北京：中央编译出版社，1998 年版，第 369 页.

唯意志论，也反对听天由命的唯科学主义，通过了解有充分依据、可能实现的各种情况，使可能性成为现实，从而有助于确定一种理性的乌托邦思想。"①

第二节　实践、惯习与实践逻辑

一、实践与社会行动

自韦伯以后，社会学理论的最基本要素之一是行动理论。韦伯认为，社会行动是指向他人的，他将社会行动分为几种理想型进行研究。其后帕森斯大力扩展了行动理论并将其作为构建巨型理论的基石。由此，行动理论就成为社会学的核心理论，而且各种行动理论对社会行动做出了互不相同甚至互相对抗的基本假设，发展了不同理论传统的社会学，如理性行动理论与符号互动论。布迪厄的行动理论有着极为突出的特点，那就是对日常实践的关注，他因之称这种理论为实践理论。正如在第一节所介绍的，一方面这种实践理论既与不同的哲学传统（如黑格尔、马克思以及现象学、结构主义）有着极为密切的联系；另一方面，布迪厄的实践理论来自人类学和社会学的具体研究，而不仅仅是抽象的哲学原则，从而也更能够描述经验世界的本来面目。尤其值得注意的是，他还将这种实践理论作为社会学认识论的基础。

但是，布迪厄从来没有对"实践"（拉丁文为 praxis）这个词做出清楚明确的界定，他甚至说"谈论实践不是一件容易的事，除非从反面谈论它"②，其中的一个重要原因，恐怕在于实践的内涵太丰富了，而且我

①　布迪厄，华康德．实践与反思——反思社会学导引．李猛，李康译．北京：中央编译出版社，1998 年版，第 258－261 页．

②　布迪厄．实践感．蒋梓骅译．南京：译林出版社，2003 年版，第 124 页．

们表述实践的有关语言太武断、太简略,其中所蕴含的二元对立太深重了,因此几乎不可以用肯定的语言去描述实践。相比于行动理论而言,布迪厄的实践理论强调了如下几方面。

首先是实践的复杂性。实践是现实生活的活动流,是现实的与活生生的,是前认知的,因此不能够用简单而独断的理论逻辑去规范它或者描述它。布迪厄反对客观主义与主观主义,反对理性行动理论与常人方法论等学说所表现出的关于人类行动的二元对立的观点,就是基于这种对实践的理解:"日常实践活动是自动的和非主观的,是有所意指而无表意意图的,故适合于一种同样是自动的和非自主的理解,它们所表达的客观意图的再现丝毫不需要'重新激活'行为人的'生活'意图,也丝毫不需要备受现象学家和所有持'参与论'历史观或社会学观点者重视的'向他人的意向转移',同样不需要对他人的意图进行默示的或明言的讯问。"①

其次,实践是紧迫的,同时又是模糊的。实践的紧迫性源于实践的现实要求,指行动者往往需要在非常有限的时间限制内迅速做出决定,必须面对即将到来的未来,这种紧迫性预先就排除了许多在理论上可能的行动路线和方式。不仅如此,行动者还往往面对着其他各种各样可能条件的限制,如经济的、空间的,等等。所谓实践的模糊性,如同前面所提到的,实践往往是前认知的、模糊不清的,人们对实践的种种理论认识可能是清晰的、连贯的,但这不是实践本身。实践是非确定的和流动的,但实践并非纯粹随机的或者全然偶然的。同时,实践活动也并非全然的非主观的,行动者在各种客观环境中往往会利用各种各样的资源,运用各种策略主动地采取行动。

再次,关于实践与利益的关系。在布迪厄看来,所谓利益,指的并不是某种具体的物质利益,而是一种和"漠然"相反的状态,因此布迪厄是反功利主义的。实践中的行动者和游戏中的参与者一样,并不是心无所求、漠然置之的,在一项实践中,或许并没有意识到有一种明确的目标或者追求,但参与本身已经暗含了这一点,并在行为中作为一种前

---

① 布迪厄.实践感.蒋梓骅译.南京:译林出版社,2003年版,第89页.

认知的知识或者无意识发生着重要的作用。

最后,实践理论还必须解决关于实践的认识论问题。既然实践是复杂的、模糊的,如果我们不想堕入一种不可知论的陷阱,那我们必须解决怎样去认识实践和解释实践的问题。同时,我们还必须理解实践是如何来源于社会以及社会如何以实践构成的问题。布迪厄实践理论的另外三个关键概念,即实践感、惯习与实践逻辑主要是要解决这些问题的。

二、惯习

"惯习"(拉丁文为 habitus)这一概念并不是布迪厄的发明,而是同实践一样,是一个传统的哲学概念,最早出现于中世纪亚里士多德道德哲学的阐释中,指的是美德气质,包含了行为的客观表现以及内在的道德意识状态。黑格尔、胡塞尔、韦伯以及涂尔干和毛斯都曾使用过这个词。[①] 但布迪厄对这个概念加以改造,用以表述人类实践深层的社会结构与认知结构。简单地讲,人类的实践行为何以能够进行呢? 正如前面所强调的,实践往往不是经过精密的策划,有目的、有意识地发生的,也不是经过机械的社会决定过程产生的,相反,人类实践,特别是日常生活的构成,往往是在前意识状态中自动进行的。人们在实践过程中对行为往往有一种非常直观的理解和把握,并且这种理解和把握既是当前实践的基础,同时也来自在此前的实践过程中经久形成的持久而又潜在的行为倾向系统。这种持久潜在的行为倾向系统就是惯习,它存在于实践者的身体和行为之中,构成了一种"实践感"(the sense of practice),即对实践的前认知把握。这样,客观物质世界中各种既定的条件并不是直接作用在实践者的身上,而是在实践过程中、在经验的累积过程中,灌注到行为的持久潜在的倾向系统中,亦即惯习中。客观条件所决定的可能与不可能、自由与必然、方便与忌讳等等就通过惯习而在相当程度上影响了当前的实践,并指向未来,所以最不可能的实践

---

① 参见高宣扬.布迪厄的社会理论.上海:同济大学出版社,2004 年版,第 113—114 页.

活动、最不可想象的事物往往是在这种倾向系统中形成的，而不是由客观条件直接机械地决定的；同样，实践活动并不必然会服从经济理性或者快乐原则或者功能原理，如同理性选择理论或者客观主义者或者精神分析论者所认为的那样。同时，惯习也是历史、现实与未来的联系脉络，因为它确保了既往经验的有效存在，并以感知、思维和行为图式的形式储存于每个人身上，与各种明确的形式化规则相比，能更加可靠地保证实践活动的一致性以及历时不变的特性。作为历时形成的习得图式系统，正是惯习使得在一定的客观条件下产生的各种思想、各种感知和各种行为具有生命力，并且生生不息地在实践的绵延中再生产出来。

尤其值得注意的是，惯习还兼具个体身体化的属性与社会化的属性。正如传统的道德修养所展现的，惯习将其自身深深地烙在个体的身体属性上。例如，性别，正是通过身体技术（body technology）而持久地传承下来，这种身体状态的训练既是观念的、符号的、前认知的，同时又是肉体的、价值的与行为的，人们从婴幼儿时代开始一直进行着关于性别的这种身体和心理的训练。马克思说，资本家是资本的"人格化"，在布迪厄看来，这在一定程度上意味着资本主义不仅仅存在于经济、文化、政治之中，也存在于身体之中，而将这些不同的方面联系在一起的就是在实践历史中生成的同时又构建出实践的惯习。另一方面值得强调的是，由于生存条件的一致性，致使某些人的实践活动在客观上趋于一致，从而形成集团或者阶级习性的客观一致性，在这里，并不需要特殊的行为协调机制或者规范或者有意识的筹划或者直接相互作用，实践活动的规律性、统一性或系统性就可以构成，这是社会构成的一种重要基础。换言之，在这种意义上，布迪厄认为，阶级、集团的形成之所以可能，是由于相似的客观条件下所构成的惯习的一致。

总之，布迪厄运用惯习这个概念，有三个方面的意图：一是试图展示实践是如何从社会中构建出来，同时又怎样构建社会；二是试图展现客观的物质条件、人们的认知结构以及人们的身体本身是怎样相互构建出来的；三是试图展现人类社会的历史、现实和未来是怎样联系在一起的。通过这几个方面，他企图弥合主观主义与客观主义、心智结构与社会结构之间的鸿沟，在一定程度上，他成功地做到了这一点。

三、实践逻辑

我们对实践活动所做的解释(或者说我们要理解社会行动)必须将惯习及其历史条件与实践所发生的当前客观环境紧密结合起来,这可以通过科学的研究工作来实现。但是,对实践进行研究总是容易将理论的逻辑与实践的逻辑相混淆。理论的逻辑往往具有清晰的结构、明确的因果关系与高度的连贯性,布迪厄认为,实践是具有逻辑的,但实践逻辑(the logic of practice)远远不是关于行动的理论逻辑。实践由于其现实紧迫性、条件的局限性、时间的指向性等而根本不具有理论逻辑的明确性、机械性与连贯性,但这并不意味着实践逻辑不可能被揭示出来。在布迪厄看来,实践逻辑是隐藏在实践活动中的深层次的生成原则,而不是规范行动的规则。这些生成原则将实践活动中的思想、感知和行为构成一个整体,并且也只有这样,才使得实践活动成为可能。正是这种对实践逻辑的理解使得布迪厄走出了结构主义的人类学,构建起一种他称之为"建构的结构主义"或者"结构的建构主义"社会学。

这里以布迪厄关于荣誉交换的实践行为为例来说明。这个例子事实上既是人类学关于交换研究的经典问题,也是当今微观社会学研究交换与荣誉的热门话题。列维-斯特劳斯的交换理论认为交换是千差万别的社会行为所具有的共同性质,其基本原则是互惠原则,正是在互惠原则的基础之上,交换才能继续存在下去并构成社会组织的基础。但是,布迪厄认为,这种对交换原则的客观主义理解是不恰当的。荣誉交换这种实践活动必须拿到实践过程中进行理解,必须考虑时间问题,并且行动者往往不是刻板地按照互惠原则行事,正是时间,以及有关交换与荣誉的实践感与具体的情形相结合产生了多种的荣誉与交换现象,并且给予了行动者较大的主动权。布迪厄构建了如下的图式:[①]

可以看出,箭头是具有时间流和情境意涵的。布迪厄认为,有关荣誉的行为有一个基本的生成原则,即荣誉平等原则(对对手的承认以及

---

① 布迪厄. 实践感. 蒋梓骅译. 南京:译林出版社,2003 年版,第 158 页。

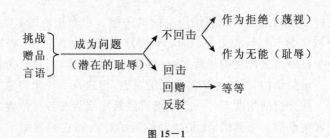

图 15—1

荣誉上的平等权利），这个原则从来没有被确定为伦理活动的公理，但对实践似乎起着导向作用，荣誉感导致对该原则的实践把握，在这种实践感中，关于荣誉的交换行为意味着可能的回应或者回报，即回击、回赠、反驳。挑战、赠品、言语在这里是三种荣誉交换实践，但荣誉平等原则并不是不可更改的规则，而是在不同的情形中，和对荣誉平等的实践感的把握相结合，形成各种实践的策略，并予以不同的回应。

　　从布迪厄关于实践的探讨中，我们发现，一方面正是实践概念构建了他的理论基础，如同行动在帕森斯的巨型理论中的位置。同样，我们还可以发现，在对实践活动的理解中，布迪厄引入涵盖心灵、认知、社会、文化与历史的惯习概念，也正是在对惯习和实践逻辑的研究中，我们可以看出布迪厄一步一步将他的理论视野从微观推向宏观、从局部推向全局、从行动者推向社会结构与文化，但为了把握广泛的社会结构和文化权力现象，布迪厄还构建了富有特色的场域、资本理论。

第三节　场域、资本与权力

一、场域

　　场域概念来源于物理学中的场论（field theory）。在物理学中，场是一种力的作用空间，这种作用空间有着清晰可见的结构，并且从理论上对这种结构的把握是理解作用空间的关键。在布迪厄的社会学中，使用场域概念(field，法文为 champs)有这样两层意思：一是将社会理解为一个各种力量冲突的场所，持一种冲突论的观点；二是认为社会空间有着一定的结构，持一种结构主义的观点，但这是一种建构主义的结构主义。从分析的角度看，"一个场域可以被定义为在各种位置之间存在的客观关系的一个网络，正是这些位置的存在和它们强加于占据特定位置的行动者或机构之上的决定性因素之中，这些位置得到了客观的界定，其根据是这些位置在不同类型的权力(或资本)——拥有这些权力就意味着把持了这一场域中利害攸关的专门利润的得益权——的分配结构中实际的和潜在的处境，以及它们与其他位置之间的客观关系(支配关系、屈从关系、结构上的对应，等等)"①。布迪厄进一步认为，现代社会中社会世界是由大量具有相对自主性的社会小世界构成的，这些社会小世界事实上就是一个一个的场域，有着自身特有的逻辑和必然性，并且不可化约为其他场域运作的逻辑，这样，艺术场域、宗教场域、科学场域、经济场域等都有着各自的规则。例如，在现代社会中，经济场域的规则是"生意就是生意"，从而排除了其他场域内相关规则的影响；在科学场域中，追求客观知识是场域构建的基石，并且有着各种制度性的保障来实现这一点。

事实上我们还可以从这样的角度来理解场域：社会结构与个体实践之间的关系并不是在真空中或者漫无边际的抽象的社会中发生作用的，而是通过场域，社会的物质结构与精神结构同行动者得以相互联结起来，并构成了一个动态的过程。例如，只要理解了现代社会经济场域的形成，我们就会发现，现代市场经济场域的构成经历了较长的历史过程；同样，布迪厄对艺术的研究也揭示了这一点。我们很容易理解惯习与场域二者之间的密切联系。惯习表征着人类社会的精神结构(事实上涵盖了身与心两方面)，而场域表征着社会结构。惯习是在一定的场域中历史地构成的，并且同时，任何一种场域的运作都不能离开场域内

---

① 布迪厄，华康德. 实践与反思——反思社会学导引. 李猛，李康译. 北京：中央编译出版社，1998 年版，第 133—134 页。

合格的参与者,这些合格的参与者就是由惯习构成并能够在一定程度
上相互沟通和协调的。

因此,对场域的理解还必须坚持一种关系主义的方法论。研究的
对象可能是场域中的某一件事物或者某一个行动者,但是我们在研究
的时候必须将所关涉的一切事情都纳入研究之中,并且不能够保持一
种静态的观点。这样,对场域的理解和把握既是关系论的,又是整体论
的、结构论的,并且还是过程论的。

场域是一种冲突的社会空间,场域中各种行动者都在利用自身的
资源来取得各自的利益,这也是布迪厄社会学的一个基本的出发点。
这种观点秉持了冲突社会学的基本传统,但布迪厄给这种传统加入了
新内容。布迪厄特别强调,这些资本往往具有象征的含义,并且渗透着
权力与支配,这就需要我们更进一步引入两个概念:资本与权力。

二、资本

在布迪厄的实践理论中,特别谈到了实践的经济学。[①] 布迪厄认
为,实践活动实际上一直服从经济逻辑,他主张放弃经济与非经济之间
的二元对立,而应当建立一切实践活动的经济学。实践总是紧迫的、有
压力的、利益相关的(即前面谈到的布迪厄的利益观)、有索求的,而场
域是充满竞争或者冲突的,所以一般实践活动总是可以看成为了获取
最大的物质或者象征利润的经济实践活动,并且一般狭义的经济学应
该是这种实践活动经济学的特例。实践活动经济学的核心概念是资
本,布迪厄认为有四种主要的资本,每一种资本都有着自身的运行规
则,并且不同的资本会相互转化。这四种资本分别是:经济资本、文化
资本、社会资本和符号资本。

经济资本(economic capital)由不同生产要素(诸如土地、工厂、劳
动、货币等)、经济财产、各种收入以及各种经济利益组成。布迪厄认
为,不同社会的经济资本具有不同的特性:农业经济中的经济资本,服
从于与往年收获相关的特殊规律;资本主义经济中的经济资本则要求

① 布迪厄.实践感.蒋梓骅译.南京:译林出版社,2003 年版,第 193 页.

严格的合理化估算。

文化资本(cultural capital)指借助于各种教育行动传递的文化物品,主要有三种存在形式:一是身体化的形式,体现在人们身心中的根深蒂固的性情倾向;二是客观化的形态,体现在文化物品之中(例如书札、辞典、机器等);三是制度化形态,体现在特定的制度安排上。在一定条件下,这些文化资本可以转化为经济资本。

社会资本(social capital)指当一个人拥有某种持久性的社会关系网络时,这种社会关系便成为他实际或潜在拥有的资源。一个人拥有的社会资本量既取决于他可以有效调动的关系网络的规模,也取决于网络中各个成员所拥有的资本(经济的、文化的与符号的)的容量。社会资本并不是天然产生的,而是通过持续性的构建、经营,有意识地笼络、交往与反复协调才能形成的;同时,这种资本的再生产还决定于那些促进正当交换活动、排斥不合法交换活动的各种制度。

符号资本(symbolic capital)。现实生活中人们通过各种感知范畴,认可上述各种资本的占有和存在逻辑,我们就说上述资本有着符号资本的形式。符号资本是布迪厄社会学理论中最为复杂的概念之一,总的说来,提出这个概念的目的是要充分把握上面三种资本所具有的象征性质以及资本占有和运行的合法化形式。以赠品交换为例,在日常实践中,我们容易发现赠品交换是一种物质的和利益的交换或者剥削,并且与文化资本的分配紧密关联,但是在合法化的机制中,我们往往将赠品交换中种种物质性的利益因素完全抹去,而强调一种纯粹的情感以及无私利性,正是这种纯粹情感与无私利性的强调掩盖了利益的不平等,并且也是这种交换产生的必要基础。布迪厄的社会理论是一种广义的交换理论,从这个角度来看,我们可以发现符号资本的重要意义。因为任何交换行为(不同的资本在交换过程中流动,并形成一种新的资源的占有和分配)如果缺乏一种合法性的机制,就很难发生,而符号资本就起着这样的作用,因此符号资本在布迪厄的理论中有着根本性的意义。

三、权力与符号暴力

在布迪厄看来,资本和权力是孪生兄弟。资本意味着能量,不同的行动者,不同的场域中,永不停息地发生着资本交换,也永不停息地进行着力量竞争并构成了各种各样的支配关系,因此资本的循环(交换)和冲突就犹如一块硬币的两面,事实上是一体的。在《实践感》一书中,布迪厄还特别引用了罗素(Bertrand Russell,1872—1970)的观点:"应该认为,权力如同能量,总是从一种形式转化成另一种形式,社会科学的任务是寻找这种转换的法则。"[①]事实上,符号资本所关注的合法化诸问题中至关重要的问题就是不平等资源分配和资本流动的合法性问题。在这种研究中,布迪厄继承了马克思和韦伯的传统,致力于揭示经济实践过程中的诸种支配现象。

在布迪厄看来,支配和权力只有在摆脱它赤裸裸的形式之下才能够被人们所承认,也才能够顺利地实施,因此在现实生活中,支配和权力关系总是隐藏在各种具体的社会关系之中,并且为一种合法化的机制所保证。事实上,公开的、非合法化的暴力往往会导致社会关系的解体,而隐藏的符号暴力(例如隐藏在信任、义务、个人忠诚、馈赠、人情债、感激、恭敬等德性之中)具有合法性且不易被识别,因此最符合社会系统的经济学,也是施加于人的最经济的支配方式。由此,布迪厄是这样来定义国家的:国家"可以被看作诸场域的聚合体,是种种斗争的场所。在这些场域的聚合体中,各方争斗的关键目标就是——依韦伯的著名阐述为基础——垄断具有合法性的符号暴力,这种合法的符号暴力,就是这样一种权力,即在一特定的'民族'内(也就是在一定的领土疆界中)确立和强加一套无人能够幸免的强制性规范,并将其视为普遍一致的和普遍适用的"。[②]

这也表明了布迪厄社会学理论的一个基本观点:布迪厄并不将社

---

① 布迪厄.实践感.蒋梓骅译.南京:译林出版社,2003年版,第193页脚注.

② 布迪厄,华康德.实践与反思——反思社会学导引.李猛,李康译.北京:中央编译出版社,1998年版,第153页.

会事物或社会现象看作一种物,相反,他将各种社会事物和社会现象看作在一定的关系之中构建的表象。因此,布迪厄的社会学理论使用了一种几乎是元语言的方式来进行表述:他所构建的概念几乎都是没有明确定义但比较容易直观把握的,他并没有一个严整的逻辑的理论体系,他坚持现实的社会实践可以通过这一套极富灵活性的观念来进行把握,并且也只能现实地、经验地去理解和把握。这些基本理论概念非常简省:场域、惯习、资本、实践。他坚信,社会科学理论的生命力永远都存在于对现实实践的研究之中,而不存在于严密的逻辑体系之中。所以其社会学理论事实上是一种研究社会的视角和方法,正是运用这些理论概念所指向的视角与方法,他广泛研究了传统和现代社会的各种现象,涉足了范围广泛得令人吃惊的多种学术领域。

本章小结

布迪厄一生关注了大量的研究议题。从人类学到社会学、从艺术到文学、从高雅艺术到流行风尚,他都有着非常丰富的理解力。他的影响也是多方面的,对他的理论也有着多种解读:哲学家们将他的理论主要看作一种社会认识论;文艺理论家们匆匆忙忙地阅读着他的文学与艺术的社会学理论;人类学家们感受到了他对结构主义的准确理解以及在田野研究中所做的更加精细的调整;社会学家们一方面费力地阅读他的实践理论,同时又为他神奇地将各种各样相互矛盾的方法精巧地融汇在经验研究中而感到惊奇不已;社会公众为他将学术界和教育中的利益追逐把戏公之于众而感到兴奋。这里所提供的也仅仅是对布迪厄诸种解读中的一种,但有一点是清楚的,布迪厄试图解决社会理论与社会研究方法论中的一些根本性问题。他试图调和主观主义与客观主义的矛盾,调和实践逻辑与理论认识之间的矛盾,调和社会中无时无刻不充满压抑和暴力而我们又时时刻刻想追求自由与解放之间的矛盾。或许这些根本性的问题永远也不可能得到圆满的解决,同时他所提供的答案有些是比较精细的,而有些是粗糙的,也有人争论说他的概念总是含糊不清、他的理论总是晦涩难懂、他的经验研究在逻辑和方法上大有问题,但是他的研究确实为我们对社会的认识增添了新的要素。

在这些要素中,他对实践逻辑与理论认识之间矛盾的洞察,他对各种资本与权力的运行的分析,他对各种方法的充分尊重以及兼收并蓄的实践,或许是最为突出的亮点。

第十六章　科尔曼的理性选择理论

詹姆斯·科尔曼(James Samuel Coleman,1926—1995),美国当代著名社会学家,理性选择理论的代表人物之一。

詹姆斯·科尔曼

科尔曼出生于美国印第安纳州的贝德福德。1949年在美国普渡大学获得化学工程学士学位,后师从罗伯特·默顿和保罗·拉扎斯菲尔德(Paul Lazarsfeld),于1955年在哥伦比亚大学获社会学博士学位。获博士学位之后,科尔曼先在斯坦福大学和芝加哥大学任教,1959年受聘于约翰·霍普金斯大学,创建社会关系系并担任系主任。在霍普金斯大学期间,科尔曼培养了55名博士研究生,完成了与教育社会学有关的论文60篇、专著5本,这些学术成果产生了重要影响。1973年,科尔曼又回到芝加哥大学任社会学教授,直到1995年3月25日逝世。

　　科尔曼的学术生涯分为两个比较明显的阶段。在20世纪80年代以前,科尔曼一直遵循默顿的经验功能主义范式,涉足诸如工会民主、集体行为、医患关系网络等,进行了大量的经验研究和社会政策研究工作。特别是在有关青少年发展和教育社会学研究方面,因20世纪60年代中期的"科尔曼报告"而一举成名。1991年,科尔曼被选为美国社会学协会主席。

　　20世纪80年代以后,科尔曼的研究重点逐渐发生了变化,他开始关注社会学理论和方法论中的一些基本问题,并尝试对其进行改进。他将个体"理性"行动作为基本假设和研究起点,建立了自己的理性行动理论体系,实现了所谓"微观—宏观"之间的过渡问题。

第一节　社会理论的基础

　　在社会科学中,几乎所有的理论都隐含着对社会行动者是理性的还是非理性的预设。理性选择理论(Rational Choice Theory)源于政治学、经济学和行为科学,其思想可以简单概括为最优化或效用最大化。当代社会学中的理性选择理论是在批判传统理性选择理论基础上形成的一个有影响的派别,其主要代表人物主要有科尔曼和赫克特(Michael Hechter)等。

一、理性选择理论的方法论基础

　　科尔曼提出,社会科学的主要任务是解释社会现象,而不是解释个体行动。他说:"社会理论的核心问题是解释社会系统的活动。"[1]但他同时指出,自己的研究并非直接着眼于宏观现象,而是注重系统行动的

---

　　[1]　詹姆斯·科尔曼. 社会理论的基础. 邓方译. 北京:社会科学文献出版社,1999年版,第4页.

内部分析,或者说是以低于系统水平上的行动和倾向性基础来解释系统行动,故属于个体水平上的行动理论。科尔曼认为,他的研究是一项新的社会理论,这种理论以个体主义的方法论为特征,强调理性行动的结构,以弥补过去社会学研究在微观与宏观上两相对立的不足。具体来说,科尔曼的理论有两个基本出发点:第一,他运用的是个体行动具有目的性的行动理论;第二,他借用了经济学中的最大限度获取效益的概念去说明"有目的的行动"。

从方法论上说,理性选择理论者所坚持的是方法论的个人主义,从而与整体主义相对立,即强调对有目的的个体行动的研究。长期以来,西方的社会学理论以功能主义为代表,所坚持的是方法论的整体主义。他们以宏观社会为研究对象,侧重于对社会系统层次的问题的分析。但随着研究的深入和学术环境的变迁,整体主义方法论暴露出了越来越多的不足。如他们过于强调社会结构因素对人的行为的制约作用,忽视了人的主观能动性。因此,20世纪80年代后,许多学者致力于发展新的行动理论。理性选择论就是其中之一。

科尔曼曾经指出,他之所以采用个人主义方法论,主要有三个原因。

第一,这种方法论可使反目的论者的批评失效。在个人主义方法论下,理论的解释是非目的论的,它对系统行动的解释并非以最终目的为原因。

第二,社会科学与其研究对象之间有一种特殊的关系。社会科学家本身是人,他们的研究对象是人的行动。而在缺乏个人行动基础的理论中,行动的原因不是个人的目标、目的或意愿,而是个人之外的某些力量,或是个人未曾意识到的某种内在冲动。其结果是,这些理论除了描绘某种不可抗拒的命运外,再无别用。

第三,在理论基础上可与其他学科相互沟通。"目前,社会科学界正在开展一系列学术探索,在伦理学、道德哲学、政治哲学、经济学和法学领域内,人们正在探索把理论置于如下基础之上:人是具有目的性和责任感的行动者。在这些领域内,呈现着相互取长补短的繁荣景象。许多社会学家对此缺乏认识,因为他们没有选择同样的方法为社会学理论建立基础。从康德到罗尔斯,许多道德哲学家把他们的理论置于个人具有目的性和责任感这一命题之上。边沁、卢梭、穆勒和洛克等政治哲学家也是如此。由于理论基础相通,有些理论家的研究能跨越上述所有领域,例如边沁和洛克。如果社会理论也把基础置于个人具有目的性和责任感之上,社会理论的发展必将得益于社会科学各学科之间的相互交流。"①

二、理性选择理论的社会科学基础

理性选择理论源于新古典经济学的假设,从 20 世纪中期开始,该理论的一些思路扩展到经济学以外的政治学、社会学等学科领域内,并形成了一些新的学说和流派。例如美国经济学家加里·贝克尔(Gary Becker)的《歧视经济学》就是理性选择理论在非经济领域运用的早期例证,他在人力资源、犯罪学、家庭等方面的研究中也广泛应用了理性选择理论。

受贝克尔的影响,其他一些经济学家也开始在贝克尔研究的基础上广泛地运用了理性选择理论。罗伯特·弗朗克(Robert Frank)在《选择权力》一文中分析了涉及个人择业的社会系统,他指出,一个人选择工作时不仅仅考虑自己工资的多少,而且还考虑同一公司中与其他同事工资对比的情况;威廉姆森(Williamson)和一些新制度主义者也考察了其他方面的理性选择理论之运用。1984 年,阿克塞罗德出版了《合作的进化》一书,受他的影响,后来者们将进化博弈论引入理性选择理论,并将博弈论作为社会理论发展的工具。

关于理性选择理论在社会科学领域的广泛扩展,要特别提到的就是美国芝加哥大学在其中所发挥的重大作用。芝加哥大学人文及社会科学学部在 20 世纪 80 年代将理性选择理论作为其致力推动的研究方向,并成立了一个跨学科的学术委员会,集合了经济学、社会学、哲学、政治科学等各学科的有识之士来推动理解理性、道德与社会三者的关

---

① 詹姆斯·科尔曼. 社会理论的基础. 邓方译. 北京:社会科学文献出版社,1999 年版,第 22 页.

系,从而在建立理性选择的理论纲领中扮演了举足轻重的角色。随着《理性与社会》期刊的面世和 1990 年国际社会学协会(ISA)理性选择研究分会的诞生,理性选择理论完全确立了自己的学术地位。

在社会学领域内,对理性选择的贡献最早始于乔治·霍曼斯的《交换的社会行为》,他运用社会心理学家的群体动力学以及其他理论重新解释了小群体的行为,从而构建了社会交换的形式。随后,布劳又运用社会交换思想研究社会组织和社会结构问题,爱默森则将网络分析技术应用于交换理论,把分析指向交换关系的形式,而不是个体行动本身。后来,科尔曼对理性选择的理论思路进行了更加系统、深入的研究,他所创立的理性行动理论将理性选择论在社会学领域的发展又推进到了一个新的阶段。

第二节　理性行动理论

一、理性行动理论的概念体系和分析框架

(一)行动系统的基本元素

科尔曼所提出的行动系统主要由两种元素构成:第一是行动者;第二是某种事物,主要指"资源"或"事件"。行动者是具有一定利益偏好,并试图通过控制某些资源以满足自己需求的人,资源的类型则有许多种,科尔曼指出,资源的第一类是私人物品;第二类是事件,例如选举;第三类是某些专长,如拥有专门的技术或相貌出众等。资源具有可分割性、可转让性、可保留性、即时交付性以及无外在性等特征,它们对行动系统都有重要影响。

科尔曼认为,最基本的行动系统模式是,社会行动系统内,最低限度必须有两个行动者,而且每人都控制着能使对方获利的资源。由于双方的利益均依赖对方控制的资源,作为有目的的行动者,他们通过特

定的结构进行互动,并相互依赖。根据经济学家弗里德曼(Friedman)的观点,科尔曼提出行动者之间存在着三种形式的相互依赖。第一种是"结构性相互依赖",指每个行动者认为其他人的行动与己无关,因此,当行动者决定自身行动时,把周围的形势理解为稳定不变。第二种为"行为性相互依赖",指每个行动者的行动都以其他人已经采取的行动为条件,在这类关系中,行动者必须对其行动进行复杂而周密的思考。如两个或两个以上行动者进行的谈判,在谈判过程中,两个人不仅相互体察对方的利益所在,而且也相互观察对方的行动策略。第三种称为"进化性相互依赖",指存在着相当长时期的行为性相互依赖。

科尔曼还区分了不同的行动类别:第一种行动,是行动者为了满足个人的利益,控制着他能够从中获利的资源。由于行动过程中只有一个行动者,所以这种行动不具有社会意义。第二种行动,行动者争取控制能使他获利最多的资源,这是一种主要的行动类型,它可以解释许多社会行为。第三种行动,行动者控制着能使自己获利的资源,但是却对这种控制实行单方转让。这种行动在社会系统中十分普遍。

(二)"权威"与"信任"

由于社会行动存在"微观到宏观的转变"问题,现实中社会行动系统的形成过程要复杂得多,其间有两个较为重要的问题,即权威关系与信任关系的形成。科尔曼指出,行动者为了更好地满足自己的利益需求,有时会将自己的某些资源和行动的控制权转让给他人,从而形成支配者与被支配者的权威关系。出于社会管理的需要,权威的支配者一方又往往将其所能支配的一些资源委托给一定的代理人(如政府中的各级行政官员),由他们来管理和使用这些权威,这样,两个行动者之间的简单关系就发展为三方及三方以上的复杂的行动关系,社会的权威系统由此得以产生。信任关系的形成和发展机制与权威的产生情形类似,都是由行动者转让某种资源开始的,只不过所转让的事物有所区别,信任关系强调行动者做决定时所考虑的风险因素,权威关系中更强调资源和行动"控制权"的问题。

(三)社会规范

传统的社会学理论大多认为,对于个体行动者而言,社会规范是一种既定的存在,而在科尔曼的理论体系中,则更强调个体利益的既定性特征,认为社会规范是在行动者的微观互动过程中形成的、伴随着一定赏罚措施来影响人们行动的宏观社会建构。科尔曼指出,社会规范是微观层面的产物,是理性的行动者的有意创造,而不是既定的。社会规范形成以后,现实社会生活中的行动者们会发现,规范中也同样蕴含着利益,如果行动者遵守规范,就会获益,否则就会受到伤害,于是,人们在对可能的赏罚进行权衡之下,情愿放弃对某些自我行动的控制以换取对他人某些行动的控制,通过规范的实施,更好地满足自身的某些利益。这就是规范形成和实施的过程,同时,这个过程也体现了典型的微观至宏观的转变以及宏观至微观的转变,即规范这一宏观现象以微观层面为起点,又以微观层面为终点。

(四)社会均衡与社会最优

社会均衡指的是,在某种情况下,行动者之间的交换使双方都获得利益,而且交换的形式或比率稳定在一定的状态。参照经济学的理论可以得知,由于交换率和个人获利比率的不同,社会均衡点可以有多个。社会均衡只是一种相对的状态,它是相对于不稳定、不均衡的交换而言的,而不是社会平均或社会理想状态。

社会最优则是一定社会系统中最佳的均衡状态。具体而言,如果行动的结果是没有一个人的境况变坏,同时还有一些人的境况比行动(或交换)之前更好,那么就达到了所谓的"社会最优"状态。

社会均衡与社会最优是两个不同的概念,在有些行动结构中,社会优化与社会均衡合二为一;在有些情形下,两者会截然不同。社会均衡可能有几种不同形式,但那仅仅只是社会优化的子集;同样,社会优化有几种不同的形式,也只是社会均衡的子集。社会优化与社会均衡的区别说明了理性选择理论与功能主义之间的不同。在功能主义中,社会均衡就是社会优化,社会优化也就是社会均衡。

(五)社会资本

社会资本是当前社会理论研究中的一个热点,而科尔曼对社会资本的论述在其中又占有十分重要的地位。科尔曼指出,每个自然人一出生就拥有以下三种资本:一是由遗传天赋形成的人力资本;二是物质性条件,如土地、货币等;三是自然人所处的社会环境所构成的社会资本。所谓社会资本,就是个人拥有的、表现为社会结构资源的资本,它们由构成社会结构的要素组成,主要存在于人际关系和结构之中,并为结构内部的个人行动提供便利。

社会资本的表现形式主要有以下几种。(1)义务与期望:当某个人为他人做了某些事情,并相信此人日后会报答自己,且为此承担一定的义务时,他就拥有了一种社会资本。(2)信息网络:个人可以用自己社会关系网络中的各种信息来为自己的行动提供便利,这就构成了信息网络的社会资本。(3)社会规范:作为社会资本,社会规范可以通过有效的惩罚措施限制一些社会行动,同时为另外一些行动提供便利。(4)权威关系:即以人们控制权的转让为前提形成的社会资本。(5)社会组织:由于社会资本具有所谓的"公用品"的性质,容易使人们产生的"搭便车"心理,即只想获取,不想付出,所以有时就需要一些社会行动者特意投资和建构,如各类公益事业组织等。①

科尔曼认为,在传统的社会结构中,社会资本主要是由家庭和邻里、社区等原始性社会组织所提供的,正是依靠这种大规模的社会资本以及规范结构,传统社会的各种信任和义务关系才得到支持与保障,社会才得以不断发展。而在现代社会中,随着原始性社会组织的逐渐衰落,原有的社会资本不断受到侵蚀,社会资本很难得到及时有效的补充。针对这种现象,必须通过多种途径重新建立社会资本,如增强家庭生活与养老保障的职能,或有目的地创建一些社会组织,等等,以此填补原始社会资本缺失的真空。

(六)理性行动理论的分析框架

科尔曼以上述理论概念前提为基础,吸取了传统社会交换论的部分思想和观点,运用所谓"系统内部的行为分析"的个体方法论来解释个体行动和社会现象,并建立了理性行动理论的基本分析框架。该理论认为,行动者均有一定的资源和事件,并通过对二者的控制获得一定

---

① 詹姆斯·科尔曼. 社会理论的基础. 邓方译. 北京:社会科学文献出版社,1999年版,第357—365页.

的利益,以满足自己的偏好。但是,在大多数情况下行动者所掌握的资源无法完全满足自身的利益需要,这就需要与其他行动者进行交换,从而使双方的利益都能得到满足。科尔曼指出,在这种交换系统中还有两个重要因素,即"价值"和"实力"。事件的"价值"取决于行动者在其中所具有的利益,而"实力"则存在于行动者对某些事件所拥有的控制权之中。

总体来看,科尔曼对社会行动的分析遵循如下的逻辑思路:个体拥有某些资源,并通过对事件的控制来满足自己的最大利益,为达到这个目的往往需要与他人进行交换,事件的价值和行动者各自的实力则决定着事件的结果。同时,代理人的出现使社会交换过程逐渐实现了"从微观向宏观"的过渡,随着社会规范的产生,社会系统得以建立和运行。

二、法人行动

(一)法人行动者

在建立了社会行动的理性分析框架之后,科尔曼转向对社会结构变迁的关注,并建立了"法人行动"这一理论思维框架。科尔曼认为,现代社会所发生的一个重大变化就是原始的社会组织正逐渐被人工创建的、有目的的各种社会组织所代替。这些新的社会组织已经和自然人一起构成社会的基本行动单位,科尔曼称之为"法人行动者"(Corporate Actors)。科尔曼所说的"法人行动者",指的是自然人行动者出于自身利益的需要,在一定条件下与其他行动者在委托—代理关系基础上形成的新的行动单位,它同自然人行动者一样具有自己的资源、利益、权利、义务和责任,其行动的目的也是为了实现自己的利益。在现代社会,企业、学校、行政部门、社会团体等社会组织都是科尔曼所说的"法人行动者"。

针对当代法人组织,科尔曼首先将其与韦伯的科层制进行了区分。他指出,在韦伯的分析框架中一味强调组织的等级和职位构成,而忽略了占据各个职位的个人;实际上,法人行动者已经不是传统科层制理论框架下的等级权威结构,而是一个由职位组成的行动系统,组织中的每个个体都拥有各自不同的资源和利益,而在整个社会结构中,各个自然人和不同的法人之间也都有自己的利益和资源,只有意识到这一点,现代社会的许多问题才能被正确认识。

法人行动者的形成过程实际上就是规范的建立,以及由个人选择到社会选择的过程。在科尔曼的理论体系中,一个基本的行动系统由两种元素组成:一是行动者,一是资源。行动者的行动就是控制这些资源以获取利益,但是,自然人在社会中行动是分散和多样性的,由于资源分布的限制,个人往往无法独立实现自己的所有利益需求,于是就产生了人与人之间的互动与交换。在科尔曼的理论视线里,这种交换所涉及的主要是"控制权",规范的发展就是行动一方的控制权向另一方转移的过程,其间,一方面,行动者放弃了个人权利,成为被支配者;另一方面,由他们构成的集体又可以支配他人的行动,因此他们也是支配者(不过在很多时候,或许他们失去了很多,但得到的却很少)。在追求自身利益的过程中,有时会出现这样的情况,有些行动者拥有足够的资源,但是却没有适当的时间或能力去管理这些资源,于是他们便要尽力寻找具有相当技术与能力的其他行动者,利用他们为自己服务,并以支付报酬的形式作为交换手段,这样就形成了委托与代理关系——由两个或两个以上行动者组成的统一的行动单位取代了原有彼此独立的行动者,这个统一的行动单位就是基本的法人行动者。

在上述过程中,法人行动者接受了个人所转让出的对资源和行动的"控制权",自然地拥有了一种独立于任何个人的"资源",并形成了自己的利益取向。与此同时,法人行动者又通过一定方式将这些资源分配到组织中的各个职位上,委托处于该位置的代理人替自己行使相应的权利,于是,组织运转了起来,法人行动也随即出现了。

作为基本行动者,自然人和法人的相同之处在于:(1)它们都拥有一定的资源,或者控制着某些事件;(2)它们都采取一定的行动以谋求某种利益;(3)它们都以某种符合自身目的的方式行事,即具有所谓"稳定的偏好";(4)它们都有权决定自身的行动;(5)它们都有一定的义务并且可以为自身的行动承担相应的责任。鉴于以上原因,科尔曼认为法人行动者其实就是一种特殊的行为人,只不过其行动的范围是在相对比较宏观的社会层次上。事实上,"微观到宏观的结构是一种相对架构。无论在哪个层次上发现了行为人(行动者)的目的行为,我们都可以将此作为微观层次,并考察这些行为人(行动者)系统的运行"。①

当然,作为社会行动者的自然人与法人也存在较大的区别。首先,自然人行动者的动机和利益是个人性的,而法人行动者的动机则由系统内部交换互动而形成的利益决定;其次,权利所有者与行使者的关系不同,对自然人行动者而言,二者是同一的,而在法人行动者内则一分为二,权利的所有者是"委托人",其行使者则是所谓的"代理人"。也正是由于以上原因,现代社会的行动局面显得异常复杂,行动的主体包括自然人、法人行动者以及作为法人行动者代理人的自然人,他们之间的关系盘根错节,产生了许多社会问题。

(二)法人组织的生存与发展

组织生存与发展是近年来组织学家和社会学家研究的热点,其核心任务就是研究组织在不断变化着的内外部环境中,如何才能适应环境变化,改进组织效能,实现组织目标。在科尔曼的理论体系中,法人行动者均表现为一定的组织形式,法人行动就是个人与组织、组织与组织之间的互动过程。

在法人行动这一理论框架中,法人的生存取决于它在行动中获得的收益能否补偿其付出的资源并且有一定的剩余。科尔曼认为,法人的生存方式有三种,即独立生存、互惠生存和总体生存。

"独立生存"指所有成员都可以做出一定的贡献,成员的工作一方面使法人组织受益,另一方面也使自己可以从法人那里取得报酬。

"互惠生存"指法人各种职位相互之间都存在互惠性的交换关系,参与交换的每一方都有利可得。

"总体生存"则是指,在法人内有些成员的贡献大于法人为其提供的报酬,另一些成员所得到报酬却大于他为法人所做的贡献,对法人而言,只要全体成员的贡献大于法人付给其成员的报酬,那么它就会以总体生存的方式存在下去。

---

① 引自理查德·斯维德伯格.经济学与社会学.安佳译.北京:商务印书馆,2003 年版,第 69 页.

　　总体生存带来的问题是,由于贡献与报酬的不一致,每个成员的理性选择都是少做贡献,尽可能多地为自己争取利益,由此使法人的总收益逐渐减少,最终影响其活力和生命力。小到一个工厂,大到一个国家,在许多法人行动者内都存在总体生存及相应的弊病。比如当前某些福利国家所面临的正是此类问题——由于国家对广大人民采取高福利的措施,使得许多社会成员日益缺少工作的动力,同时一味期望能从国家获得福利补贴。这种思想和行为的广泛存在给国家财政带来沉重的负担,并且会影响到整体经济的正常增长和社会的健康发展。

　　针对上述状况,科尔曼指出,要解决总体生存面临的困境,就要尽可能地将总体生存转变为互惠生存和独立生存。互惠生存的例子有商场将一部分柜台或商品转包给独立的经营者,这些经营者不是商场的成员,他们只是按约定将经营收入的一部分交给商场,其余收入归自己,二者之间属于互惠性的交换关系。还有市场销售中出现的特许权制度,一些法人行动者将某种特许权授予代理人,使其以独立订约人的身份与自己合伙经营。麦当劳就是很有代表性的例子:代理人负责租买场地及投入一定数额的资金,麦当劳公司参与员工培训、制定产品规格和设计监督。在这种方式下,双方也是一种互惠互利的关系。

　　独立生存则是通过特定的制度规范使组织中的各个行动单位都在自己的层面核算成本和收益,比如一些大公司在其内部对各部门的工作或产品确定价格,每个部门都向其他部门出售自己的产品,从而实现整体生存到部门独立生存的转变。另外还可以通过“事前控制”和“事后(滞后)控制”的手段来实现独立生存,前者是传统的由上下级逐级监管控制的方式,对最终信息的反馈先到最高权威那里,然后一级级向下传达控制;后者则是组织赋予工作流程中的后一行动单位以一定的权力,它可以拒绝上一流程中传递下来的某些不理想的结果,这种方式可以有效减少不利于整体组织生存和发展的负面事物。①

---

　　①　詹姆斯·科尔曼.社会理论的基础.邓方译.北京:社会科学文献出版社,1999年版,第500页。

（三）法人行动与社会变迁

科尔曼认为,在现代社会,绝大部分事件的直接控制权都由个人向法人团体转移,于是,法人实体控制了大部分社会行动:"在新型社会结构中,新出现的法人行动者担负了原先社会关系所承担的大部分职能,原始性的关系已退居次要地位……由现代法人行动者组成的人工建构的社会环境取代了自然形成的社会环境",①尤其是在发达国家,这种表现尤其明显。在这种状况下,人类社会中个体之间的互动越来越少,而与法人行动者相关的社会行动越来越多,个体的行动往往不(直接)代表自己的利益,而是代表着法人行动者的利益。法人行动者的出现是有目的的个人行动的结果,但由此出现的这种新的社会结构不一定会反映所有社会个体利益的最大化。"这奠定了科尔曼对现代社会进行批判的基础,在现代社会之中,法人团体被视为无所归依的寡信者,专注于不负责任地一味追求私利,而个体的人身利益和集体利益都退居其次。"②

随着法人行动者的大量出现和法人行动在社会行动中比重的日益增加,大量的社会问题开始出现在人们面前。

1. 个体权利的丧失

在这种社会变迁过程中,个体权利的丧失是科尔曼最关心的问题。他发现,在现代社会,许多事件的直接控制权由个人向法人团体转移。"对个人有影响的重要事件越来越多地为法人团体所控制,而法人团体却仅处于上述被影响者的松散控制之下。其结果是,生活在大城市的居民,往往服务于一个大公司,参加一个规模庞大的工会组织或专业协会,在政治事务中拥有特定的利益。他们收入很高,同时还从劳务及其他资源中获利,但付出的代价是对其利益攸关的事件几乎无法控制。在现代社会,个人被迫放弃对许多日常生活的控制,并把这种控制权交

① 詹姆斯·科尔曼. 社会理论的基础. 邓方译. 北京:社会科学文献出版社,1999年版,第707页.

② 马尔科姆·沃斯特. 现代社会学理论. 杨善华、李康、汪洪波、郭金华、毕向阳译. 北京:华夏出版社,2000年版,第86页.

给为他们服务的法人。社会的基本活动越来越多地为无形的法人行动者所控制。"①

　　或许有人会认为,自然人在法人行动者中占据一定职位,同时也就拥有了相应的权利,他们付出的东西(转让的权利)似乎又被返还回来了,因为法人行动者的具体行动必须依赖于自然人。但是,科尔曼却认为,自然人在法人中得到的权利与先前自己付出的截然不同,因为职位占有者所拥有的资源和行使的权利都是法人谋取利益的工具,因此在授予使用权时,法人会采取种种手段进行限制,自然人不太容易从中得利。而且,最为明显的是,有些自然人把自身权利的使用权交给了法人,但却没有成为(或不可能成为)法人职位的占有者和资源的使用者,如儿童、家庭妇女、农民、未就业的青年人等,他们在现代社会中社会资本大量减少,其损失相对那些在法人组织中占有一定地位的人而言更为巨大。科尔曼指出,问题的解决要依赖于用新建的社会资本来弥补市场经济和法人组织大量崛起所造成的负面影响。

　　2.法人与自然人行动失调

　　这类问题表现在两个方面:一方面,对自然人而言,他在与法人行动者的互动中往往容易违背诚信原则,如有些人从不欺骗他人,但对一些公共收费却可能说假话,因为他们知道,法人往往只能按规矩行事,它不一定有权利或有条件针对不同的自然人采取不同的对应策略;另一方面,法人行动者也往往会利用它的独特优势侵害自然人的利益。有些矛盾的是,从自然人的角度看,法人行动者是实现其预期目标的组织机构。然而,从法人行动者的角度看,个体是受其雇佣以帮助组织实现目标的代理人,也就是说,个体成了法人行动者实现目标的一个手段。

　　(四)法人行动的社会控制

　　作为理性行动者,法人组织也和自然人一样趋向自身利益的最大化,于是,在宏观的社会结构内同样可以出现公共资源一类的问题,如

---

　　①　詹姆斯·科尔曼. 社会理论的基础. 邓方译. 北京:社会科学文献出版社,1999 年版,第 533 页.

大大小小的造纸厂对河流的污染,个体矿主对矿产的乱采乱开等。于是,就像对自然人的行为进行规范一样,社会对各类法人行动者的行为也要进行必要的控制。要调节、规范和控制现代社会"法人行动者"的各种社会行为,从理论上来讲可以参照针对自然人的社会控制方式,一是法制的规范,二是道德机制的调节。这两种方式在某些范围内比较可行,但在许多情况下依然无法约束组织的行动,因此,人们还需要继续探讨对法人行动进行社会控制的有效方案。

第三节　理性与社会选择

一、理性选择理论的理性假设

20 世纪 50 年代以来,理性选择理论在政治学、社会学等学科领域内逐渐发展起来,并一度成为学术界关注的焦点。理性选择理论的观点主要发源于新古典经济学的基本假设,它的核心内容是,人以理性的行动来满足自己的偏好,并使其效用最大化。它的具体假设是:第一,个人是自身最大利益的追求者;第二,在特定情景中有不同的行为策略可供行动者选择;第三,行动者在理智上相信不同的选择会导致不同的结果;第四,行动者在主观上对不同的选择结果有不同的偏好排列。理性选择理论的基本原理是,不同的物品,不同的行动方案对行动者来说具有不同的"效益",一个行动发生的可能性是行动者所期望从多种可能的行动结果中获得的功利的函数,也就是说,一个理性的行动者趋向于采取最优策略,以最小的代价取得最大的收益,因此,有人也将理性选择理论简称为最优化或效用最大化理论。

理性选择理论的基本问题是对社会秩序(social order)的重新说明,它试图解释的是,在各类行动者有目的的行动之下,社会制度是如何形成的。如科尔曼所指出的,其理论关注的基本问题是"人与社会作为两种独立而又相互作用的行动系统(个人行动系统和社会行动系统),怎样共存"①。显然,理性选择理论者认为,已有的社会理论并没有很好地解决这一问题,尤其忽视了从行动者的性质和关系上解释社会系统的产生过程。

二、社会选择

科尔曼非常重视社会选择问题,因为通过社会选择可以很好地解释由微观到宏观的行动转变过程。社会选择过程是行动者为追求一定利益,利用可能的环境条件或资源,在一定规范要求下的行为。由于个人的"资源"的差异和对利益的追求,单个的个人行动便成为相互依存的社会行动。个人利益和社会(群体)利益在一定程度上都得到满足,从而实现社会选择。故他认为,"资源"是人们行动的基础和互动交换的内容。其中的一种最重要的资源是权利,即具有行动的控制权。

科尔曼指出:"每个行动者在主观上掌握着控制权结构,这个结构不仅包括控制事件的行动者的权利,也包括其他人的权利,这是一个综合的权利结构。每个行动者关于权利的主观见解不仅涉及与其利益有关的全部事件,而且涉及某些与自身利益无关的事件。每个行动者关于权利的主观见解是综合权利结构的组成部分,在这个综合结构中众多行动者关于权利的主观见解有时一致,有时相互矛盾。"②

所以科尔曼认为权利存在于社会共识之中,只有当人们就权利的存在达成一致的意见时,权利才有效。即权利既依赖于权力,又依赖于他人的承认。此外,资源作为各种权利的集合,可以被使用、分割和交换。最常见的分割权利的方法,是把部分控制权分配给每一个与利益有关的行动者,以实现协调一致的行动,例如利用选举权做出决定。

科尔曼认为,资源构成了社会选择的资本,但社会规范是社会选择

---

① 詹姆斯·科尔曼. 社会理论的基础. 邓方译. 北京:社会科学文献出版社,1999 年版,第 8 页.

② 詹姆斯·科尔曼. 社会理论的基础. 邓方译. 北京:社会科学文献出版社,1999 年版,第 61 页.

的保证条件。规范是独立于个人之外的属于宏观层次的行为要求,它对人们的行动起引导、限制等作用。但规范是人们有意识设立的,旨在维护社会秩序的正常运行。其作用机制可表示为:

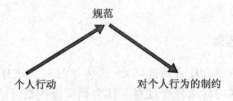

图 16—1　规范的作用过程

　　规范的特点是它的外在强制性。科尔曼分析指出:"规范存在的条件是社会认定对规范涉及的各种行动进行控制的权利,不是由行动者掌握的,而是由行动者之外的其他人掌握的。在社会系统或亚系统内存在着关于权利的共识,即控制行动的权利由行动者之外的其他人掌握。根据权威的定义,这意味着其他人对行动者的行动拥有权威;行动者并非自愿将权威授予他人,即权威的授予既非单方转让又非交换,而是社会共识将权利置于行动者之外的其他人之手。规范的定义涉及的权利,不是法定的权利,也不是以权威人物强加的正式规则为基础的权利,规范涉及的权利是非正式的,是社会认定的权利。这种权利可能存在于没有法定权利的条件下,甚至可能与现行法定权利对立。"①

　　个人的行动是分散的、多样的,而社会所要求的是共同的、协调一致的行动,为此规范起着重要的作用。具有众多利益的行动者结合在一起行动,是实现社会优化状态的要求。有效的社会规范依赖于社会关系。而社会关系由义务和期望组成,它有时是对称的,有时则是非对称的。也就是说,集体行动依赖于集体决策(社会选择);共识可以维护规范,也可以打破原有规范,建立新规范。

　　科尔曼指出,社会选择的主体有不同的层次,如群体、组织等。科尔曼所关注的是法人行动者的选择,认为这类社会选择具有代表性。

---

　　① 詹姆斯·科尔曼. 社会理论的基础. 邓方译. 北京:社会科学文献出版社,1999 年版,第 284 页。

他提出法人行动者的选择依赖下列规则或程序：(1)指导法人行动的规则应当符合某种一致或合理的标准；(2)规则应当引导法人行动充分反映其成员的利益；(3)指导法人行动的规则在实施时应伴以足够的力量保证使其切实有效；(4)指导法人行动的规则不应该引起部分成员的分裂或反抗以致毁掉法人行动者。

社会选择主要有如下几种：一是在没有正规制度下进行集体决策，即如何使个人意愿转变成社会意愿；另一种是在正式规则下诸行动者根据个人意愿做出社会选择。从个人选择到社会选择的方式是多种多样的，如：(1)对任何集体而言，可采取的集体行动都不是一种，而是一系列；(2)不同的集体行动可以使集体中不同成员的利益得到满足，对全体成员而言，有的行动甚至完全无益，但至少一部分成员可以从中得到好处；(3)集体成员分割控制法人行动权利的常用方法是投票；(5)通常决策过程并非是一种孤立的事件，它常伴随着普选、组织等形式。

科尔曼提出，竞争淘汰制是社会选择的重要程序。"应用竞赛淘汰方法，社会选择和个人选择一样，更容易具有一致性或合理性。"①因为通过淘汰过程，把单一阶段的选择变成了多阶段的选择。如一个人面对不同的选择方案，他将首先淘汰最不想接受的方案，然后再在相近的方案中进行比较，最终确定自己理想的方案。

总之，社会选择作为一种集体行为或决策，与其主体成员的构成和意向、社会关系的结构特征、可供选择的途径和方式等密切相关，它是一个复杂的社会过程。

本章小结

近几十年来，以科尔曼为主要代表的理性选择理论在社会学领域内取得了比较显著的成果。其支持者认为，行动理论应当是社会学研究的中心，在研究微观—宏观的联系时必须首先从研究个体行动入手，通过对个体行动的解释来分析社会现象。然而，也有相当多的人对理

---

① 詹姆斯·科尔曼. 社会理论的基础. 邓方译. 北京：社会科学文献出版社，1999 年版，第 468 页。

性选择的基本假设及其方法论上的个体主义提出质疑，认为理性选择理论的适用范围比较狭窄，它只有在特定条件下才可能从经验角度对某些社会现象做出解释，因此不可能像人们所期望的那样成为一种综合的大理论。直到今天，有关理性选择的种种争论仍在继续。

第十七章 柯林斯的互动仪式链理论

兰德尔·柯林斯

兰德尔·柯林斯（Randall Collins，1941—），美国当代著名社会学家，社会冲突论的代表人物之一。

柯林斯出生于美国田纳西州东部城市诺克斯维尔。本科就学于哈佛大学，初修文学、数学、哲学、精神分析学等，后受帕森斯的影响选择了社会学，1963 年毕业。1965年，柯林斯进入加利福尼亚大学伯克利分校攻读博士学位，1969 年毕业，期间，受到布鲁默、戈夫曼的影响。他曾先后在威斯康星大学、加利福尼亚大学圣地亚哥分校、弗吉尼亚大学、加州大学河边分校等校任教，最终受聘于宾夕法尼亚大学。

柯林斯是美国人文与科学研究院院士，出版有 16 部著作，影响较大的有：《冲突社会学：关于一门解释性的科学》(1975)、《文凭社会：教育与分层的历史社会学》(1979)、《韦伯的社会学理论》(1986)、《理论社会学》(1988)、《四个社会学传统》(1994)、《哲学社会学：知识分子变迁的世界视角》(1998)、《互动仪式链》(2004)，等等。

第一节　宏观社会学的微观基础

柯林斯通过提出所谓的"互动仪式链"理论，试图把微观社会学和宏观社会学统一起来。他认为，社会学应研究从微观到宏观的一切社会现象，但微观现象是基础，宏观过程是由微观过程构成的。而在微观过程中，互动仪式是人们最基本的活动结构，因而是一切社会学研究的基点。他认为微观社会学旨在分析微观情景的结构及其向宏观结构的转变。柯林斯结合不同的理论传统，运用其互动仪式链理论，对社会冲突、分层、组织、宗教等许多重要问题，都做了独到的理论阐述。

一、微观分析与宏观分析之间的关系

受符号互动论的观点的影响，柯林斯在其《论宏观社会学的微观基础》一文中，试图从微观分析入手，寻求社会学微观分析与宏观分析之间的统一性。柯林斯把这一研究称为社会结构研究的"微观转变策略"。

柯林斯指出，通常，微观社会学主要研究的是人们实际生活中的所做、所说和所思，而宏观社会学主要研究的是大尺度和长时段的社会过程。但长期以来，社会学的微观研究与宏观研究之间存在着明显的分歧。他认为这中间有很大的误解，实际上二者是相统一的。

柯林斯提出，对社会结构不但要从宏观过程去解释，更要从微观过程去理解。因为社会结构要素包括了从微观到宏观的各个层次。微观与宏观的区分只不过是偶然在一系列局部情景中所发生的相联系的实际存在的结构的不同方面。如在某一局部微观/宏观情景中所发生的，有时会在另一微观/宏观情景中继续下去，而这些链条的累积会构成一个可识别的模式，我们便称之为"国家"或"组织"。因此我们认为可把

宏观结构视为微观际遇在时间和空间上的积累。柯林斯列出了如下的时空表来加以说明：[1]

表 17-1　社会学分析的时空层次

空间尺度	时间尺度					
	秒	分/时	日	周/月	年	世纪
一个人 （1～3 平方英尺， 1 平方英尺 ≈ 0.093平方米）	认识/ 情感过程	有意义的事件/ 工作/ 重复与间断性 行为	—	—	生涯/ 生活史	谱系
小群体 （3～10^2 平方英尺）	瞬间接触/ 小型谈话	仪式/ 群体动力学/ 交换/交易	—	—	—	—
群体/组织 （10^3～10^6 平方英尺）	—	群体行为	—	正式组织	组织史	—
社区 （10^7～10^{10} 平方英尺）	—	—	—	社会运动	社区	—
国家社会 （10^{11}～10^{14} 平方英尺）	—	—	—	—	政治经济 人口分层 "文化"	长时段 社会变迁

　　由此柯林斯提出，其实微观现象与宏观现象是连续的，它们构成了连续统，而且宏观现象是以微观现象为基础的。用表 17-1 来说，微观与宏观的区分在时空坐标上是相对的，它们实际是不同层次的连续性变量。故微观社会学研究应是宏观社会学的基础。因为"一切宏观事件都是由微观经历所构成的"[2]。我们每个人实际上都生活于微观情境之中。

---

　　① Randall Collins. On the Microfoundation of Macrosociology. *American Journal of Sociology*. 1981，Vol. 86：p. 986.

　　② Randall Collins. On the Microfoundation of Macrosociology. *American Journal of Sociology*. 1981， Vol. 86：p. 987.

具体来说,柯林斯认为社会结构的基础是"互动仪式链"(interaction ritual chains)。他提出,这一互动链在时间上经由具体情境中的个人之间的不断接触而延伸,从而形成了互动的结构;当人们越来越多地参与社会际遇过程,并使这些际遇发生的自然空间扩展之后,社会结构就变得更为宏观了(沿时间和空间两个维度发展)。

柯林斯说,正是这种微观的互动链形成了社会组织的主要特征。因此他认为,把所有社会结构微观化为互动仪式链,将使微观社会学在解释宏观社会结构的性质和动力机制两方面都能发挥重要作用。

柯林斯认为社会结构的最基本要素,就是人们之间的互动。他提出,社会结构理论应该考虑这种在个人互动中存在的社会结构的"加能过程"(energizing processes)。即理论不仅限于对人们如何互动和处理事件的基本过程做出说明,还应提供给我们这样的原理,使我们知道互动通过的是怎样的过程,际遇链在时间上怎样延伸,以及不断增加的个体在空间上如何聚集。

由于在很大程度上受到涂尔干的影响,柯林斯认为社会学理论旨在揭示社会的最本质要素和结构,回答什么因素使社会结合在一起、思想观念和符号的来源是什么之类的问题。

二、社会学理论建构的微观策略

把宏观现象转变为微观现象加以研究,即柯林斯所说的微观转变策略。这一观点有如下方面的含义。(1)只有把社会学的概念建立在具体的微观层次上,才能使其真正从经验上确立起来。(2)社会学所解释的行动主体都必定是微观情景性的(microsituational),而社会制度、组织等,只不过是个体行为的抽象物,是对不同时空中的各种微观行为分布的概括。(3)人类的认识能力是有限的,因此面对复杂突发性的社会关系,行动者的行动主要依赖于意会性假设和惯例(routine)。(4)任何一个人的惯例都因特定的位置和对象而形成。(5)权威是一类惯例,其中某些特殊个体控制着与其他个体的微观互动。(6)是否遵从特定的惯例,受自我利益性的需要和冲突的决定。(7)谈话是形成共同实在(reality)的仪式,这种共同的实在可成为群体团结的象征符号。

故谈话经历所形成的个体链(互动仪式链,英文为 IR chains),再生出社会关系及人们关于社会结构的认识观。(8)谈话话题可表明群体成员关系。(9)一次际遇就是一个"市场",其中每个人都会自然而然地从前有的际遇中寻找谈话和情感资源。(10)个体在互动仪式中被接收或拒绝会分别增加或减少其情感能量(社会信心)。在互动仪式中的控制和服从也有同样的效果。(11)几个不同的仪式市场会同时运作。(12)在每一个市场中,个人通过其情感能量等级而了解其个人机会。(13)社会结构在微观层次上是不断变化的,但如果个人的情感和文化资源的波动是局部的和暂时的,那么它会趋于一种总体的稳定性。(14)大规模的社会结构的变迁会因下列任何一类微观资源的变化而发生:①一般文化资源的增加;②特定文化资源的变化;③新的"仪式技术"。(15)谈话资源和情感能量可通过观察一定时间内人们之间的谈话得到直接的测量,由谈论的话题和交谈的声调及节奏中的能量水平可确定文化资源。①

柯林斯认为,他的这一策略并不简单地等同于还原主义,而是一种经验分析的需要。他说这种微观还原具有如下几个方面的优点。

第一,这种还原法通过说明真实的生活情景与行为,可在任何分析的层次上提出经验性更强的理论。特别是,它可以找出形成人类发展动能的真正原动力。它还能使我们分辨哪些宏观的概念和解释是有经验基础的,哪些是缺乏经验基础的。

第二,微观还原增加了宏观理论的说服性。认为单纯的宏观分析是不全面的,故宏观原理应与微观原理相结合。

第三,微观分析都有一定的宏观关联性。他提出微观与宏观分析有四种类型的相互作用。

(1)个人微观史。即使明确的关于微观情景行动的原理,也包含着一定的情景的集合。这类微观原理不但涉及特定的时空中的事件,而且涉及情景的微观史,而这种历史在时间上能够得到进一步的

---

① Randall Collins. On the Microfoundation of Macrosociology. *American Journal of Sociology*. 1981, Vol. 86; pp. 1011—1013.

扩展。

(2)情景性宏观观点。通常微观原理所指的是,处于一定情景中的人们,可解释宏观结构自身,无论他们的这种解释是指其他的微观情景,还是指更具体的宏观概念。

(3)纯宏观变量。指时间、空间和数目。纯宏观概念只存在于因果命题和微观转变中。而通常所使用的宏观概念都是用于微观情景的时间、空间和数目的某种组合,即所有社会实在都是微观经验性的;但正是这些经验在时间、数量和空间的集合,才构成了宏观水平的分析。

(4)分析家的宏观比较。分析者不但要说明与命题相关的情景之间的关联性,而且要把这一关联性与其他可能的关联性做出比较。故分析家总要涉及宏观事项,他们也必定具有某些关于宏观世界的知识。[①]

由此,柯林斯对社会学研究的微观转变策略做了如下的总结:"存在着纯微观的原理,而这些原理应在社会学的一切经验因果解释中居于核心地位。纯宏观变量也存在,但宏观变量只有三种形式:构成微观情景的空间、时间和数目。所有其他变量都有微观情景的特征,不管它们所涉及的是微观史、情景中的宏观观点,还是其更复杂的组合。"[②]

① Randall Collins. Micro-translation as a Theory-building Strategy. K. Knorr-Cetina and A. V. Cicourel (eds.). *Advances in Social Theory and Methodology: Toward an Integration of Micro and Macro-Sociologies*. Boston: Routledge & Kegan Paul, 1981: p. 93.

② Randall Collins. Micro-translation as a Theory-building Strategy. K. Knorr-Cetina and A. V. Cicourel (eds.). *Advances in Social Theory and Methodology: Toward an Integration of Micro and Macro-Sociologies*. Boston: Routledge & Kegan Paul, 1981: p. 101.

第二节　冲突社会学

一、概述

传统的冲突理论的主要特征是：第一，它们仅是关于冲突的理论，而不是关于社会的全面的理论；第二，它们侧重于宏观分析，忽视了微观社会现象；第三，都具有明显的价值判断性。

但柯林斯在其 1975 年发表的《冲突社会学》一书中，从微观分析入手，提出了一种新的综合性的冲突理论观点。柯林斯明确指出：以往的"冲突理论"一词在某种程度上是偏颇的。[①] 故柯林斯的冲突社会学理论并不是一个关于冲突的理论，而是一个关于社会、人与群体的行为的组织的理论。他试图解释的是结构为何能在不同的历史时期以及具体的环境中得以形成，何种形式的变迁得以发生以及是如何发生的。

冲突现象是一类普遍存在的社会现象，但公开的冲突毕竟是有限的。冲突往往力图打破组织的制约而不是要进行实际的毁坏。柯林斯的冲突理论并不排除社会团结、社会理想、道德意识和利他主义。这主要是因为这种理想和意识正是在有关的冲突中才得以形成的，并且影响着物质分配和组织条件。最为关键的一点在于冲突理论并没有将理想和道德放置于神圣的地位上，相反，冲突理论要说明的是理念和理想得以产生的条件，并且由此是如何及何时产生出社会团结，以及何时因使其合法化而有支配性力量的。另外，还要说明此过程何时产生出结

---

① Randall Collins. Conflict Theory and the Advance of Macro-historical Sociology. George Ritzer (ed.). *Frontiers of Social Theory*. New York: Columbia University Press, 1990:p. 70.

构,以及何时导致出对抗性甚至公开的冲突。①

柯林斯对冲突理论的最重大的贡献就在于针对这些宏观研究,他开辟了一条微观研究的路径。尤其应该注意的是,近些年来,他对他所提出的"互动仪式链"的学说所做的进一步深化,要竭力表明的是组织和分层功能是基于日常生活的互动。他认为一种全面的社会分析既要涉及冲突的一面,也要涉及团结的一面。近三十年来,柯林斯一直致力于发展他的冲突研究。他强调不平等不可避免地导致冲突这一动态过程,其中有些过程可能是温和的,但有些过程可能是激烈的。他认为冲突理论的社会学目标就是用几个有限的关键概念来阐述人类互动的全部社会过程。

柯林斯提出,人类是既具有合群性又具有冲突性的动物。为什么会存在冲突呢?他说这是因为在暴力强制后面始终隐藏着一种潜在的力量,暴力强制总是以一方得益、另一方受损为结局。这虽然并不意味着存在着一种固有的驱使人们取得支配地位的欲望,但被强制在本质上就是一种不愉快的体验。因此他认为,任何形式的强制都会使被统治者产生对抗性的冲突。此外,所有强制性权力的使用,尤其是国家所代表的强制权力,能使某些人在经济上获益、在情感上得到满足。结果,强制作为解决问题的一种方法,却使整个社会充满了矛盾。而人类的有助于团结的情感反被用来加剧冲突中的群体分裂。

二、综合性的冲突理论观

柯林斯致力于发展一种综合性的冲突理论。但与达伦多夫和其他人的宏观冲突理论相比,柯林斯的理论更具有微观倾向。柯林斯在1990 年评价他早期的工作时说:"我对冲突理论的主要贡献在于将微

---

① Randall Collins. Conflict Theory and the Advance of Macro-historical Sociology. George Ritzer（ed.）. *Frontiers of Social Theory*. New York: Columbia University Press, 1990:p. 71.

观理论与宏观理论结合了起来。"①

　　他又说："我发展了戈夫曼、加芬克尔、塞克斯、谢格罗夫的经验成果,从而对冲突理论做出了自己的贡献。"②这些理论,很显然是与微观立场的符号互动论、常人方法论相联系的。

　　柯林斯从一开始就声称,他所强调的冲突并不是意识形态性的。也就是说,他并不是以某种政治立场来阐述关于冲突是好还是坏的,而是主张,冲突是现实的、根本的;冲突是社会生活的基本过程。

　　柯林斯说,每个人都是根据自己和其对手可能得到的资源,最大限度地提高自身的主观地位的。这就是说,一个人对现实的主观体验是一系列社会动机的联结;每个人都构造包括自己在内的自我世界;但是这种自我世界主要是通过与他人交换真实的或想象的信息而完成的;因此人们都相互掌握着打开别人内心世界的钥匙。此外,每个人基本上都追求自己的利益,在许多情况下,特别在涉及权力的情况下,各利益集团就存在着固有的对抗性。或者说,人们生活在自我构成的主观世界里,其他人则牵着控制个人主观世界的许多绳索,为了争夺这种控制,就经常发生冲突。在他看来,生活就是一场地位斗争,在这场斗争中没有人会对他周围那些人的权力漠然置之、毫不关心。这就是一切社会冲突的根源。

　　柯林斯指出,冲突不可避免地是由诸如财富、权力、声望及其他产品的不平等分配所引起的。人们总是力争最大限度地提高自己所占有的稀缺资源的数量。而那些已占有较多资源的人,总想巩固自己的地位,最大限度地维护自己的既得利益不会流失。因此,他们常常使用各种手段,特别是强制手段巩固自己的地位。但是又因为受控制的人并非乐意总处于屈从和被控制的地位,这就形成了冲突。所以,柯林斯

　　① Randall Collins. Conflict Theory and the Advance of Macro-historical Sociology. George Ritzer (ed.). *Frontiers of Social Theory*. New York: Columbia University Press, 1990:p. 72.

　　② Randall Collins. Conflict Theory and the Advance of Macro-historical Sociology. George Ritzer (ed.). *Frontiers of Social Theory*. New York: Columbia University Press, 1990:pp. 72—73.

说,每个人都是根据自己和竞争对手所占有的资源情况,去追求个人的最高利益线的。但从经验上说,社会结构(不管是正式组织还是非正式组织)只不过是人们互动和交流的某种方式而已。

柯林斯还通过互动仪式链、分层体系等概念,使他的冲突分析不仅局限于微观层次,而且还扩展到了宏观层次。另外,他的冲突分析也不仅局限于经济冲突或科层组织内的冲突,而且扩展到了一切制度性领域,如家庭、宗教组织、知识共同体以及政治、经济和军事机构,甚至除工业社会外,还包括其他社会和以往的历史阶段。

与那些从社会层面来阐述的人相反,柯林斯是从个体的角度来阐述冲突的。因为他的理论根源于互动论、现象学和常人方法论。虽然他偏好个体层面和微观理论,他同时也注意到"如果社会学仅处于微观层面是不可能成功的"①。冲突理论离开了社会层面的分析都是行不通的。大多数冲突理论家相信社会结构对行动者而言是外在的和强迫性的,然而,柯林斯则将社会结构看成与行动者密不可分的。柯林斯往往将社会结构看作互动模式而非外在的和强迫性的实体。而且,与大多数的冲突理论家不一样,他将行动者看成在不断地创造社会结构。

三、情景社会分层理论

柯林斯把发展一种新的社会分层理论作为分析社会冲突的基础。因为社会分层涉及社会生活不平等的许多特征,包括"财富、政治、职业、家庭俱乐部、社区和生活方式"②。在他看来,大多数的分层理论是失败的,如马克思的理论和结构功能论。他批评马克思的理论用单因素去解释多因素的世界。韦伯的理论对柯林斯是有用处的,但是"现象学社会学所努力建造的在日常工作中可观察到的所有概念"③对他来

---

① Randall Collins. *Conflict Sociology*: *Toward an Explanatory Science*. New York: Acadamic Press, 1975: p. 11.

② Randall Collins. *Conflict Sociology*: *Toward an Explanatory Science*. New York: Acadamic Press, 1975: p. 49.

③ Randall Collins. *Conflict Sociology*: *Toward an Explanatory Science*. New York: Acadamic Press, 1975: p. 53.

说更为重要,因为他在分层分析中所主要关心的是微观层面的问题。在他看来,社会分层这个内容如同所有其他社会结构,可以还原到人们在日常生活中的模式。

柯林斯将他的分层冲突方法,与现象学和常人方法论深入结合,而不同于马克思的理论和韦伯的理论。柯林斯提出了这样几个假设:(1)人人具有社会的天性,但是在其社会关系中都有冲突的倾向,冲突很可能在社会关系中发生,因为在互动的场景中,人们会经常运用"暴力性压制";(2)人们往往力求"主体地位"的最大值,他们依靠他们的资源和那些与他们有交往的人的资源。总之,柯林斯将人看成寻求自我利益的,这样冲突是可能的,因为利益不可避免地具有对抗性。

这种对社会分层研究的冲突思路可以归结为三个基本方面:第一,柯林斯相信人们是生活在自我构建的主观世界中的;第二,一些人有力量去影响、甚至控制别人的主观经历;第三,一些人总是力图去控制别人,这样就会遇到反抗,结果就会发生人际间的冲突。

具体说,柯林斯主张对社会分层研究应着眼于日常生活。如在权力和地位关系上,人们具有不同的互动仪式或情感能量。按权力仪式来分,可把人们分为发布命令(order-giving)的阶层和接受命令(order-taking)的阶层。通常,前者具有较高的情感能量,而后者具有较低的情感能量。

柯林斯提出,从经济方面划分社会阶级,也应基于人们具体的工作和消费生活。由此他划分出了七类阶级:(1)金融巨头;(2)投资阶级;(3)企业家阶级;(4)明星(celebrities);(5)中产阶级或工人阶级;(6)非法获利者;(7)下层或贫困阶级。柯林斯说,这些不同的阶级都有其特殊的生活消费圈,可称之为"泽勒泽循环"(Zelizer circuits)。美国社会学家泽勒泽(Viviana A. Zelizer)发现,不同阶级的人,其金钱的用途是各不相同的,不同形式的金钱被用于不同的社会关系网之中。如金融巨头的钱主要用于金融投资,而工人阶级的收入主要用于维持生活。①

四、性别与年龄分层

柯林斯并不满足于把社会冲突分析局限于一般的社会分层系统,而是竭力将冲突分析扩展到其他的社会领域,例如性别与年龄。

他把家庭看成性别冲突的场所,认为在传统的家庭中,男人通常是权力和资源的拥有者,故女人受男人的支配,并屈从于不平等的待遇。柯林斯提出,性别分层的基本特征,是性财产的制度化:由于男性占有控制地位,故性财产的主要形式是男性对女性的占有。但家庭关系是由男女的仪式构成的,而这种仪式关系是随着社会的变迁不断变化的。随着社会结构的变迁,性别角色和观念都有相应的变化。现代女性拥有了更多的资源控制权,因此她们可以对抗男性的控制,争取自己的平等地位。

同样,不同年龄的群体之间,由于在资源控制上的不平等,也会产生冲突。如成年人拥有较多的资源,像经验、学识、力量和能力,能满足年轻人的需要,故年轻人常常会被成年人所支配。然而,当年轻人成熟起来后,他们就会去获取资源,以抵制成年人,这样就产生了代际冲突。

五、遵从与举止

在互动仪式中,由于人们所具有的资源条件不同,故形成了不平等的关系或分层结构。而反映这种关系的重要方面,在柯林斯看来就是遵从和举止。

柯林斯所说的遵从(deference),指对他人表示尊重的一种仪式。而表示尊重姿势的实际过程即为举止(demeanor),因此这两个方面是密切相关的。与其相关的主要变量有:(1)资源的不平等,特别是财富和权力的不平等;(2)社会密度——际遇发生的一定情景中共同出现的人数。

---

① Viviana A. Zelizer. Circuits within Capitalism. Victor Nee and Richard Swedberg (eds.). *The Economic Sociology of Capitalism*. Princeton: Princeton University Press, 2005:pp. 289-322.

由这些变量形成了如表所示的关于遵从和举止的主要命题。[①]

表 17-2 关于遵从和举止的主要命题

1.个人之间遵从和举止仪式以及交谈的可见性、明晰性和可预见性与以下各变量成正比：
(1)个人之间资源不平等的程度,特别是:(a)物质财富;(b)权力。
(2)他人对行动者行为的监视程度,监视与如下因素成正比：
(a)他人相互依赖程度;(b)他人观点的同质性程度。
(3)沟通网络的局限性(普及程度低),其局限与如下因素成反比：
(a)沟通技术的复杂程度;(b)个人的流动性。
2.个人之间不平等程度越大,监视程度越低,行为者越可能采取：
(1)避免接触,以及避免发生遵从和举止行为。
(2)无法逃避时,个人对遵从和举止采取敷衍态度。
3.个体之间不平等程度越大,个体间世界主义程度越低,人们越可能采取简化的但高度明确的遵从和举止。
4.个体之间不平等程度越大,具有不同资源的个体之间的流动性越小,在这些群体中,遵从和举止的仪式和言谈就越具有可知性、准确性和可预见性。
5.个体之间越平等,世界主义程度越大,或者越不受监视,遵从和举止言谈仪式强迫性越小。

六、社会组织

柯林斯非常强调组织分析,认为组织分析对冲突理论的发展具有重要作用。他说,这是因为组织既是冲突的基础,又是控制和反抗的主要武器。柯林斯认为,组织和分层是日常生活中互动的基础。这两类最重要的社会现象一方面是对抗、控制和冲突形成的基础("阶级冲突"的微观层次),另一方面它又是使群体走向团结的基础。因此,对于冲突的研究,既可以运用互动理论(如戈夫曼的拟剧论)去说明,也可以运用经验方法做分析(比较历史社会学)。

柯林斯将组织看成人际影响的网络和利益冲突的场所。简言之,"组织是斗争的场所"[②],是体现人们在际遇中运用资源并形成关系结

---

① 乔森纳·H.特纳.社会学理论的结构.吴曲辉等译.杭州:浙江人民出版社,1987年版,第549页.

② 乔森纳·H.特纳.社会学理论的结构.吴曲辉等译.杭州:浙江人民出版社,1987年版,第60页.

构的重要社会系统。柯林斯同样从微观过程出发,论述了宏观的组织控制、组织管理和组织结构问题,提出了一系列关于组织特征和动力结构的命题。[①]

在组织控制过程方面,有以下内容。

1. 对社会组织模式的控制程度与个体间如下各要素集中的程度成正比:(1)强制资源;(2)物质资源;(3)符号资源。

2. 社会组织模式中的控制形式是资源类型的函数,这些资源集中于想控制他人的个人手中。

3. 越是通过运用强制资源来谋求控制,受这些资源操纵的对象就越趋向:(1)逃避;(2)如果不能逃脱则反击;(3)如果上述不可能,以及存在物质刺激,则服从;(4)如不存在物质刺激,则消极服从。

4. 越是通过运用物质资源来谋求控制,受物质刺激操纵的对象就越容易:(1)产生渴望获得的倾向;(2)采取谋求私利的策略。

5. 越是通过运用符号资源来谋求控制,这一资源所操纵的对象越可能:(1)接受价值观和信仰的灌输;(2)成为同质体的新成员;(3)努力促成组织内的接触;(4)努力阻止跨组织的接触;(5)参加仪式活动,特别是交换仪式;(6)由于服从而被赏以晋升。

在组织管理方面,有以下内容。

1. 当权者越是使用强制性和物质性刺激去控制他人,这种控制就越依赖作为管理手段的监视。

2. 当权者越是使用监视系统作为控制手段,则:(1)受监视者的异化就越强;(2)只有在高度可见的行动中,遵从的程度才会很高;(3)监督者与非监督者之比越大。

3. 当权者越是使用符号资源来进行控制,他们就越依赖标准化的规则来实行统治。

4. 对标准化规则系统的依赖越大,则:(1)互动的非人格性越强;(2)行为的标准化程度越高;(3)职权越分散。

---

① 详见乔森纳·H.特纳.社会学理论的结构.吴曲辉等译.杭州:浙江人民出版社,1987年版,第555—556页。

在组织结构方面,有以下内容。

1.集权化与如下要素成正比:(1)资源的集中;(2)通过监督、物质刺激以及规则系统进行控制管理的能力;(3)控制信息流的能力;(4)控制环境中偶然事件的能力;(5)所要完成的任务的程序化程度。

2.权威和社会关系的科层化与以下要素成正比:(1)记录贮存技术;(2)对未来任职者社会化的非血缘机构;(3)金融市场;(4)交通设施;(5)非个人权力中心;(6)权力和权威中心的分散。

总之,在柯林斯看来,冲突理论不只是关于冲突类型的说明,也是关于社会变迁和社会结构的理论。冲突研究不仅是理论研究,更重要的是经验研究。所以,他认为对冲突论的这种新的理解和研究,将使冲突社会学根本不同于其他分支社会学,也将使人们对整个社会学领域有一个全新的认识。

第三节 互动仪式链

一、局部情境

按照柯林斯的观点,微观社会学的研究对象是情境结构及其动力学。人们的一切互动都发生在一定的情境之中,其中至少包括由两个人组成的际遇(encounter)。故局部情境(local situation)是社会学分析的起点,而不是终点。但柯林斯指出,微观情境不是单个的人,而是由个人所形成的社会网络。人类社会的全部历史都是由情境所构成的,而且,每一个人都生活于局部环境中,我们关于世界的一切看法、我们所积累的一切素材也都来自这种情境。所以,柯林斯提出:"微观社会学解释的核心不是个体而是情境。"①

---

① 兰德尔·柯林斯.互动仪式链.林聚任等译.北京:商务印书馆,2012年版,第19页.

柯林斯还提出，宏观社会现象都可以看作由垂直的一层层微观情境构成的，微观情境的相互关联形成了宏观模式。即宏观过程来自互动网络关系的发展，来自局部机遇所形成的链条关系——互动仪式链。

二、互动仪式与资源

"互动仪式"一词主要出自戈夫曼，指一种表达意义性的程序化活动。这类活动对群体生活或团结性来说具有象征性意义。如涂尔干认为，宗教仪式具有整合性的作用。人类社会中存在着各种各样的仪式，仪式的类型反映了社会关系的类型。例如在传统社会中，人们的活动是高度仪式性的，但在现代社会中，是低度仪式性的。此外，仪式类型的不同，也可反映出群体成员情感投入和团体意识的不同。

仪式是互动的主要形式。柯林斯指出，仪式是人们的各种行为姿势相对定型化的结果。人们做出这些姿势，以形成和维持某种特定的社会关系。故他认为社会中的大部分现象，都是由人们的相互交流，通过各种互动仪式形成和维持的。

谈话也是一种仪式。因为谈话跟人们在一起唱歌一样，有共同关注的话题，并共同创造了一种谈话的实在，具有共同的情感。对谈话者来说，讨论的问题是否是真实的并不重要，重要的是他们之间有共同关心的问题，而且任何一方都不能打破他们共同建立的谈话现实。否则，谈话难以持续下去。故成功的谈话是一个有节奏的连续过程，谈话者之间的话语承接有最小的时间间隔（小于 $1/10$ 秒），且彼此话语有最低程度的重叠。

但柯林斯指出，决定一个谈话际遇的主要因素有：（1）每个人的文化资源和情感资源的不平等程度；（2）社会密度大小；（3）人们进行互动的可选对象的数量（即其网络地位）。

因此，柯林斯得出谈话仪式包括能量和资本的投入的结论。互动仪式也就是际遇者由资本和情感的交换而进行的日常程序化活动。他认为互动仪式包括下列一些因素：（1）至少有两人面对面的互动所构成的群体；（2）他们关注共同的目标或行动；（3）他们具有共同的情绪或情感；（4）彼此的关注点和共享的情绪有积累性强化特征；（5）有阻止外来者的屏障。[①]

互动仪式可产生一系列的结果，主要包括形成群体归属感或团结性、强化文化资本和情感能量以及社会道义感。图 17-1 可以表示互动仪式要素及其结果之间的关系：

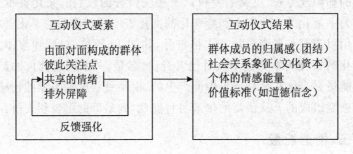

图 17-1 互动仪式要素和结果

或者说，柯林斯认为存在着一定的互动仪式市场。人们对时间、能量、文化资本和其他他们能应用到各种互动仪式中去的资源进行估计，然后他们选择那些能够最大限度地增进他们情感利益的方式。就互动仪式的资源来说，主要包括以下几个方面的内容。

第一，人们是以"文化资本"或他们所具有的资源在彼此相遇中展开互动的。这种资源或"文化资本"指诸如权利、权威、知识、教育、网络、经验和语言风格等，他们也能将以往某种形式的互动连接起来，如记忆中的交谈信息、知识等。

第二，人们在互动中带有某种动机或"情感能量"，而这种动机或情感能量与他们所占有的文化资本有关，同时还与他们在互动中具有的权利、威望或地位有关，还与他们对以往积极情感的记忆程度有关，并且与他们在前一段交谈中文化资本得到的提升有关。

第三，个体对互动场景的关注，如在互动场景中的人数，他人的资

① Randall Collins. *The Sociology of Philosophies*：*A Global Theory of Intellectual Change*. Cambridge，Mass.：Harvard University Press，1998：pp. 22—23.

源,在互动中不同意见和观点的数量,互动中社会内容、礼节和实情,以及人们在互动中情感的增进和文化资本的提升。

在上述这些资源因素中,最根本的资源是文化资本和情感能量这两个方面。组成文化资本的资源包括对以往交谈记忆、语言风格、特殊类型的知识或专长、决策的特权以及接受荣誉的权利。文化资本又可以分为一般化的文化资本和特殊化的文化资本。一般化的文化资本指那些用以表明一般资源的非人格符号,如知识、地位、权威和集团。而特殊化的文化资本则指个人对他人身份、名望、关系网或地位的记忆。情感能量是个体在某种场景中而产生的、由某种程度和类型的情感、感情和感觉组成的。从最高的热情与自发性,到最低的沮丧和失落。

三、情感能量

柯林斯认为,互动的产生在于个体应用他们各自的文化资本和情感能量彼此交谈,即这种交谈涉及资本和能量的投入。每一个体都被交谈的场景所吸引,并且能最终在文化资本和情感能量上得到回报。虽然个体在文化资本的施与受的互动过程中获益,但柯林斯更为强调情感能量才是互动的真正驱动力。他认为人们发展积极情感是最有价值的,人们可能通过参与这些互动仪式来增进这种积极情感,从而由这种互动仪式再生出一种共同的关注焦点、一种共同情绪,进而形成群体的情感共鸣并且根据道德规范将它们符号化。故柯林斯得出结论:成功的互动仪式是那些建立起了相互关注的焦点、排除了外部干扰且将参与者纳入非语言姿态手势的有节奏流动的仪式。微观互动的最重要方面就是非语言的、仪式化的行为,这种行为产生了较高或较低水平的情感能量。

在这个意义上,柯林斯认为情感能量是理性选择的共同指标。[①]这样,在柯林斯看来人们的互动不是受到非理性力量的支配的,他将人们对情感的追求看成高度理性的,人们竭力在互动市场中寻求那些能

① Randall Collins. Emotional Energy as the Common Domination of Rational Action. *Rationality and Society*. 1993, Vol. 5: pp. 203—230.

给他们带来最大利益的情感能量。因此,寻求情感能量成为一个准则,人们依此准则来估量与他们相遇的各种不同的人,看看这些人能给他们带来多大的情感利益。

在柯林斯看来,人类在某种意义上是"感情的俘虏"。但是他们对待情感是极为理性的,他们必须持续不断地在与他们相遇的人中寻求平衡,这样的互动意识就会产生出高度积极的情感能量,如做爱、家庭活动、宗教崇拜以及朋友的聚会。在这些活动中参与者在情感上得到了更多的激励与提升,而且更为重要的是人们由此而产生出一种非正规的亚文化。人们在这个亚文化圈中,按照互动仪式,彼此相遇,共同提升情感,从而更能够承受各种生活的压力。故情感能量是衡量行为的重要变量。

情感能量如同文化资本一样,也是一种成本。人们在互动仪式中花费他们的情感能量,只要人们意识到这种情感能量的花费能给他们带来更多的回报,人们就会这样做。人们往往从共同关注的焦点、情绪、激情、共鸣和符号来获得这种回报。然而当互动仪式需要投入更多的情感能量却又不能得到充分的情感回报时,人们就会转到其他的获益更多的互动仪式中去。

究竟什么样的互动仪式能够为所付出的成本带来最大的积极性情感能量呢? 在柯林斯看来,那些具有权力与地位的人最能够带来高额的情感回报。权力是一种能够指挥别人的行动的力量,地位则表现为受到尊敬和接受荣誉。因此,那些有文化资本从而能要求受到尊敬并要求别人服从的人,能从互动仪式中得到最大的积极性情感能量。从这里,我们可以看出"互动仪式"反映出一种不平等性,它具有明显的"马太效应"。

四、互动仪式链

柯林斯认为,宏观水平现象最终是在个人之间,由微观的相遇来创造并维持的。从本质上说,宏观的和长期的社会结构是由他所称的"互动仪式"建立起来的。这种"互动仪式"经由时间延伸,以复杂的形式而组合起来,宛如一条"链",这就是他所提出的"互动仪式链"。

柯林斯说:"整个社会都可以被看作一个长的互动仪式链,由此人们从一种际遇流动到另一种际遇。"[1]或者说,一切社会生活都是由人们所构成的生态学,人们不断组合与改变着景观。人们不同水平的际遇形成了不同的互动仪式。由此我们可以预测将会发生的事情:在不同情景下所形成的团结性有多大,将会建立起什么类型的象征符号以及它们跟任何特定人的关联。当具有一定文化资本和情感能量的互动者离开一种际遇后,将会产生出进一步互动的社会动机流。

如 A 和 B 两个人构成了一种际遇,各自具有不同的市场位置,拥有不同的文化资本(capital culture,简称 CC)和情感能量(emotional energy,简称 EE)。他们的互动仪式将会出现各种结果。在他们相互选择影响的基础上,可改变他们各自原有的文化资本和情感能量(如图 17-2 所示)。

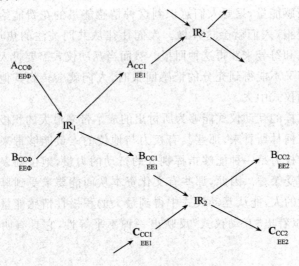

图 17-2 互动仪式链

① Randall Collins. *Four Sociological Traditions*. New York: Oxford University Press, 1994:p. 233.

根据图 17-2 可做如下分析。[1]

A 的一般化的文化资本传递到 B 后,变成了 B 的一部分。其特殊化的文化资本也得到加强。相应的,情感能量通过下列过程而改变:

(1)如果在互动仪式中 A 占控制地位,那么与控制程度相关,A 的情感能量会增加,而 B 的情感能量会降低。

(2)如果 A 比 B 有更多的文化资本,而且 A 能够对互动的对象有挑选余地,那么 A 会用较少的时间与 B 互动,甚至不与之互动。

(3)如果 A 与 B 具有相近的市场地位,那么他们都会希望平等地进行互动,而且能够成功地进行互动仪式。仪式过程加强了情感能量,因此使 A 和 B 都增强了信心。

(4)在(2)情况下成功的互动仪式,情感能量还会因为群体地位高低而发生改变。

此外,A 和 B 的市场机会不同也可改变其互动的结果。因第三者(如 C)的介入也会使他们间接地获得新的市场机会。

由此柯林斯提出,其互动仪式链模型扩大了交换理论的应用,而且可以弥补此理论的不足。例如可以把情感能量作为衡量报酬的共同基础。互动仪式链理论也可解决困扰霍曼斯和布劳的难题:互惠问题。因在此模型中,互动链的延续依赖于彼此之间情感能量或报酬的加强。互动仪式链理论并不强调一般性的社会规范,而是关注由不同群体所实际形成的情感团结力。

柯林斯认为,互动仪式链理论也可弥补理性选择理论的不足。他指出理性选择理论有三个解释难题:[2](1)某些行为如情感性、利他性和道义性的行为如何用成本—收益模型进行分析?(2)衡量不同的行动领域之间成本与收益的共同基础是什么?如何比较金钱、爱、地位和权力之间的价值大小?(3)如何从经验上说明每个人的算计行为?大

---

① Randall Collins. *Theoretical Sociology*. San Diego: Harcourt Brace Jovanovich, 1988: pp. 363—364.

② Randall Collins. *Interaction Ritual Chains*. Princeton: Princeton University Press, 2004: pp. 143—144.

量证据表明个人在自然场景中是很少算计的。柯林斯认为运用互动仪式链理论可以对这三个问题做出解释。

根据这一理论,情感能量是人们在不同行动领域、不同价值的社会选择之间进行比较的共同基础。情感行为、利他行为和道义行为是利用特定的社会场景来谋求情感能量的不同方式。它们的目标是共同的,即追求情感回报的最大化。理性"选择"就是寻求情感能量的过程,大部分选择并非是算计性的。当情感能量强大时,人们能快速做出决策。因此柯林斯认为情感能量,而不是金钱更应当作为行为理论的根本基础。关于社会互动仪式的理论也优越于行为的经济理论。

其实,柯林斯试图运用其理论解释一切社会现象,通过对已有社会学理论的综合批判,建立一种新的理论视角。

本章小结

柯林斯的互动仪式链理论综合了互动论、交换理论及有关的社会心理学理论,强调了社会学微观分析的基本性。他特别把情感能量看作社会互动和社会结构的基本动力。通过互动仪式链模型,柯林斯把微观分析又扩展到了宏观层次,从而对社会分层、社会组织、社会冲突及知识分子等问题提供了新的理论解释。总之,柯林斯的观点代表了学术界的一种新的综合性的理论倾向,为许多社会学问题确立了新的分析视角。但有的学者也指出,柯林斯的理论还有一些模糊之处,有待修正发展。

第十八章 福柯的后现代社会理论

米歇尔·福柯

米歇尔·福柯（Michel Foucault，1926—1984），法国当代著名哲学家、思想史家，后结构主义和后现代主义社会理论家。

福柯出生于法国西部的普瓦捷，其父是一位外科医生。1946年，福柯考入巴黎高等师范学院，受教于阿尔都塞（Louis Pierre Althusser，1918—1990）、梅洛-庞蒂、康吉翰姆（Georges Canguilhem，1904—1995）等思想名师。在此期间，他广泛汲取黑格尔、康德、马克思、胡塞尔等人的哲学思想，并一度加入法国共产党。1950年，福柯通过毕业考试，并开始了10年之久的海外游学生活。1960年2月，福柯完成博士论文《疯癫与文明：理性时代的疯癫史》，并于次年5月20日顺利通过答辩。在整个20世纪60年代，福柯的知名度随着他著作和评论文章的发表而急剧上升，具有代表性的作品如1963年的《雷蒙·鲁塞尔》

和《临床医学的诞生》,1964 年的《尼采、弗洛伊德、马克思》以及 1966 年引起极大反响的《词与物》。1972 年 12 月 2 日,福柯走上了法兰西学院的讲坛,正式就任法兰西学院思想体系史教授。

20 世纪 70 年代的福柯积极致力于各种社会运动,他运用自己的声望支持各种维权行动。所有这一切都促使他深入思考权力的深层结构及由此而来的监禁、惩戒过程的运作问题,并构成了他 20 世纪 70 年代最重要一本著作——《规训与惩罚》的主题。福柯的最后一部著作是 1976 年 12 月出版的《性史》第一卷《求知意志》。1984 年 6 月 25 日,福柯因艾滋病在巴黎萨勒贝蒂尔医院病逝,终年 58 岁。

福柯对知识、话语、权力、惩罚与规训等的研究,在学术界和思想界引起广泛而持续的深刻影响,也成为公众瞩目的对象。其社会理论的代表著作主要有《知识考古学》《规训与惩罚》《疯癫与文明》《性史》等。

第一节　后现代主义与社会学

后现代主义是 20 世纪六七十年代文学艺术和建筑设计等领域出现的一股思潮,后来很快蔓延到哲学、社会学等学科领域。后现代主义思潮对社会学的发展产生了重大影响,催生了一些关于后现代社会学的思想和理论观点。其中,米歇尔·福柯的思想和理论观点备受关注。

一、后现代主义简介

后现代主义原仅指称一种以背离和批判现代和古典设计风格为特征的建筑学倾向,后来被移用于指称文学、艺术、哲学、社会学等诸多领域中具有类似倾向的思潮。后现代主义思潮内容复杂,观点众多,复杂性和多样性是它的理论特征。后现代主义将熟悉的东西陌生化,将清楚的东西模糊化,将简单的东西复杂化,使世界呈现为一个复杂的、矛盾的,令人迷惘的多面体。即使如此,它仍存在共同之处,那就是反对、否定和超越传统形而上学、二元论、本质主义、理性主义、人类中心论、父权制、民族主义等共同的理论倾向。为了更深入理解和把握后现代主义,有些学者认为可以从如下的三个向度上来理解后现代主义。

1.激进的后现代主义

激进后现代主义的主要代表人物是法国哲学家福柯、德里达、利奥塔,美国哲学家费耶阿本德,意大利哲学家瓦提莫等。作为一种思维方式,它反对任何假定的"前提""基础""中心",具体表现在对"唯一中心""绝对基础""纯粹理性""等级结构""唯一正确解释"以及"连续性历史"的彻底否定。激进的后现代主义志在向一切人类迄今为止所认为是真理的东西进行挑战,志在摧毁传统封闭、僵化的思维方式。尤为重要的是,激进的后现代主义通过一系列持续不断的摧毁,使我们重新想到了哲学思维本应担当的原始而朴素的任务。这包括以一个新的视角重新省察人与世界、人与人的关系,重新省察理论与实践的关系、思维与存在的关系、文学与现实的关系以及哲学与文学的关系,等等。激进的后现代主义的成功和深刻就在于它的彻底否定性和反传统精神,这种精神对于人们清理几千年来形成的思想束缚具有深刻的解放思想的意义。然而,它的局限也在于它的彻底否定性,这使它有可能发展到极端而走向否定主义、虚无主义和无政府主义多元论的危险。

2.建设性的后现代主义

建设性的后现代主义的代表人物主要是美国的罗蒂、霍伊和格里芬。罗蒂、霍伊等哲学家主要从哲学的层面讨论问题,所探讨问题的领域较宽,不仅包括人与自然的关系问题,而且包括人与人、人与文化、人与哲学的关系问题。而格里芬则更加关心人与自然、人与世界的关系问题。建设性的后现代主义具有以下特征:其一,强调人与他人、人与世界及人与自然的内在关系;其二,崇尚家园感和亲情感;其三,倡导对过去和未来的关心;其四,倡导人们对世界的关爱。建设性的后现代主义十分推崇"绿色运动",主张用"绿色运动"的精神来绿化我们的政治、我们的精神以及我们的文化。倡导在人和自然的关系上,应将人是自然的主人变成人是自然的管家;在人与人的关系上,应将他人是对手变成他人是伙伴。① 建设性后现代主义的这种积极寻求解决问题的办法的做法是十分可贵的。但不足的是由于急于建设,忙于拯救世界,指导人生,势必使自己的理论缺乏严格的推敲。

3.庸俗的后现代主义

所谓庸俗的后现代主义是对否定性的和建设性的后现代主义的庸俗化,是简单化理解的结果。它有四个主要特征:一是认为后现代主义是现代主义的绝对否定;二是它没有把握到后现代主义的底蕴,仅抓住了后现代主义的某个或某些表面特征,以偏概全,视其为后现代主义的本质特征;三是视后现代主义的策略为目的,后现代主义的许多做法仅仅是策略,是为了帮助人们打破各种思想的束缚和偏见,进而说明一个道理,并非将策略本身当作其目的;四是用单一的原因来解释后现代主义的产生及其理论内容。庸俗的后现代主义的优点是便于理解,但难免流于简单化和庸俗化。

二、后现代主义社会理论

后现代主义社会理论观点众多,这里简要地介绍德里达、利奥塔、鲍德里亚、鲍曼和詹姆逊等几位后现代思想家的社会理论观点。

1.德里达的理论观点

德里达(Jacques Derrida,1930－2004),法国哲学家,主要著作有《言语与现象》《书写与差异》《论文字学》。其主要观点有解构逻各斯中心主义和批判总体社会。

德里达认为,西方传统文化基础是逻各斯中心主义的或以在场为中心的形而上学,它在二元对立的逻辑上建构自己,如事实与价值、现象与本质、客观与主观,其中前项居于中心地位,支配后项,解构就是要分解或消解这种结构。德里达通过对言语中心论的解构来颠覆形而上学。解构的目的就在于永无休止、一次一次地解构,二元对立的等级结构永远无法建立。既然符号的意义是不稳定的、多变的,那么确立一种固定不变的意义秩序是行不通的,权威是不存在的。解构主义挑战了

---

① 王治河.论后现代主义的三种形态.国外社会科学,1995 年第 1 期,第 46 页.

二元对立的等级结构体系,也就抽掉了社会等级体系制度和公共权威的基石。德里达认为,总体社会是逻各斯中心主义的奴隶,逻各斯中心主义的覆亡提供了打破总体社会的武器。他试图把社会从所有创造支配性话语的知识权威的束缚下解放出来。如果完成这一目标,将会展现一个无限开放、持续与自我反思的世界,人们的生活空间更为广阔,个人和社会形态更加多样。

2.利奥塔的理论观点

让－弗朗索瓦·利奥塔(Jean-Francois Lyotard,1924－1998),当代法国著名哲学家,后现代思潮理论家,主要作品有《后现代状态》《话语,图像》《力比多经济学》,其主要观点有后现代是对元叙事的怀疑和后现代社会是差异化和多样化的社会。

利奥塔认为,"现代性似乎把我们对确实性、同一性、进步性、幸福感的信念以及对我们作为社会生活本质的直接存在的信念推到了极致"①。然而,以现代性为动力源的资本主义带来的结果是:一方面,现代主义的强劲冲动在不断制造欲望、满足欲望的过程中耗尽自身,侵吞着世界的所有能量,殖民着一切领域;另一方面,现代性不断以总体性的幌子制造遗迹与搏斗,如种族灭绝、文化消失、物种减少、战争频仍。后现代对现代的"元叙事"提出批判,这种"元叙事"不仅掩盖了多样、差异的真实生活,而且扼杀了多面而丰富的人性本身。所谓一般的真理及解放、进步的信念的合法性的源泉和基础,以及总体性、普遍性、一元化的观念的根据是可疑的,因为人们并非天然地作为先验的主体而存在,主体的地位和意义是由某种特定文化语境和生存背景塑造、打磨出来的。否定了现代性的这种元叙事,我们就可以发现生活的本来面目:多元的、异质的、差异的、论争的、矛盾的。②要取消现代性情境中"元叙事"的合法性基础,以及以真理面目出现的科学话语的独霸地位,就

① 转引自汪堂家.利奥塔与"后现代"概念的哲学诠释.复旦学报,2001年第3期,第70页.

② 利奥塔.何谓后现代主义.王岳川等编.后现代主义文化与美学.北京:北京大学出版社,1992年版,第52页.

要容忍差异,尊重分歧。

利奥塔进一步指出,后现代社会是差异化和多样化的社会。在失去元话语的后现代社会充满了异质性,生活在后现代的人们对差异的敏感增加了,对不可通约的承受力增强了。差异、矛盾、不协调本来就是生活事件的常态,利奥塔认为,后现代社会不能再被一种共同的文化或制度性核心统一起来,由于没有统一的中心,后现代社会的冲突是局部的、分散的。在后现代社会,性别冲突、性冲突、种族冲突、信仰冲突以及民族冲突有各自的地位,不可归约,现代社会中处于边缘的受排斥的群体不断觉醒,持续反抗集权。利奥塔以宏大叙事的衰落为起点,展现了社会状态的后现代情景。

3. 鲍德里亚的理论观点

让·鲍德里亚(Jean Baudrillard,1929—),法国社会理论家,主要著作有《物体系》《消费社会》《幻象与仿真》《致命的策略》等。其主要观点有后现代社会是消费社会和后现代是超真实的社会。

鲍德里亚提出,资本主义社会已经从由生产所主导的生产型社会进入了以消费为主导的消费社会,人们被物包围,生活在物的时代。后现代消费社会的新特点是消费符号,符号决定需要。消费实质上和需要的满足毫无干系。"我们并非是在购买我们所需要的东西,而是在购买符码告诉我们应该购买的那些东西。"[1]在消费社会中,符号消费的意义在于获取自己的社会地位,"正是通过消费,我们才能与作为符号的物发生关系,与他人发生关系,才能真正进入社会"[2]。消费品界定着不同的人群和社会地位,消费者因消费不同商品而区分不同的社会地位。当商品被作为权力、声望、奢华以及权力等的表达和标志来消费时,这种消费就是永无止境的,因为我们拥有一种持续不断的、贯穿终生的将自己与占据社会中其他位置的那些人区别开来的需要。

鲍德里亚有时把现代的仿真产物叫作超真实。他认为,在当代西方社会里,现实与想象、真与假之间界限消失,每一个事件都是想象和

① 乔治·瑞泽尔.后现代社会理论.谢立中等译.北京:华夏出版社,2003年版,第111页.
② 俞吾金等.现代性现象学.上海:上海社会科学院出版社,2002年版,第250页.

现实的混合物,仿真的物、虚假的物充斥着社会,我们进入了仿真的时代。人们处于一个真假难辨,真假混杂的世界里。"在类像时代,我们步入了一个'超真实'的空间。本来是对真实的模仿品却被当作比它们所要表示的真实还要真实。"①大众传媒是最大的仿真机器,它不断地生产出大量的形象、符号和符码。整个社会受到这些符码的控制,人们失去了与真实世界的联系。我们生活在一个超政治的、超经济的、超审美的、超性别的世界中,后现代就是一个超真实的社会。

4.鲍曼的理论观点

齐格蒙特·鲍曼(Zygumnt Bauman,1925－2017),英国社会学家,主要著作有《后现代性的通告》《后现代伦理学》《后现代性及其缺憾》,其主要观点有后现代社会是破裂的、无中心的秩序和后现代社会的知识分子是阐释者。

鲍曼把社会划分为前现代、现代和后现代三种类型。前现代社会没有中心,呈支离破碎的状态。现代社会以政府为中心,建立了包括法律、规训策略和意识形态的多层控制体系,不断实现社会准则、价值观念和信仰的标准化,形成一种理性的社会秩序。"在后现代时期,公民对公共制度的拥护是通过市场这一机制来达成的。个人需求、欲望、身份认同以及生活方式等都和消费紧紧结合在一起。"②鲍曼认为,后现代性摒弃了任何为宣扬确定性或追求真善美的普遍标准效力的根基,肯定或赞扬多元、模糊、暧昧、不确定性、偶然和转瞬即逝的事物。后现代性推崇一种无中心的、破裂的社会秩序。

鲍曼认为,人类知识总是情境性的、多元的、相对的。多元性、差异性是人性和文化的特征,个人利益、价值和信仰千差万别,不可以简单化为同一性。鉴于知识观念和社会控制方式的变化,知识分子不再是标准和法则的制定者,而是扮演着阐释者的角色。鲍曼认为,作为阐释

---

① 史蒂文·赛德曼.有争议的知识——后现代时代的社会理论.北京:中国人民大学出版社,2002年版,第148页.

② 史蒂文·塞德曼.有争议的知识——后现代时代的社会理论.北京:中国人民大学出版社,2002年版,第207页.

者的后现代知识分子具有如下特征：(1)阐释者对与某一共同体传统相关的观念进行翻译，以便他们能够被其他共同体的观念理解；(2)阐释者的目标是促进各个自治共同体之间的沟通；(3)阐释者的主要任务是理解各种观念，用易于接受的方式表述，使各种观念相互理解。阐释者几乎没有权力，只是做出阐释而已。

5.詹姆逊的理论观点

弗雷德里克·詹姆逊(Fredric Jameson,1934-)，美国后现代理论家，主要著作有《晚期资本主义的文化逻辑》《文化转向》。

詹姆逊运用马克思主义的方法批判分析后现代社会，提出后现代社会的主要特征。他认为，后现代社会是肤浅的、缺乏深度的；后现代社会的情感是病态的，这种情感状态像是那种沉湎于往事之中的精神分裂患者的反应；后现代社会历史性丧失，没有统一的连续的历史，没有对于历史发展和时间流逝的清晰意识，只有历史的片断和任意的拼凑，矛盾而又混乱；后现代社会再生产技术占据统治地位，以电视和计算机为代表的电子媒介生产出不与任何事物联系的图像外观；资本主义不仅仅是后现代主义的一个组成部分，而且是后现代社会的基础。

詹姆逊还认为："后现代主义代表了大量的文化变迁，其中包括：高雅文化与低级文化之间的坚固界限已告瓦解；文化几乎完全被商品化，从而失去了向资本主义发起挑战的批判距离；由于主体已经彻底碎裂，因而焦虑和异化问题以及资产阶级的个人主义亦不复存在；颓废的现代主义抹杀了具有历史意义的过去，同时使人们不再能感觉到一个具有不同意义的未来；出现了令人眩晕迷惘的后现代超空间。"①后现代文化是类像的、片断化的、拼凑式的、精神分裂的文化。

三、后现代主义社会学

后现代主义的深刻批判动摇了现代社会科学赖以存在的基础，创造了一种重视多样性、差异性、地方性、非连续性、非总体性等的全新话

① 道格拉斯·凯尔纳,斯蒂文·贝斯特.后现代理论.张志斌译.北京:中央编译出版社,1999年版,第240页.

语,摧毁了现代社会学发现客观规律并建立统一理论的信念,一种颇具特色的后现代主义社会学浮现出来。

1.后现代主义社会学的含义

关于后现代主义社会学,可以概括为两种倾向,即从后现代主义的角度来研究社会问题和从社会学的角度来研究后现代主义。前者是用后现代的前提、概念、范式和方法,来讨论、研究社会问题,并对现代社会学理论提出质疑和反思,建立一种辩证性的、非还原的多向度的后现代主义社会学理论。美国社会学家特纳认为,后现代社会学是以后现代主义为指导的反实证主义、反对受已有的学派或主义影响的社会学学派。后者把后现代性的问题和后现代主义纳入社会学的议事日程,作为社会学的一个科目,用社会学的理论和方法对其进行分析和研究。英国社会学家斯科特·拉什(Scott Lash)认为,后现代主义社会学就是用社会理论、社会学调查、社会学分层基础等来表示后现代主义。

2.后现代主义社会学主要研究领域

从现有的研究来看,后现代主义社会学的研究领域主要涉及以下几个方面。

第一,社会道德价值。后现代主义社会学的一个主要论题是,如果要有一个健全的和可以维系的社会,则公共生活和公共政策必须反映道德价值,尤其是生活的终极价值,倡导既尊重理性又尊重情感的丰富多彩的政治文化,尊重文化、种族、伦理、性别、宗教和精神上的多元性,鼓励诸如平等、自由、简朴、节制等价值观念。

第二,国家与个人的关系及社会政策。如何保证个人的权力、如何保证个人有机会参与影响他们生活的决策;怎样才能使人们在国家层次上,通过各种政治、经济和社会机构,把权力落实到最小的并且有效可行的单位等,都是后现代主义社会学所研究的问题。

第三,女权主义和后父权制。男女平等、女权主义和后父权制是后现代主义社会学的一个重要的研究领域。主张消除冲突、对抗和权力等男性统治话语,倡导以男女两性所能达到的以性别差异为基础的平等,并从众多不同方式中找到最适合于女性自己的方式来获得解放。

第四,生态环境。由于当前日益严重的环境污染、自然资源的匮竭,全球性食品和水资源短缺以及难以避免的核灾难,严重地威胁着人类的生存,生态环境问题已成为后现代主义社会学的一个重要的研究领域。

第五,城市空间和社区服务。城市空间和社区服务也是后现代主义社会学的一个研究领域。城市的建造应更有利于居民间的相互交流沟通,应该充分利用自然条件,尤其是阳光,以便使城市的基础经济变得尽可能独立和节俭。

第六,日常生活与社会的边缘地带。"许多后现代主义社会学研究者把他们对于日常生活的关注与社会变化联系起来,其目标不仅在于解释日常生活,而且还在于改造日常生活。"①而在现代话语里,处于中心之外边缘地位、往往被忽视或压制的许多事物,也正是后现代主义社会学关注的重点。

3. 后现代主义社会学的方法特征

后现代主义的理论观点渗透到社会学研究中,形成了后现代主义社会学的方法特征。首先,后现代主义社会学反对整体化的倾向,放弃了在解释社会现象时寻找模式化的关系和宏观的历史规律的做法,而采用地方性、灵活多变、暂时性的话语来研究社会。其次,后现代主义社会学提倡多元的理论视角。处于不同的社会地位与境况的社会成员的观点是多元的,只有多种角度才能揭示复杂的社会矛盾和冲突。再次,后现代主义社会学重视话语分析。权力关系存在于日常话语中,通过对日常话语的分析,可以发现存在于知识和传统之中的不平等的社会关系。最后,后现代主义社会学否定能够建立一门探寻普遍的社会规律的、客观的社会学的可能性。后现代主义认为任何社会科学知识都是历史与文化条件的产物,都是其先入假设的结果,客观的社会科学是不可能产生的。正因为如此,社会科学家应该倾听人们丰富多彩的

---

① 波林·罗斯诺. 后现代主义与社会科学. 张国清译. 上海:上海译文出版社,1998 年版,第 125 页.

生活故事,进行比较分析,而不是去发现放之四海而皆准的真理。①

第二节　话语与权力

　　米歇尔·福柯是法国从结构主义向解构主义过渡的哲学家。他秉承了尼采(Friedrich Wilhelm Nietzsche,1844—1900)向传统挑战的反叛精神,极力去研究被传统所排斥在外的如"疯癫""性"等领域,探究它们之所以被"理性"所排斥的规则。福柯的研究填补了以往学术历史上的空白,为人们观察和认识事物提供了新的视角。他的话语权力思想是其学术体系中的一部分,主要体现在他的《性经验史》《疯狂和文明》《临床医学的诞生》和《事物的秩序》等著作中。他认为,话语是一种秩序,更是一种权力结构和结构性的权力。在福柯看来,话语、知识和权力三位一体:话语是载体、知识是表象、权力是实质,没有话语的生产就没有权力的实施。福柯对"话语"的研究,揭示了话语、知识和权力的有机统一性,以及"话语权力"的权力本质。

一、话语与权力的含义

　　1. 话语的含义

　　话语是福柯哲学中的一个比较含混的概念,福柯本人也并未从正面对此进行明确界定,但话语概念却是福柯哲学方法中的核心概念。要寻找打开福柯哲学的大门,话语概念却是一把不可或缺的钥匙。关于话语概念,概括起来主要包括以下含义。

　　第一,话语是一系列相关陈述的整体。在《知识考古学》中,福柯说:"我们将把话语称为陈述的整体,因为它们隶属于同一个话语形

　　①　参见张世平. 现代、后现代与九十年代的社会. 社会学研究. 1995 年第 5 期,第 117—121 页.

成；……这是由有限的陈述构成的，我们能够为这些陈述确定存在条件的整体。"①即话语是由一系列相关的陈述所构成，是具体地同现代社会的文化制度及现代人的实际思想和生活方式紧密联系的那些话语体系及实践。因此，福柯话语理论中的话语，主要指在特定社会文化条件下，为了一定目的而说出或写出的论证性话语，是伴随着说和写的过程所进行的一系列社会文化操作活动，是一系列事件。福柯明确指出："必须将话语看作一系列事件，看作政治事件：通过这些政治事件，它运载着政权并由政权又反过来控制着话语本身。"②在福柯看来，话语是在特定环境中，由社会中占据一定社会文化地位的一个或一群特定的人（说或写的主体），就一个或几个特定的问题，为特定的目的，采取特定的形式、手段和策略而向特定的对象，说或写出的话语，话语就总是包含着形成、产生和扩散的历史过程，包含着相关的认知过程，包含着相关的社会关系，也包含着特定的思想形式，特别是包含着环绕着它的一系列社会力量及其相互争斗与勾结。所以，福柯所考察的重点是话语在特定社会文化环境中的产生机制及蕴含于其中的复杂社会斗争，特别是卷入这些斗争中的一系列社会文化力量的斗争过程及其斗争策略和手段。

第二，话语本身是一种规则和秩序。福柯认为，话语作为一种实践，用以建立秩序及言说之物的界限。话语不是传统意义上的文本、言谈或是实现个人目的的策略，而是一种规则；话语分析不是对文本结构、意义和功能的分析，而是在于揭示那些看似真理或客观的话语中所隐含的不对等的权力关系。福柯强调话语对人的制约，只有遵循话语系统自身的规律，人们在生活中的表达和沟通才能有效，否则，就是痴人说梦。福柯通过一系列追问，诸如人们为什么"这样说"而不是"那样说"，在表达言说的背后是否还有更为本质的力量，同一事实的不同言说，到底是什么发生了变化等，以探索话语、知识、真理和权力之间的关系。福柯认为，话语构成过程受制于"一组匿名的历史规则"，它决定着语言、观念如何

---

① 米歇尔·福柯.知识考古学.谢强，马月译.北京：三联书店.1998年版，第129页.
② 高宣扬.当代法国思想五十年.北京：中国人民大学出版社.2005年版，第260页.

相互交换等话语活动,潜在的规范要求话语如何去实践。或者说,它决定着一个时代的话语模式,包括人的认知、理解和接受方式。

同时,福柯在其著作中特别强调话语是一种秩序的存在。福柯认为,人类的思想是依据世界展现在我们面前的有序排列以及具有语言或文化特性的符号来运动的。每一种话语总有一个秩序,话语本身能使所有主体社会化,并在话语之下言说和行动,这种秩序本身就是一种权力的秩序。

第三,话语具有一种本体论的内涵。福柯强调指出,他所谓的话语,并不等同于符号语言,虽然话语是由符号组成的,是话语背后所隐含的更多的东西。正是在这个意义上,话语在福柯那里获得了一种本体论的内涵。他认为,人类的一切知识都是通过话语而获得的,任何脱离话语的东西都是不存在的,我们与世界的关系只是一种话语关系。话语也并非常识所理解的中介,它在本质上被福柯界定为人类的一种重要活动。福柯认为,历史文化由各种各样的话语组构而成。话语意味着一个社会团体依据某些成规将其意义传播于社会之中,以此确立其社会地位,并为其他团体所认识的过程。

2.权力的含义

福柯的权力研究对象不但包括国家、法律这些中心化的存在,即宏观权力;而且更关注包括精神病院、监狱、修道院等的社会边缘、底层中的权力关系等微观权力,即自下而上的弥散性、渗透性及多元性的权力。

传统的权力观将权力视为一个绝对二元对立的世界:权力的主体与对象之间永远处在对立之中。而福柯的权力观则可以被视为对传统权力的打破、分解和重构。福柯认为,集权统治只是权力赤裸裸的表现形式,它不可能通过国家机器将控制力覆盖到整个社会的每个领域的每个细节中,真正的权力是隐形的,它渗透于社会状况最为个体化的细微处。福柯说:"我认为,我们必须首先把权力理解成多种多样的力量关系,它们内在于它们运作的领域之中,构成了它们的组织。正是各种力量关系的旋转柱石永不停歇地通过它们不平等的关系引出各种局部的和不稳定的权力形态。权力无所不在:这不是因为它有着把一切都整合到自己万能的统一体之中的特权,而是因为它在每一时刻、在一切地点,或者在不同地点的相互关系之中都会生产出来。权力到处都有,这不是说它囊括一切,而是指它来自各处。因而,权力不是一种制度,不是一个结构,也不是某些人天生就有的某种力量,它是大家在既定社会中给予一个复杂的策略性处境的名称。"①

福柯将权力视为既定社会空间里无数不对称的力量交织所形成的"复合体"。这种"复合体"发源于微观的、局部的对抗,对抗中无数错综复杂的力量的作用彰显了权力的弥散性、渗透性及多元性。同时,这种社会空间里无数错综复杂的力量的作用不再拥有唯一的中心点。权力网络中纵横交织的力量形成的任何节点都可以成为权力斗争的"暴发点"。

二、话语一权力理论

话语是权力运作的重要媒介,福柯在《知识考古学》和《话语的秩序》中,把话语分析引入到权力理论中,并就权力如何产生话语、话语怎么样被权力关系利用、话语在权力的运作中担当什么角色等问题进行了探讨,初步形成了他的话语一权力理论。

第一,话语是由权力产生的,是权力的产物。福柯认为:"在任何一个社会中,话语的生产都会根据一定规则和程序被迅速地加以控制、选择、组织、和再分配,其作用在于转移它的权力和危险,应付偶然事件,逃避那沉闷的、可怕的物质性。"②也就是说,话语不再是一个封闭的结构,而是被放置进一个复杂变化的社会关系网络中,受到社会历史条件等诸多因素的约束影响,而在诸因素中控制话语运动的最根本因素就是权力。为此,他分析了权力生产、限制和控制话语的运动过程,即"排斥程序",也就是那些在传统中被禁止、被排斥的话语。这些排斥程序在话语外部借助于体制、历史,借助于权力和欲望,对话语进行了制约。福柯认为,话语的第一个排斥程序是"禁止",即"我们都非常清楚,我们

① 米歇尔·福柯.性经验史:第一卷"认知的意志".余碧平译.上海:上海人民出版社,2002年版,第69页.

② Michel Foucault. *The Archaeology of Knowledge and the Discourse on Language*. New York: Pantheon Books, 1972:p.216.

不能想说什么就能够说什么,我们也不能不分时间和场合地言说我们喜欢的东西。谁也不能想说什么就说什么”①。第二个排斥程序是“区别”,主要表现为“理性”和“疯癫”之间的区分和对立,疯子的话被认为是没有意义的,而得不到仔细的倾听和认真的对待,从而实现理性对非理性的压制。第三个排斥程序是“真理”,即对谬误的约束和排斥,要求找出“贯穿于我们话语中和我们历史中的求真意志是什么,现在又是什么”②;要求区分话语的“真”或“假”,把“真理性要求”强加于一切知识之上,一切知识都要得到检验,只有真的知识,才有理由存在。因此,福柯的话语是权力的话语,任何话语都并非个人想象创造的,而是权力的产物,是权力通过排斥程序的筛选显示出的一种话语的权力。

第二,话语同知识一样也是权力的本质要素之一。当福柯将话语归结为权力时,他所分析的重点,就是话语在特定社会文化环境中的产生机制以及蕴含于其中的复杂社会斗争,特别是卷入这些斗争中的一系列社会文化力量的较量过程及其策略、计谋、手段,等等。对此,福柯曾经这样写道:“考古学的话语描述是在一种普遍历史的维度上展开的;它试图发现话语构成得以被清晰表述的,由各种制度、经济过程以及社会关系所组成的全部领域。”③显然,在福柯的眼里,没有纯粹的、不计功利的话语,存在的只是社会诸多力量较量过程中的话语,在一定条件下,话语会依据这种力量的变化而转化为一种隐性权力,成为权力的重要组成部分,并隐蔽地发挥权力的作用。他举例说,真理无疑就是这种权力的话语,它激发了尊敬和恐惧,由于它支配了一切,故而一切必须服从它。它是掌握权力的人们根据必需的礼仪说出的话语;它是提供正义的话语。

第三,权力是通过“真理”这种话语来实现的。福柯说:“我主要关心的是权力‘如何’运作的,我试图把权力的机制与两个方面连接起来:

① Michel Foucault. *The Archaeology of Knowledge and the Discourse on Language*. New York: Pantheon Books, 1972: p. 215.

② Michel Foucault. *The Archaeology of Knowledge and the Discourse on Language*. New York: Pantheon Books, 1972: p. 219.

③ 乔治·瑞泽尔. 后现代社会理论. 谢立中译. 北京:华夏出版社,2003 年版,第 58 页.

一方面是为权力划定范围的权利的规则;另一方面则是这种权力产生和发送的真理的效应,这种真理的效应反过来又再生产权力。"或者说"权力关系在生产真理的话语的时候,执行了什么样的权利的规则,什么样的权力形态倾向于产生在我们社会具备潜在效应的真理的话语"①。根据福柯的解释,在我们社会的诸多种类话语中,真理的效应是占主导地位的,如果不是通过对真理的生产,我们就不能实施权力。可以说,我们被迫生产我们社会所需要的权力的真理,我们必须说出真理,被命令和强迫去承认或发现真理;同时,权力也会不停地对真理进行询问、审理和登记,因为权力在现实生活中把对真理的追求实行制度化、职业化,并加以奖励。换句话说,我们要受到真理的支配,因为真理制定法律,真理生产真实的话语,这种话语至少是部分地在权力的效应的基础上裁决、发送和扩展的。正如福柯所说,"我们所生活的社会正在'迈向真理',即这个社会生产和流通以真理为功能的话语,以此来维持自身的运转,并获得特定的权力"②,他把权力和真理的关系称为"真理的游戏"③,即权力的存在和运作是通过被依据历史构建经验的真理与谬误的游戏。

第四,话语本身是一种结构性的权力。话语始终是由不同时期占主导地位的话语模式决定的。福柯认为,"话语模式与其说是假设和观察或理论和实践之间进行自主交流过程所形成的产物,不如说是在一定时期内决定哪些理论和实践占上风的基础"④,话语模式作为权力的先在载体,不同的话语模式相应地在人与人之间进行不同的潜在权力分配。一种新的话语模式久而久之成为习惯、惯例和制度,结果必然重塑社会关系,重构权力结构。"如果没有话语的生产、积累、流通和发挥

① 米歇尔·福柯.权力的眼睛——福柯访谈录.严锋译.上海:上海人民出版社,1997年版,第227-228页.

② 米歇尔·福柯.权力的眼睛——福柯访谈录.严锋译.上海:上海人民出版社,1997年版,第37页.

③ 迪迪埃·埃里蓬.权力与反抗——米歇尔·福柯传.谢强,马月译.北京:北京大学出版社,1997年版,第365页.

④ 海登·怀特,米歇尔·福柯.巢东等译.沈阳:辽宁教育出版社,1998年版,第83页.

功能的话,权力关系自身就不能建立起来和得到巩固。如果不是通过话语的生产,权力就不能被实施。"①

　　总之,话语被谁掌握,谁就有了说话的权力。话语是权力争夺的对象,争不到话语的权力就不能称为权力,话语的秩序决定权力的秩序,这是福柯话语权力的基本思想。

第三节　规训与惩罚

　　福柯利用考古学和谱系学的研究方法,阐述了人类社会从古代通过肢解等酷刑对人类肉体和精神的疯狂肆虐,而逐步转变为柔性或隐性的压服与训诫从而使被统治者臣服和"自觉"接受规训的过程,把规训与惩罚看作人对人的一种制约、塑造和统治形式,分析了由此引发的一系列与规训和惩罚相关的政治、法律、权力、观念和科学技术问题。进而,福柯通过对微观权力的功能分析,使人们认识到我们的身体、行为和主体都是权力作用与塑造的结果。

一、惩罚及其变革

　　福柯认为,人类在 19 世纪之前,国家法律对囚犯往往是施以酷刑和仪式化的处决,证明权力的存在和对其施加控制的努力。但随着人性的日渐觉醒,理性、正义的不断高扬,从 18 世纪末开始,欧洲的许多国家都逐渐进入刑事司法的新时代。② 这一转变主要经历了三种模式。第一种是基于旧的君主制度以酷刑和公开展示为主要形式的酷刑。其惩罚机制是展示君权和针对罪行的酷刑、公开展示机制,目的是维护君主的至上权力,以期达到镇压效应的功能。第二种是 18 世纪后

---

　　①　严锋.权力的眼睛——福柯访谈录.上海:上海人民出版社,1997 年版,第 228 页.
　　②　米歇尔·福柯.规训与惩罚.刘北成等译.北京:三联书店,2003 年版,第 89 页.

半叶的人道主义惩戒模式，以贯彻法律的威严和保护市民社会为目的，以暂时剥夺权利为手段，以期达到惩罚和改造效应的功能。在这一模式中的惩罚机制借助于可视的、确定的、持久的和规范的道德表象来运作其惩戒权力，并重视经济理性原则和计算适度的刑罚。第三种是现代资本主义社会中以规训、纪律以及监狱机器为主要方式的规训体制，以实现个体权利为目的，采取严密划分时间、空间和活动等手段来有计划地训练肉体，对人的肉体进行操纵、驯服等，以期实现预防的功能。

在惩罚制度的演变中，主要有以下变革。第一，取消酷刑，转向对犯人乃至整个人类的精神性惩罚与奴役。身体不再是惩罚的主要目标，强加给犯人的那些无法忍受的肉体折磨被剥夺其权利之类的措施所取代。第二，惩罚转化为与肉体紧密相关的灵魂、思想、意志和欲求的惩罚。法律的惩罚机制不再限于酷刑、暴力，而是把惩罚行为变成一种依靠多种知识和技术领域相互合作的权力方式和政治策略。第三，刑罚日益变得有章可循，依罪量刑，整个社会的惩罚权力、惩罚手段和惩罚技术方面逐渐形成了最少原则、充分想象原则、侧面效果原则、绝对确定原则、公共真理原则、详尽规定原则等可遵循的基本原则。第四，惩罚和判决不再只是法官的事，广泛的社会参与使得直接制造痛苦和消灭生命的刽子手被一支技术人员大军所接替，这些人包括监狱看守、医生、牧师、精神病专家、心理学家、教育学家等。[1]

当然，惩罚制度的这种演变绝不是孤立、单一的现象，在其背后有着深刻的社会背景，正是由于惩戒权力作用的对象和范围的变化，才需要调整原有的权力策略，以对付变得更微妙而且在社会中散布得更广泛的目标。在此基础上，福柯进一步又将这种惩罚在意义上的变化与更为广阔的社会"规训"相联系。

二、规训的空间和手段

所谓规训，一般具有两方面的意义：一是能够给人以惩罚和强制行

---

① 米歇尔·福柯. 规训与惩罚. 刘北成等译. 北京：三联书店，2003 年版，第 17 页，第 25 页，第 106 页.

为的联想和威慑，使其成为驯服的人；二是能够教人以某种职业技能和知识体系，使其成为对社会有用或者能够为统治阶级服务的人。早在17和18世纪，规训就成为统治阶级用以行使权力统治的普遍机制，而且形成一套系列程序、规则和技术，诸如规定封闭的空间，规定等级、秩序和纪律，实施活动上的控制等。

1. 规训空间

福柯空间规训的基本观点是：权力话语通过对空间的巧妙设计、构造与生产来完成对个体的监视和可能的改造，并使个体服从于"权力的眼睛"的管制范畴和规约体系。

福柯认为，空间是权力争夺的场所，也是权力实施的媒介。规训权力的正常运行需要固定、封闭的空间，即规定出一个与众不同的、自我封闭的空间，人们被禁止进入，只有被准许时才能进人。一旦进入该空间后，也就被正常人排斥在外，因此保证了在空间中对进入者的规训。福柯重点分析了全景敞视建筑监狱对犯人的规训功能。全景敞视建筑监狱是一种特殊的权力化的空间构形，四周是被分成许多小囚室的环形建筑，中心是一座瞭望塔。监视者只需要站在瞭望塔上观看，便可以监视囚犯的一举一动。这个被监视的空间是一个能够从外部加以观察，但却无法由内部对外部进行清晰了解的空间。在这个被监视的空间中，每一个人在这种监视目光的压力下，都会逐渐自觉地变成自己的监视者。于是，规训能够借助监视悄悄地产生效应。福柯把这种全景敞视建筑视为一种普遍的、典型的空间实践模式。这种规训空间可以使人们受到惩罚，也可能会奖赏人们，从而保证权力的正常运作。

在福柯看来，现代社会的医院、工厂、学校、机关等社会机构纷纷仿效了全景敞视建筑监狱的权力模式和规训策略，空间规训的最终结果就是将现代社会变成一个庞大的监视网络。由于"权力的眼睛"无处不在，空间规训实践变得愈加隐蔽而具生产性，这也就是为什么福柯认为空间意义上的"规训社会"形成了——"这是一个从封闭的规训、某种社会'隔离区'扩展到一种无限普遍化的'全景敞视主义'机制的运动"①。

---

① 米歇尔·福柯. 规训与惩罚. 刘北成等译. 北京：三联书店，2003年版，第242页.

2.规训手段

福柯对规训手段曾做过专门的阐述,根据福柯的观点,规训权力能取得这样的成功归因于采用了最普遍、最简单的运作方式,即层级化监视、规范化裁决和程序化检查。

(1)层级监视。它是对规训的物理结构和组织结构的双重要求,表现在规训场所和监视组织的设计上。实际上,层级监视是规训权力借助监视这一手段不断扩展自己的机制。福柯认为,在这个机制中,"监视的技术不仅能够诱发出权力的效应",而且使得规训权力成为一张监视的网络,规训权力就靠这种"分层的、持续的和切实的监督"①来运作。层级监视不仅在规训者与规训对象之间建立监视关系,而且在监视者内部建立监视关系,使任何人都逃脱不了监视,使规训过程没有任何晦暗不明之处,自上而下,层层把关,形成网络。

(2)规范化裁决。规范化裁决是规训权力利用已经成为惯习的规范秩序和一些人为的秩序,如法律、计划、条例等,运用惩罚与奖励的措施,在潜移默化中对社会成员进行有效改造的过程。规范化裁决一般在许多规训机构的内部规则中实施,其标准是那些已经精心确立的各种内部要求,这些要求紧密联系,环环相扣,服务于规训目的,凡达不到要求的人必须受到惩罚。但是,无论是奖励还是惩罚,都必须按等级分配。福柯认为,规训权力是利用等级、差距、纪律等手段来表现的,具体包括规范性力量和裁决两个方面。也就是说,规范化裁决通过标示差距,划分品质、技巧和能力的等级分配,利用"标准化"和"奖惩"的裁决制度,将"达标""弥补差距"作为权力运作的动力装置,最终完成个体规范化、社会规范化的功能目标。

(3)程序化检查。程序化检查是规训权力运作的最隐蔽的方式,它不仅把层级监视的技术和规范化裁决的技术结合起来,而且把规训权力运作的载体、媒介、具体操作都融为一体。在程序化检查中,规训权力在科学话语的伪装下,通过文字记录、登记、建立档案、分类制表、书写等机制来运作。福柯认为,在程序化检查这种支配空间中,规训权力

---

① 米歇尔·福柯. 规训与惩罚. 刘北成等译. 北京:三联书店, 2003 年版,第 200 页.

主要是整理与编排对象来显示自己的权势。①可以说,考试、阅兵都是检查的不同形式。

综上所述,规训权力行使的三种手段是三种配套的技术,它们相互契合,将身体置于一种可控制和分析的结构中,并围绕着身体朝着某个特定目标建立起知识和制度。在规训的结构中,规训权力的实施是弥散的、细致的、微观的、无微不至的,是一种微观的权力,微观权力往往就是规训的常规形式。

三、微观权力的功能分析

在福柯的微观权力理论中,有很重要的一部分理论就是对微观权力的功能效应分析。按照福柯的观点,微观权力的主要功能效应有如下三个方面:个体规范化、社会规范化和社会秩序的稳定。

1.个体规范化

在福柯看来,个人及其身份和特性是权力关系对身体、运动、欲望、力量施展作用的产物,②权力通过把个体进行隔离和指定,使其行为受制于连续的检查及行为规范,同时借助知识的管理来改变个体。福柯将这个过程称为个体规范化,包括肉体规范化和精神规范化。

(1)个体的肉体规范化。福柯通过对17至18世纪的监狱问题和性问题的研究,发现在监狱、学校、车间、医院和军队等机构中,出现了围绕个人的肉体技术,即纪律和惩戒技术,权力通过这些技术不仅对个人的肉体进行空间分布和组织,而且还通过监视、等级、审查等系统对肉体进行锻炼、训练,最终个人的肉体被权力机制规范和塑造成了"有用的和生产性的"主体。在这个过程中,规训作为微观权力的主要手段,其终极目标和结果就是"规范化",即塑造出驯服的、训练有素的肉体。

(2)个体的精神规范化。权力对个体的控制除了采用纪律的、规范的外在的手段外,还要占有人的灵魂。18世纪以来,随着以规训权力

---

① 米歇尔·福柯. 规训与惩罚. 刘北成等译. 北京:三联书店,2003年版,第211页.

② 米歇尔·福柯. 权力的眼睛——福柯访谈录. 严锋译. 上海:上海人民出版社,1997年版,第209页.

为代表的微观权力模式的出现,权力慢慢发展成为一整套的方法、技术、知识。这种权力深入人的灵魂深处,弥漫开来,触及每一个具体的人,触及人们日常生活的每一个最细小的动作、最微妙的表情,甚至进入他们的精神领域中。同时权力还通过奖赏的方式,形成对人评价的等级,并在其中通过荣誉和耻辱这种直接作用于心灵的机制,引导人们服从权力的统一规定。根据福柯的观点,微观权力对灵魂的控制与支配不仅体现在刑罚领域,而且还扩展至整个社会的各个方面,从军营对士兵的训导到学校对学生的监督,从医院对病人的检查到工厂对工人的管理等方方面面。

2. 社会规范化

福柯认为,我们的社会是一个监视的规训社会,当个体不断被规训完毕时,规训社会即可形成。福柯说:"规训社会是在一种运动中形成的,这是一个从封闭的规训、某种社会'隔离区'扩展到一种无限普遍化的'全景敞视主义'机制的运动。"①在这种运动中,规训的功能发生转化,由最初消极作用转变为积极的强化对于每个人的利用;规训的机构也大幅度增加,但规训机构不再以封闭机构的面目出现,而是以观察中心的方式散布在整个社会中;规训的控制范围也扩大了,它已经拓展到了全体社会。福柯认为,正是由于规训的上述转变,所以规训对权力效应在社会中的扩展和规范社会的形成有着至关重要的作用。因为它可以"以最小的代价来行使权力(经济上,通过低开支;政治上,通过权力的分散化、外在化、相对的无形化以及使它引起的阻力尽可能减少)";它也可以"使这种社会权力的效应达到最大强度并尽可能地扩大这些效应,同时既无失误又无间断",最终确保了权力关系可以细致入微地散布,使权力的效应能够抵达最细小、最偏僻的地方,"增强社会系统内一切因素的驯顺性和实用性"。另外,"规训社会的形成是与一系列广泛的历史进程密切相关的,这些进程包括经济的、法律－政治的以及科学的进程"。②

---

① 米歇尔·福柯. 规训与惩罚. 刘北成等译. 北京:三联书店,2003 年版,第 242 页.
② 米歇尔·福柯. 规训与惩罚. 刘北成等译. 北京:三联书店,2003 年版,第 244－245 页.

3.社会秩序的稳定

福柯在揭示了规训权力是如何侵入人们的日常生活、如何渗透入国家权力后,进一步探讨和分析了另一种微观权力形式——"生命权力",以及这种权力如何与"规训权力"联合起来,共同如何保持社会秩序的稳定,维护阶级的统治。福柯认为,生命权力和规训权力是同一微观权力的两种不同形式,它们从不同角度对整个社会发挥相同的作用。生命权力是以人口-生命为中心,将人体作为繁殖生命的基础,关心生育、出生率、死亡率以及健康、人口的寿命和质量,并对人口进行积极的调节、干预和管理。福柯将这种以生命为对象的权力称为生命权力。在福柯看来,规训权力的惩戒技术和生命权力的调节技术是相互结合、不可分割的,生命权力与规训权力交织在一起,成为微观权力实践的一种模式。对肉体的规训和对人口的调节构成了微观权力机制的两极,并对整个社会秩序的稳定产生了积极的影响。一方面,对人体的规训机器纷纷建立,如工厂、学校、医院、军营、监狱等,旨在生产和训练出有利于资本主义发展的劳动力;另一方面,在政治实践和经济观察领域,对人口的控制技术也成熟了,对人口和资源的关系也做了研究,出现了围绕着人口和生命而建立起来的知识体系,并且这些知识不断地增强权力在社会中的效应。

本章小结

本章简要地介绍了后现代主义与社会学、福柯的话语与权力及福柯的规训与惩罚。第一节总体上介绍了后现代主义三种形态,德里达、利奥塔、鲍德里亚、鲍曼和詹姆逊等几个代表人物的后现代主义理论观点,后现代主义社会学的含义、研究领域、研究方法的特征等。第二节简要介绍了话语与权力的含义、话语-权力理论的基本内容。第三节主要介绍了惩罚及其变革、规训的空间和手段,以及个体规范化、社会规范化和社会秩序的稳定等微观权力的功能分析等内容。

第十九章 当代社会学理论关注的新问题

近年来,西方社会学新理论、新流派层出不穷,有些昙花一现,有些则具有较大的理论潜质。这些新理论对于激发学术前沿创新、丰富社会学理论的内容和视野,具有重要的价值。本章主要介绍几种具有重要影响的理论成果。

第一节 女性主义与社会性别

近几十年来,随着女性主义影响的扩大和社会的变迁发展,社会性别问题已引起了人们的广泛关注。其中,女性主义社会学对传统的社会学研究提出了挑战,它正成为一种社会学研究的新思维。我们这里将侧重考察女性主义的发展及社会性别理论。

一、女性主义

1. 女性主义的发展

在西方,"女性主义"(feminism)一词最早出现于 19 世纪 80 年代。现在它不但指一种妇女运动,也指一种社会思潮或理论。从一般意义上说,女性主义是"指称所有那些理论或理论家,他们认为性别之间的关系是不平等的,是一方压制另一方,一方服从另一方的;他们认为这是一个政治权力问题,而不是一种自然的事实;并且认为这一问题对于政治理论及实践是至关重要的"①。西方女性主义的发展主要经历了三个阶段。

第一阶段:19 世纪中叶到 20 世纪中叶。这一阶段以自由主义的女性主义为主要特征,强调生理性别的作用,即主要从生理差别上强调男女的不平等。

第二阶段:20 世纪 60 年代到 80 年代。这一时期被看作西方女性运动发展的第二个高潮。这一时期出现了各种女性主义观点。而且其最重要的特征是强调社会性别的作用,提出造成性别不平等的因素,不是男女生理上的差异,而是社会文化上的差异,主张考察与社会性别差异相关的各种社会文化因素。

第三阶段:20 世纪 80 年代至今。这一阶段的女性主义主要以"后现代主义的女性主义"为代表。它对传统的女性主义的许多观念提出了挑战,包括"男女平等"概念。20 世纪 80 年代后,许多女性主义者逐渐放弃了建立统一的理论目标,转而注重对有限的对象或问题做更为具体的研究。其原因,一方面,女性主义思潮逐渐成熟和分化,有关的学术研究或妇女研究逐步制度化,研究问题得到深化;另一方面,受社会背景和其他社会思潮的影响,女性主义具有了新的内涵。实质上女性主义的某些主张完全是后现代的,如关注多元性、差异性、反权威性等。因此女性主义作为一种反主流的文化,得到了广泛传播,并影响到

---

① 瓦勒里·布赖森. 女权主义政治理论引论. 载李银河. 妇女:最漫长的革命. 北京:三联书店,1997 年版,第 2 页.

了各个领域。

2.女性主义社会学

女性主义社会学侧重研究的问题是性别关系中的不平等或差异性,故被称为性别社会学,也有人称之为"女性社会学"。同时,女性主义社会学理论是一种与后现代主义思潮密切相关的新理论,它在许多方面对传统的理论思维提出了挑战。这一理论广泛涉及了两性关系、妇女地位与发展、性别不平等与社会分层等诸多问题。因此与之相关的研究也是多学科或多视角的。但是,正如有学者指出的,也有各种因素在影响着女性主义理论与一般社会学理论的结合:(1)作为职业的社会学组织;(2)女性主义社会学理论与女性主义的关系;(3)社会学与女性主义所用词语和格调的不同。①但女性主义理论对社会学的发展毕竟产生了重大影响。它不但影响到了社会学的理论研究传统,更影响到了社会学所研究的课题,与性别相关的问题正成为社会学界关注的焦点之一,妇女问题也是世界范围内共同关注的问题之一。

二、社会性别理论

性别可划分为生物性别和社会性别。社会性别理论是在西方女性主义运动第二次浪潮的实践中涌现与发展的,它强调指出造成男女不平等的原因,不是男女生理的差异,而是社会文化。生理差异无法改变与消除,但社会文化可以改造,社会性别可以建构。该理论同时揭示出男性中心主义的父权制是人类历史上男女不平等和女性受压迫、受歧视的社会文化根源。该理论现已逐渐发展成为西方女性主义学术的中心内容和妇女争取解放的重要理论武器。

1.社会性别概念

社会性别的含义早在 1949 年西蒙娜·德·波伏娃的《第二性》中

---

① P. M. Lengermann and J. N. Brantley. Feminist Sociological Theory: The Near-future Prospects. G. Ritzer (ed.). *Frontiers of Social Theory: The New Syntheses*. New York: Columbia University Press, 1990: pp. 318—319.

就有了明确的表述："女人并不是生就的,而宁可说是逐渐形成的。"[①]
即"女人"是在人的社会化过程中形成的,是社会文化的产物。波伏娃
的论断揭示出了妇女受压迫的根源,即妇女在社会中作为"女人"的地
位与状况,是由社会文化造成的。社会性别概念的明确提出是在 20 世
纪 60 年代,伴随着女权主义运动高潮的到来,一些女性主义学者在现
实经验与理论的基础上提出这个概念,并被广泛使用于 20 世纪 80 年
代。美国女性主义学者费仪·金丝伯格认为,"社会性别"指"一个社会
把人们组织到男性或女性范畴里去的方式,以及围绕这些范畴产生出
意义的方式"[②]。也就是说,社会性别首先是一种社会组织方式,通过
这种组织方式,人们获得了其基于生理差异的社会地位。同时,社会性
别也是一种思维方式,人们通过这种思维方式,在社会化过程中获得了
其性别角色及其角色认同。

　　社会性别概念作为当代西方女性主义理论中的一个核心概念,主
要指的是在社会文化中形成的对男女差异的理解,是在社会文化中形
成的男女有别的期望特点以及群体特征和行为方式的综合体现,也就
是通过社会实践的作用发展而成的女性和男性之间的角色、行为、思想
和感情特征方面的差别。它强调性别的社会建构性,排斥性别概念中
原有的生物性含义。

　　2. 社会性别理论观点

　　女性主义第二次浪潮通过对性别生物决定论的批判,提出了社会
性别理论。在女性主义看来,社会性别是一个具有政治色彩和权力机
制的范畴。她们发现,社会性别是一种压迫妇女的体制化、系统化的社
会关系,是一种男性借以控制女性的权力结构。英国学者奥克利提出,
社会性别并非生物学性别的直接产物,它是社会建构的男性气质和女
性气质。社会、文化心理对气质的影响在一个人成长为男人或女人的
过程中无所不在。美国女学者盖尔·卢宾提出社会性别制度的概念,

---

　　① 西蒙娜·德·波伏娃. 第二性. 陶铁柱译. 北京:中国书籍出版社,1998 年版,第
309 页.
　　② 王政,杜芳琴. 社会性别研究选译. 北京:三联书店,1998 年版,第 249 页.

认为社会性别制度是建立在男性统治女性基础之上的父权制,是以男性为中心的体制,这种体制制约着两性关系,控制着人类的社会生活和文化活动。[1]

在一些女性主义的理论中,学者们洞察了社会性别概念中所隐含的权力结构,她们认为社会性别既是一种制度体系,又是一种意识形态和价值体系,是一个标志权力关系的基本方式。女性主义者的理论打破了传统理论中性别与政治、权力无关和性别差异不包括等级制的思想。凯特·米利特指出,男子气质标志着权力和权威,在所有社会中,政治权力和道德权威都被男性垄断着。琼·斯科特指出,社会性别是代表权力关系的主要方式。换言之,社会性别是权力形成的源头和主要途径。作为社会关系的一个成分,社会性别这一范畴作为一种男权社会的文化建构物,它本身可涉及四个互相关联的因素:一是具有多种表现形式的文化象征,二是对象征意义做出解释的规范化概念,三是政治和社会机构组织,四是主观认同。这四个要素相互依存,互为条件,缺一不可。[2] 斯科特这一范畴分析由于其有效性而被誉为女性主义的理论经典。

从总体上看,社会性别理论在肯定男女两性的生物学差异的基础上,强调社会性别是特定社会文化中形成的性别规范、性别角色及两性的行为方式,是后天文化习俗影响的结果,并认为人的社会性别不仅因时间而异,而且因民族地域而异。社会性别理论从揭示生理性别与社会性别的复杂关系入手,打破了生理性别决定论的神话,具有革命性和反叛性。它主张把女性作为主体,改变女性与男性之间、女性与国家之间的从属关系;反对孤立地研究女性和女性问题以及把女性视为男性的对立面,主张男女两性应当相互结成彼此尊重平等相处的伙伴关系。另外,社会性别理论特别注重研究具体政策或项目对于男女两性产生的不同影响,在对具体发展方案和项目进行性别分析时,高度关注该发展方案和项目是否把妇女作为发展的主人、赋权于妇女;是否充分考虑

---

① 王政,杜芳琴. 社会性别研究选译. 北京:三联书店,1998 年版,第 24 页.

② 李银河. 妇女:最漫长的革命. 北京:三联书店,1997 年版,第 170 页.

妇女的社会需求即社会性别利益；是否充分考虑妇女的多种角色；是否打破传统的两性社会性别分工；是否为男女平等地掌握资源提供政策与法律上的保证；是否注重妇女在发展中的利益，使她们在发展中真正受益，以便能够消除现实发展中的不平等和歧视。

社会性别理论作为女性主义的重大理论建树和普遍有效的阐释框架与分析范畴，使女性主义者首次真正拥有了属于自己的话语权力。并提醒人们注意，当今世界把男人塑造成男人、把女人塑造成女人的社会文化存在许多不合理之处；它鼓励女性提高觉悟，自信自强，通过与滞后的文化进行抗争来改善女性的社会地位。同时，社会性别理论还为社会科学领域引入新的研究维度与批判的视角，推动了人类社会的和谐、发展和文明程度的提升。但社会性别理论的局限在于它轻视两性自然差异、否认男女自然差异在性别角色塑造中的重要性等。

第二节　社会行动中的情感问题

近年来，情感作为一个重要主题，进入社会学者的研究视野，并产生了大量研究成果。目前的研究成果主要集中在情感的社会根源、情感的社会化和情感的社会后果等方面。

一、情感的社会根源

对情感社会根源的研究大致可分为社会建构主义与实证主义两种取向。霍克希尔德（A. R. Hochschild）和肖特（S. Shott）是较早发展情感概念的社会学家，他们是社会建构论的主要代表。在他们看来，社会规范与文化规则是情感最重要的决定因素。情感在很大程度上是与生物特征相分离的，只有认知标签和社会场景才能区分出不同的情感体验。由于情境定义与文化标签是随着文化与时代的变动而变化的，所以情感亦是如此。

肯普尔(T. D. Kemper)也是情感社会学的先驱之一,是实证主义的主要代表。他与柯林斯共同发展了地位与权力的情感理论,并与肖特等学者展开了对话与交锋。实证主义者反对文化规范决定情感的观点,注重社会结构与社会关系对情感的决定作用。实证主义者认为,特定的社会刺激开启特定的生理过程,以产生特定的情感。而这种社会刺激就是行动者的权力-地位关系。换言之,权力-地位关系的不同结果引发了不同的生理过程,后者又进一步与不同的情感相关联。[①]

根据肯普尔的观点,与其说建构主义者强调的是社会规范对情感的决定和制约,不如说他们赋予了行动者能动地、主观地定义情境与建构、管理情感的能力;而实证主义者则恰恰相反,他们注重的则是在客观上决定真实情感产生的结构性因素。不过无论是社会建构论者还是实证主义者都认为,情感唤起是由在情境中行动者的预期与经历相一致的程度决定的,当二者程度不一致时,情感唤起就随之发生了。

二、情感的社会化

尽管某些基本情感可能是先天的,但是对于大部分情感而言,是在社会化过程中习得的。情感的社会化发生在童年,但会在一生中延续。发展心理学家虽然已经开始研究习得过程在塑造儿童情感方面的作用,但他们主要研究的是在每一个年龄阶段,不同性别的儿童获得了哪种情感知识等内容,而诸如社会阶层等结构性因素对情感社会化的影响却少有研究。戈登(S. L. Gordon)、哈瑞斯(P. Harris)与奥瑟夫(T. Olthof)等学者在这一方面做了大量理论工作。

戈登的研究指出,儿童所形成的关于情感的概念来自与情感的接触,即有机会经历或观察一种情感或者被告知关于该情感的某些事情,是对该情感概念化的前提。儿童通过学习理解照料者对言语与非言语的情感符号的使用,在获取奖赏、获得人际优势、保护自尊等方面变得更加有效。像社会能力一样,情感能力也需要知识与行为技巧。戈登

---

① T. D. Kemper. Social Constructionist and Positivist Approaches to the Sociology of Emotions. *American Journal of Sociology*. 1981,Vol. 87. No. 2:p. 339.

认为,情感能力体现在以下方面:(1)表达和解释非言语信息的情感姿势;(2)控制冲动的而且社会不赞成的情感的外部表达;(3)同时感受与表达社会性适当的情感;(4)识别情感的文化意义;(5)妥善地处理令人苦恼的情感。[①]

哈瑞斯与奥瑟夫用三个模型——唯我主义模型、行为主义模型和社会中心主义模型来表示情感能力获得的过程,在每一个模型中,都分别假设儿童首先通过自我观察、对他人的观察或通过社会团体的口头指示来学习和理解特定的情境事件、表意性姿势与内在感受之间的联系。

三、情感的社会后果

关于情感社会后果的研究主要体现在两个方面:一是把某些情感类型与社会控制的结果联系起来,二是揭示情感在群体团结和社会团结中的作用。大多数情感社会学家认为,引导和激发微观行动的关键机制是情感。

情感对社会控制的作用是互动论传统在情感领域方面的扩展。肖特的角色领会理论认为,当个体充当他人或一般化他人的角色时,就会唤起和标识"角色扮演的情感",任何一种角色扮演的情感都通过鼓励自我控制——使大多数人的行为即使在没有外在奖赏或惩罚的情况下都遵守社会规范,而促进了社会控制。舍弗(T. J. Sheff)把关注点放在羞耻感会产生遵从的功能上。他指出遵从及其伴随的自豪感和羞耻感根据其程度与类型构成了一种微妙的、渗透性的社会制裁系统。与正式制裁不同的是,遵从-情感系统事实上可以随时出现,而且无法看见。也就是说,社会控制包含了一个生物社会系统,它以无声的、连续的以及无法看见的方式在社会成员内部发挥着作用。[②]

---

① S. L. Gordon. The Socialization of Children's Emotion: Emotional Culture, Competence, and Exposure. C. I. Saarni, P. Harris (eds.). *Children's Understanding of Emotion*. New York: Cambridge University Press, 1989:p. 324.

② T. J. Sheff. Shame and Conformity. *American Sociological Review*. 1988, Vol. 53. No. 3:p. 396.

　　交换网络理论与互动仪式链理论都试图要回答这样一个问题：当现代社会的行动者追逐各自特殊利益的时候，是什么力量将他们聚合在一起？他们的分析对象不是行动者本身，而是行动者之间的关系。不同的是，前者关注的是交换关系，后者关注的则是互动仪式中的关系，当他们的视野延伸到情感领域时，就分别将侧重点放在了情感在维持交换关系与互动中的关系的功能上。劳勒（E. J. Lawler）及其合作者们发展了一种交换网络的情感理论，来说明社会交换过程中所产生的情感在促成群体团结中的作用。这一理论特别关注了社会交换所需要的共同行动以及在共同行动中的情感反应对群体团结的影响。积极情感的群体或网络归因会增加行动者对社会单位的情感依恋，而消极的归因则会促进行动者的情感分离或疏远。

　　柯林斯的互动仪式链理论基于这样一个观点，即社会学应以面对面互动的概念为基础，或者说宏观的社会结构是由个人间的微观际遇产生并支持的。他认为"社会"不是一个抽象的系统单位，而是通过仪式参与和仪式性符号能彼此感觉到团结的人们的集合。在成功的互动仪式中，通过共同的关注焦点与共享的情绪建立起高度的情感协调，其结果是产生成员之间的团结感。共享的情绪最初是短暂的，但是通过互动仪式将其转化为长期的"情感能量"。高度的情感能量是一种对社会互动充满自信与渴望的积极感觉，人们可以从互动参与中感受到共同的成员身份。所以，柯林斯认为正是互动仪式中的情感能量将人们聚合在了一起，形成了社会团结。

　　研究表明，情感不是简单的、个体的生理机体现象，它还受到诸如文化规范、社会结构等宏观因素的制约；同样，对情感的管理与控制也不仅仅是个人互动意义上的，它还可能影响到社会控制与社会团结。情感与理性不是对立的，但是对情感的控制不能简单化约为理性的表现，不能等同于人类智识思维的理性化趋势。同时，情感研究的方法论及测量问题，也是该领域研究需突破的难题。

第三节　社会网络与社会资本

社会网络分析是新兴起的一套分析社会结构的理论和方法,而社会资本是在社会网络研究的基础上发展起来的、与物质资本和人力资本相对应的理论概念。本节重点介绍社会网络分析的理论内容、分析方法以及社会资本的概念、理论和测量。

一、社会网络研究

社会网络理论的基本观点是将个人或组织之间的社会联系所构成的系统视为一个"网络",并认为整个社会就是由这些网络所构成的大系统。社会网络分析包括两个层面:一是理论层面,主要从社会网络关系或人际关系的网络结构出发来解释社会现象;二是分析方法和技术层面,主要包括网络分析的指标和测量方法。

1.社会网络分析的基本概念

(1)点和结点

点和结点是对网络分析单位的概括,这些单位可以是人、位置、法人或者集体行动者,或者任何一个能与另一个实体发生联系的实体。从静态的角度看,网络分析的目标就是找出这些点和结点的排列模式。为了形象,这些排列模式通常以图形的方式表现出来,点和结点在图形中往往用字母或数字来标示。从动态角度看,网络分析的目标是要找出结点之间联系的不同模式的驱动力,特别解释由这些驱动力导致的模式的变化。

(2)关联、纽带和关系

找到点或结点只是网络分析的第一步,接着就需要分析这些点和结点是如何联结的,通常称之为关联、纽带或者关系。而这些关联、纽带或者关系的性质是研究者关注的一个焦点。例如,就种类而言,纽带可以是多样的:信息、金钱、商品、服务、影响、感情、尊重、特权,以及任何能将行动者结合在一起的力量和资源流动。

(3)纽带的模式与结构

从网络的角度,社会结构可定义为位置或结点之间的联系形式。也就是结点之间资源流动形成的模式。面对一个社会网络,研究者关心纽带的数量、方向,纽带的互惠性质,纽带的传递,纽带的密度、强度、桥梁、中介、中心性和同等性等。纽带的数量(包括真实数量和潜在数量)可以用来计算网络结构中的其他维度。社会网络中的各种纽带的方向说明了资源或者信息流动的方向和顺序,可以帮助人们更好地理解网络中的关系纽带是如何建构和维持的。纽带有些是单向的,有些是双向的,后者称为纽带的互惠性,纽带中互惠的范围和性质是社会网络的又一重要特征。网络的一个关键维度是各组位置间的传递水平。传递指位置的子集之间关系的"转换程度"。纽带密度指结点展示的可能联系的最大数量。网络中位置间流动的资源的容量和层次就是纽带的强度。次级密度,有时被称为"派系"(clique),显示了整个网络中一些特殊的次级位置之间牢固的、互惠的以及传递的联系。使那些次级密度联系起来的纽带就是桥梁,并且在维持网络的整体联系上至关重要。有时一个特殊的点外在于次级位置,但对于这些位置的资源流动十分重要。这些位置往往处于一种中介的地位,因为它的行动决定了流入与流出次级位置的资源的性质和层次。网络中极为重要的特征是中心性,即网络中的一些点通过它们与其他点联系的模式来调节资源的流动。当一些点与另一些点有相同的关系时,这些点就被认为是同等的。

以上这些概念实质上涵盖了社会网络的三个层次:社会单元(可以是人、群体或者位置)、社会单元之间的互动、社会单元互动形成的模式。社会网络分析也就是在这三个层次上展开分析的。

2.社会网络分析的几个基本理论

第一个是德国社会学家齐美尔的社会网络理论,他是社会网络理论的鼻祖。他的基本思想是个人和群体的两重性。当一个人加入一个群体的时候,受到群体的约束,建立起了个人和群体的基本关系,这就是所谓的社会网络关系。因此，研究个人时不能从单个孤立的人出发，而应该从他所处的社会网络角度出发。同时，当个人进入网络时，他不仅仅是这个网络中的一个点，而且将其他网络关系带入现在的网络。以后的学者尽管切入问题的角度不同，但都是在齐美尔的这种思想下进行研究的。

第二是网络市场观。哈里森·怀特（Harrison C. White）是当代社会网络理论的代表人物之一。他于 20 世纪 70 年代中期首先尝试用社会学观点解释市场，而不是像经济学原有的市场理论——纯粹从市场交换出发、没有生产领域——那样分析。他从纯粹生产者角度构建市场竞争模型——企业家通过生产者群体之间的相互监控来合理定位，追求利益最大化。怀特指出："市场不是由消费者来定义的，生产者并不是根据对消费者的欲望和判断的推测采取行动的，市场是一种在特定的公司群体与其他行动者之中进行自我生产的社会结构。其他行动者是从观察彼此的行为中产生出来的。"[①]简言之，怀特就是把生产者之间的关系看作一种客观存在的社会结构，正是它们之间的在这种结构中的互动关系产生了市场。怀特也许并没有在社会网络分析的理论层次上有进一步的提升，但正是他使人们看到社会网络分析对社会现象的潜在的强大解释力。

第三是强关系、弱关系理论。以马克·格兰诺维特（Mark Granovetter）为代表的关于强关系、弱关系（纽带）在个人求职中的作用的探索性研究具有重要影响。20 世纪 70 年代初，格兰诺维特通过对个人求职行为和结果进行考察提出：对于求职者而言，弱的关系网络可能比强的关系网络显得更有"力量"。对此，格兰诺维特解释说，信息通过强关系网络传递时，它们被重复的可能性就会增加。信息通过弱关系传播时经常会涉及很多人，并且经过较长的社会距离。特别是当这种弱关系成为桥梁性弱关系时，这种信息的获得几乎是垄断的。在此基础上，林南等指出，真正有意义的不是弱关系本身，而是弱关系所连接的社会资源。而边燕杰等人以调查为基础的研究提出了与弱关系

---

① 张其仔.新经济社会学.北京:中国社会科学出版社,2001 年版,第 124－125 页.

命题截然不同的结论。

第四是结构洞理论。罗纳德·伯特(Ronald Burt)于 1992 年在《结构洞》一书中首次明确指出,关系强弱与社会资源的多寡没有必然的联系。无论主体是个人还是组织,其社会网络均表现为两种关系。一是网络中的任何主体与其他每一主体都发生联系,不存在关系间断现象,从整个网络来看就是"无洞"结构。这种结构只有在小群体中才会存在。二是社会网络中的某个或某些个体与有些个体发生直接联系,但与其他个体不发生直接联系。无直接联系或关系间断的现象,从网络整体来看好像网络结构中出现了洞穴,因而被称作"结构洞"。只有结构洞多的竞争者,其关系优势才大,获得较大利益回报的机会才高。

3.社会网络分析的方法和技术

社会网络分析方法和技术主要有以下两种:一是整体网络的研究方法。整体网络的研究者主要沿用在社会计量学基础上发展起来的一套整理和分析资料的技术。在资料整理方面,主要使用社会矩阵法、社会图示法。资料分析技术以矩阵解析、社会图分析和指数分析为主。二是个体中心网络的研究方法。荷兰社会学家马特·范德普尔(Mart Van der Poel)认为,研究个体中心网络的方法主要有四种:互动方法、角色关系方法、情感方法和交换方法。个体中心网络的研究主要运用大型社会统计软件包如 SPSS、SAS 中的线性相关分析、偏相关分析、因素方差分析、多元线性回归分析、T 检验等来确定影响个人社会网特征的因素。

二、社会资本理论

社会资本是 20 世纪 70 年代后期,在社会网络研究的基础上发展起来的、与物质资本和人力资本相对应的理论概念。社会资本理论主要来源于社会学和经济学两方面。在社会学方面,以格兰诺维特为代表的关于强关系、弱关系在个人求职中的作用的探索性研究对社会资本理论产生了重要影响。

1. 社会资本的定义、基本命题、特征及表现形式

在对社会资本的界定上，不同的学者从各自的研究领域和研究对象出发，给予了不同的界定。法国社会学家布迪厄把社会资本界定为一种社会网络，是一种通过对"体制化关系网络"的占有而获取的实际的或潜在的资源的集合体。[①] 美国社会学家普特南把社会资本界定为规则、网络与信任，是一种组织特点。[②] 美国社会学家科尔曼认为："社会资本是个人拥有的表现为社会结构资源的资本财产，由构成社会结构的要素组成，主要存在于人际关系和社会结构之中，并为结构内部的个人行动提供便利。"[③] 除了上述几种主要的社会资本定义外，还有一些学者也对社会资本的定义进行了探讨，如罗纳德·伯特、亚历山德罗·波茨（Alejandro Portes）等。

社会资本在本书中被分为微观社会资本和宏观社会资本两个层面，微观社会资本被界定为行动者所拥有的社会关系网络及嵌入其中的情感、信任、规则等，行动者为实现一定目标，通过其所拥有的社会资本，能够调动和利用各种社会资源，包括经济、信息、机会、劳力、决策等；宏观社会资本被界定为一个国家、区域的特征，包括和谐、开放的社会关系网络、有效的制度规范、普遍信任、权威关系以及合作性的社会组织等。

当前关于社会资本理论的研究，不同学科研究者在研究取向、研究方法上存在巨大差异，但在一些基本问题上却存在着一般的共识，这些基本共识就是社会资本的五个基本命题：社会资本的回报命题，即社会资本有助于目标的实现；社会地位的力量命题，即社会地位越高，所拥有的社会资本越丰富；强关系的力量命题，即强关系有利于表达性行为的成功；弱关系的力量命题，即弱关系有利于工具性行为的成功；关系

---

① 布迪厄. 布迪厄访谈录：文化资本与社会炼金术. 包亚明译. 上海：上海人民出版社，1997 年版，第 202—203 页.

② R. D. Putman, R. Leonardi, and R. Y. Nanetti. *Make Democracy Work*：*Civic Tradition in Modern Italy*. Princeton, N. J.：Princeton University Press, 1992：p. 167.

③ 詹姆斯. 科尔曼. 社会理论的基础. 邓方译. 北京：社会科学文献出版社，1990 年版，第 330—354 页.

网络位置力量命题,即占据或接近结构洞有利于工具性行为的成功等。

社会资本具有生产性、不完全替代性、部分公共物品性质、不可转让性、个人特质依赖性、无形性、投资收益不确定性等一系列特征。社会资本的表现形式有以下五种:义务与期望、存在于社会关系内部的信息网络、规范和有效惩罚、权威关系、多功能组织和有意创建的社会组织等。

2. 社会资本的主要理论观点

不同学科的学者从各自的研究领域和研究对象出发,对社会资本进行了不同的研究,产生了众多的理论观点。

第一,嵌入自我的理论观点。该观点由詹姆斯·科尔曼于 1988 年提出,是采取一种个体嵌入的视角从微观层次对社会资本进行的分析。这个层次考虑的是个体通过他所嵌入的关系网络来调配资源的能力,关注的重点是个体的结果。但该观点在解释这种微观的社会结构如何嵌入宏观社会结构这个问题时,遇到了困难。波茨认为,社会资本是个人依赖关系网络或更大的社会结构中的成员资格来调配稀缺资源的能力,这种能力不是个人固有的,而是个人与他人关系中包含的一种资产,社会资本是嵌入的结果。波茨意识到了社会资本的副作用,一是它可能会造成其他人的搭便车行为,二是它可能会限制个人的创造性。[①]

第二,结构的理论观点。结构的理论是对社会资本的中观层次的分析,这一分析层次的主要理论是伯特的结构空洞理论,它强调的是社会资本特定关系网络的结构,强调个人之间的关系网络的模式,关注作为特定的结构性后果和资源通过网络的流动。结构的理论关注的是社会资本的结构化及其配置后果,所关心的仅仅是个人如何通过社会关系网络获得资源。

第三,嵌入结构的理论观点。该理论是对社会资本的宏观层次的分析,它所考虑的是社会资本的关系网络是如何嵌入更大的政治、经

---

① Alejandro Portes (ed.). *The Economic Sociology of Immigration*: *Essays on Networks*, *Ethnicity and Entrepreneurship*. New York: Russell Sage Foundation, 1995: pp. 12 – 15.

济、文化和规范体系中去的。布朗(Thomas Ford Brown)的工业社会结构化理论从需求方面考虑到了影响社会资本的文化因素。泽利泽(Viviana Zelizer)主张在结构的、文化的和经济的因素之间寻找平衡。朱金(Sharon Zukin)和迪马基奥(Paul Dimaggio)引入了政治嵌入和文化嵌入的概念。政治嵌入指经济行为总是在更大的政治背景下进行的;而文化嵌入指经济假设、规则和理性化是受文化限制和塑造的。所有这些,考虑的都是从宏观到中观和从宏观到微观的因果关系。

第四,普特南(Robert D. Putnam)的宏观社会资本研究。普特南是研究宏观社会资本的主要代表人物。他认为,在一个地区或国家,作为社会资本的规范、普遍信任和公民参与是通过平等交换的规范培养和发展的。[①] 在一个拥有丰富的社会资本的社会中,生活和工作会更加容易。作为一个组织或地区特征的社会资本,能够通过推动和协调人们的行动来提高社会效率,并能够提高投资于物质资本和人力资本的收益。其理论观点可以这样表达:社团→沟通合作→平等交换规范→普遍信任→社会资本→社会经济发展。

第五,福山(Francis Fukuyama)的社会资本理论。日裔美国学者福山的社会资本理论是由三个紧密相关的层面构成的。一是文化因素是影响经济发展的十分重要因素。二是社会资本的大小是由社会成员相互间的信任程度的高低决定的,而信任程度又是由文化所提供的社会资本。"所谓社会资本,则是在社会或其下特定的群体之中,成员之间的信任普及程度。"[②]三是信任程度的高低决定现代私营大企业的发展状况,从而决定一国经济的发展状况。但是,福山的理论模型和具体观点存在一定的局限性和片面性,其社会资本思想没有突破传统的文化决定论。

在以上理论的基础上,关于社会资本的三个分析范式形成,即社会

---

① R. D. Putnam. *Making Democracy Work*. Princeton, N. J.: Princeton University Press, 1993: p. 167.

② 弗朗西斯·福山. 信任——社会道德与繁荣的创造. 李宛蓉译. 呼和浩特:远方出版社,1998 年版,第 35 页.

关系网络和嵌入资源研究范式、民众参与研究范式、普遍信任研究范式。

3.社会资本的测量与评估

测量社会资本的方法很多,如布迪厄关于关系网络的规模、网络中每个成员所占有的各种形式的资本数量的测量法,林南关于个体社会网络的异质性、网络成员的社会地位、个体与网络成员的关系强度的测量法,边燕杰关于社会关系网络规模的大小、关系网络顶端(简称网顶)的高低、关系网络位差(简称网差)的大小的测量法等。这里,我们介绍两种比较有代表性的测量方法:一是英国学者韦恩·贝克关于个体社会资本的评估;二是澳大利亚的两位学者布伦和奥妮克丝关于社区社会资本的测量。

(1)韦恩·贝克关于个体社会资本的评估

韦恩·贝克(Wayne Baker)采取首先测量个体社会关系网络,进而评估个体社会资本的方法,提出了测量个体社会关系网络的四个指标:个体社会关系网络的规模、个体社会关系网络的结构、个体社会关系网络的成分、个体社会关系网络的侧重点。根据该测量指标,韦恩·贝克把个体所拥有的社会资本分为两种理想类型。第一种理想类型是社会关系网络规模比较小、比较密集、成分多样性不强、比较侧重于内部关系,拥有这种社会关系网络的个体,就有可能得到在小范围人群中、以信任与合作为形式的社会资本,而不是以开拓契机为形式的社会资本。第二种理想类型是社会关系网络规模比较大、不太密集、成分多样性程度高、比较侧重于外部关系的类型,拥有这种社会关系网络的个体,就有可能得到以开拓契机为形式的社会资本。[①]

(2)布伦、奥妮克丝关于社区社会资本的测量

布伦、奥妮克丝于1995年对澳大利亚的五个社区的社会资本进行了测量和研究,发展出一套较为完善的测量社区社会资本的办法。他们认为社区的社会资本应包括网络中的参与、互惠、信任、社会规则、公

---

① 韦恩·贝克.社会资本制胜.王晓冬译.上海:上海交通大学出版社,2002年版,第24—60页.

产等五项内容。布伦、奥妮克丝根据社区社会资本的五项基本内容，确定了对社区的参与、社会背景中的能动性、信任与安全感、邻居间的联系、家庭与朋友的联系、差异化的承受力、生活价值、工作联系等八个测量社区社会资本的指标。在这八个指标中，四个是关于联系的，它们是社区参与、邻居间的联系、家庭和朋友联系、工作联系；四个是建立社会资本的支柱，它们是社会背景中的能动性、信任和安全感、差异化的承受力、生活价值。然后，两位学者通过设计一系列的问题对八个社会资本指标进行测量。[①]

第四节　现代风险与风险社会

随着当今全球性社会突发事件和危机的增多以及不确定性的增强，风险已成为当代社会的重要特征，从苏联切尔诺贝利核泄漏事件，英国的疯牛病，美国的"9·11事件"和中国的 SARS 蔓延到金融危机、"甲流"疫情，从全球气候变化到日本遭遇地震、海啸及核泄漏，我们不难发现，当今世界的生态环境污染、金融危机、核威胁、致命性新病毒、核战争和恐怖主义等风险对人类的生存状况构成了直接的威胁。现代风险问题成了当今社会争论的热点问题之一，也引起了学界的极大关注。[②] 在所有对现代风险和风险社会的研究中，乌尔里希·贝克(Ulrich Beck,1944－2015)是最有代表性的学者，这里主要介绍他的研究。

---

①　Pual Bullen, Jenny Onyx. Measuring Social Capital in Five Communities in NSW: An Analysis. *CACOM Working Paper Series*. 1997, No 41.

②　乌尔里希·贝克等. 自由与资本主义. 路国林译. 杭州：浙江人民出版社，2001年版，第 119 页.

一、现代风险与风险社会的含义及特性

1. 现代风险的含义及特性

人类自从出现后,就面临着各种各样的风险,即人类历史上各个时期的各种社会形态都存在一定程度的风险,风险成为我们生产生活的组成部分,无处不在,无时不在。但是,在现代社会,人类所面临的风险无论是在结构和特征上、还是在影响范围和程度上,都发生了根本性的变化。这就产生了现代意义的风险,即现代风险。

20世纪80年代,贝克在他提出的风险社会理论中赋予风险一词新的含义。他指出:风险是个指明自然终结和传统终结的概念。或者换句话说:在自然和传统失去它们的无限效力并依赖于人的决定的地方,才谈得上风险。风险概念表明人们创造了一种文明,以便使自己的决定将会造成的不可预见的后果具备可预见性,从而控制不可控制的事情,通过有意采取的预防性行动以及相应的制度化的措施战胜种种(发展带来的)副作用。

现代风险本质与传统的风险有极大的差异,具体有下列特性:

第一,现代风险的全球性(跨越时空)。现代风险的规模和范围发生了重大变化,其空间影响是全球性的,超越了地理边界和社会文化边界的限制,其时间影响是持续的,可以影响到后代。

第二,现代风险的不可感知性。现代风险不再是人们通过感官可以直接感受到的直接风险,而是潜在的、无法感知的风险。它们造成的是系统的又常常不可逆的伤害,而且这些伤害一般是不可见的。

第三,现代风险的不可预测和不可计算性。由于现代风险不确定性和危害性远远超出传统风险,其后果在时间、地点和人群等方面都是难以预测的,例如核灾难、生物基因问题等,风险计算无法操作。

第四,现代风险的整体性和平等性。现代风险是对人类整体的威胁,面临着现代风险的灾难性后果,没有哪个群体或个人可以幸免于难。它以一种整体的、平等的方式损害着每一个人。

第五,现代风险的难以控制性。现代风险表现出更广泛的关联性、不可预见性、突发性和迅速扩散性(如SARS、核泄漏等),现代风险极

其难以控制。

第六，现代风险的人为性。也就是说，现代风险指"人为制造的风险"，即由于人类自身知识的增长和科学技术的迅猛发展，而对整个世界带来的强烈作用所造成的风险。

2. 风险社会的含义及特性

贝克认为，风险社会的定义关系与马克思的生产关系相似，它是特定文化范围建构特定的规则、制度和对风险的认定与评估能力。[①]因此在《风险社会》一书中，贝克把"风险社会"定义为一系列特殊的社会、经济、政治和文化因素，这些因素具有普遍的人为不确定性原则的特征，它们承担着使现存社会结构、体制和社会关系向更加复杂、更加偶然和更易分裂的社团组织转型的重任。

风险社会作为一个概念并不是历史分期意义上的，它指社会的一种状态，表明的是现代社会所具有的一种社会性的危机状态，以及这种危机所具有的程度和水平。传统社会可以概括为这样一句话："我饿！"而风险社会则可以表达为："我害怕！"也就是说，具有不可感知性、不可计算性、不可控制性、危害的全球性、平等性和不可逆性等特征的现代风险或人为风险，在风险结构中占据主导地位。技术的高度发展是风险社会的表面特征，不确定性取代经验与传统，成为风险社会的基本特征。

随着全球化的不断推进，贝克提出了世界风险社会的概念。他认为：全球性与本土性的对比也因风险而出现'短路'，新类型的风险既是本土的又是全球的，或者说是'全球本土的'。贝克认为世界风险社会有两个特征：一是世界上每一个人原则上都可能受到它们的影响或冲击；二是要应对和解决它们，需要在世界范围内共同努力。

二、风险社会理论观点

贝克是风险社会理论的主要创始人，他的主要著作有《风险社会》

---

① Barbara Adam，Ulrich Beck and Joost Van Loon（eds.）. *The Risk Society and Beyond*. London：SAGE Publications Ltd.，2000：pp. 224－225.

《世界风险社会》《反思现代化》《什么是全球化》《解药,有组织的不负责任》《全球化的形成、风险与机会》等,其风险社会理论主要体现在这些著作中。

1. 自反性现代化

根据贝克的理论,我们正处在从古典工业社会向风险社会的转型过程中,或者说,我们正处在从传统(工业)现代性向自反现代性的转型过程中。而且,这种转型正在以全球规模悄悄地进行。贝克认为,风险社会源于现代性的自反或自我对抗,自反性现代化应该指这样的情形:工业社会变化悄无声息地在未经计划的情况下紧随着正常的、自主的现代化过程而来,社会秩序和经济秩序完好无损,这种社会变化意味着现代性的激进化,这种激进化打破了工业社会的前提,并开辟了通向另一种现代性的道路。[①] 这意味着简单现代性的瓦解的迹象、强劲的经济增长、迅速的技术化以及很高的就业保障可以释放出推动或携带工业社会进入一个新的时代的风暴。

在贝克看来,自反性现代化既意味着简单现代性的进一步发展挖了自身的墙角,又造成了一些难以预见的副作用。贝克特别指出,自反性现代化这个概念并不仅仅指反思,它首先指自我对抗。现代社会凭借其内在活力暗中削弱着阶级、阶层、职业、性别角色、核心家庭、工厂和商业部门在社会中的形成,同时也削弱着自然的技术经济进步的先决条件和连续形态。也就是说,自反性现代化指西方现代化的进步可能会转化为自我毁灭,在现代化的完成过程中产生了反对自身、对抗自身、消解自身的社会风险因素。

2. 风险社会中的风险分配逻辑

伴随着风险社会的来临,社会的中轴原理也由分配财富向分配风险过渡,财富分配的逻辑是不平等的差别原则,即有人多则有人少,严重时出现两极分化。从理论上讲,风险分配的逻辑主要是基于民主的同一原则,即大家在风险面前一样,无人能逃脱。但在现阶段或短期

---

① 贝克,吉登斯,拉什.自反性现代化——现代社会秩序中的政治、传统和美学.赵文书译.北京:商务印书馆,2001年版,第6页.

内,不同阶级面临的风险、规避风险的能力是不同的,风险又是以因阶层或阶级而定的方式分配的,它的分配方式是:财富在上层聚集,而风险在下层聚集。从发展趋势来看,随着风险的扩大,会出现风险分布平均化的局面,那些大肆制造风险的人迟早会自食其果。贝克认为,现代风险的传播和分配是不分阶级的,具有公平性。贝克用"贫富是分等级的,化学烟雾是民主的"做了形象的比喻。

3. 风险后果的有组织不负责任

风险总是与责任联系在一起的。责任应归谁? 公司、政策制定者和专家们结成的联盟制造了当代社会中的风险,然后又建立一套话语来推卸责任,即有组织地不负责任[①],他们将自己制造的危险转化为某种风险。就人类生存环境来说,无法准确界定几个世纪以来环境破坏的责任主体。各种治理主体反而利用法律和科学作为辩护之利器而进行有组织地不承担真正责任的活动。可以说,现代人类身处的社会充斥着组织化的不负责任的态度,风险的制造者以整个社会的风险为代价来保护自己的利益。其中,主导西方的经济制度、法律制度和政治制度不仅卷入了风险的制造,而且参与了对风险真相的掩盖。人类应该反思现代性,以应对现代社会的种种风险。

4. 现代风险的全球化与个体化

贝克认为,在风险社会中,随着现代风险的危害维度和危害程度成正比增长、风险分配的平均化和个体化的发展,阶级社会中的阶级、阶层、家庭等边界将会被消解,进而形成等级制度和文化差异减少了的扁平化社会,并表现为现代风险的全球化与个体化特征。一方面,当今现代风险的全球化突出地表现为:地球生态环境风险、全球经济风险、世界文化风险、国际政治风险;另一方面,在同一区域或社会中,人们所承受的风险类型和损害程度各有不同,并且,每个人的任何一种选择都会产生风险,而每个人所遇到的风险又因他(她)的选择差别而不同,每个人应对所面临风险的方式又各不相同。

---

① 乌尔里希·贝克等.自由与资本主义.路国林译.杭州:浙江人民出版社,2001年版,第143页.

在贝克的研究基础上,吉登斯从制度主义角度、卢曼从系统角度、拉什和道格拉斯从文化主义角度等对风险社会进行了广泛的研究,形成了众多的见解和理论观点。

第五节　身体与社会

一、身体社会学的产生

在社会理论方面,西方理论界长期关注的是理性、现代性、社会结构、社会秩序、社会和个人的关系等一些"宏大叙事"的议题,"身体"一直被湮没在社会理论发展的滚滚洪流下无人问津。19 世纪末、20 世纪初,尼采对理性主义和现代性提出质疑,他的"一切以身体为准绳"的思想,是对身体进行的思考,是对饱受几千年心灵压制的身体的解放。

随后,柏格森的生命哲学、弗洛伊德的精神分析学、存在主义、现象学等都表现出对身体的关注,其中尤以梅洛－庞蒂的"身体现象学"影响最大。梅洛－庞蒂继承了胡塞尔的思想,主张人们应该在"生活世界"中,即在时间、空间的具体情境中考察"活生生"的身体。他认为,身体是灵魂和肉体的结合,[①]是知觉产生的基础。人们通过知觉认识世界,身体是主体通向世界的"媒介"。梅洛－庞蒂的思想对布迪厄、特纳等人的身体研究产生了很大影响。

后现代主义、女性主义、消费理论的影响也促进了身体社会学的产生。以福柯、德里达、利奥塔、拉康、罗蒂等人为代表的后现代主义者,认为现代社会的理性,特别是工具理性并没有给人们带来真正的快乐,相反,带来的却是无休止的劳作、身体的疲惫、心灵的倦怠和价值的迷

---

① 莫里斯·梅洛－庞蒂.知觉现象学.姜志辉译.北京:商务印书馆,2005 年版,第 125 页.

失。所以,他们反对理性,消解现代性,强调丰富多彩的日常生活世界,关注个体的感受性、体验性、生物性,追求个体的真正自由和解放。福柯的影响尤其巨大,他用知识考古学和权力谱系学的方法,探讨了权力、知识、话语等在微观层面是如何介入身体、惩罚身体、规训身体、控制身体的。

女性主义理论从性别的角度分析了社会中的政治、经济、文化、思想、认知、观念、伦理等各个领域,认为女性处于与男性不平等的、受压迫、受歧视的地位,在家庭这个私人领域内,女性同样处于与男性不平等的地位。女性主义认为,这种不平等不是自然形成的,而是被以男性为中心的社会和文化所建构的。①

以鲍德里亚(Jean Baudrillard)和费瑟斯通(Mike Featherstone)为代表的消费理论关注消费社会对身体的影响,他们认为身体已经成为消费社会"最美的消费品"②,消费社会带给人们丰盛的物质享受和符号消费中的自我迷失。消费理论对消费社会中女性的身体、权力压迫的身体、消费的身体的关注,对身体社会学的产生起到了很大的促进作用。

在现实方面,对身体的关注是西方工业社会长期发展的必然结果。特纳认为,在当代社会,以禁欲苦行主义为主的基督教清教主义逐渐式微,传统社会的道德体系也逐渐衰落,大众消费主义、享乐主义盛行。身体的美丽、消费、享受日益成为人们追逐的目标。对衰老的否定、对死亡的摈弃、对运动的强调、对健康的关注也成为人们的普遍诉求。③当代社会,自我感觉和消费观念已经如此密不可分,真可谓"我消费,故我在"(I consume, therefore I am)。人们的欲望远远超越了生活"必需"的水平,使欲望具有无限的膨胀性,人们都渴望消费新产品。奥尼尔(John O'Nell)也认为,现代生活对体力的要求越来越少,休闲、健康以及体育运动成为可以出售的商品,性和暴力成为这些商品的主要成分和身

① 李银河. 女性主义. 济南:山东人民出版社,2005 年版,第 1 页.
② 鲍德里亚. 消费社会. 刘成富,全志钢译. 南京:南京大学出版社,2000 年版,第 139 页.
③ 布莱恩·特纳. 身体与社会. 马海良,赵国新译. 沈阳:春风文艺出版社,2000 年版,第1-4 页.

体体验的替代性消费。① 在这个过程中,大众传媒通过各种商业广告和身体展示,以科学为借口,以健康为名义,拿美丽和个性向人们宣扬重视身体、关爱身体、美化身体的诉求,使得身体不断进入人们的视野。

当代科技进步和医学技术发展对身体的塑造和改变,产生了法律、伦理和社会等各方面的问题,这也使得人们对身体关注有加。特纳认为,当代对身体的学术兴趣是对身体、经济、技术和社会之间关系根本转变的一个回应。科学的发展,使得外貌、衰老、疾病和死亡似乎不再是人类不可改变的事实。而且,现在人类身体在美容、整形和医疗等方面对各种生物技术产业里的经济增长是十分重要的。随着器官移植、基因工程、克隆技术和干细胞研究等技术的不断进步,身体的模糊性、脆弱性和可塑性也更加明显,使得身体在伦理和法律上面临着更多的争议。同时,这种对身体的自我重塑和社会建构,不仅使我们对身体的本质产生了疑问,也使人类和机器、自然和社会的边界越来越模糊。如哈拉维(Donna Haraway)对电子人(cyborg)的关注,以及电子人在军事行动、工业发展、政治监控和社会服务等方面的应用所引起的思考。② 而且,随着全球化、老龄化的加剧,政府的身体管理已经超越了地区和民族国家的范畴,必须考虑发生在世界范围内的传染病的流行问题、难民问题和移民问题。

因此,对社会学而言,对身体的关注,不仅仅是社会学在理论上找到了一个新的研究领域,而是社会学对这个最基本的、长久以来被视而不见的主题的重新重视;不仅仅是社会学想象力的简单发挥,或者给当代多元化理论添加了一个奇特、怪诞的元素以吸引大众的眼球,而是,身体社会学的兴起,与这个学科本身的理论旨趣有着内在的连贯性。当代科技进步和医学技术发展使身体产生了深刻的变革,身体社会学的产生与发展是对这一变革的必然回应。

---

① 奥尼尔. 身体形态——现代社会的五种身体. 张旭春等译. 沈阳:春风文艺出版社,1999 年版,第 101 页.

② Donna Haraway. *Simians*, *Cyborgs and Women*. New York:Routledge,1991.

二、身体研究的两种理论模式

当代西方的身体社会学研究,主要以特纳(Bryan S. Turner)、弗兰克(Arthur W. Frank)、奥尼尔(John O'Nell)、洛克(Margaret Lock)、谢琳(Chris Shilling)等人为代表。他们关注社会制度、国家权力对身体的结构性制约,以及在日常生活世界中身体实践对社会和国家的建构作用,并建立了身体类型学——把身体化约为几种理想类型加以表述。

1. 身体结构模式

作为身体社会学的倡导者和最有力的推行者,特纳认为不仅要考察单数的身体(body),而且还要考察复数的身体(bodies),即人口(populations)。受福柯的影响,特纳认为一个社会必须在时间上控制人口的繁衍,防止因人口急剧增多而产生的问题,如马尔萨斯的理论;在空间上则要运用空间规划和制度手段对众多身体进行有效的规训,如卢梭的论述;对个别身体而言,则需要对个体内在欲望进行克制和约束,如韦伯对新教伦理时期禁欲苦行的探讨;在外部社会互动中,身体表现则要符合社会规范的需要,如戈夫曼对日常生活中互动表现的论述。只有在内部、外部、时间和空间四个维度上对个体身体和人口身体进行有效控制,才能解决霍布斯所谓的秩序问题。

无疑,特纳的身体结构模式带有浓厚的建构论、功能论色彩,遭到了批判,批判者认为特纳把重点放在了社会如何对身体进行建构上,忽略了身体作为社会行动和实践经验的载体和基础等方面。[①] 所以,弗兰克提出了他的身体行动模式。

2. 身体行动模式

身体行动模式根据身体自我控制、欲望程度、身体与自我及他人的关系,将身体分为规训的身体(disciplined body)、镜像的身体(mirroring body)、支配的身体(dominating body)、交往的身体(communica-

---

① S. J. Williams, G. Bendelow. *The Lived Body*: *Sociological Themes*, *Embodied Issues*. London; New York; Routledge, 1998.

tive body)四种理想类型。

弗兰克认为,身体存在的是行为问题而不是结构问题,应从现象学而不是功能取向的角度展开分析。每一种身体的理想类型都可以在日常生活中通过具体的行动模式展开,获得相应的角色。如通过理性化的管理与秩序产生规训的身体,通过商店消费产生镜像的身体(这与鲍德里亚的消费理论有一定的相似性),通过战争等强力产生支配的身体,通过话语、交流和认同产生交往的身体。

应该说,弗兰克的身体行动模式相对于特纳而言具有动态性和多元性,他不仅把握了社会作用于身体的各种行为方式,也描述了在具体行动中身体是如何行动和被社会构建的。这两种身体模式从不同的空间层次展开,特纳是自上而下的,弗兰克是自下而上的。他们的相似之处则在于都把身体问题置于行为、行动者、结构所关注的中心。身体结构模式把身体看成结构、权力所建构的产物,关注身体体现出来的权力、伦理、道德等内涵,即"对身体做了什么",它以涂尔干、道格拉斯、女性主义、福柯、特纳等为代表。身体行动模式则关注日常生活中的身体实践,认为我们必须经常、有规律地对身体进行保养、维护和再生产,以建构自我、表现自我和进行社会互动,即"身体做了什么",以梅洛—庞蒂的身体现象学、戈夫曼、弗兰克、消费主义等为代表。但这种划分不是绝对的,如布迪厄对惯习的研究则试图跨越二者之间的鸿沟。在布迪厄看来,惯习是结构性因素在个人身上的体现,或者说结构正是通过惯习这种身体化的分类图式影响着个体的社会行动的。反过来,惯习也通过身体塑造着社会结构。

三、身体社会学研究的意义

在传统的社会学研究中,身体是一种"缺席的在场"(absent-presence),确切地说是对身体的"忽视"或"湮没"(submergence)。造成这种忽视或湮没的原因主要有三个:(1)从本体论上看,西方传统思想中身心的二元对立导致身体成为医学、生物学等自然科学的研究范畴,而心灵则属于哲学、宗教等人文学科的研究范畴;(2)从认识论上看,社会学的非生物主义假设,使得任何对身体的论述都要冒着被诬蔑为生物主义的危险;(3)从方法论上看,从社会学创立初始至今,整体主义方法论始终在社会学中占据主导地位,从个体的角度来研究社会行为,就会被贴上个体主义和还原论的标签。

身体社会学关注的是人的身体,是被以往社会学所忽视了的人的生物性、感受性和体验性。身体社会学强调人的社会因素和生物因素共同影响着社会行动。身体社会学从一个新的综合的视角来研究身体和人的社会行动,它涉及社会学、政治学、历史学、现象学、人类学等学科,以及女性主义、结构主义、后结构主义和文化研究等多种理论。目前大部分身体社会学研究都坚持建构主义的立场,认为身体是文化、制度建构的产物,即"社会建构的身体"(the socially constructed body)。谢琳认为,身体社会学研究是对人类身体历史进行的探究,是对"霍布斯的秩序问题"的新解释,它对"活生生"的身体及其体现问题的关注,可以被看作戈夫曼所探讨的日常生活中互动的身体的一个继续和发展。[①]

人类的重要的政治与道德问题总要通过人类的身体表现出来。在传统的社会理论中,论述的却是高度符号化的"抽象人",而具有感受性、体验性的"具体人"是不存在,存在的只是理性霸权。我们从马克思的"异化"、韦伯的"铁牢笼"、哈贝马斯的"生活世界的殖民化"、福柯的"规训社会"与全景敞视建筑监狱等有关思想中可以充分体会到这一点。身体社会学正是以身体为切入点,以精神与肉体的活动为分析对象,关注丰富多彩的日常生活世界的,试图把人从现代理性的霸权下救赎出来,实现人的自由和解放。身体社会学把"人的身体"作为可以分析的具体对象,并且把它放置在具体的社会生活世界中加以考察,这就把以前社会理论中所谈论的"抽象的人"转变为"具体的人"。所以,开展和加强身体社会学研究可以更好地认识人、理解人、解放人。

---

① Chris Shilling. *The Body and Social Theory*. London: SAGE Publications Ltd., 2003: pp. 62-63.